国家级精品课程教材

中国现代文学新编

Zhongguo Xiandai Wenxue Xinbian

主编 魏 建 吕周聚

高等教育出版社·北京

内容提要

本书是山东师范大学国家级精品课程“中国现代文学史”教学改革教材。

与同类教科书的刻意“求新”不同，本教材以“求真”为第一追求。“求真”的途径，本教材编者选择了“去本质论”和“去逻辑化”，不再假设中国现代文学史存在某种“本质”，也不再推想中国现代文学的发展存在某种“逻辑”，追求返回历史现场、返回文学现象的原生态，主张“少一点哲学，多一点史学”、“少一点‘六经注我’，多一点‘我注六经’”，尽量减少对文学历史原貌的人为宰割。本教材的编写体例是以时间为顺序，以文学现象为单元，尽量还原中国现代文学自身的发展进程。为了追求文学史书写的客观性，本教材还尽可能恢复了被以往文学史教材忽略的部分文学现象。

本教材在保证科学性、求真性的基础上，追求创新性和可读性，主要面向中文及相关专业大学本科和专科学生。本书配套建有教学课件，供选用本教材的教师参考使用(见附表)。

图书在版编目(CIP)数据

中国现代文学新编/魏建，吕周聚主编. --北京：高等教育出版社，2012.8(2023.11重印)
ISBN 978-7-04-035828-5

Ⅰ.①中… Ⅱ.①魏… ②吕… Ⅲ.①中国文学-现代文学史-高等学校-教材 Ⅳ.①I209.6

中国版本图书馆CIP数据核字(2012)第156257号

策划编辑 于晓宁 责任编辑 何 鹏 封面设计 张申申 版式设计 马敬茹
责任校对 刘春萍 责任印制 耿 轩

出版发行	高等教育出版社	咨询电话	400－810－0598
社 址	北京市西城区德外大街4号	网 址	http://www.hep.edu.cn
邮政编码	100120		http://www.hep.com.cn
印 刷	山东百润本色印刷有限公司	网上订购	http://www.landraco.com
开 本	787mm×960mm 1/16		http://www.landraco.com.cn
印 张	17.25	版 次	2012年8月第1版
字 数	300千字	印 次	2023年11月第10次印刷
购书热线	010－58581118	定 价	33.90元

本书如有缺页、倒页、脱页等质量问题，请到所购图书销售部门联系调换

物 料 号 35828－00

《中国现代文学新编》编委会

前　言

若以王瑶先生的《中国新文学史稿》(开明书店版)作为开端,中国现代文学史著作的编写,已经有60多年的历史了。这60多年究竟出版了多少种中国现代文学史著作,一时恐怕难以计数。但是,量的增加未必意味着质的突破,不少现代文学史著作在具体内容上只是变换了表述方式而已,即使借鉴了新理论,也多是只借用了新理论的外壳。然而,任何"新"只要来得容易,很快就会变成"旧"。

纪伯伦说:"我们已经走得太远,以至于忘记了为什么而出发。"多年以来,文学史书写正是这样"前进"着。编写者们在不断地追逐"新",越来越像是为某种观念而"新",为某种逻辑而"新",以至于忽略了书写文学史的根本目的——求真。

陈寅恪先生在《冯友兰〈中国哲学史〉上册审查报告》中说:"所著之中国哲学史者,即其今日自身之哲学史者也。其言论愈有条理统系,则去古人学说之真相愈远。"①哲学史如此,文学史亦如此——用预设的某种文学史的"本质"和某种文学史发展的逻辑,然后为我所用地选些材料,一部"新"的中国现代文学史著作就此产生。其实,这样的著作只是今人的一种历史想象,所建构起来的也只是又一种理论的逻辑而非历史本身的发展脉络,而历史的真实却就此被遮蔽。

基于此,经过反复研讨,本教材编者一致认为:"求真"应是第一追求,"求新"是第二目的。

那么,如何"求真"呢?

本教材编者选择了"去本质论"、"去逻辑化"。我们不再假设中国现代文学史存在某种"本质",也不再推想中国现代文学的发展存在某种"逻辑"。我们追求返回历史现场、返回文学现象的原生态。具体来说,本教材的编写思想是:"少一点哲学,多一点史学"、"少一点'六经注我',多一点'我注六经'",尽量减少对文学历史原貌的人为"破坏"。本教材的编写体例是:以时间为顺序,以文学现象为单元,尽量还原中国现代文学自身的发展进程。

那么,如何落实这样的编写思想和编写体例呢?

---

① 陈寅恪:《陈寅恪史学论文选集》,上海古籍出版社1992年版,第507页。

本教材编者采取的方法是“去掉框架，留下本真”，即去掉已有中国现代文学史著作所设计的外在的“框架”，只专注于当今大专院校普遍开设的中国现代文学史课程必然涉及的内容，如“晚清文学改良”、“五四文学革命”、“鲁迅”、“为人生文学”、“青春文学”、“左翼文学”、“民主主义文学”、“救亡文学”、“延安文学”等以此作为教材的各个基本单元。在此基础之上，为了追求文学史书写的客观性，本教材尽可能弥补了此前部分中国现代文学史教材的缺失，例如对儿童文学创作的相对忽视等。

而在“求新”方面，我们及时吸纳学术界最新并得到公认的研究成果，将其融入编写过程之中。同时，在各个单元的叙述中，我们突出经典作家和作品，在经典作家作品中则突出其特色和其在中国现代文学史上的地位与影响。在具体内容的写作中，我们尽力追求叙述的客观性，避免做过度阐释。

本教材尽管有上述追求，但限于水平，难免存在疏漏。作为一次尝试，我们真诚地希望学界同行们能够不吝赐教。

编　者

2012年4月

目　　录

第一章　晚清文学改良 …… 1

第一节　新派诗与诗界革命 …… 2

第二节　新小说与小说界革命 …… 8

第三节　新文体与文界革命 …… 14

第二章　早期言情小说 …… 18

第一节　《海上花列传》的价值与意义 …… 18

第二节　鸳鸯蝴蝶派 …… 23

第三节　徐枕亚与《玉梨魂》 …… 29

第三章　五四文学革命 …… 35

第一节　新文化与新文学 …… 35

第二节　文学观念的碰撞 …… 39

第三节　新文学的尝试 …… 44

第四节　五四文学的精神和历史贡献 …… 50

第四章　文坛巨匠鲁迅 …… 57

第一节　鲁迅的思想历程 …… 57

第二节　鲁迅的小说创作 …… 59

第三节　鲁迅的散文创作 …… 67

第四节　鲁迅的杂文创作 …… 70

第五章　为人生派的文学 …… 74

第一节　文学研究会及其文学主张 …… 74

第二节　问题小说 …… 77

第三节　儿童文学 …… 82

第四节　周作人、朱自清与现代散文 …… 86

第六章　主观抒情派的文学 …… 91

第一节　创造社及其文学追求 …… 91

第二节　郭沫若 …… 95

第三节　郁达夫与自叙传小说 …… 101

第七章 武侠小说 …… 108
第一节 民国武侠小说 …… 108
第二节 “前五家” …… 110
第三节 “后五家” …… 117
第八章 左翼文学 …… 125
第一节 左翼文化与左翼文学 …… 125
第二节 文坛的理论斗争 …… 130
第三节 左翼作家的创作 …… 137
第四节 茅盾 …… 143
第九章 繁盛的文学流派 …… 150
第一节 新月诗派与徐志摩 …… 150
第二节 丁玲与女性文学 …… 154
第三节 戴望舒与现代诗派 …… 159
第四节 沈从文与京派小说 …… 163
第五节 穆时英与新感觉派小说 …… 168
第六节 萧红与东北作家群 …… 171
第七节 废名与乡土小说 …… 176
第十章 民主主义文学大家 …… 181
第一节 巴金 …… 181
第二节 老舍 …… 187
第三节 曹禺 …… 194
第四节 张恨水 …… 200
第十一章 救亡文学 …… 207
第一节 救亡文学活动与创作 …… 207
第二节 胡风、路翎与七月派 …… 210
第三节 历史剧创作 …… 215
第四节 赖和与台湾文学 …… 219
第十二章 延安文学 …… 225
第一节 《在延安文艺座谈会上的讲话》 …… 225
第二节 解放区小说 …… 227
第三节 赵树理与孙犁 …… 232
第四节 新歌剧与长篇叙事诗 …… 237
第十三章 四十年代的非主流文学 …… 245
第一节 穆旦与“中国新诗派” …… 245
第二节 张爱玲与《传奇》 …… 248

第三节 徐讦与无名氏 …………………………………………………… 251
第四节 钱锺书与《围城》 ……………………………………………… 257

后记 ………………………………………………………………………… 261

第一章　晚清文学改良

晚清文学改良运动，其时间起止大约从19世纪末到20世纪头10年。代表性人物有梁启超、康有为、谭嗣同、严复、黄遵宪等。它是近代中国思想启蒙运动在文学领域的直接反映，文学也成为其进行思想启蒙的主要工具。晚清文学改良运动注重诗文改革，提倡文体革新和白话的使用，把小说文体提升到较高的地位。

晚清时期，文坛上居于正统地位的是桐城古文、选学骈文和宋诗派的诗，而小说则处于文学的边缘。居于正统地位的诗文作者，"章摹句效，终身役于古人"（梁启超语），他们一味固守传统的诗文理论，脱离现实生活，拒绝一切新思想、新事物、新语言和新的表现方法，从而成为中国文学与文化发展的严重桎梏。正是在这样的背景下，晚清文学改良运动才如火如荼地开展起来。

在晚清文学改良运动中，白话文运动是值得重视的一个文学现象。白话文运动的倡导者们，"抱着改革文学的志愿"，提出了"崇白话、废文言"的口号，力倡"言文合一"。在文界革命的影响下，晚清众多的白话报，形成了具有鲜明时代特点的梁启超式的新文体，其"多为平易畅达，时杂以俚语韵语"，"条理明晰，笔锋常带情感"，这种新式文学在当时产生了巨大的社会影响。"在散文方面的成绩只是把古文变浅近了，把应用的范围也更推广了"；"在韵文方面，他们也曾有'诗界革命'的志愿。"①

在晚清的白话文运动中，一大批白话报纸、书籍相继诞生。其中著名的有《无锡白话报》、《杭州白话报》、《苏州白话报》、《宁波白话报》、《国民白话报》、《上海新中国白话报》、《安徽白话报》、《长沙演说通俗报》、《江西新白话报》等。白话小说也随之大量涌现，据阿英的统计，当时产生的白话小说在1 500种以上。这些白话书报和小说，从"开通民智"的启蒙需要出发而使用白话，一时蔚然成为时代的风气。但是，晚清的白话文运动，也存在着一些局限，这主要体现在倡导者

---

① 胡适：《五十年来中国之文学》，《胡适文集》（第3集），北京大学出版社1998年版，第222页。

虽然从事白话文运动，但并没有明确提出以白话文取代文言文正宗地位的口号和措施，这使得运动仅仅成为对既有价值体系的修补，而非彻底颠覆，但白话文作为新的话语体系就此登上历史舞台。

在晚清文学改良运动中，新式教育起到了极其重要的作用。这主要体现在新式教育下的课程设置和教科书改变了学生既有的知识结构，并由此重铸了学生的文化心理结构。如果说言情小说等通俗小说的接受主体主要是在传统教育熏染下成长起来的士子或市民，那么，晚清文学改良运动中倡导的新派诗、新小说和新文体的接受主体则主要是在新式教育的熏染下成长起来的学生和由学生转化而来的知识分子。如胡适就说过："二十年来的读书人差不多没有不受他（指梁启超——引者注）的文章的影响的。"[①]因此，这些新式教育培养出来的学生群体，最终成为中国现代文学的创建主体，他们以其接纳的西学知识建构起现代文化心理结构和审美期待视野，从而使中国文学真正转变为现代中国文学。

总之，晚清文学改良运动以具有鲜明现代色彩的文学观为指导，从文学观念到创作风格，从文学体裁到文学语言等方面，都显示了中国文学从古典文学到现代文学的过渡性特点，它是中国封建文学总解体的开始，为新文学的勃兴做了充分的铺垫。特别需要指出的是，五四文学革命的发动者和参与者，莫不深受晚清文学改良运动的深刻影响，从一定意义上说，晚清文学改良运动可以看做是五四文学革命的预演和先导。

第一节　新派诗与诗界革命

诗界革命，是清末兴起的一股诗歌革新运动。在维新的社会潮流和民主、民族思想启蒙的时代氛围下，梁启超、黄遵宪等人以开放的眼光吸收异域文化，在古典诗歌基本形式范围内，部分地突破了既有的某些创作原则，大胆变革诗歌内容，使中国传统诗歌创作开始发生由"旧"到"新"的演变。

一、诗界革命的倡导

"诗界革命"的口号是梁启超于1899年12月25日在其文章《夏威夷游记》中提出的。梁启超认为，"诗之境界，被千余年来鹦鹉名士占尽矣。虽有佳章佳句，一读之，似在某集中曾相见者"，诗界革命的方向是"今日不作诗则已，若作诗，必为诗界之哥仑布、玛赛郎然后可"，发出了"中国非有诗界革命，则诗运殆将

① 胡适：《五十年来中国之文学》，《胡适文集》（第3集），北京大学出版社1998年版，第217页。

绝”的呐喊。为此，梁启超提出了另辟新境的新诗人所必须具备的条件：“第一要新意境，第二要新语句，而又须以古人之风格入之，然后成其为诗。”①

梁启超提出的诗界革命强化了诗歌思想内容的变革，他认为，“欧洲意境语句”，并不是“物质上琐碎粗疏者，于精神思想上未有之也”，要“输入欧洲之精神思想，以供来者之诗料”。这就把中国诗歌的精神源头转向了西方，使得西方的现代思想成为中国诗歌的“诗料”，这样的诗歌主张，极大地颠覆了中国传统诗歌的精神。但这种主张在当时仅仅是一种愿景，因为“即以学界论之，欧洲之真精神、真思想，尚且未输入中国，况于诗界乎”②。因此，“以旧风格含新意境”，可以看作对诗界革命的生动概括，而新意境的价值核心则是梁启超在政治上提出的“新民”思想，这就是说，诗界革命正是梁启超政治变革的一种实现方式。在此基础之上，梁启超认为“公度（黄遵宪）、穗卿（夏曾佑）、观云（蒋智由）为近世诗家三杰，此言其理想之深邃闳远也”，“生平论诗，最倾倒黄公度”，“吾重公度诗，谓其意境无一袭昔贤，其风格又无一让昔贤也”，黄遵宪的诗歌“皆纯以欧洲意境行之，然新语句尚少”③，这就进一步指明了诗界革命中的诗歌创作的基本方向。

总的来说，梁启超在其诗论著作《饮冰室诗话》中基本上坚持了将“新意境”、“新语句”、“古人之风格”这三者作为“二十世纪支那之诗王”的评价标准，但他也意识到在变革的时代“新语句与旧风格常相背驰”的症结所在，认为：“过渡时代，必有革命。然革命者，当革其精神，非革其形式。吾党近好言诗界革命，虽然，若以堆积满纸新名词为革命，是又满洲政府变法维新之类也。能以旧风格含新意境，斯可以举革命之实矣。苟能尔尔，则虽间杂一二新名词，亦不为病。”④但是也应看到，梁启超实际上降低了“新语句”这一标准，认为“间杂一二新名词”也是可以的。这样虽调和了“新语句”和“旧风格”之间的紧张关系，却使诗界革命无法彻底挣脱传统诗歌藩篱的束缚。

诗界革命在题材内容上，要求诗歌反映社会现实，为改良派的政治斗争服务。对此，梁启超称赞黄遵宪的诗为“史诗”，并专门将其表现亡国惨状的《朝鲜叹》、《越南篇》、《琉球歌》、《台湾行》等诗作选入《饮冰室诗话》加以褒扬。在诗歌的语言形式方面，梁启超提倡通俗化与诗乐合一，他认为“盖欲改造国民之品质，

---

① 梁启超：《夏威夷游记》，《中国近代文学大系》（文学理论集一），上海书店出版社1994年版，第675页。

② 梁启超：《夏威夷游记》，《中国近代文学大系》（文学理论集一），上海书店出版社1994年版，第677页。

③ 梁启超：《夏威夷游记》，《中国近代文学大系》（文学理论集一），上海书店出版社1994年版，第676页。

④ 方志钦、刘斯奋编注：《梁启超诗文选》，广东人民出版社1983年版，第486页。

则诗歌、音乐为精神教育之一要件”，而主张诗乐合一，又势必要求诗歌语言通俗易懂。

为了更好地推动诗界革命向更深层面发展，梁启超还在《清议报》、《新民丛报》、《新小说》上开辟“诗界潮音集”、“饮冰室诗话”等专栏，评论、推介诗歌作品。“饮冰室诗话”连载于《新民丛报》第 4 至 95 期，以传统的诗歌批评方式，评介诗友诗作，对诗界革命的发展起到了积极的推动作用。

此外，在诗界革命的理论建设上，具有重要影响的还有夏曾佑、康有为、丘逢甲、蒋智由、邱炜萲、狄葆贤、谭嗣同等人，他们积极地回应并努力践行这一诗歌主张，从而使诗界革命从个人主张逐渐演化为诗坛风云。在诗界革命中，他们都特别肯定了诗界革命最重要的是“当革其精神，非革其形式”，并提出许多新的主张，所有这些理论主张，都为诗界革命廓清了进一步发展的道路。

二、黄遵宪的诗歌创作实践

在梁启超提倡诗界革命之前，黄遵宪等人就已经以其创作实践开启了诗歌变革的序幕。黄遵宪作为“别创诗界”的诗人，在维新运动发起之前的 20 余年，就已经开始探索传统诗歌变革发展的新路，这为诗界革命提供了实践上的支持，从而也使他成为诗界革命的重要代表诗人。

黄遵宪凭借着他“年来足迹遍五洲，浮槎曾到天尽头”的独特的异域人生体验，使得“吾身之所遇，吾目之所见，吾耳之所闻，吾愿笔之于诗”的愿望得到了较好地实现。概括地说，黄遵宪的诗歌创作成就主要体现在以下几个方面。

其一，黄遵宪继承并超越了中国传统诗人的优良传统，他的诗歌创作不仅秉承了现实主义的道路，而且还以其所了解的西方近代意识，致力于中国社会的维新变革，因而他的诗歌成为记录时代风云的“史诗”。

黄遵宪以科举出仕，早期以儒家思想为尊，但他在走出国门，对西方的政治文明和物质文明有了更多的了解之后，思想产生了巨大的飞跃，这主要体现在他对维新变法运动的认同上。如他在诗作中道出的心声：“呜呼专制国，今既四千岁。岂谓及余身，竟能见国会。以此名我名，苍苍果何意。人言廿世纪，无复容帝制。举世趋大同，度势有必至。”①这就清晰地表明了黄遵宪的思想已经走向了帝制的对立面，而其诗歌创作则承载起了推动“举世趋大同”的历史使命。

黄遵宪的诗歌聚焦于当时发生的重大历史事件，在表现出强烈的爱国主义精神的同时，还渗透着变法图强的近代意识。例如，黄遵宪在描写甲午战争的组

---

① 黄遵宪：《病中纪梦述寄梁任父》，《中国近代文学大系》（诗词集一），上海书店出版社 1994 年版，第 526 页。

诗中，以史家笔法记录了甲午战争的主要战事，并以诗人的情怀表达了时人的无限感喟。可以说，19 世纪后半叶发生的重大历史事件，都在黄遵宪的诗歌中得到了体现，正如康有为所说的那样，“公度之诗”“上感国变，中伤种族，下哀生民，博以环球之游历，浩渺肆恣，感激豪宕，情深而意远”。

其二，黄遵宪以开创一代诗风的雄心和壮志，在诗歌理论上对传统诗歌规范进行了大胆质疑，并在“语无古今”的基础上，又提出“诗无古今”的观点。黄遵宪在诗歌中，大胆张扬自我，认为“我手写我口，古岂能拘牵”[①]，特别强调了自我作为主体的独立价值，从而打通了横亘在诗歌中的古今分界。

黄遵宪不仅通过“诗无古今”理论打通了今人在诗歌创作上的壁垒，张扬了诗歌创作的主体性，而且还通过“诗外有事，诗中有人”的诗学主张，挣脱了诗歌创作上的复古、拟古窠臼，使诗歌重获反映现实、观照现实的能力，从而为诗歌走向“别创诗界”之路奠定了坚实的基础。黄遵宪曾说过：“仆尝以为诗之外有事，诗之中有人；今之世异于古，今之人亦何必与古人同。”[②]黄遵宪的这一诗学主张，在梁启超发出了诗界革命的号召之后，又得到了进一步发扬光大。1902 年，黄遵宪在《致梁启超书》中表示：意欲“扫词章家一切陈陈相因之语”，用今人所见之理，所用之器，所遭之时势，一寓之于诗，务使诗中有人，诗外有事，不能施之于他日，移之于他人，而其用以感人为主。这就把诗歌创作的根基重置于现实的基点之上，为诗界革命提供了理论上的支撑。

在诗歌语言上，黄遵宪则从“我手写我口”的立场出发，主张“适用于今，通行于俗”的诗歌创作基本原则。黄遵宪很早就有“崇白话而废文言”的思想，通过改变旧文体使之“适用于今，通行于俗”，“令天下之农、工、商、贾、妇女、幼稚，皆能通文字之用”[③]，以达到解放诗歌语言的目的。黄遵宪在诗歌语言上的突破主要通过两个途径实现：一是使用俗语口语，二是恰当而有节制地使用译言及新名词，同时又尽可能地把新名词放入所要表现的意境中，从而较好地实现了新名词与传统诗歌风格的融会贯通。

其三，黄遵宪以阔达开放的人生视野，在诗歌创作中融进了异域文化的特质，独创“海外诗”，为中国传统诗歌拓展出一派从未有过的新气象。这些异域文化的特质包括域外风情和现代事物，诸如轮船、电报、东西半球昼夜相反等，也有体现西方政治文明的立宪、变法、国会等现代话语，通过比较使得东西方在文明

---

① 黄遵宪：《杂感》，《中国近代文学大系》（文学理论集一），上海书店出版社 1994 年版，第 636 页。

② 黄遵宪：《人境庐诗草笺注》，《中国近代文学大系》（文学理论集一），上海书店出版社 1994 年版，第 635 页。

③ 黄遵宪：《日本国志・学术志二・文学》，《中国近代文学大系》（文学理论集一），上海书店出版社 1994 年版，第 56 页。

上的差异充溢在诗歌中。如:“同一乘舟,昔以风帆,今以火轮;同一行车,昔以骡马,今以铁道;同一邮递,昔以驿传,今以电线;同一兵器,昔以弓矢,今以枪炮。”(《朝鲜策略》)不仅如此,黄遵宪还大胆突破中国传统诗歌的范式,使其诗境更显磅礴。如黄遵宪创作于1890年的《锡兰岛卧佛》,有7 000字左右,极大地提高了诗歌的表现力。

其四,梁启超诗界革命主张中忧国忧民和“新民”的情怀在黄遵宪的诗歌中得到了进一步提升,这极大地推动了诗界革命的发展。黄遵宪受梁启超诗界革命精神的感召,作《出军歌》、《军中歌》、《旋军歌》等24首寄给梁启超,梁启超在《饮冰室诗话》中评论说:“其精神之雄壮活泼、沉浑深远不必论,即文藻亦二千年所未有也。诗界革命之能事至斯而极矣。吾为一言以蔽之曰:读此诗而不起舞者必非男子。”[①]黄遵宪自觉地把诗歌创作纳入新民的政治目标上,成为诗界革命的支柱。

总的来说,“别创诗界”的黄遵宪是诗界革命的一面旗帜,他以“我手写我口”的胆识和倡言,使诗歌走向创新发展之路,并由此成为中国诗歌从古典向现代转型的探索者和开拓者。

三、其他诗人及其诗歌创作实践

在诗界革命过程中,具有代表性的诗人还有丘逢甲、梁启超、夏曾佑、康有为、蒋智由等,他们的诗歌创作实践,共同构成了诗界革命的重要内容。

台湾诗人丘逢甲与梁启超、黄遵宪和康有为等人关系密切,其诗风或苍凉沉郁,或慷慨豪迈,或隽永清新。诗歌主题或倾诉台湾沦于异族的悲愤,或抒写思念故土的无限深情和收复台湾的壮志雄心。梁启超在《饮冰室诗话》中赞之为“诗界革命一巨子”。丘逢甲在一系列思念台湾的诗作中,爱国情怀得到了淋漓尽致的展现。如:“春愁难遣强看山,往事惊心泪欲潸。四万万人同一哭,去年今日割台湾。”(《春愁》)“往事何堪说,征衫血泪斑。龙归天外雨,鳌没海中山。银烛鏖诗罢,牙旗校猎还。不知成异域,夜夜梦台湾。”(《往事》)这些诗都形象地展现了诗人对故土台湾无法割舍的情怀。尤为可贵的是,诗人并没有沉浸于悲伤之中,还以豪迈的气势表达了对收复故土台湾的坚定信念:“亲友如相问,吾庐榜念台。全输非定局,已溺有燃灰。弃地原非策,呼天倘见哀。十年如未定,卷土定重来。”(《送颂臣之台湾》)显示了诗人收复故土的必胜信念。在丘逢甲创作的诗歌中,还有一个重要主题就是对新政的积极认同和礼赞。1899年前后,诗人意识到“迩来诗界唱革命”,“应有新诗写新政”,积极加入到诗界革命的队伍中,

---

① 梁启超:《饮冰室诗话》,人民文学出版社1982年版,第43页。

更注重“直书时事”，从而回应了诗界革命的潮流。如《七洲洋看月放歌》等诗，诗人把海外行的新感受写进诗中，充分表达了其对中国变法革新的希望与信心，和诗界革命所鼓荡的潮流相呼应。

梁启超不仅是诗界革命理论上的倡导者，同时也是诗歌创作上的实践者。梁启超在诗歌创作中，秉承其诗界革命的主张，在把新意境、新名词和旧风格相贯通的过程中，注重规避“挦扯新名词以表自异”的弊端，尽可能做到“以旧风格含新意境”。梁启超的诗歌，气势磅礴，视野开阔，充溢着“新民”的使命感和责任感，承载着其维新思想和变法图强的政治主张。如梁启超创作的形式自由的《二十世纪太平洋歌》，就是诗界革命理论与诗歌创作实践有机结合的典范。该诗是梁启超于 1899 年赴美游历途中所作，在 19 世纪和 20 世纪交替的最后时刻，梁启超独倚海轮，环顾太平洋汹涌的波涛，不禁思接万里，诗潮奔涌，在诗中抒发了“吾欲我同胞兮御风以翔，吾欲我同胞兮破浪以飏”的慷慨之情，给读者以震撼之感。

夏曾佑在诗界革命的激荡下，创作了几十首诗，他喜用西学名词及孔、佛、耶三教经典语入诗，用语奥僻，但富有哲理，在诗界革命中独树一帜。例如：“冰期世界太清凉，洪水茫茫下土方。巴别塔前一挥手，人天从此感参商。”（《无题二十六首录五》）诗中几乎每句都包含西学知识和《圣经》典故，显得较为艰涩而怪异，但也显示出夏曾佑对西方文明的追慕和对封建传统的决绝。但其局限也清晰可见，正如梁启超所说的那样：“夏穗卿、谭复生皆善选新语句，其语句则经子生涩语、佛典语、欧洲语杂用，颇错落可喜，然已不具备诗家之资格。”①

康有为也是诗界革命的重要诗人，其诗歌想象奇特、雄浑豪健、形象瑰丽。康有为的诗作主题主要表现在两个方面，其一是抒发政治抱负和爱国热忱，凸显仁人志士深厚的忧国忧民思想情怀和力挽狂澜的豪迈气概。如其诗作《出都留别诸公》在开篇写道：“沧海惊波百怪横，唐衢痛哭万人惊。高峰突出诸山妒，上帝无言百鬼狞。岂有汉庭思贾谊，拼教江夏杀祢衡。陆沉预为中原叹，他日应思鲁二生。”②诗人通过用典等手法抨击了顽固派对变法的阻挠和甘愿为变法而献身的精神。其二是对西方近代文化的认同和期冀以此改造民族精神的现代意识。这些诗主要是康有为流亡海外之后所作。在戊戌变法失败之后，康有为被迫流亡海外，但诗人未能实现的政治情怀并没有就此冷却，而是深潜着改造中华

---

① 梁启超：《夏威夷游记》，《中国近代文学大系》（文学理论集一），上海书店出版社 1994 年版，第 676 页。

② 康有为：《出都留别诸公》，《中国近代文学大系》（诗词集一），上海书店出版社 1994 年版，第 726 页。

的殷切期望。这体现在康有为的诗作中，就是注重“新世瑰奇异境生，更搜欧亚造新声”，从而使其诗歌创作有力体现了“新民”的文化目标与政治抱负，成为诗界革命的有机组成部分。

蒋智由早年积极参与维新运动，鼓吹新学，大力译介西方政治学说和文化思想，是诗界革命的积极支持者和参与者。其诗歌富有革命激情，注重宣传西方资产阶级的民主、平等、自由等新思想，并以此作为唤醒民族意识的重要方式，其诗用新事、新典、新名词，但又畅达易懂，《久思》、《卢骚》等诗作因此传诵一时。

诗界革命作为发生在戊戌变法前后的诗歌改良运动，还没有涉及对诗歌现代性的探讨与追寻，从总体上说，诗界革命主张的提出并不是源自诗歌自身文体觉醒和变革的需要，而是源自政治改良体系下的社会功能的再发现。从某种意义上说，诗界革命是政治改良大系统下的一个有机的组成部分。尽管如此，诗界革命的理论与实践相对于中国诗歌传统而言，毕竟带有现代的特质，这主要体现在它以世界的视阈、开放的胸襟，以西方诗歌和西方文化为参照系，通过拿来主义等方式，使得新派诗不仅在题材和主题上获得了拓展，而且在形式和语言上也有了一定的拓展，实现了诗歌的一次具有深远意义的变革，正是以此为起点，诗界革命所倡导的新派诗逸出了中国传统诗歌的藩篱，开启了古典诗歌向现代诗歌转型的序幕。

第二节 新小说与小说界革命

“小说界革命”是梁启超在晚清时期提出的关于小说变革的重要口号，这一口号适应了时代对于小说变革的内在需要，获得了诸多小说家的积极响应，进而形成了一场具有相当声势的小说变革运动，成为中国现代小说的肇始。

一、小说界革命的理论倡导

小说界革命的口号提出，“最初出现于《中国唯一之文学报〈新小说〉》，接着在《论小说与群治之关系》中被加以阐述”。因而，小说界革命的“纲领性文献便是《论小说与群治之关系》以及与之同时写成而发表稍早、一向不大为研究者所注意的《中国唯一之文学报〈新小说〉》”①。而小说界革命主张的孕育，则在早前就已开始。陈平原认为：“20 世纪初年，一场号为‘小说界革命’的文学运动，揭开了中国小说史上新的一页。‘小说界革命’的口号，虽然直到 1902 年才由梁启

① 颜廷亮：《晚清小说理论》，中华书局 1996 年版，第 62 页。

超在《论小说与群治之关系》一文中正式提出，但戊戌前后文学界对西洋小说的介绍，对小说社会价值的强调，以及对别具特色的‘新小说’的呼唤，都是小说界革命的前奏。因此，新小说的诞生必须从1898年讲起。也就是说，戊戌变法在把康、梁等维新派志士推上政治舞台的同时，也把新小说推上了文学舞台。”①

梁启超能够提出小说界革命的理论，与其以开放的胸襟接纳异域文化是分不开的。梁启超的小说界革命思想直接受启于日本的政治小说《佳人奇遇》。政治小说是日本明治维新和民权运动的产物，一些政治家、政论家借小说的形式来表现自由平等、天赋人权的政治思想，《佳人奇遇》就是其中一部较有影响的小说。作者根据他遍游欧美的经历，以与世界各国志士会面时慷慨激昂的谈话为素材，表现了争取祖国独立、强烈反对封建专制的思想情感。在日本政治小说的影响下，执著于探索社会改良途径的梁启超，也开始提倡政治小说。

梁启超小说界革命理论的提出，也经历了一个发展过程。早在1898年所作的《译印政治小说序》中，梁启超表示他充分地认识到政治小说在社会改革中所担当的重要历史角色，但其立论在匡正历史弊端时也难免带有极端化的局限。1902年11月，梁启超在日本创办《新小说》杂志，并在《论小说与群治之关系》一文中系统地对小说界革命理论进行了阐释，认为“小说为文学之最上乘也”，彻底颠覆了中国文学界轻视小说的传统观念，对于改变小说在中国文学中的边缘化地位起到了积极作用，这在当时可谓石破天惊、振聋发聩。在该文中，梁启超以其饱蘸激情的笔墨，宣泄着一种势不可移的小说主张：“欲新一国之民，不可不先新一国之小说。故欲新道德必新小说，欲新宗教必新小说，欲新政治必新小说，欲新风俗必新小说，欲新学艺必新小说，乃至欲新人心，欲新人格，必新小说。”②从而把小说的功能扩大到了极致。小说由此便应政治改良的需要，堂而皇之地坐上了文学的第一把交椅，摆脱了在文学中的“奴婢”地位，一跃成为担当政治改良等诸多重要历史使命的急先锋。

梁启超把小说提升至无以复加的地位之后，还对旧小说中的各种封建糟粕进行了清理，指斥其为“中国群治腐败的总根源”，得出了“今日欲改良群治，必自小说界革命始，欲新民，必自新小说始”③的结论。

受其政治改良核心目的的制约，梁启超在探讨小说的特性时，便不可能从文学的意义上完成对于小说的体认，而只能在政治视阈中完成对小说特性的发现。

---

① 陈平原：《二十世纪中国小说史》第1卷，北京大学出版社1989年版，第1页。

② 梁启超：《论小说与群治之关系》，阿英《晚清文学丛抄·小说戏曲研究卷》，中华书局1960年版，第14页。

③ 梁启超：《论小说与群治之关系》，阿英《晚清文学丛抄·小说戏曲研究卷》，中华书局1960年版，第19页。

梁启超着力探寻小说支配人道的“熏、浸、刺、提”四种力，而忽视了对小说本体的把握，便是受其政治目的制约的结果。因此，小说界革命作为中国现代小说的肇始，主要是循着“从外到内”的逻辑路径演变的。

梁启超在提出了小说界革命的主张后，又在《新民丛报》上说明了小说界革命的宗旨“专在借小说家言以发起国民政治思想，激励其爱国精神，一切淫猥鄙野之言有伤德育者在所必摈”，并申述专刊小说理论的文章，“欲为中国说部创一新境界，如论文学上小说之价值，社会上小说之势力，东西各国小说进化之历史，及小说家之功德，中国小说界革命之必要及其方法等”。由此系统地规范了小说界革命的发展方向。

梁启超小说理论的另一个重要内容是提倡俗语小说。梁启超要把自己的政治主张通过小说的方式传达给读者，从而使读者在政治上觉醒，因此才会针对“天下通人少而愚人多，深于文学之人少而粗识之无之人多”的情况，提倡使用能为读者所接受的语言，达到“思想普及”的政治目的。但从文学的角度来看，梁启超仍然认为“六经”是美的，这从其有关话语中略见一斑：“六经虽美，不通其义，不识其字，则如明珠夜投，按剑而怒矣。”①当然，在倡导小说界革命时，梁启超的这一观点虽有所改变，但其提倡小说使用俗语仍然主要是出于政治层面的考量。

梁启超的小说界革命理论能够成为社会整体性的诉求，是因为有较为深厚的社会基础。小说界革命也有一个孕育的过程，只不过在梁启超之前类似的理论诉求之星火还没有形成燎原之势。如严复、夏曾佑于 1897 年在天津的《国闻报》上发表《附印说部缘起》指出：“夫古人之为小说，或各有精微之旨，寄于言外，而深隐难求，浅学之人，论胥若此，盖天下不胜其说部之毒，而其益难言矣。”进而又通过对比提出了小说变革的途径：“且闻欧、美、东瀛，其开化之时，往往得小说之助，是以不惮辛勤，广为采辑。”②总的来看，严复等先驱提倡“使民开化”的新小说，其目的也在于改造社会。

随着对小说功能认识的提升，梁启超的小说界革命理论获得了一些知识分子的积极响应，肯定小说地位、探讨小说与社会关系、评析小说功能的理论文章蔚然成风。其中较有代表性的人物和理论文章有别士的《小说原理》、楚卿的《论文学上小说之位置》、松岑的《论写情小说于新社会之关系》、天僇生的《论小说与改良社会之关系》和《中国历代小说史论》、陶佑曾的《论小说之势力及其影响》、

---

① 梁启超：《译印政治小说序》，见阿英《晚清文学丛抄 · 小说戏曲研究卷》，中华书局 1960 年版，第 13 页。

② 严复、夏曾佑：《附印说部缘起》，见阿英《晚清文学丛抄 · 小说戏曲研究卷》，中华书局 1960 年版，第 12 页。

觉我的《余之小说观》等，这些文章都从不同的方面回应了梁启超所提出的小说界革命理论，从而使小说界革命不断向纵深发展。

在这些有关小说的理论文章中，论者基本上遵循着梁启超提出的小说与群治的关系，侧重于阐释小说本体之外的诸多外在关系，除了觉我的《余之小说观》对小说本体有所阐释之外，一般的理论文章都是从外部关系进行阐释。如天僇生在《论小说与改良社会之关系》中就认为："夫欲救亡图存，非仅恃一二才士所能为也，必使爱国思想，普及于最大多数之国民而后可。求其能普及而收速效者，莫小说若。"①这实际上还是与小说政治启蒙的理论一脉相承的。这充分说明，小说界革命在晚清时期之所以能够产生很大影响，是与时代赋予人们的认识高度有着深刻关联的。

二、小说界革命的创作实践

在小说界革命口号的指导下，小说的地位获得了极大的提升，一些专门刊发小说的报刊如雨后春笋般大量涌现，专门从事小说创作的小说家也不断出现，小说创作实践取得了不俗的成绩。

在刊发小说的报刊中，影响较大的有《新小说》(1902 年 11 月在日本横滨创刊，月刊，次年改在上海出版。编辑兼发行人署赵毓琳，实由梁启超主持。1906 年停刊，共出 24 期)、《绣像小说》(1903 年 5 月 27 日创刊于上海，半月刊，主编李伯元，1906 年 4 月停刊，共出 72 期)等。与此相对应，一些产生了重要影响的小说也应运而生，如李伯元的《官场现形记》于 1903 年在《世界繁华报》连载，刘鹗的《老残游记》于 1903 年 9 月开始在《绣像小说》连载，吴趼人的《二十年目睹之怪现状》于 1903 年 10 月在《新小说》上连载，曾朴的《孽海花》于 1903 年 11 月在《江苏》月刊连载。后人把这四部小说称为晚清"四大谴责小说"。标志着小说创作实践进入了一个新的历史发展阶段。

适应社会的需求，报刊等大众传媒获得了读者的认同和接受，使报刊具有了较高的市场价值，这为职业小说家获得较为丰厚的稿酬提供了可能，进而促使小说家队伍进一步壮大，为小说创作的发展和繁荣奠定了坚实基础。"由于社会变革的需要，小说地位的提高，以及科举制度的废除，稿酬制度的建立等多种原因，一批知识分子走上了小说创作的道路。"②小说家的创作实践，从大的方面来说，

---

① 天僇生:《论小说与改良社会之关系》，阿英《晚清文学丛抄·小说戏曲研究卷》，中华书局 1960 年版，第 39 页。

② 裴效维:《近代小说繁荣和贡献》，《中国近代文学百题》，中国国际广播出版社 1989 年版，第 217 页。

可以承载起政治启蒙的使命，从小的方面来说，可以达到为稻粱谋的目的，这极大地促进了中国传统知识分子向职业小说家的转变，为小说创作的繁荣奠定了坚实基础。

在小说界革命的创作实践中，梁启超的《新中国未来记》尽管文学成就不够高，却具有重要的文学史价值和意义。《新中国未来记》是梁启超于 1902 年在《新小说》创刊号上发表的政治小说，也是“新小说”运动的开山之作，它的发表，标志着具有近代意义的“新小说”的诞生。

在《新中国未来记》中，作者表现出充沛的激情并全部投射到其作品的主人公身上，使其笔下的人物形象成为其思想的传达者。这诚如梁启超所言：“此编今初成两三回，一复读之，似说部非说部，似稗史非稗史，似论著非论著，不知成何种文体，自顾良自失笑。虽然，既欲发表政见，商榷国计，则其体自不能不与寻常说部稍殊。”①由此可见，梁启超的小说创作，更多地服务于“发表政见，商榷国计”这个中心目标。《新中国未来记》作为梁启超文学观念的一次具体实践，从艺术上来说并不是很成功的，因为它基本上是披着小说的外衣，用于发表作者的政见，简单地把小说当成了政治的传声筒，从而使小说失去了应有的艺术魅力。

当然，梁启超所倡导的小说界革命的创作实践，也有一个变化发展的过程。如果说在梁启超那里小说侧重于“宣传”的话，在其他小说家那里则表现为对于“暴露”的倚重，这就是上文提到的“谴责小说”。鲁迅曾对“谴责小说”有过这样的论述：“中国之谴责小说有通病，即作者虽亦时人之一，而本身决不在谴责之中。倘置身局内，则大抵为善士，犹他书中之英雄；若在书外，则当然为旁观者，更与所叙弊恶不相涉，于是，嬉笑怒骂之情多，而共同忏悔之心少，夕意不真挚，感人之力遂微矣。”②一针见血地指出了“谴责小说”缺乏在人的层面上的主体性。

《官场现形记》是李伯元的代表作，位列四大谴责小说之首。它以暴露官场黑暗为主要内容，“故凡所叙述，皆迎合，钻营，蒙混，罗掘，倾轧等故事，兼及士人之热心于作吏，及官吏闺中之隐情”③。小说塑造的人物形象，不管是正途科举、军功、保荐或捐来的官职，都是出于捞钱的动机，揭示了做官是为了赚钱，赚钱是为了当更大的官的逻辑法则。总之，《官场现形记》宣泄了人们对社会的腐败黑暗的绝望情绪，客观上起到了呼唤积极向上的新社会的效果。

---

① 梁启超：《新中国未来记·自序》，《新小说》第一号起连载至七号共五回，标为政治小说。

② 鲁迅：《小说史大略·清之谴责小说》，《中国现代文艺资料丛刊》第 4 辑，上海文艺出版社 1979 年版。

③ 鲁迅：《鲁迅全集》第 9 卷，人民文学出版社 1981 年版，第 283 页。

《二十年目睹之怪现状》是吴趼人的代表作，也是晚清谴责小说的重要代表作品。小说描写了19世纪末到20世纪初的20年间官场、商场、洋场以及社会各个角落的黑暗污浊的现象，揭露了封建社会进入末期的种种怪现状。

《老残游记》是刘鹗的代表作。除了具有谴责小说的一般特点之外，它还具有独到的艺术价值。胡适曾经说过："《老残游记》在中国文学史上的最大贡献却不在于作者的思想，而在于作者描写风景人物的能力。"①鲁迅在《中国小说史略》中也评价它"叙景状物，时有可观"②。比如书中描写老残进入济南府，但见"家家泉水，户户垂柳"，成为济南的经典性书写，显示了作者高超的艺术素养。

《孽海花》1903年开始刊载在东京的留学生杂志《江苏》上，前六回的作者是金松岑，后面的部分由曾朴续写。最初，作者是把它当政治小说来写，所以选取了驻俄公使为主角，但在曾朴接手后，则"借用主人公做全书的线索，尽量容纳近30年来的历史，避去正面，专把些有趣的琐闻逸事，来烘托出大事的背景，格局比较的廓大"③。这就使得《孽海花》在主题上具有了较为深厚的历史意识，也具有了独特的文学价值。

小说界革命的发生，是各方面因素共同作用的结果。著名学者阿英曾经这样分析过："第一，当然是由于印刷事业的发达，没有前此那样刻书的困难；由于新闻事业的发达，在应用上需要多量产生。第二，是当时知识阶级受了西洋文化的影响，从社会意义上，认识了小说的重要性。第三，就是清室屡挫于外敌，政治又极窳败，大家知道不足与有为，遂写作小说，以事抨击，并提倡维新与革命。"④具体来说，晚清小说界革命的发生，一是现代印刷技术的应用，使得出版能够较为顺利地进行，而报刊等新型传媒的发展，则把小说整合到报刊栏目中，有些小说甚至成为报刊得以畅销的重要因素；二是从理论界来看，具有近代意识的知识分子在对西方文化的感悟中，逐渐意识到了小说在社会中所独有的作用，进而大力张扬小说在维新与革命中的政治启蒙功能，这为小说界革命寻到了可能性；而现实政治的腐败，则使"咸与维新"转变为对"群治"的维新启蒙，由此使得小说在社会嬗变中获得了独特的价值。三是小说界革命的发生，还与晚清时期产生了大量关心国事、能够接受新小说的读者具有内在的关联。由此一来，梁启超有关小说界革命的呼吁迅即被扩大为具有相当社会基础的公共诉求，从而在当时掀起了一场颇有声势的小说界革命。

---

① 胡适：《老残游记·序》，《胡适文存》第3集，黄山书社1996年版，第406页。

② 鲁迅：《鲁迅全集》第9卷，人民文学出版社1981年版，第289页。

③ 曾孟朴：《谈〈孽海花〉》，《〈孽海花〉资料》，上海古籍出版社1982年版，第130页。

④ 阿英：《晚清小说史》，人民文学出版社1980年版，第1～2页。

总之，小说界革命对中国现代小说具有极其重要的作用。我们以此来审视五四文学革命，便会发现，如果没有晚清小说界革命等建构起来的近代文化心理结构，五四文学革命也就失去了其存在发展的基础。显然，梁启超等文化先驱们的筚路蓝缕之功是不可磨灭的。但另一方面，由于梁启超等过于强调小说的政治意义而忽略了其文学性，在一定程度上影响到小说界革命的效果与实绩。

第三节 新文体与文界革命

一、文界革命口号的提出

在“文界革命”口号提出之前，“桐城派”和“文选派”被视为中国散文的正宗，桐城派讲究“义法”、“雅洁”等规范，文选派则崇尚骈文，这使得散文创作严重地脱离了社会现实，甚至成为阻碍新文体发展的桎梏。针对这一情况，梁启超1899年底在《夏威夷游记》一文中正式提出“文界革命”的口号，但文界革命的创作实践在此之前就伴随着近代报刊的产生而出现了。早在1874年，具有改良思想的王韬在香港办《循环日报》时就要求文章“直抒胸臆”、“辞达而已”，开创了“报章文体”的先例。维新变法期间，报刊成为维新派宣传维新变法的利器，如此一来，深潜着作者维新变法思想的政论性文章，以自由平等的思想和明白晓畅的语言，源源不断地通过报刊传播开来，从而使开通民智的政治启蒙运动借助“报章文体”得到了淋漓尽致的表现。

梁启超的文界革命的主张，深受日本的影响。梁启超在《夏威夷游记》中写道：“读德富苏峰所著《将来之日本》及《国民丛书》数种。德富氏为日本三大新闻主笔之一，其文雄放隽快，善以欧西文思入日本文，实为文界别开一生面者，余甚爱之，中国若有文界革命，当亦不可不起点于是也。”[①]这是梁启超第一次使用“文界革命”一词，基本的思想是通过对德富苏峰文体的效法和改造，以“欧西文思”入“中国文”，从而使文章达到“觉世”的目的。

梁启超倡导文界革命的内在根源是“灌输常识”、“开通民智”、养育“民德”和培植“民力”。梁启超在《新民丛报》创刊号上介绍严复的译作《原富》时，针对“其文笔太务渊雅，刻意摹仿先秦文体，非多读古书之人，一翻殆难索解”的状况，指出“夫文界之宜革命久矣。欧美日本诸国之变化，常与其文明程度成比例，况此

① 梁启超：《夏威夷游记》，《饮冰室合集·专集》，中华书局1932年版，第104页。

等学理邃赜之书，非以流畅锐达之笔行之，安得使学童受其益乎？著译之业，将以播文明思想于国民也，非为藏山不朽之名誉也”，梁启超在此提出了著述的目的是“播文明思想于国民”，而不是作传世之文藏于南山。显然，梁启超对严复翻译中存在的“文笔太务渊雅”是持批评态度的，认为“文笔太务渊雅”便难以达到“播文明思想于国民”的功能。而这也是文界革命的起点。

二、文界革命的主要内容

文界革命的主要内容大体上表现在以下几个方面：

其一，文界革命因可以承载“播文明思想于国民”的重任而获得了存在的价值和意义。传播文明思想是文界革命的重要目的。而对文明思想的传播主要是从“破”和“立”两个方面展开的。所谓“破”，就是把文章的锋芒直指社会弊端，对封建专制思想及其所带来的危害进行批判。所谓“立”，就是把文章的笔墨集中阐释文明思想作为社会的主导思想。这主要体现为对西方的“新思想”、“新学说”的大力鼓吹。新文体在这一方面主要是通过借用西方的“新思想”和“新学说”来分析中国社会现实所存在的问题，或者是大张旗鼓地介绍和宣传西方的各种理论学说，强调自由思想是西方文明之母，鼓动人们争取政治、宗教、民族、生计，尤其是思想上之自由，不受三纲之压制，不受古人之束缚。内容涉及国家学说、政治法律思想、哲学、经济学、历史、地理、文学、科学知识等方面，充分显示了新文体与桐城派、文选派在思想内容上的本质差异。

其二，文界革命在语言上突破了古文一统天下的格局，使得俚语、韵语及外国语法得以进入文章之中，这为白话文的兴起打下了坚实的基础。语言既是思想得以呈现的直接符号，也是与思想水乳交融无法割裂的形式。梁启超等人要传播新思想和新学说，就得找寻新的表现符号和形式。梁启超等人的新文体写作，就突破了文言的羁绊，根据所要表现思想的需要，采取拿来主义的态度，不管是俚语、韵语还是外来语，也不管是中国语法还是外国语法，都在其所要表现的思想的统领下，进入新文体中，构成了新文体表现的外在形式。

其三，文界革命使得新文体在文体上获得了独立价值。新文体作为应时代需要而诞生的区别于传统散文的新散文文体，在诞生之初，正如梁启超所说的那样，老辈动辄依据古文法则发起诘难，甚至诋毁新文体为“野狐”。但文界革命的参与者如谭嗣同则对此具有明晰的文体意识，在其《报章文体论》中，作者不仅积极地为新文体张目，而且还把新文体当做最完备、最为“灿烂”的文体。但是，文界革命中的文体意识，并不是刻意而为之的，而是从其“觉世”的政治启蒙目的出发的，属于无心插柳柳成荫。由此观之，新文体从严格的意义上说，并不是文体革命预设好的文体，而是为达到“觉世”的目的，“纵笔所至不检束”的衍生品。事实上，梁启超也清醒地意识到了这一点。他在1899年8月所写的《饮冰室自由书》的序中这样写道："每有所触，应时援笔。无体例，无宗旨，无次序；或发论，或讲学，或记事，或钞书；或用文言，或用俚语，惟意所之。"这就是说，梁启超在从事新文体的写作时，并没有特意恪守某一外在原则，而是根据"惟意所之"的需要进行自由的书写。

新文体注重"笔锋常带感情"，而为了达到情感灌注的目的，在修辞上又注意使用比喻、排比和对偶等手法，使情感得到层层提升，进而形成较强的艺术感染力。如在《少年中国说》中，梁启超就借助比喻、排比和对偶等修辞手法把情感灌注于其中，在翻江倒海、势不可挡的排比中，达到激动人心的效果，从而实现其政治上开通民智和文化上新民的目的。但其也具有较为明显的局限，这就是情感恣肆而没有特别重视逻辑上的严谨和推理上的层层递进。

文界革命较之诗界革命和小说界革命的创作实践要深入得多。如果说诗界革命和小说界革命在理论倡导上有余，而在创作实践上不足的话，那么，文界革命则属于理论倡导深入且创作实践丰厚，还引起了广泛的社会影响。作为倡导者梁启超来说，如果说在诗界革命和小说界革命中还仅仅是停留在理论倡导阶段的话，那么，在文界革命中则是既有理论上的倡导，更有新文体创作的实绩。

梁启超在倡导文界革命和创作实践中所作出的卓越贡献，获得了同时代人的肯定。如黄遵宪称赞梁启超刊发在《新民丛报》上的新文体时就这样说过："惊心动魄，一字千金"，"虽铁石人亦应感动，从古到今文字之力之大，无过于此者矣！"①即便是对梁启超曾经持批评态度的严复，在《致熊纯如》的信中也承认，"任公文笔，原自畅遂，其自甲午以后，于报章文字，成绩为多，一纸风行海内，观听为之一耸"②。

在文界革命中，谭嗣同、章炳麟等人在新文体和文界革命的发展中也功不可没，对新文体的发展产生了重要的影响。谭嗣同在理论上对新文体的确立有着重要的贡献，其《报章文体说》一文向大众说明了新文体确立的必要性和重要性。在新文体的创作实践上，其贡献主要集中在发表于报刊的文章上。严格讲来，章炳麟在文界革命中与梁启超的主张有所不同，但其对文界革命的发展产生了重要而积极的影响。章炳麟在任《时务报》撰述期间，以政论文为主的报章文影响较大，在思想上，他主张革命路线，和康有为、梁启超所认同的改良路线不同。在文章的风格上，他注重通过学理上的分析和逻辑上的推理彰显其思想，摈弃了情感灌注的煽情路径。

---

① 丁文江、赵丰田：《梁启超年谱长编》，上海人民出版社1983年版，第274页。

② 《严复集》，中华书局1986年版，第648页。

总的来说，新文体以及文界革命推动了散文的变革，确立了新文体在文体上的合法地位，开启了五四文学运动中的散文和杂文写作的先河，动摇了桐城派和文选派的合法性，使文体走上了自由、通俗、开放的发展道路。但就文体自身而言，新文体还没有从根本上确立其白话文体的合法地位，只能算作是从“旧文体”向“现代文体”过渡的一种文体。显然，文体更为彻底的革命任务只能留待五四文学革命的主将们来担当和完成了，但梁启超的新文体和文界革命作为历史发展的一环，其价值、作用和意义是不容小觑的。

本章阅读书目：

徐中玉主编：《中国近代文学大系》（文学理论集），上海书店出版社 1994 年版。

钱仲联主编：《中国近代文学大系》（诗词集一、二），上海书店出版社 1994 年版。

阿英：《晚清文学丛抄・小说戏曲研究卷》，中华书局 1960 年版。

本章参考文献：

阿英：《晚清小说史》，东方出版社 1986 年版。

郭延礼：《中国近代文学发展史》，山东教育出版社 1991 年版。

陈平原：《二十世纪中国小说史》（第 1 卷），北京大学出版社 1989 年版。

陈平原、夏晓虹：《二十世纪中国小说理论资料》（第 1 卷），北京大学出版社 1989 年版。

张炯、邓绍基、樊骏：《中华文学通史》（第 5 卷），华艺出版社 1997 年版。

孔范今主编：《二十世纪中国文学史》（上编），山东文艺出版社 1997 年版。

杨联芬：《晚清至五四：中国文学现代性的发生》，北京大学出版社 2003 年版。

李宗刚：《新式教育与五四文学的发生》，齐鲁书社 2006 年版。

本章思考题：

1. 诗界革命的主要理论主张是什么？
2. 黄遵宪对诗界革命有什么贡献？
3. 小说界革命的主要内容是什么？
4. 文界革命的主要内容是什么？

第二章　早期言情小说

以早期言情小说为代表的通俗文学运动主要是清末民初现代都会兴建过程中出现的一个文学潮流。其中，具有代表性的作品有《海上花列传》和《玉梨魂》，具有重要影响的文学流派是鸳鸯蝴蝶派。

早期言情小说在根本上是中国社会追求现代化的产物。1906 年，当时中国最大的通商口岸上海出版的报刊达到 66 种，而此时全国出版的报刊总数达到 239 种。现代都市、印刷出版工业及大众传媒体制等因素催生出很多都市文学刊物，一方面这类刊物因适应了都市市民大众的“消闲”、“娱乐”要求，拥有了较大的读者群，另一方面又为那些由于种种原因而脱离了传统的“学优而仕”的知识分子，从传统文人向现代职业作家的转变提供了可能。早期言情小说正是在这样一种大背景下孕育和诞生的。

早期言情小说是对中国古典通俗文学的继承和改良。早期言情小说作家，注重对文学趣味性的价值追求，这扭转了晚清政治小说过分注重政治说教、甚至异化为政治说教工具的倾向，使文学向着自身回归，具有不可替代的文学史意义。

早期言情小说注重文学对客观现实的“存真性”的价值追求。言情小说作家在进行文学创作时，超越了党派立场，以超脱的文化姿态，追求小说对现实生活的真实反映，建构起较为真实和完整的晚清社会的文学图景。

总的来看，早期言情小说并没有随着中国现代文学新范式的确立而走向衰落，反而获得了进一步的发展，并在嗣后出现了像张恨水这样卓有建树的一代文学大家。这充分证明了其所具有的文学史意义。

第一节　《海上花列传》的价值与意义

韩邦庆，江苏松江人（今属上海市），字子云，号太仙，别署大一山人、花也怜侬。他于 19 世纪末期创作了长篇小说《海上花列传》，又名《青楼宝鉴》、《海上青楼奇缘》、《海上花》、《海上百花趣乐演义》等，全书共六十四回，最初连载于1892年2月创刊的杂志《海上奇书》，每期刊两回，刊载至第三十回结束，后于1894年出版了六十四回本的石印本。

《海上花列传》问世后，除了受到鲁迅、胡适、刘半农、张爱玲等人的较高评价外，一般的文学史著作并没有给予应有的关注。随着学界对中国通俗文学史发展脉络梳理的深入，《海上花列传》才逐渐受到人们的重视，认为这种方言写的小说与以北方官话为主体的政治小说相比，标志着另一文学传统和流派的诞生，是"现代通俗小说的开山之作"①。不管人们认识有何不同，《海上花列传》作为中国现代文学发生期的重要文学作品，是后人在撰写中国现代文学史时无法绕开的。

《海上花列传》是以上海各色妓女为题材的小说，由一系列故事组成，在叙述语言上采用白话文，人物对话则全部采用吴方言。具体来说，《海上花列传》的独特文学史价值可以从以下几个方面来解读。

第一，在中国数千年来未有之变局的特殊背景下，韩邦庆独特的人生遭际颠覆了他既有的中国传统士大夫的晋身之路，从而使他逐步确立了现代的文化立场，这为他从事小说创作奠定了坚实的基础。韩邦庆本来无意于小说创作，而是一心想在科举功名上有所斩获。他出生于官宦世家，其父韩宗文是举人，官至刑部主事，韩邦庆自小随父居住北京，约二十岁时，回籍应童子试。次年岁考，列一等。后屡试不第。韩邦庆失意于科举，原因固然很多，但主要原因还是其自由率性、落拓不羁的文人气质与科举考试内在规范之间有着巨大的鸿沟。名落孙山后，韩邦庆定居上海，开始专心致志地从事小说创作。因此，韩邦庆的小说创作既融汇了他不拘一格、率性而为的个性，也蕴有士大夫所具有的积极入世精神。这就使得韩邦庆在亦文亦政中找寻到了从事小说创作的基点。

在晚清，深受儒家思想熏染的士大夫，在国家危难之际渴望建功立业，而韩邦庆因为科举的再三失败，自然也就失去了建功立业的门径，因此，韩邦庆从事小说创作，和士大夫的遁世之举截然不同。在韩邦庆创作的看似和政治无关的小说中，他所选取的是对政治不屑为之的文化立场，这使其小说创作既不为他人所左右，也不为中国传统小说中的"补天"意识所羁绊，从而他的小说创作具有一种超然于世俗之上的浩然之气，达到了"不屑傍人门户"的自由洒脱与独领风骚的境界。如1891年，韩邦庆北上应举之后，曾与其一同赶考的孙玉声同舟南下，相互交换阅读《海上花列传》和《海上繁华梦》的部分初稿。对此，孙玉声回忆道："辛卯年(1891)秋应试北闱，余识之于大蒋胡同松江会馆，一见有若旧识。场后

---

① 范伯群：《中国现代通俗文学史》，北京大学出版社2007年版，第14页。

南旋,同乘招商局轮船,长途无俚,出其著而未竣之小说稿相示,题曰《花国春秋》,回目已得二十有四,书则仅成其半。"孙玉声阅后针对其所使用的吴语方言,提出了改用通俗白话的建议,但韩邦庆却说:"曹雪芹撰《石头记》皆操京语,我书安见不可以操吴语?"然后以为文学继往开来的气势宣称"文人游戏三昧,更何况自我作古,得以生面别开"[①],这显示出韩邦庆在从事《海上花列传》创作之前,已经具有了"生面别开"的历史胸襟,从而确保了其创作的《海上花列传》具有了一定的现代特质。

韩邦庆风流倜傥,他在酒酣酬酢之余,对青楼和鸦片情有独钟,"所得笔墨之资,悉挥霍于花丛"。这使他对洋场、妓院的众生相有着切身观察和深刻感知:"阅历既深,此中狐媚伎俩,洞烛无遗。"[②]正因如此,韩邦庆在从事《海上花列传》创作时,没有承袭中国传统的才子佳人小说中置现实生活于不顾、凭空杜撰的写作路径,而是以写实精神侧重对处于社会转型时期的上海世俗生活进行真实再现。对此,刘半农曾经有过这样的解读:"花也怜侬在堂子里,却是一面混,一面放只冷眼去观察,观察了熟记在肚里,到了笔下时,自然取精用宏了……乃是上海社会中的一部分'混天糊涂'的人的'欢乐伤心史'。明白了这一层,然后看这书时,方不把眼光全注在几个妓女与嫖客身上,然后可以看出这书的价值。"[③]韩邦庆注重通过深入细致的观察,采取写实的艺术手法,刻画出栩栩如生的人物形象,进而宣示了隐含其中的社会意义。

第二,韩邦庆在艺术上具有较高的造诣,他不仅诗文上乘,而且对文学、人生和社会有着个人的独到见解,这奠定了他创作《海上花列传》所必需的文学和思想功底。在小说的序中,他指出:"此书为劝诫而作,其形容尽致处,如见其人,如闻其声","此书正面文章如是如是;尚有一半反面文章藏在字句之间令人意会,直须阅至数十回后方能明白。"[④]这就是说,韩邦庆在创作本部小说时,是深潜着一种思想于其中的,作者以其严肃认真的态度,通过对狎妓的书写,展现的是上海的人情冷暖和世事百态,进而起到了为晚清"存照"的作用。

韩邦庆在从事《海上花列传》创作之际,就为自己立下了恪守的基本艺术法则:"一曰无雷同,一书百十人,其性情言语面目行为,此与彼稍有模仿,便是雷同。一曰无矛盾,一人而前后数见,前与后稍有不符,即是矛盾。一曰无挂漏,写一人而无结局,挂漏也,叙与事而无收场,亦挂漏也。"这一法则,不仅与小说的篇

---

① 孙玉声:《退醒庐笔记·〈海上花列传〉》,山西古籍出版社 1995 年版,第 113～114 页。

② 孔另镜:《谭瀛室随笔》,《中国小说史料》,上海古籍出版社 1962 年版,第 125 页。

③ 刘半农:《读〈海上花列传〉》,《半农杂文》第 1 册,星云堂书店 1934 年版,第 241 页。

④ 韩邦庆:《海上花列传》,《中国近代小说大系》,百花洲文艺出版社 1993 年版,第 3～4 页。

章结构相关，更是针对小说所塑造的艺术形象的鲜明个性和统一性来说的。“无雷同”自然是指人物形象塑造问题，全书的人物形象基本上一人一面一性情；“无矛盾、无挂漏”，既是对结构的规范，也是对人物形象塑造的要求，强调人物形象在性格上的真实性与统一性，人物形象性格命运的变化要做到有因有果，有始有终，这就和剥去真实的人生于不顾，一味地用作家既有的理念来塑造人物形象具有本质的区别。总之，韩邦庆在对写实手法的恪守中，通过对真实人生的真切观察和体悟，挣脱了既有文学创作的理性先行的弊端，在作品中塑造了一系列个性鲜明的人物形象。

在《海上花列传》中，韩邦庆“率先选择‘乡下人’进城这一视角……作品以此为切入点，反映了上海这个新兴移民城市的巨大吸引力，以及形形色色的移民到上海后的最初生活动态”[①]，摆脱了以往才子佳人小说模式的限制，把视点聚焦于中国近代化过程中普通人的喜怒哀乐和命运起伏，勾画出了近代城市“恶之花”的种种畸形与病态。“乡下人”在进入了城市后，离开了赖以生存的乡村根基，在破除了自我道德禁锢的同时，往往会在不经意间踏入城市的“花海”而沉沦其间：“一大片浩渺苍茫、无边无际的花海……只因为这海本来没有什么水，只有无数花朵，连枝带叶，漂在海面上，又平匀，又绵软……竟把海都盖住了。”这既是一种形象的描写，也隐含着由象征而来的深刻蕴义。例如，书中写“乡下人”赵朴斋进入上海之后误入烟花巷，最后落到拉洋车的地步；赵朴斋的母亲和妹妹赵二宝到上海找他，没有把他劝醒，赵二宝也经不住上海繁华生活的诱惑，甘愿沦为娼妓。而赵二宝后来被苏州的贵公子史天然欺骗，最终深受其辱。“乡下人”赵朴斋、赵二宝身陷花海而无法自拔，其他像沈小红、张蕙贞、黄翠凤、李淑芳、李浣芳、周双玉以及王莲生、罗子富、钱子刚、陶玉甫、朱淑人等小说人物，也都以同样的方式演绎着类似的命运。这从深层上揭示出近代都市的诱惑以及由此而引发的人的异化。

基于对写实精神的坚守，韩邦庆笔下的妓女形象不再是传统文人想象出来的，而是浸透着生活真实的气息，作者写出了她们被金钱彻底异化的灵魂。如黄翠凤作为一个有情有义的“侠妓”，依然在权衡鸨母与罗子富利害轻重之后，帮助鸨母敲了罗子富一个大竹杠，从而为鸨母赚一笔养老钱的同时也彻底葬送了她还仅存的一点人性，而可怜的罗子富则毫无察觉，在心痛钱财之余仍对她一往情深。不仅如此，妓女也已经被自我的欲望彻底异化了。如传统小说中的妓女形象，其沦落红尘往往是为外力逼迫所致，但在《海上花列传》中，如赵二宝等人更多的是因爱慕虚荣的人性欲望膨胀而落入青楼。小说完整地呈现了晚清社会从

---

① 范伯群：《中国现代通俗文学史》，北京大学出版社 2007 年版，第 14～15 页。

传统向现代转型过程中人被社会和自我欲望异化的现实图景，具有一定的社会价值和意义。

第三，韩邦庆以为文学开创新天地的宏大气魄，大胆地使用吴方言进行小说创作，开启了小说创作从文言向白话过渡的先例。从文学史来看，大凡具有异质性的文学创作，其所引领的风潮往往在物换星移之后才能得到回应，而在当时则大都难以为同时代的读者所领悟和接纳，《海上花列传》也是如此。据颠公《懒窝随笔》记载，该书连载于《海上奇书》时，"惜彼时小说风气未尽开，购阅者鲜，又以出版屡屡衍期，尤不为阅者所喜，销路平平实由于此"。

《海上花列传》之所以没有引起同时代的关注，关键问题是人们对韩邦庆所操持的吴语以及小说所体现的思想在认知上有差距。当时一般读者接受的小说语言大都是半文半白的北方官话，而韩邦庆舍弃北方官话径直用吴语入小说，则在文学语言的层面上和读者业已形成的阅读心理有较大的隔膜，更为重要的是，在语言形式的背后，还隐含着更为深邃的思想，因此，与其说吴语方言限制了人们的接受，不如说是韩邦庆在小说中所体现出来的现代小说观念领先于读者的审美经验，自然，韩邦庆这一具有先锋性的实验难以获得同时代读者的积极回应便在情理之中了。

韩邦庆在文学语言上的变革，直至五四文学革命时期，才得到了积极的回应。胡适如此解读韩邦庆创作的意义："这是有意的主张，有计划的文学革命。……方言的文学所以可贵，正因为方言最能表现人的神理。通俗的白话固然远胜于古文，但终不如方言能表现说话的人的神情口气。"胡适还由此进一步描画了中国文学在语言上的发展前景："如果从今以后有各地的方言文学继续起来供给中国新文学的新材料、新血液、新生命，——那么，韩子云与他的《海上花列传》真可以说是给中国文学开了一个新局面了。"并认为："《海上花》是吴语文学的第一部杰作。"①胡适作为五四文学革命的发起者，他所主张的白话文运动的目的是通过语言形式的变革达到文学思想的变革。也许，韩邦庆在从事《海上花列传》的创作时，在认识上并没有达到胡适的认识高度，但他以仓颉和曹雪芹自居，以其"不屑傍人门户"的风范，执著于"别开生面"的创建，体现了他敢为人先、独领风骚的创造精神，这种创造精神在本质上和五四文学的精神是一脉相承的。从这样的意义上说，韩邦庆创作的《海上花列传》正是近代文学中较早进行白话文创作实践的"一部失落的杰作"②，此可谓"成也吴语，败也吴语"。

总之，《海上花列传》无愧于中国现代文学百花园中最早绽放在凛冽寒风中

---

① 胡适：《海上花列传·序》，《胡适文存》(第3集)，黄山书社1996年版，第352～369页。

② 张爱玲：《海上花开·译者识》，《张爱玲典藏全集》第11卷，哈尔滨出版社2003年版，第14页。

的第一株报春花，它预示着以口语为代表的包括言情小说在内的通俗文学之花即将迎来尽情绽放的春天。《海上花列传》以其对人的情感和精神的深度关注，对女性的悲欢离合的命运的真切再现，开启了言情小说的新时代。但遗憾的是，此后汹涌而起的狭邪小说，并没有很好地继承《海上花列传》的写实精神，而是沉溺于人生和社会的泥沼中。但值得庆幸的是，这种写实精神在随后崛起的鸳鸯蝴蝶派手上得到了一定程度的传承，并产生了诸如《玉梨魂》之类的上乘之作。

第二节　鸳鸯蝴蝶派

所谓“鸳鸯蝴蝶派”，是清末民初出现的一个文学倾向相近、艺术趣味相投，并没有严密的组织和宗旨的都市小说流派。在一般的文学史著作中，这一派小说主要是指当时的言情小说，同时杂有狭邪小说、侦探小说、黑幕小说等。言情小说从清末发展到民初，以“哀情小说”在当时的影响最大。所谓哀情小说，是指清末民初作家创作的以描写男女恋爱婚姻的悲剧为主要内容，“内中的情节要以能够使人读而下泪”①，主张文学消遣性、娱乐性和趣味性的通俗小说流派。鸳鸯蝴蝶派成员主要集中在上海、北京、天津等大城市，影响非常广远，深受市民读者的欢迎，却也备尝嗣后崛起的新文学主将们的指责。据有关统计，这一流派的作者多达200余人，在清末民初影响较大的作家有吴趼人、徐枕亚、李涵秋、苏曼殊、吴双热、李定夷、陈蝶仙、周瘦鹃、包天笑等。而在组织方面，该派部分作家后来结成青社与星社，但总体较为松散。

一、鸳鸯蝴蝶派小说的思想与艺术

鸳鸯蝴蝶派小说是在什么时间诞生的？学界对此一直没有统一意见。我们认为，鸳鸯蝴蝶派作为一个通俗小说流派，以徐枕亚的《玉梨魂》的诞生为标志，在此之前，尽管出现了不少类似的小说，但这类创作实践还不足以支撑一个文学流派的诞生，因此，我们把1912年之前的这一阶段称为鸳鸯蝴蝶派小说的孕育期。

19世纪末的狭邪小说，如《海上花列传》、《梦游上海名妓争风传》、《海上名妓四大金刚奇书》、《海上繁华梦》、《九尾龟》等小说，虽涉男女之情，但笔墨往往集中于妓女的“恶行恶状”，着力表现的是被金钱异化了的男女之情。1900年，陈蝶仙开始创作《泪珠缘》，并出版了前32回，后来又续写到96回，它“纯仿《红

① 芮和师、范伯群等编：《鸳鸯蝴蝶派文学资料》，福建人民出版社1984年版，第39页。

楼》,而又无一事一语落《红楼》窠臼"[①],其主人公秦宝珠、花婉香之间既有男女之情,也承载了较为丰富的社会内容,为后来者提供了模仿的范本。

在鸳鸯蝴蝶派孕育期影响较大的是吴趼人的《恨海》。阿英曾经说过:"晚清小说中,又有名为'写情'者,亦始自吴趼人。此类小说之最初一种,即《恨海》。"[②]范伯群认为:"《恨海》实为社会言情小说之萌芽。"[③]1906 年,吴趼人的《恨海》以单行本首次出版,作者谓之"写情小说"。《恨海》把两对青年情侣的悲剧置于庚子事变的政治背景下,通过陈伯和与张棣华、陈仲蔼与王娟娟在战乱中的悲欢离合,展现了时代对人的命运沉浮的深刻影响,这就超越了以前狭邪小说表现生活的范围,把丰富的社会内容融汇其中。对此,有学者指出:这一时期的作家们"即使写作言情小说,也力图与时代风云、国计民生挂上钩,避免为言情而言情"[④]。由此可以说,《恨海》在鸳鸯蝴蝶派小说的产生和发展过程中占有极其重要的地位。与此同时,何諏创作的小说《碎琴楼》,在当时也产生了一定影响。

在鸳鸯蝴蝶派的孕育期,李涵秋创作的长篇社会小说《广陵潮》同样具有极其重要的影响。张爱玲曾经说过,《广陵潮》"近于稍后的社会言情小说,承上启下,仿佛不能算正宗的社会小说"[⑤]。该小说自 1909 年开始在报上连载,1914 年陆续出单行本。李涵秋用百万字的篇幅,以扬州几户人家的生活为主线,穿插进各样的事件和人物,以及新旧时代交替期间千奇百怪的故事,反映从鸦片战争直到"五四"前夕的中国社会变迁,被称为清末民初社会风俗的"活化石"[⑥]。

1912 年对鸳鸯蝴蝶派来说是具有标志性的年份。在此期间,徐枕亚的《玉梨魂》、苏曼殊的《断鸿零雁记》、吴双热的《孽冤镜》等小说相继发表,鸳鸯蝴蝶派初具雏形。徐枕亚的《玉梨魂》作为鸳鸯蝴蝶派的代表作,本章将单列一节进行分析,在此不再赘述。苏曼殊的《断鸿零雁记》作为一部带有自叙传性质的小说,以其幽怨哀婉、缠绵感伤的情调和清新典雅的文笔,在当时产生了很大的影响。小说主要写"余"出家为僧、异国寻母以及与雪梅、静子的感情纠葛。这部小说来源于苏曼殊自我人生的真切体验,小说主人公孤苦的身世和凄婉哀伤的爱情经历,折射出特定时代背景下人们共有的情感,而苏曼殊所独有的诗人气质和深厚的艺术素养,又保证了小说的艺术水准,从而使小说所体现出来的整体特质和时代情感相契合。吴双热的《孽冤镜》与《玉梨魂》同时刊载在《民权报》上,在当时

---

① 周拜花:《〈泪珠缘〉题跋》,《泪珠缘》,百花洲出版社 1991 年版,第 478 页。

② 阿英:《晚清小说史》,东方出版社 1986 年版,第 202 页。

③ 范伯群:《中国近现代通俗文学史》(上卷),江苏教育出版社 1999 年版,第 262 页。

④ 陈平原:《二十世纪中国小说史》(第一卷),北京大学出版社 1997 年版,第 252 页。

⑤ 张爱玲:《谈看书》,《张爱玲散文系列》下卷,安徽文艺出版社 1994 年版,第 222 页。

⑥ 张恨水:《广陵潮·序》,《广陵潮》,百新书店 1946 年版,第 5 页。

有着较大的影响。

鸳鸯蝴蝶派作为一个小说流派，在 1914 年进入活动的高潮期。该年，百万字的《广陵潮》结束了历时 5 年的漫长连载历程，出版了单行本，这标志着言情小说和社会小说已经完成了融汇，显示了鸳鸯蝴蝶派小说发展的新方向。李定夷的《霣玉怨》，也在《民权报》副刊连载之后，于该年度出版了单行本。《霣玉怨》共三十回，描写的是上海学生刘绮斋和女校学生史霞卿自由恋爱的爱情悲剧。由于题材较新，颇受当时读者追捧。在徐枕亚、李涵秋、苏曼殊、李定夷等作家的带领下，一批追随乃至模仿之作大量涌现，在当时汇聚形成一股潮流。

鸳鸯蝴蝶派作为一个文学流派趋于成熟的另一个标志，是在大浪淘沙的过程中，一批领军式的人物开始出现并独领风骚。其中，具有代表性的作家是包天笑和周瘦鹃。包天笑和周瘦鹃对鸳鸯蝴蝶派的主要贡献，一是在于他们通过办刊物，为鸳鸯蝴蝶派小说发表提供了阵地；二是他们都亲自从事鸳鸯蝴蝶派小说的创作，从而使得他们逐渐从边缘向中心转移，并最终取得了一定的话语权。包天笑创办的刊物有《时报》、《小说时报》、《妇女时报》、《小说大观》和《小说画报》，这些刊物与王钝根主办的《自由杂志》等刊物一起，对鸳鸯蝴蝶派小说的发展起到了重要作用。周瘦鹃也主编和创办过十几个刊物，其中最著名的是《礼拜六》，他作为主要的作家，前 83 期每期均有他的作品一至二篇①。包天笑早期创作的小说有《一缕麻》，以及《上海春秋》和《留芳记》等。周瘦鹃的代表作则有《此恨绵绵无绝期》、《恨不相逢未嫁时》等。他们的作品都浸透着作家独特的人生体验与发现，因而获得了社会的广泛认同。

鸳鸯蝴蝶派小说作为一个文学流派，组织松散且无共同纲领，作者多因其共同的趣味和追求而走到一起，其在创作方面的共同特征主要体现为以下几点：

其一，注重文学的趣味性。范伯群认为，鸳鸯蝴蝶派继承了中国古典小说的传统而更符合我们民族的阅读欣赏习惯，“它的魅力的奥秘首先在于结构情节的技巧”，而“精巧和有趣的情节设计是娱乐性和消遣功能的生命线”。② 这就指出了经过历史积淀而形成的民族欣赏习惯的合理性的一面，从根本上为鸳鸯蝴蝶派小说对文学的趣味性诉求争得了合法地位。对于趣味性，王钝根在著名的《〈礼拜六〉出版赘言》中写道：“一编在手，万虑都忘，劳瘁一周，安闲此日，不亦快哉！”③这在后来成为人们批判鸳鸯蝴蝶派小说观念的口实。其实，如果剔除其带有招徕读者的意味，而从其创作实践予以定夺，便可以发现他们推崇文学的趣

① 郭延礼：《中国近代文学发展史》(第 3 卷)，山东教育出版社 1993 年版，第 2108 页。

② 范伯群：《鸳鸯蝴蝶礼拜六派作品选》，人民文学出版社 1991 年版，第 30 页。

③ 陈平原、夏晓虹：《二十世纪中国小说理论资料》(第 1 卷)，北京大学出版社 1989 年版，第 459 页。

味性，在某种程度上正是对小说界革命以来背离文学本体的创作路径的反拨，对文学回归自身具有极其重要的作用。

其二，警世觉民的启蒙意识。鸳鸯蝴蝶派小说作为复杂的文学流派，和文学界革命显著的差异就是它不是倡导的结果，而是自发的文学创作实践的结晶。这主要得力于鸳鸯蝴蝶派小说以其新旧杂处的特定内容和形式，传达了处于过渡时期人的情感觉醒和与传统道德的激烈冲突，其中尽管也有不少作品没有在思想上完成与封建礼教的决裂，但它毕竟已经认同了人的情感觉醒的合理性，这对清末民初的反封建思想传播起到较大的推动作用；至于鸳鸯蝴蝶派小说在注重言情之外，还积极地融汇了丰富的社会内容，更是从根本上抛弃了传统的才子佳人小说的创作路径，对社会启蒙起到了积极作用。

其三，提倡并使用白话文。在五四新文学诞生之前，鸳鸯蝴蝶派小说就以读者为本位，大力提倡白话文，这既是小说文体自身属性使然，也是作家积极提倡和实践的结果。鸳鸯蝴蝶派小说在以文言争得了在文坛的话语权之后，就开始了向白话文的蜕变，到 1917 年 1 月，包天笑在其主编的《小说画报》的《例言》中就清楚地声明："小说以白话为正宗。"这和胡适在《文学改良刍议》中提出白话为正宗的主张不谋而合。

二、鸳鸯蝴蝶派兴起和发展的原因

鸳鸯蝴蝶派能够在清末民初出现，并迅即成为具有较大影响的文学流派，有着复杂的原因。

其一，从清末民初这一特定的社会情景来看，社会转型颠覆了既有的社会秩序，而新的社会秩序还没有建立起来，这使个性解放与既有道德的冲突趋于紧张，鸳鸯蝴蝶派小说正是应调和并重构社会新秩序的召唤而横空出世。

清末民初是一个除旧布新、继往开来的时代。在政治上，晚清政府尽管没有从根本上变革专制政体，但已经开始接触西方宪政。1911 年的辛亥革命，则在政体上确立了民国的宪政体制，这就从根本上颠覆了既有的社会秩序。在思想上，随着科举的废除和西学的兴起，人们一方面神往新思想，另一方面还难忘旧道德。从而使得个性解放的新思想与旧道德的冲突非常激烈和尖锐。正是在这样的社会背景下，鸳鸯蝴蝶派小说以其对情的合理性的张扬和对旧道德的恪守，通过"提倡新政制，保守旧道德"①的审美诉求，满足了人们找寻精神家园的需要，承载起了调和并重构社会新秩序的艰巨使命，并获得了社会的认同和共鸣，从而成为具有广泛社会影响的文学流派。

---

① 包天笑：《钏影楼回忆录》，香港大华出版社 1971 年版，第 391 页。

其二，现代报刊出版业的发展为鸳鸯蝴蝶派实现市场价值提供了无限的可能性。鸳鸯蝴蝶派的发生发展与中国现代报刊出版业的发展有着直接的关联。

清末民初，中国的报刊出版业获得了极大的发展，特别是上海作为最重要的通商口岸，伴随着外来殖民者的投资和民族资本主义的兴起，出版业得到前所未有的发展。随着鸳鸯蝴蝶派的崛起，一些专门刊发其小说的刊物也如雨后春笋般出现，具有较大影响的有《小说大观》、《小说新报》、《小说画报》、《小说时报》、《小说丛报》等刊物，这些刊物以及大量报纸的副刊成为鸳鸯蝴蝶派小说家发表小说的主要阵地。

其三，职业作家及作家群的出现，使得鸳鸯蝴蝶派从个别作家的艺术追求转化为群体艺术诉求，并共同支撑起了该流派发展的自由空间。

鸳鸯蝴蝶派作家的最初身份往往是报刊的编辑或者学校的老师，他们在工作之余才进行文学创作，而鸳鸯蝴蝶派作家群的形成，则主要是通过乡谊和私谊而在报馆或学校实现的，这些在审美趣味上具有相似性且趣味相投的作家走到一起后，进一步拓展了该流派存在和发展的空间。

作家群的形成使得鸳鸯蝴蝶派拥有了一个共同的公共空间。一方面，他们受市场的规范制约；另一方面，他们又以其趣味相投而相互提携，保证作品能够得到出版业的青睐，从而形成了一个良性循环。如鸳鸯蝴蝶派的代表作家徐枕亚、包天笑、周瘦鹃等无不身兼报刊编者之职，这对引领鸳鸯蝴蝶派群体艺术诉求产生了极其重要的作用。

其四，都市市民阶层的形成，使得鸳鸯蝴蝶派拥有了广大的读者群。而读者以潜在的方式制约和影响着鸳鸯蝴蝶派的小说创作，由此使鸳鸯蝴蝶派的创作风格深深地镌刻上读者的审美诉求。

读者市场潜在地规范了鸳鸯蝴蝶派的风格。表现为鸳鸯蝴蝶派的小说在报刊上发表后，一旦获得市场的认同，便会驱使作家进一步如法炮制此类的小说。如徐枕亚为《民权报》创作的《玉梨魂》，并不是在创作伊始就具有明确的市场意识，而是在刊发之后才获得了市场的积极接纳，这使徐枕亚意识到市场对此类小说是欢迎的，于是才会有了嗣后的《雪鸿泪史》。

鸳鸯蝴蝶派的美学追求，严格讲来并不仅仅是作家的独立审美诉求，在某种意义上，鸳鸯蝴蝶派的美学追求可以说主要是由读者审美诉求决定的，而作家本人则仅仅担当了代言人的角色。这是因为在当时市场中占据主导地位的是读者，作家创作出来的作品，能否实现其价值，并不是由作家本人说了算，而是由市场来裁决的。那些为读者喜闻乐见的作品，便会获得市场的认同，这反过来激励着作家积极创作此类作品；而那些难以为读者所接受的作品，则会受到市场的拒斥，这转过来令作家迅速改弦更张，寻找新的出路。因此，在由读者主导的市场中，鸳鸯蝴蝶派风格各异的作家，被读者“裁剪”为具有相似美学诉求的作家。

其五，在对中国传统小说艺术的重新认同中，鸳鸯蝴蝶派在创作理论和实践上完成了对小说界革命理论与实践的反拨，确认了中国现代通俗小说发生与发展的基本路径。

随着清末社会危机的加深，梁启超等人出于其思想启蒙的需要，通过对日本政治小说的镜鉴，提出了小说界革命的口号，把小说高举到了文学之最上乘的地位，对小说发展起到了重要作用。然而，把小说当做政治思想启蒙的工具，却极大地限制了小说的健康发展。

中华民国的成立，确立了民主共和的政治体制，这一方面使梁启超等人倡导的小说界革命的政治思想启蒙使命得到了一定程度的实现；另一方面，人的自我矛盾、特别是人的情感觉醒和礼教规范的矛盾则逐渐演化为显性矛盾。正是在此背景下，鸳鸯蝴蝶派的小说家依恃对情的深刻体验，通过对情的特别凸显，触及了情与礼的矛盾。这就使得鸳鸯蝴蝶派的小说创作的聚焦点和社会矛盾的焦点相重合。而鸳鸯蝴蝶派的作家，一方面浸润了西学、特别是林译小说等西方小说的滋养，另一方面又深潜着中国传统文学的审美趣味。这又使他们创作的小说既有西方小说东方化的特质，也有中国传统小说西方化的特质，从而满足了读者亦中亦西的审美期待，这便从根本上规避了政治小说抛弃中国传统小说于不顾的局限性。像徐枕亚的《玉梨魂》，其悲剧性的结局既和林译《茶花女》相类似，也与中国传统小说中才子佳人的凄美爱情紧密相连。因此，鸳鸯蝴蝶派的小说并非中国传统小说的再世，而是在社会转型的特定历史背景下，通过兼容中西和回应现实两种方式，在对小说界革命理论与实践的反拨中，实现了向小说艺术本体的回归。

三、鸳鸯蝴蝶派在文学史上的地位

应该承认，不管人们对鸳鸯蝴蝶派的评价存在多少歧义，它在中国现代文学史上都是一个不可忽略的客观存在。但鸳鸯蝴蝶派在当时屡遭新文学界的批判，即便在当今也被部分学者认为是“徇世媚俗”，基本否定了鸳鸯蝴蝶派在文学史上的地位。但作为通俗文学代表的鸳鸯蝴蝶派小说，不仅没有一蹶不振，反而在新文学主导文坛的情形下依然获得了发展。

鸳鸯蝴蝶派小说的产生不是偶然的，它是国人情感觉醒后依然备受礼教压抑的真实反映，是在西方小说的影响下，对中国传统文学精神的继承和发扬。在中国现代文学发展史上，其贡献是主要的，局限性是次要的。它和五四新文学一样，都是中国社会现代化和文学现代化的产物，具有鲜明的现代性特征。具体来说，在题材上，它把艺术的触角伸展到许多新领域，极大地拓展了小说表现人生和社会的空间；在思想上，它具有鲜明的情感启蒙色彩；在文体上，它开创了诸多中国小说的新文体，如日记体小说、书信体小说；在叙事技巧上，它注重借鉴西方小说，在总体上确立了小说叙事的现代性特征；在语言上，尽管其早期主要使用文言，但之后开始使用白话，有力地促进了白话文运动；在文学接受上，它较好地凸显了读者接受这一元素在文学活动中的重要性；在美学追求上，它显现出对悲剧观念的认同；在近代小说流派的发展史上，它对小说界革命以来出现的背离小说艺术本体的政治小说是一次有力反拨，对中国传统的才子佳人小说是较为成功的现代转型。当然，鸳鸯蝴蝶派作为一个庞杂的文学流派，难免存在着泥沙俱下的历史局限，诸如在思想上依然遵循着"发乎情，止乎礼义"的原则，在创作上抛开真实人生于不察的公式化倾向，在语言上对旖旎哀婉的文言文的偏好，甚至有些小说还一味追求官能刺激和纸醉金迷的消遣功能等，这都削弱了鸳鸯蝴蝶派在中国现代文学史上的影响与价值。

第三节 徐枕亚与《玉梨魂》

徐枕亚的《玉梨魂》是民初言情小说的重要代表作，被誉为"言情小说之祖"。1912年，徐枕亚在《民权报》任新闻编辑期间，创作了小说《玉梨魂》，小说先在该报副刊连载，继而又出单行本。《玉梨魂》主要围绕着何梦霞与白梨影、崔筠倩之间的情感纠葛展开。何梦霞和寡妇白梨影深深相爱，但其爱情为礼教所不允，何梦霞下决心终身不娶；而白梨影不忍让何梦霞孤独终生，便把小姑子崔筠倩许配给他。白梨影为了最终成全何梦霞和崔筠倩，选择了自戕而死。崔筠倩在了解事情真相后，为白梨影和何梦霞的爱情所感动，也选择了死亡。最后，何梦霞遵从白梨影的叮嘱，留学日本，归国后参加武昌起义并为国捐躯。

《玉梨魂》发表后，一方面获得了众多读者的喜爱，并风行一时，"再版数十次，销行几十万册，远至新加坡、香港亦多次翻印"①；另一方面也受到了一些批评和指责，如在新文学代表作家眼里，它"只写了些佯啼假笑的不自然的恶札"②，评论界对这部小说也给予了严厉的批判。直至20世纪末，学界对《玉梨魂》的评价才开始转向，并逐渐回归学理的层面，如有学者认为《玉梨魂》是"对封

---

① 《玉梨魂》"编者言"，吴组缃等编：《中国近代文学大系》（小说集六），上海书店出版社1991年版，第426页。

② 沈雁冰：《自然主义与中国现代小说》，《小说月报》第13卷第7号，1922年7月。

建礼教的'质疑'"①。

首先,《玉梨魂》能够产生如此巨大的影响,主要在于它通过描写爱情悲剧展现了礼教吃人的罪恶。在何梦霞与白梨影、崔筠倩的爱情悲剧中,重要的并不在于对爱情悲剧外在原因的展示,而在于对悲剧内在原因的深刻阐发,即何梦霞与白梨影的悲剧来自于其爱情与内化为自我行为规范的礼教之间的矛盾。何梦霞与崔筠倩的悲剧则彰显了觉醒的个性意识依然迷失在现实中,人的自我意识与情感分裂则显示出礼教对人异化的程度之深。这是民国政体确立后个性意识在情感驱动下艰难蜕变的真实写照,它把礼教吃人的悲剧赤裸裸地展示给了世人,意味着清末民初文学的主题已经和中国现代文学的礼教吃人主题获得了对接,只不过其新思想的幼芽还包裹在传统文学形式的外壳中。

《玉梨魂》所塑造的人物形象甚至比五四新文学中的一些人物形象更具有现代意识。在新式教育熏染下成长起来的何梦霞,大胆追求寡妇白梨影,这本身就显示出对礼教的蔑视。何梦霞曾"两应童子试,皆不售",在"变法之际",他与众多"青年学子咸弃旧业、求新学","励我青年,救兹黄种",依然不能遂其志,只好"抑郁无聊,空作长沙之哭"。何梦霞一方面具有清末民初热血青年救国的责任感,另一方面又大胆地追求爱情,甚至因为不能如愿而发誓终身不娶。最后,何梦霞屈从了另一种形式的没有爱情的婚姻,这在彰显了何梦霞人性弱点的同时,控诉了礼教吃人的罪恶。

在《玉梨魂》中,虽然白梨影也自觉地用封建礼教来规范约束自我的行为,但其情感和行动已经逸出了封建礼教规范的疆域,进入了精神自由的新阶段。寡妇白梨影敢于向异性袒露心迹,显示了在礼教重压下女性的反抗,显示了追求个性解放的现代意识已经觉醒。

崔筠倩作为一位接受过新式教育的女性,更富有现代思想,她大胆张扬个性解放和婚姻自主。崔筠倩痛恨家庭的专制,"自入学以来,即发宏愿,欲提倡婚姻自由,革除家庭专制,以救此黑狱中无数可怜之女同胞",然而,崔筠倩"方欲以身作则为改良社会之先导,而身反陷可痛之事",最终迷失了自我,违心地接受了没有爱情的婚姻,从而以不同的方式完成了对传统的回归,显示了女性在觉醒后要坚守自我,在行动上和传统决裂,使个性解放从口号转化为行动,其道路依然是漫长的。崔筠倩的悲剧正是中国知识女性在走向个性解放道路时的悲剧缩影,这就形象地说明了礼教不仅把相爱的人无情地吞噬掉,而且还把已经觉醒过来的人再次同化掉,从而使礼教吃人的罪恶跃然纸上。

其次,《玉梨魂》连接了个体男女情爱与社会责任的鸿沟,使之获得了植根于

---

① 范伯群:《中国近现代通俗文学史》(上卷),江苏教育出版社 1999 年版,第 269 页。

个体情爱而又超然于个体情爱之上的社会价值和意义。

在清末民初社会转型的特殊时期，一方面，人被社会既有的模式塑造着，另一方面，人又在对社会的改造中找寻着自我价值的实现方式。在何梦霞、白梨影、崔筠倩等人的身上，他们既承担了沉重的历史闸门，也有对沉重闸门外的新生活的向往，显示了他们对婚姻自主的追求，对社会责任义无反顾的担当，对自我社会价值实现的皈依等。何梦霞最后走向辛亥革命的战场，在对革命的认同中，使殉情与殉道获得了统一；白梨影尽管最终没有摆脱封建礼教的束缚，但其社会责任感还是显而易见的，她在何梦霞走向革命的过程中起到了积极的作用。实际上，白梨影一方面也沉溺于情感世界难以自拔，另一方面，她还在自我的沉溺中不时地提醒何梦霞从情感的泥沼中挣脱出来，留学日本，进而找寻到大丈夫安身立命的社会根本。在传统社会中，夫贵妻荣使得女性的社会价值实现只能寄托于丈夫的身上，因此，白梨影对何梦霞沉溺于男女感情的警醒，不仅是其现代意识觉醒的标志，而且也是其传统文化规范下的"相夫"意识的回归。不管怎样，它连接了白梨影和何梦霞男女情爱与社会担当之间的鸿沟，完成了从情爱到革命的升华。

清末民初，随着科举制度的废除，读书人传统的晋身之路已经行不通了，新的晋身方式则是通过新式教育来实现的。由此说来，白梨影对何梦霞的留学规劝，正反映了人们对新的晋身方式的认同和皈依。何梦霞带着对"情"的绝望参加革命，自然对肉身的存在没有了现实的牵挂，因此，何梦霞殉道与殉情的合二为一，极大地扩展了《玉梨魂》既有的情爱主题，使之具有了广阔的社会价值和意义。

徐枕亚在小说《玉梨魂》中能够将爱情和革命连接起来，得力于其在新式教育熏染下所形成的现代意识。在传统文化的熏染下，徐枕亚一方面具有典型的传统文人气质，擅长诗词歌赋，情感上具有多愁善感、体察细腻等特点；另一方面，徐枕亚作为南社社员还具有现代的革命情怀，有改造社会的使命感和责任感。如徐枕亚认为："大丈夫不能负长枪大戟为国家干城，又不能著书立说以经世有用之文章，先觉觉后觉，徒恃此雕虫小技与天下相见，已觉可羞"①，我们可以发现徐枕亚在心理深处的使命感和责任感，说明了徐枕亚所心仪的是或为国家栋梁，或著警世有用之文章，至于小说，则被目为雕虫小技。因此，徐枕亚在小说中让何梦霞最终皈依革命，恰好是其革命情怀的曲折反映。至于徐枕亚本人，则通过小说这一"雕虫小技"，既承载了徐枕亚大丈夫所肩负的天下责任，又承载了"先觉觉后觉"的启蒙使命。

---

① 徐枕亚：《〈小说季报〉发刊弁言》，《小说季报》(第1集)，1918年2月。

再次,《玉梨魂》的艺术魅力并不是来自典雅的骈文,而是来自其骈文形式下的意象系统,这和小说的主题有机地融汇在一起,赋予了小说诗化的品格。

在对《玉梨魂》的解读中,有人认为其骈文形式开创了中国小说的新形式,也有人认为,"《玉梨魂》跟现代文学的作品相比较,主要的差别实际上倒是在形式上的差别,而不是在内容上的差别"。但他们并没有进一步发掘形式上的差别在哪里。实际上,《玉梨魂》在当时能够引发读者的喜爱,并不是来自骈文的雅化,而是来自由骈文而来的诗化,而其诗化的主要途径是借助于中国古典诗歌的意象和以才子佳人为主体的悲剧叙事获得的。

《玉梨魂》中的意象主要来自中国传统诗词中的婉约派意象系统。它一方面能够较好地传达中国文人的多情善感和人生体悟,另一方面还能够较好地契合读者业已形成的审美心理和趣味。因此,与其说徐枕亚在进行小说创作,不如说是借小说之水在行诗词之舟。时人亦指出:"人徒观其辞藻富丽,而以小说家目之,是与枕亚志节,背道相驰也。"①徐枕亚在《雪鸿泪史》自序中也说过:"余著是书,意别有在,脑筋中实并未有'小说'二字,深愿阅者勿以小说眼光误余之书。"②这说明徐枕亚一方面不愿意被看做无聊可怜、随波逐流之小说家,另一方面在其脑中并未有"小说"二字,这正可以看作徐枕亚把小说当做诗歌来写、追求小说诗化品格的真实写照。实际情形也是这样,徐枕亚并没有经过严格意义上的小说训练,他更擅长和钟情的是中国古典诗词写作:"枕亚幼好引用,东涂西抹,得句辄留。弱冠时积诗已八百余首"③,"观其为文,复多凄清幽邈,固知伤心人别有怀抱者也。枕亚工于诗,而不歌清庙明堂之计,枕亚豪放,而不草经邦济世之篇,独借春花秋月,浇伊胸中块垒。"④这就说明长期亲炙于中国古典诗词阴柔之美中的徐枕亚,对诗词歌赋意象体系所独有的诗化特征的特别钟情。

古典诗词常用的意象奠定了小说的情感底色,具有"未见其人、先感其情"的艺术效果,从而为嗣后展开的悲剧叙事赋予了情感底色。在《玉梨魂》中,中国古典诗词的意象体系主要通过两个途径实现:

一是以夹杂骈四俪六的文言语体,严格地说,《玉梨魂》并不全是用骈文,而是骈散结合的。讲究对偶、藻饰和用典的骈文,对增加小说艺术感染力起到了积极作用。如徐枕亚为了表现何梦霞因为纷扰外物而导致的爱恨交加的情感,便

---

① 姚天亶:《〈雪鸿泪史〉跋二》,吴组缃等编:《中国近代文学大系》(小说集六),上海书店出版社 1991 年版,第 856 页。

② 徐枕亚:《〈雪鸿泪史〉自序》,吴组缃等编:《中国近代文学大系》(小说集六),上海书店出版社 1991 年版,第 598 页。

③ 徐枕亚:《艺苑卷二》,《枕亚浪墨初集》,清华书局 1939 年版,第 5 页。

④ 徐吁公:《枕亚浪墨序五》,《枕亚浪墨初集》,清华书局 1939 年版,第 10 页。

使用了秋雁、柳梢、黄昏、秋水、碧云、烟波、琵琶、瓜李、孤鸟、僵鱼残宵等意象，渲染了“不敢再作问津之想”。再如徐枕亚是这样开头的：“黄叶声多，苍苔色死。海棠开后，鸿雁来时。雨雨风风，催遍几番秋信；凄凄切切，送来一片秋声……最难堪节序催人，客子能无感集？”这里以秋天时节独有的景物所编织而成的意境，对渲染萧瑟秋意下的人的情感起到了重要的铺垫作用。不仅如此，徐枕亚的意象还注重对中国传统诗词的点化和活用，如“最难堪节序催人”就和柳永的“多情自古伤离别，更那堪冷落清秋节”有异曲同工之妙。这对具有中国古典诗词阅读经验的读者来说，读来自然会“无字不香”。如果没有这些意象的铺垫，随之而展开的悲剧叙事就显得突兀且乏力。至于徐枕亚以“有词皆艳，无字不香”的感伤诗词径直入小说，则进一步增强了《玉梨魂》的艺术感染力，甚至在某种意义上可以说是诗词和小说平分秋色。诗词径直入小说，既是何梦霞与白梨影交流思想、倾诉感情的一种方式，也是徐枕亚所刻意追求的诗化品格的表现。

二是以才子佳人为主体的悲剧叙事，在根本上奠定了小说凄美悲凉的诗化品格。才子佳人的小说叙事模式，在中国小说中具有源远流长的传统，并深受读者欢迎。《玉梨魂》中才子佳人的爱情故事又被赋予了悲剧色彩，这在迎合了读者既有的阅读心理期待的同时，还带来了阅读上的陌生化，这两个方面的结合使得《玉梨魂》的悲剧叙事本身就具有感动人心的力量。《玉梨魂》的才子佳人小说模式尽管受到了后人的诟病，但它的出现具有历史的必然性和合理性。何梦霞作为才子，本身具有多情善感、工于诗文的潜质，再加上由新式教育而来的现代思想意识，构成了他敢于走出传统追寻爱情的动因；白梨影固然如传统佳人美丽多情、工于诗词歌赋，但也开始受到了诸如崔筠倩等人所宣扬的新思想的影响，这对于促成其爱情之火的复燃有着极大的关联。因此，以才子佳人为主体的悲剧叙事，在获得了反映社会真实能力的同时，还和意象系统一起，营构了一种凄楚悲凉之美，这就使得悲剧叙事和诗词抒情相辅相成，共同强化了小说的诗化品格。

总的来说，由《玉梨魂》所引领的民初言情小说正是国人情感觉醒在文学上的折射，以《玉梨魂》为代表的民初言情小说正是适应了过渡时代读者阅读的心理期待而生的，是文学创作对社会变迁的一次真实的回应，其历史作用是不容忽视的。这从一个侧面说明了《玉梨魂》以其深刻的反对礼教的文化立场、深度的人生哲理、浓郁的人文情怀和源远流长的诗化品格，给读者以深刻熏染与启迪。

本章阅读书目：

韩邦庆：《海上花列传》，《中国近代小说大系》，百花洲文艺出版社 1993 年版。

吴组缃等编:《中国近代文学大系》(小说集六),上海书店出版社 1991 年版。

范伯群、金明主编:《中国近代文学大系》(俗文学集一、二),上海书店出版社 1991 年版。

向燕南、匡长福主编:《鸳鸯蝴蝶派言情小说集萃》,中央民族学院出版社 1993 年版。

范伯群:《鸳鸯蝴蝶礼拜六派作品选》,人民文学出版社 1991 年版。

魏绍昌:《鸳鸯蝴蝶派研究资料》,上海文艺出版社 1984 年版。

芮和师、范伯群等编:《鸳鸯蝴蝶派文学资料》,福建人民出版社 1984 年版。

本章参考文献:

包天笑:《钏影楼回忆录》,香港大华出版社 1971 年版。

魏绍昌:《我看鸳鸯蝴蝶派》,中华书局(香港)有限公司 1990 年版。

裴效维:《20 世纪中国文学研究·近代文学研究》,北京出版社 2001 年版。

范伯群:《中国现代通俗文学史》(插图本),北京大学出版社 2007 年版。

武润婷:《中国近代小说演变史》,山东人民出版社 2000 年版。

本章思考题:

1.《海上花列传》的文学史价值是什么?

2. 鸳鸯蝴蝶派的基本特征主要有哪些?

3. 鸳鸯蝴蝶派兴起和发展的原因有哪些?

4. 徐枕亚的《玉梨魂》在当时为什么会产生很大的影响?

第三章　五四文学革命

第一节　新文化与新文学

一、"一刊一校"与新文化运动

新文化运动的兴起首先源于"保卫共和"的历史背景。共和体制的中华民国建立不久，袁世凯就窃取了辛亥革命的果实，并要圆他的皇帝梦。一时间，劝进、复辟的呼声甚嚣尘上。然而，具有民主思想的中国先进知识分子不能容忍尊孔复古的逆流。他们以势不两立的决绝姿态，掀起了一场波澜壮阔的革新风暴。

没有现代报刊和新式教育的出现，就不会有新文化运动，没有新文化运动，就没有五四文学革命。所以，讨论五四文学革命要从一本杂志和一所大学说起。

新文化运动最早的策源地是《青年杂志》(从第 2 卷起改名为《新青年》)。1915 年 9 月该杂志在上海创刊，创办人陈独秀既有革命党人的政治经历，又有办报的经验，面对袁世凯政权的倒行逆施，他失望于政治革命，转向思想革命，失望于社会上各类"做戏的虚无党"，寄希望于心灵较少被污染的热血青年，于是，他要用这本杂志对中国的青年人进行政治教育和思想启蒙。《青年杂志》上的第一篇文章就是陈独秀的《敬告青年》，文中明确指出青年应有的六种精神：(一)自主的而非奴隶的；(二)进步的而非保守的；(三)进取的而非退隐的；(四)世界的而非锁国的；(五)实利的而非虚文的；(六)科学的而非想象的。这是他所呼唤的作为未来国民形象的"新青年"。在创刊的前几年，《新青年》集中发表了一批关于青年问题的文章，体现了《新青年》前期对"青年"和"青春"的热切召唤和期盼。因此，《新青年》起初倡导的思想启蒙，具有倡导青春文化的色彩。

1916 年 12 月，蔡元培被任命为北京大学校长，不久提出了"思想自由，兼容并包"的办学方针。1917 年 1 月，陈独秀奉民国教育部令担任北京大学文科学长，《新青年》编辑部随之迁至北京。从此，《新青年》和北京大学这"一刊"、"一校"紧密地联结在一起。《新青年》同人大都是北京大学文科的教授，他们利用文章和讲台，介绍西方的现代文化，宣传反封建的新思想，引领追求真理、立志报国的有为青年，把新文化运动推向了高潮。

新文化运动的一个重要内容是伦理革命。除陈独秀外，新文化运动的先驱还有胡适、李大钊、周作人、钱玄同、刘半农、蔡元培、吴虞等人。他们将批判的矛头集中指向封建伦理道德。新文化运动先驱们看到，“别尊卑、重阶级”、“主张人治”的封建道德不仅成为个体自由发展的桎梏，而且是“制造专制帝王之根本恶因”。他们一致认为，反对封建专制首先必须与中国的传统文化实行彻底的、全方位的决裂，而首要的工作就是“刨祖坟”——打碎中国专制制度和礼教文化的精神支柱“孔孟之道”。于是，他们以人道主义和个性主义为思想武器，发起了围剿“孔家店”的搏战。在当时“尊孔读经”的声浪中，号召“打倒孔家店”是新文化先驱们矫枉过正的斗争策略。他们并非是否定孔子和儒家文化本身，而是因为不过正就不能矫枉。他们以全盘反传统的偏激姿态，向中国的旧文化、旧思想宣战，尤其是向封建中国的社会/政治秩序和文化/道德秩序整体宣战。

新文化运动在批判中国旧文化的同时，再造中国文化的建设意识逐渐浮出水面，主要文化参照就是西方的资本主义文化，甚至出现了“全盘西化”的倾向。先驱们逐渐明确和集中了中国新文化的建设目标，那就是为中国引进西方的“德先生”和“赛先生”。“德先生”(Democracy 的音译“德莫克拉西”)就是民主，先驱们要以此对抗封建宗法制度和专制思想。为了提倡民主，他们为中国人介绍西方的人权平等学说，破坏君权，确立四民平等的人权；“赛先生”(Science 的音译“赛因斯”)就是科学。先驱们为了彻底地破除迷信，否定偶像崇拜，要借重用科学的知识、科学的宇宙观否定无神论思想，从根本上推倒“君权神授”和专制主义的理论基础。很快，“民主”和“科学”不仅成了五四时期的流行语和关键词，而且成了新文化运动的两大中心任务。以“民主”和“科学”理念为核心，西方的进化论(主要是社会达尔文主义)、个性主义、人道主义和无政府主义等学说逐渐为觉醒了的中国知识分子所掌握。他们在这些西方思想武器的指引下，形成了新的世界观、人生观和价值观，以重新估定一切既有价值的气概，否定中国的旧文化，建设中国的新文化。

新文化运动的口号是“反对旧道德提倡新道德，反对旧文学提倡新文学”。也就是说，新文化运动的核心内容一是伦理革命，二是文学革命。

二、“文学革命”

伟大的时代未必能产生伟大的文学，但伟大的文学思想必定产生于伟大的时代。1917 年 1 月，《新青年》发表的胡适的文章《文学改良刍议》成为“文学革命”正式开启的标志。

胡适在文中提出文学改革应从“八事”入手：“一曰，须言之有物。二曰，不摹仿古人。三曰，须讲求文法。四曰，不作无病之呻吟。五曰，务去滥调套语。六曰，不用典。七曰，不讲对仗。八曰，不避俗字俗语。”[①]这就是有名的“八不主义”。《文学改良刍议》击中了中国旧文学的种种弊害，提出了系统的改革中国文学的纲领性建议，成为提倡白话文反对文言文，提倡新文学反对旧文学的宣言书。以进化论为基础，胡适提出了“一时代有一时代之文学”，“今日当造今日之文学”和“以白话为正宗”等新观念，揭示了现代白话文学必将取代文言文学正宗地位的历史趋势。

《文学改良刍议》发表后的第二个月，陈独秀在《新青年》上发表了《文学革命论》，提出了文学革命的“三大主义”：“曰推倒雕琢的阿谀的贵族文学，建设平易的抒情的国民文学。曰推倒陈腐的铺张的古典文学，建设新鲜的立诚的写实文学。曰推倒迂晦的艰涩的山林文学，建设明了的通俗的社会文学。”[②]他从内容到形式全面地批判、否定了封建文学，旗帜鲜明地将“三大主义”作为文学革命的批判和建设纲领。相比较而言，《文学改良刍议》主要是谈文学本身的改革，侧重于文学的语言形式；《文学革命论》主要是谈文学的社会改造意义，就文学来说侧重思想内容。胡、陈二文相互补充，共同促成了文学革命的爆发。胡、陈二人提出文学革命主张后，首先得到了其他新文化先驱们的积极响应。钱玄同在给《新青年》的信中将拟古的骈文和散文指斥为“选学妖孽，桐城谬种”，对其大加抨击，态度甚为激烈。刘半农这时也发表了论文《我之文学改良观》，提出改革传统的韵文、散文，引用西方的标点符号等多项建设性的主张。

紧接着，胡适又发起了如何建设新文学的讨论。1918 年 4 月，胡适发表了《建设的文学革命论》，提出“国语的文学，文学的国语”作为文学革命新的宗旨，强调新文学的建设与新型“国语”的建设应紧密地结合在一起，更加明确了语言形式变革应为五四文学革命最主要的突破口。钱玄同尤为偏激，他主张以拼音文字取代汉字。但多数人赞同以白话为基础，走“言文合一”的道路。

将文学革命从“白话的文学”推向“人的文学”高度的是周作人。1918 年，周作人发表了著名的《人的文学》，为正在建设中的新文学观念确立了一个影响巨大、意义深远的命题。周作人把历来的文学分为“人的文学”和“非人的文学”两类。二者划分的标准在于是否具有人道主义的态度。周作人提出“人的文学”是“个人主义的人间本位主义”的文学，明确了新文学的发展路径。诚如陈独秀所言，五四新文化运动是一场“人的运动”，“人”的问题是五四新文化运动的中心问

---

① 北京师范大学中文系现代文学教研室编：《文学运动史料选》第一册，上海教育出版社 1979 年版，第 12 页。

② 同上，第 22 页。

题。沈雁冰后来回忆说:“人的发现,即发展个性,即个人主义,成为‘五四’时期新文学运动的主要目标。”①郁达夫也说:“五四运动的最大的成功,第一要算‘个人’的发见。从前的人,是为君而存在,为道而存在,为父母而存在的,现在的人才晓得为自我而存在了。”②可见,在五四时期的人学思想中,具体到以个体为本位的生命、生存、婚姻、爱情等人生诸问题中,发现自我、创造自我、个性意识的自由张扬成为其中心,而这些却都是建立于生命意识的觉醒之上的。这种生命意识与个性意识的觉醒及其所带来的新的审美意识,既是“人的文学”理念产生的深厚文化思想基础,又是其内涵的丰富意蕴,并成为文体现代性转换的内在驱动力。两者之间相互映照,人的意识觉醒促进了文体的解放,文体的解放又带来了人的新的审美意识的产生和情感的解放。

《新青年》一创刊就致力于外国文学的译介工作。新文化运动高潮时期,陈独秀、李大钊创办了《每周评论》杂志,北京大学学生傅斯年、罗家伦等人创办了《新潮》杂志。这些期刊在介绍各种西方思潮的同时,大量地翻译域外文化、外来文艺学说和文学作品。大量的外国文学译介活动,也成为文学革命的一个重要组成部分。文学革命的发起人和主要参加者都曾投身于文学翻译活动,一时间形成了一个翻译文学的热潮,同时也形成了外国文化艺术思潮百川汇聚的局面。

兼收并蓄,多元择取,是五四文坛对待外来文化艺术的时代风尚。在五四前后短短的几年里,西方文艺复兴以来的各种文艺观念和与之相关的理论思潮都先后涌入中国,如现实主义、自然主义、浪漫主义、唯美主义、象征主义、印象主义、表现主义、心理分析派、意象派、未来派,以及进化论、人道主义、实用主义、尼采的超人哲学、叔本华的悲观主义、弗洛伊德主义、托尔斯泰主义、易卜生主义、社会达尔文主义、无政府主义、国家主义、马克思主义等。五四时期的作家们往往同时是多种外来文学思潮和流派的介绍者与信奉者。

尽管五四时期的文学家看似不加选择地“拿来”了西方五花八门的思潮、观念和艺术手法,但他们更看重的还是“文学革命”所需要的东西。他们从西方“拿来”过各种“主义”,唯独没有“古典主义”。他们选择了各种文学,偏偏没有“中世纪文学”。并且对“拿来”的这些“主义”,他们大都进行了为五四时代所需要的“理解”。这些潮水般涌入中国的外来文艺思潮,冲破了中国文学的封闭状态,拓宽了新文学家们的视野,加速了新文学在思想内容和表现形式上的更新,尤其是为草创期的中国新文学提供了不可或缺的借鉴摹本。

---

① 茅盾:《关于“创作”》,《北斗》1931年9月。

② 郁达夫:《〈中国新文学大系·散文二集〉导言》,《郁达夫文集》第六卷,花城出版社、生活·读书·新知三联书店香港分店1983年版,第261页。

1919年五四爱国学生运动爆发以后，新文化运动进入新的发展阶段。随着马克思主义的传播、阶级斗争的激化和社会矛盾的复杂化，《新青年》编委之间在刊物的指导方针上出现了尖锐的分歧。由此，新文学阵营也开始分化。以胡适为代表的自由知识分子转向“整理国故”等纯学术领域，陈独秀、李大钊等早期共产主义者投身于建立中国共产党的政治事业，鲁迅、周作人等则带领一批文学新人继续在新文学战线进行不懈的努力。

然而，文学革命的事业没有因此而削弱。从1921年开始，大批文学新人结成的纯文学团体及其创办的纯文学刊物蜂拥而起，如璀璨的群星遍布神州大地。五四文学精神在他们身上发扬光大，先驱们的新文学事业在他们的推动下迈进了一个新的历史时期。

第二节　文学观念的碰撞

起初，与文学革命倡导者对旧派文学热火朝天的攻击相反，旧派文学的支持者对这场文学革命几乎置之不理。文学革命的先驱们原以为他们的发难定会出现“一石激起千层浪”的反应，结果却是既没有得到多少支持的呼应，也没有听到几句反对的责骂。无论是日后的支持者还是反对者，都不以为几个文人提倡白话的几篇文章对中国的文学乃至中国的文化能产生多么大的影响。先驱们为了打破这种寂寞，在《新青年》上人为地制造了一次“文学革命的反响”。钱玄同化名为“王敬轩”，将社会上各种咒骂新文学的言论加以汇集，模仿旧文人的口吻做成一篇攻击文学革命的古文，向《新青年》杂志投稿。而《新青年》的另一编辑刘半农则写了《复王敬轩书》，对其逐一加以批驳，嬉笑怒骂，笔锋犀利。1918年3月，两篇文章同时在《新青年》四卷三号上发表。这就是后人经常提到的“双簧信”事件。“双簧信”的发表果真吸引了社会对文学革命的关注，终于使反对者放下了不屑与辩的“架子”，跳上了“决斗场”。

一、与林纾等人的论争

胡适的《文学改良刍议》发表没有几天，林纾就发表质疑文章《论古文之不宜废》。他从捍卫古文的正宗地位出发，反对白话文学的主张。“双簧信”事件之后，林纾对文学革命发难者的质疑变成了人身攻击。1919年初，林纾在上海《新申报》上连续发表了《妖梦》和《荆生》两篇文言小说。在《荆生》中，作者以田其美、金心异、狄莫影射陈独秀、钱玄同、胡适三人，安排“伟丈夫”荆生怒斥其为“伤天害理”、“背天反常”，尽说“禽兽之言”的“人间怪物”，意在让象征强权势力的

"伟丈夫"出来铲除陈、胡、钱等提倡文学革命的"妖魔"。《妖梦》则直接攻击蔡元培主持下的北京大学。而后林纾又发表了《论古文白话之消长》和《致蔡鹤卿书》等文。前文极力挖苦"废古文用白话音,亦正不知所谓古文也",认为"古文者白话之根底,无古文安有白话";后文攻击说:"若尽废古书,行用土语为文学,则都下引车卖浆之徒,所操之语,……凡京津之稗贩,均可用为教授矣。"①怒责新文化运动"覆孔孟,铲伦常"的"恶行"。

1919 年 3 月《国故》月刊创刊。创办者刘师培、黄侃等人以推崇魏晋以前的古文抵抗白话文学势力,主张保存"国粹"以抵抗新文化运动的反传统主义,与林纾一同向新文化先驱发起进攻。

对此,新文化阵营给予保守派强有力的回击。《新青年》全文转载了林纾的《荆生》,并逐字加以批驳。蔡元培立即发表《答林君琴南函》的公开信,驳斥了林纾对文学革命倡导者们的无端指责。他说:"北京大学教员中,善作白话文者,为胡适之,钱玄同,周启孟诸君。公何以证知为非博极群书,非能作古文,而仅以白话文藏拙者?胡君家世从学,其旧作古文,虽不多见,然即其所作《中国哲学史大纲》言之,其了解古书之眼光,不让于清代乾嘉学者。钱君所作之《文字学讲义》,《学术文通论》,皆古雅之古文。周君所译之《域外小说》,则文笔之古奥,非浅学者所能解。然则公何以宽于《水浒》、《红楼》之作者,而苛于同时之胡钱周诸君耶?"②针对林纾的影射小说,李大钊在《新旧思潮之激战》一文中"正告那些顽旧鬼祟,抱着腐败思想的人","有真正觉醒的青年,断不怕你们那伟丈夫的摧残;你们的伟丈夫,也断不能摧残这些青年的精神"③。鲁迅在杂文中一针见血地指出:"明明是现代人,吸着现在的空气,却偏要勒派朽腐的名教,僵死的语言,侮蔑尽现在,这都是'现在的屠杀者'。杀了'现在',也便杀了'将来'。"④陈独秀在为《新青年》写的《本志罪案之答辩书》中表现出了与守旧派势不两立的态度:"要拥护德先生,又要拥护赛先生,便不得不反对国粹和旧文学。"

林纾和"国故派"与新文化阵营的这场较量,由于其理论武器实在陈旧,加上五四爱国学生运动的兴起,新文化思想日益深入人心,单纯呼喊"保存'国粹'"已经没有多少市场。林纾只能无可奈何地悲叹:"吾辈已老,不能为正其非,悠悠百年,自有能辩之者。"

---

① 北京师范大学中文系现代文学教研室编:《文学运动史料选》第一册,上海教育出版社 1979 年版,第 141 页。

② 同上,第 146 页。

③ 同上,第 137 页。

④ 《鲁迅全集》第一卷,人民文学出版社 2005 年版,第 366 页。

二、与“学衡派”的论争

“学衡派”以《学衡》杂志而得名，但“学衡派”的雏形在《学衡》杂志创刊前许多年就已经出现了。早在胡适和梅光迪同在美国留学期间，二人就有过激烈的争辩。胡适认为，中国古文已是半死或全死的文字，梅光迪则反对这种提法。1919 年又出现过胡先骕与罗家伦关于白话文是否应该取代文言文（主要是“言文能否合一”）的批评和反驳。1922 年 1 月《学衡》创刊之后，“学衡派”与文学革命派又发生了激烈的论争。

某些文学史著作认为，“学衡派”的代表人物是吴宓、胡先骕和梅光迪。其实“学衡派”的核心成员远不止这三个人。除以上三人外，《学衡》创刊时的骨干成员还有柳诒徵、刘伯明、马承堃、萧纯锦、邵祖平、徐则陵、缪凤林、景昌极等。此外，《学衡》杂志的主力作者还有：王国维、陈寅恪、汤用彤、吴芳吉、刘永济、张其昀等。而梁启超、康有为、陈三立、丘逢甲、陈宝琛、方令孺、贺麟、曾朴、林纾、陈铨、叶恭绰、杨杏佛、张季鸾、张鑫海等人也都是《学衡》杂志上有影响的作者。

正像北京大学和《新青年》杂志是新文化主流派的大本营一样，南京的东南大学和《学衡》杂志成了新文化保守主义者的根据地。《学衡》是一个综合性的文化刊物。其宗旨是：“论究学术，阐求真理。昌明国粹，融化新知。以中正之眼光，行批评之职事。无偏无党，不激不随。”

“学衡派”首先是一个“新国学派”。《学衡》的主要作者后来多数成为 20 世纪中国新国学的大家。此前旧国学强调对中国学术和文明的传承，新国学既强调继承传统国学，又重视吸收西方学术和文明内涵，是从属于世界的现代中国学术。《学衡》的作者大都超越了传统儒生对王权政治的依赖，主张吸取中西文明的精华，思考当时中国的现实问题。相对于文化激进主义而言，他们属于文化保守主义，但绝不是抱残守阙的文化复古主义。

“学衡派”又是中国现代的“新人文主义派”。他们向国人介绍西方学术、西方文艺、西方思想，尤其钟情于美国著名学者、思想家、教育家欧文·白璧德的学说。以白璧德为代表的新人文主义的出现，很大程度上是对资本主义工业化和商品经济过度发展的一种反动。也就是说，新人文主义对抗的是“物文主义”。与此前西方人文主义思想家不同，白璧德思想的超越，来自其对东方文化的汲取和跨文化视野。在白璧德看来，过于强调“物的原则”必然会伤害“人的原则”，新人文主义就是要重新回到人的本源立场上来。他不再高喊“人是万物之灵长”之类抽象的空洞口号，不满于泛情的人道主义和科学人道主义，希望节制情感，恢复人文理性秩序。白璧德的学说成为“学衡派”许多重要成员的有力思想武器，以对抗文学革命阵营的进化论、实验主义等思想。

"学衡派"追求"昌明国粹"与"融化新知"的结合。胡先骕转引白璧德的观点"凡真正人文主义方法之要素，必为执中于两极端"①。"执中"与儒家思想的"中庸"理念相吻合。这是他们的办刊宗旨，也是他们的思维方法。用西方话语阐释中国思想的精华，在古今中外的普遍联系中宣扬普世性的价值，这是"学衡派"的最高追求目标，但没有真正实现。他们能做的只是以价值理性对抗工具理性，以"执中"反击"极端"。

"学衡派"与文学革命阵营的论战本应是五四时期一次文化保守主义与文化激进主义之间的深刻对话，因为其中蕴涵着新人文主义与社会达尔文主义之间、道德理想主义与实用主义之间、价值理性与工具理性之间可以互补的冲突与张力。只可惜，这次互补性的对话，却成了激烈的思想交锋和对话语权的争夺。

作为文化保守主义者，"学衡派"与林纾等人的不同之处在于："学衡派"是在第一次世界大战之后西方文化暴露出难以克服的矛盾和危机的背景下，重新审视中国传统文化对于人类文明有益的精神价值，并对新文化运动激烈地反传统予以反拨。林纾等人的理论武器还是中国古代的"圣经"、"贤传"，而"学衡派"的代表人物大都信奉美国思想家白璧德的新人文主义理论。林纾等人只是想"拼我残年极力卫道"，而"学衡派"的"昌明国粹"是与"融化新知"联系在一起的，只是他们特别反感新文化先驱们对中国传统文化所采取的全盘否定态度，为此他们不惜矫枉过正，以至于给人们留下了"卫道"的印象。其实，"学衡派"与新文化先驱们的分歧，主要不是"革新"与"守旧"的简单对立，而是文化激进主义与文化保守主义在文化观念和方法论上的差异。

在文言与白话的问题上，新文化先驱们主张"言文合一"，因为文言不利于新思想的传播，也不符合新文学的平民主义要求。"学衡派"则主张"言文分离"，强调书面语言的约定性和正宗地位。分歧的根源来自于"启蒙主义"的功利目的与"人文主义"的终极关怀之间的冲突。在"文学进化"问题上，新文化先驱们认为，"一时代有一时代之文学"，"古人已造古人之文学，今人当造今人之文学"；而"学衡派"认为，"文学为情感与艺术之产物。其本质无历史进化之要求，而只有时代发展之可能"。观点的对立其实是看待文学的着眼点不同：新文化先驱们主要是从文学的文体形式出发，从文学的社会功用出发，强调要发挥文学推动社会改造的现实效能；"学衡派"主要是从文学的道德内容与精神功用出发，强调要维护作品内容中恒定的精神价值。在"创造与模仿"的问题上，新文化先驱们提倡创造，要建设具有新内容和新形式的新文学；"学衡派"重视文学发展的连续性，认为文学的发展不过是蜕旧出新的演化。二者争论的实质是如何对待文学遗产的问

① 胡先骕：《评〈尝试集〉》，《学衡》第1期（1922年1月）。

题:新文化先驱们反对在模仿中国古代文学的基础上创造,而“学衡派”认为只有继承传统才能创造出新的文学。

这场论战以新文化先驱们的胜利而宣告结束。尽管新文化先驱们确有一些过失需要补救,尽管“学衡派”对主流派的反拨确有历史的合理性,但这种反拨在新思潮立足未稳的情势下有可能导致复古主义的回潮。“学衡派”的暂时失败,从主观方面来说是他们的人文主义理想缺乏具体而有效的操作手段和切入途径,从客观方面来看新文化的泛功利主义已形成不可逆转的时代潮流,使得“学衡派”反拨新文化激进主义的要求暂时没有实现的可能。

三、与章士钊等人的论争

文学革命的新思想是在保守派不断的挞伐声中得到检验,得以扩大影响,并逐步深入人心的。“学衡派”之后,又有了章士钊等人的挑战。

“甲寅派”因《甲寅》杂志而得名。“甲寅派”首领章士钊早年参加过推翻满清的革命活动,“二次革命”失败后流亡日本。章士钊一生创办过三次《甲寅》,即《甲寅》月刊、《甲寅》日刊和《甲寅》周刊。三份刊物的区别不仅仅是出版周期的不同,其前后思想主张和编撰人员也大不一样。《甲寅》月刊(1914—1915)开新文化风气之先,与《新青年》有很深的渊源关系;《甲寅》日刊(1917 上半年)与《新青年》并肩作战,堪称姊妹刊。1925 年,章士钊出任段祺瑞执政府的教育总长后,将《甲寅》复刊为周刊。杂志封面设计为“木铎下伏虎”,寓意刊物要警世醒俗,挽狂澜于既倒,成为《新青年》的对立面。所以,《甲寅》并非是一个连贯的、统一的刊物,“甲寅派”也只是个笼统的说法,它的所指并不明确,如果不加区别,就会对《甲寅》月刊、日刊、周刊的各不相同的历史作用有所遮蔽。

周刊时期的《甲寅》才是文学革命阵营所否定的“甲寅派”。这时期,《甲寅》周刊五分之二的篇幅登政府公报,五分之二的篇幅载章士钊的文字,其余五分之一的篇幅才发表“甲寅派”其他成员的文章。“甲寅派”除了章士钊以外,多是些在文化界没有影响的人物。他们重新掀起了对新文化和文学革命的批判,可是他们的理论观点依旧是老调重弹。他们的主张是号召青年人尊孔读经,他们攻击的对象还是两个老问题:新文化运动对传统道德的整体破坏和白话文学的提倡。“甲寅派”最有影响的文章,一篇是章士钊 1923 年已经发表又在复刊后的《甲寅》上重新刊登的《评新文化运动》,另一篇是他的《评新文学运动》。章士钊在《评新文化运动》中说,自新文化运动以来,“精神界大乱,郁郁怅怅之象,充塞天下。躁妄者悍然莫明其非,谨厚者菑然丧其所守。父无以教子,兄无以诏弟,以言教化,乃全陷于青黄不接辕辙背驰之一大恐慌也”①。他在另一篇文章中干脆咒骂道:“新文化者,亡文化也。”“甲寅派”其他成员的文章基本是章士钊观点的发挥,他们和章士钊一起攻击白话文取代文言文,认为文言是“载道远行”的工具,废弃文言就会大道不行。因而他们提出“厘正文体”的口号,甚至要取消“白话文学”这一概念。章士钊建议当时的政府,“中学国文教科书,宜禁用白话”。在其影响下,有几个省照此办理竟然禁令白话文,有些学校公然不录取作白话文的学生。

由于章士钊古文水平很高,且拥有“学者”和“知识阶级领袖”的社会影响力,并且能够借助政府的力量强制推行复古主张,造成新文化思潮的逆转,所以新文化阵营各派共同掀起了一场“打‘老虎’运动”。胡适、沈雁冰、郁达夫、徐志摩、高一涵、成仿吾等人纷纷撰写文章,对这股复古思潮进行了有理有据的批判。驳斥得最尖锐、讽刺得最辛辣的是鲁迅此时所写的一批杂文,如《十四年的“读经”》、《评心雕龙》、《再来一次》、《答 KS 君》、《古书与白话》等。鲁迅说,章士钊之流“是明知道读经不足以救国的,也不希望人们都读成他自己那样的;但是,要些把戏,将人们作笨牛看则有之,‘读经’不过是这一回要把戏偶尔用到的工具”②。针对“甲寅派”所说的不读破几百卷旧书就作不出好的白话文,鲁迅抓住了“甲寅派”所写古文中充满错误不通之处,给予嘲讽:“倘说这是复古运动的代表,那可是只见得复古派的可怜,不过以此当作讣闻,公布文言文的气绝罢了。”③“甲寅派”的命运恰被鲁迅言中。在新文学阵营的联合反击下,“甲寅派”伴随着段祺瑞政府的倒台而退出了决斗场。

今天来看,周刊时期的“甲寅派”也只是一个文化保守主义文人群体。他们的保守主张并非一无是处,对于激进主义的新文化全盘反传统也有一定的补充和制衡的意义。

第三节 新文学的尝试

一、尝试的园地

1917 年初,文学革命刚刚发端,新文学创作的幼芽就破土而出了。最初的

---

① 北京师范大学中文系现代文学教研室编:《文学运动史料选》第一册,上海教育出版社 1979 年版,第 288 页。

② 《鲁迅全集》第三卷,人民文学出版社 2005 年版,第 138 页。

③ 同上,第 120 页。

新文学创作主要是白话新诗和白话体议论性散文，多是一些尝试性的白话文学试验。这些尝试者几乎都是发起文学革命的旗手和主将。他们从事创作主要不是为了当文学家，而是为了实践他们的白话文学主张，或者说是想用创作推动他们所致力的国语运动。他们的作品主要不是为新文学摸索艺术规律和经验，而是为新的文学观念提供可操作的佐证。

《新青年》杂志既是呼唤文学革命的最初的舞台，又是培育新文学创作的第一个园地。最早的白话新诗、杂文、有影响的白话小说和话剧剧本几乎都是在这个摇篮里诞生的。以下的时间表便是最好的说明：

1917 年 2 月，《新青年》第 2 卷第 6 号发表了胡适的《白话诗八首》。这是中国新文学史上白话新诗滥觞的标志。在胡适和《新青年》的推动下，掀起了一场白话新诗运动。1918 年 1 月，《新青年》从第 4 卷第 1 号开始，全部改用白话和新式标点符号。4 月，《新青年》第 4 卷第 4 号设立了“随感录”专栏。这个新栏目开启了日后声势越来越大的白话体杂文创作的浪潮。一个月之后，《新青年》第 4 卷第 5 号发表了鲁迅的小说《狂人日记》，成为中国新文学史上白话小说的经典之作。1919 年 3 月，《新青年》第 6 卷第 3 号发表了胡适的独幕剧《终身大事》，这是中国现代文学史上最早发表的话剧文学剧本。

1919 年 1 月创刊的《新潮》月刊赓续《新青年》的办刊精神，积极响应文学革命，并成为发表新文学创作的又一个重要阵地。《新潮》月刊推出了康白情、俞平伯、朱自清等一批诗坛新秀，还推出了叶绍钧、杨振声、汪敬熙、罗家伦、俞平伯等一批小说家和一些有影响小说作品。

继《新青年》和《新潮》之后，《少年中国》、《晨报》副刊、《时事新报》副刊《学灯》等报刊纷纷登载白话体的新文学作品。郭沫若、冰心等一批优秀作家在这些报刊上崛起。

文学革命初期的新文学创作，除了实践或呼应白话文学主张的追求外，还有以下几个特征：一是强烈的启蒙意识；二是浓郁的感伤情调；三是多元化的艺术追求。这些特征奠定了 20 世纪 20 年代前半期新文学的创作基调。

最能显示文学革命实绩的鲁迅小说，是一个奇迹般的历史现象。当与之同时出现的新文学作品还在蹒跚学步的时候，鲁迅的小说就达到了惊人的思想艺术高度。与鲁迅的创作相比，同时期的新文学创作只是粗浅的尝试性的作品。可贵的是这些作家不畏失败的风险，执著地进行白话体式文学的探索。虽然他们的创作尝试不能算作成功，但是他们坚信：“若是大家都肯尝试，那么必定成功，自古无的，自今以后必定会有。”虽然这些尝试性的作品艺术水准普遍不高，但是谁能以这探索阶段的幼稚来抹杀他们的筚路蓝缕之功呢？

二、初期白话诗

中国新文学的文体革命是从诗歌开始的。白话新诗的出现，是五四新文学创作的先声，并且在实践上为其他文体的变革充当了先导。最早发表新诗的主要有胡适、沈尹默、刘半农、周作人、吴芳吉等人。

胡适于1910年赴美国留学，师从著名哲学家杜威，攻读实验主义（亦称“实用主义”）哲学。当时，英美两国正兴起意象派诗歌运动，胡适从意象派那里受到不少启发，开始思考中国诗歌和中国文学的改革问题。他从翻译外国诗歌入手，继而自己试用白话作诗。起初，只是在寄给同学的信中插入一点白话游戏诗，后来便认认真真地进行用白话作诗的试验。回国以后，胡适在领导新文化运动和文学革命的同时，继续白话诗的写作。1920年3月，他的诗集《尝试集》出版，成为中国现代文学史上第一部白话新诗集。

胡适抱着“文学的实验主义”探索中国诗歌的道路。他不赞成陆游“尝试成功自古无”的观点，是因为这和他的实验主义观点相左。于是，他提出“自古成功在尝试”。可见，以“尝试”作为诗集的名字包含着作者敢为天下先的气魄。所以当时人称《尝试集》的真价值“不在与人陶醉于其欣赏里的快感，而在与人以放胆创造的勇气”。《尝试集》的开拓性贡献主要有三：一是运用明白易晓、自然现成的白话语言，不避俗字和口语；二是讲究自然的音节，不求对仗和旧韵；三是破坏格律，追求“诗体的大解放”。他主张：“把从前一切束缚自由的枷锁镣铐，一切打破：有什么话，说什么话；话怎么说，就怎么说。”在诗歌内容方面，胡适主张扩大表现范围，反对“无病呻吟”，以民主主义、人道主义思想的新内容代替迂腐的封建主义的旧内容。若从审美的角度来看，《尝试集》的艺术价值远远低于它的文学史价值。胡适本人缺乏诗人的禀赋，他的诗体解放，带有明显的过渡性。

刘半农，作为第一代白话新诗创作的开路人，曾经长时间致力于白话新诗多种形式的摸索。文学革命初期，他在著名论文《我之文学改良观》中指出：“诗律愈严，诗体愈少，则诗的精神所受的束缚愈甚，诗学决无发达之望。”他还提出了破坏旧韵、重造新韵和增多诗体的主张。在创作实践方面，他对诗体“最会花样翻新”。他是“自由体”诗的拓荒人之一。如他的《卖萝卜人》，全诗既无韵，又不分节，且每行字数不一，体现了他“于有韵诗外，别增无韵之诗”的思路。他的另一个为新诗“花样翻新”的思路是向民间文艺学习。他和周作人、沈尹默一起搜集、整理民歌，然后模仿民歌体创作了他的民歌总集《瓦釜集》。他还进行模仿儿歌和山歌的尝试，他的新诗集《扬鞭集》里有几十首是用江阴方言创作的山歌和儿歌。经过多方借鉴，刘半农又在规模较大的长诗体领域进行了探索。他的250行长诗《敲冰》，吸取了自由诗、传统诗和民歌的特点，调动了叙事、抒情和描写等多种艺术手段，组成了一个宏大的结构，为扩大新诗的艺术规模做了卓有成效的试验。

沈尹默也是积极尝试白话新诗的代表作家之一。他的最为人称道的诗篇是《三弦》。这首诗能借助视觉和听觉形象，描绘出有声有色的画面。他的《月夜》一发表，外观上分行错落的排列形式就令读者耳目一新。这首诗既是散文诗的尝试之作，又为白话新诗的音节美做了初步的探索。周作人发表新诗较晚，但他的《小河》被称为“新诗的第一首杰作”，是新诗摆脱旧诗影响的标志性作品。相比较而言，他的诗能够用平朴的外表包蕴较深长的意味。另外，俞平伯的《冬夜》、康白情的《草儿》、刘大白的《旧梦》等，也是当时颇有影响的白话新诗集。

吴芳吉，自号“白屋吴生”，早年打下良好的古典诗词功底。在清华学堂读书时，他开始接受欧美文化的影响。五四前后，他的新体诗和旧体诗都产生了很大的影响，被誉为中华民国的“开国诗人”。他的新诗试图融合中国古典诗词和民歌的形式，形成后人所称之“白屋体”。

其特点是讲究新诗格律但句式长短衬句，诗中融入了大量现代口语。其新体诗的代表作有《婉容词》、《笼山曲》等在五四前后产生了很大影响。

初期白话诗创作有以下共同的特点：重说理，不太重抒情；重实感，不重想象；重诗体的解放，不重新诗诗学的建设。因而，白话新诗人的历史贡献与历史局限是同位一体的。他们强调了“白话”，却忽略了“诗”；想打破旧格律的束缚，却又流于散文化，有的诗作几乎就是分行排列的散文。还有的诗作又难以跳出旧诗的窠臼，成了一些“半放脚体”的过渡性的“未成品”。

三、早期“问题小说”

“问题小说”的出现是五四时代的产物。五四时代是充满怀疑和问题的时代。从孔教问题、妇女问题一直到劳动问题、社会改造问题……都在这一时期兴起。五四时期的一些小说家及时地反映了人们所关心的多种社会问题，因而被称为最早的“问题小说”。这些小说所涉及的社会问题有：妇女问题、劳动者命运问题、青年人恋爱婚姻问题、人生的目的和意义问题，以及儿童问题、教育问题、战争问题等。所有这些问题并不是“五四时期”才出现的，而是在封建中国历久亘延的老问题，只是由于封建思想文化长期压迫而使得受害者蒙昧不醒、习焉不察而已。“问题小说”在五四时期作为全新小说现象的出现，是这场思想启蒙运动的产物，是知识青年思想觉醒的表征。

“问题小说”的出现同时又是外国文学影响的结果。19 世纪俄罗斯的“提出问题的文学”和易卜生的“问题剧”在五四前后对“文学革命”初期的创作影响极大。“问题小说”创作的繁荣，还应归功于初期新文学理论家们的自觉倡导。胡适、周作人、沈雁冰等人先后以多篇文章号召新文学家首先应以表现种种的社会问题为历史使命。

在文学研究会成立之前，早期“问题小说”的代表作家是《新青年》上的鲁迅，《晨报》上的冰心，《新潮》上的叶绍钧、杨振声、罗家伦、汪敬熙等人。

早期的“问题小说”所涉及的各种人生问题中，作家们着墨最多的是婚姻、爱情和家庭问题。五四时期思想启蒙运动最大的胜利是“个人的发现”。而个性的觉醒，在五四青年那里能够落到实处的是现代性爱意识的觉醒。正如鲁迅所说：“魔鬼手上，终有漏光的处所，掩不住光明：人之子醒了；他知道了人类间应有爱情”。[①] 早期的“问题小说”家特别关注的是爱情不自由和婚姻不能自主这一社会现象。表现这一问题并最早产生巨大影响的小说是罗家伦的《是爱情还是苦痛》。小说主人公程叔平爱上了有志向的女子素瑛，而他的父亲却要他立即回家与早已订婚的一个不相识的女人完婚。程叔平虽一再拒绝，但最后还是不得不顺从家长的意志。他只能慨叹：“世间极痛苦的事，就是强不爱以为爱。”这篇小说揭示出封建婚姻制度所造成的青年人的心灵苦痛，反映了“当时许多知识层青年们的公意”。冰心是以“问题小说”登上文坛的。她的第一篇小说《两个家庭》，通过两类不同家庭之间的对比，肯定了既带有西方色彩又保持着中国民族特色的新式家庭，否定了封建官僚之家培养出来的家庭主妇。作品在思想和艺术方面诚然幼稚，但提出的家庭改造问题引发了文坛和社会的关注。

新潮社的小说家们侧重于表现下层劳动者的命运问题。如汪敬熙的《雪夜》诉说贫苦家庭的灾难，杨振声的《渔家》描绘被逼上绝境的渔民，叶绍钧的《这也是一个人》展示了一个童养媳动物般的一生，这些作品都不乏控诉的力量。鲁迅在《中国新文学大系・小说二集序》中对某些“问题小说”是这样评价的：“技术是幼稚的，往往留存着旧小说上的写法和语调；而且平铺直叙，一泻无余；或者过于巧合，在一刹时中，在一个人上，会聚集了一切难堪的不幸。然而又有一种共同前进的趋向，是这时的作者们，没有一个以为小说是脱俗的文学，除了为艺术之外，一无所为的。他们每作一篇，都是‘有所为’而发”。[②] 鲁迅在这里所说的“有所为”，正是指他们揭出痛苦，“以引起疗救的注意”的“为人生”倾向。

四、话剧文学的萌芽

《新青年》在文学革命高潮期间，在提倡白话文、倡导白话新诗创作的同时，还进行了对中国传统旧戏和堕落的“文明戏”的批判。虽然在对中国传统戏曲究

① 《鲁迅全集》第一卷，人民文学出版社 2005 年版，第 338 页。

② 《鲁迅全集》第一卷，人民文学出版社 2005 年版，第 247 页。

竟是部分的保留，还是全部摧毁的问题上，文学革命先驱们的意见并不一致，但是他们都主张以西洋话剧为模范，从改革文学剧本入手，创造体现新思想、运用新形式的中国话剧。

中国话剧文学的兴起得益于外国戏剧理论和外国剧本的引进。由于易卜生在其社会问题剧中对家庭和社会束缚个性的陈腐道德、虚伪法律的揭露和批判，唤起了中国读者和观众的强烈共鸣，因而在《新青年》和《新潮》杂志上掀起了一股翻译他的"问题剧"、评介其思想和戏剧创作的"易卜生热"。在这股热潮的带动下，莎士比亚、王尔德、萧伯纳、斯特林堡、高尔斯华绥、梅特林克、霍普特曼、契诃夫、果戈理、安特莱夫、莫里哀、席勒等一大批西方著名剧作家及其剧作走进了中国读者的视野。然而，与丰富的戏剧理论和众多外国戏剧翻译相比，中国新文学阵营自身的戏剧创作则显得有些匮乏。

1919 年 3 月，胡适推出了中国话剧剧本的经典之作《终身大事》。剧本把老少两代人在婚姻问题上的矛盾安排在一个半新半旧、中西合璧的家庭里，使戏剧冲突的内涵超出了一般的反抗父母之命、媒妁之言的主题范围。田太太封建迷信思想严重，要靠观音菩萨和算命先生来判定女儿的终身大事。田先生貌似开明，反对妻子问卜求神，可他要用宗谱祠规来阻挠女儿的婚姻。主人公田亚梅毅然与恋人出走，自己主宰自己的终身大事。作品在形式上显然是深受易卜生《玩偶之家》的影响，但在内容上切中"五四时期"青年最为关注的时代问题，因而产生了很大的社会反响。若就戏剧艺术而论，《终身大事》实在缺乏戏剧特有的审美力量，然而从中国话剧文学史的角度看，它毕竟宣告了中国人自己创作的话剧剧本的诞生，而且带动了此后的社会问题剧创作。

1921 年 3 月，沈雁冰、郑振铎、陈大悲、欧阳予倩、汪仲贤、熊佛西等人发起成立了民众戏剧社，并创办了专门性的戏剧杂志《戏剧》月刊。民众戏剧社和随后成立的上海戏剧协社继续坚持对中国旧戏和"文明戏"的批判，主张戏剧"艺术上的功利主义"，提倡"写实的社会剧"和"爱美剧"(非职业的业余演剧)，更致力于社会问题剧的创作。社会问题剧面对客观现实，着眼于人们普遍关心的社会人生问题，具有一定的现实主义倾向。它发挥了戏剧文学的社会作用，提高了戏剧文学的地位，为中国话剧文学的发展奠定了基础。

1920 年至 1922 年，田汉与郭沫若推出了多部话剧剧本和诗剧。他们二人共同显示了创造社在话剧文学上的独特追求。他们不太注重客观生活的再现，而注重主观情绪的抒发。他们往往不以情节和性格的展开为目的，而以情绪的流动和某种诗的意念为指归。郭沫若善于将自己在历史题材中感受到的现实情怀以诗剧的形式加以表现；田汉虽取现实题材，但剧中多诗意的梦幻和传奇式的情节，带有一定的唯美主义和象征主义艺术倾向。

总的来看,1922 年以前的早期话剧文学,主要是在对外国话剧剧本的模仿中起步并发展起来的。其文学史意义不在于这些作品的艺术成就,而在于话剧文学体式的引进和新的戏剧观念的确立。

五、杂文和"美文"的兴起

五四白话文学的另一个重要收获是中国现代散文的萌生。当时对现代散文没有统一的称谓,一度把议论为主的文章和叙事抒情为主的文章统称为"小品文"。所以当时的白话小品文分为杂文体小品和"美文"体小品。当时的杂文体小品又分为两大类:一类是时称"杂感文"的政论体,一类是夹叙夹议的随笔体。

杂文是最早参与五四文学革命和思想革命的散文文体,也是先于其他散文品种出现的现代文体。五四杂文的源头不是古代中国的"杂文",而是晚清以议论为主的报章文体。到了五四时期,随着中国报刊与现代读者阅读需要的互动,特别是思想启蒙运动和白话文的兴盛,白话杂感文应运而生。到了 1918 年《新青年》设立"随感录"栏目,以及其他报刊"杂感"、"评谈"、"乱弹"等栏目上大量白话议论文作品的出现,杂文已经成为可以与新诗和现代小说并列的新式文体,更以其"匕首与投枪"的力量助推了五四思想启蒙运动,扩大了这一现代文体的影响力。鲁迅、周作人、陈独秀、李大钊、胡适、钱玄同、傅斯年等成为一代杂文名家。

五四时期还出现了白话的随笔体小品文。它继承了晚明以来古代小品文独抒性灵、不拘格套的传统,借鉴了英国随笔的自由主义精神和幽默的理趣,形成了随意而谈、无所顾忌的语体风格。"周氏兄弟"和林语堂的作品是杰出的代表。五四后期提倡的白话"美文"主要是指叙事抒情的散文。周作人是"美文"的倡导者,朱自清和冰心等人是成功的实践者。他们的散文作品以真挚的情感、优美的意境、特别是动人的语言,彰显了白话文字的美学力量,征服了社会上"美文不能用白话"的偏见。

第四节 五四文学的精神和历史贡献

一、五四文学的精神

五四文学,确证了一代新型中国人的生存价值和生命方式,规引着后起的新文学家的文化取向和艺术指归,也就决定了此后近一个世纪的中国文学尽管路程曲折、道途坎坷,但是,五四文学的光芒如同一个不灭的火炬照亮着新文学的方向。五四文学留给后世的，主要不是具体的创作法则和文学规范，而是一种文学精神。这种文学精神是指五四作家以文学形式表现出来的人的思想/情感方式。它具有以下几个突出的特征。

其一“重新估定一切”的叛逆精神。鲁迅说：“没有冲破一切传统思想和手法的闯将，中国是不会有真的新文艺的。”①在五四时期，绝大多数新文学家都是尼采的崇拜者。他们所敬仰的当然不是尼采学说中反对民主、歌颂战争等消极成分，而是推崇他空前地“把哲学上一切学说，社会上一切信条、一切人生观、道德观，重新称量过，重新把他们的价值估定”，他们要“借重来做摧毁历史传统的畸形的桎梏的旧道德的利器，重新估定价值创造一种新道德来”。作为五四文学革命主将的周作人，在《复古与反动》一文中强调指出：“新文化的精神是什么？据胡适之先生的解说，是评判的态度，是重新估定一切价值。”胡适在他提出“重新估定一切价值”口号的文章《新思潮的意义》中说：“新思潮的根本意义只是一种新态度，这种新态度叫做‘评判的态度’”，“对于习俗相传下来的制度风俗，要问：这种制度现在还有存在的价值吗？”“对于古代遗传下来的圣贤教训，要问：这句话至今还是不错吗？”“对于社会上糊涂公认的行为与信仰，却要问：大家公认的，就不会错了吗？”正如鲁迅在新文学的奠基之作《狂人日记》中借狂人之口发问：“从来如此，便对么？”

五四新文学是在中国旧文学的废墟上建立起来的，又承担着为现代中国社会构架上层建筑的重任。要全面建立新的价值系统，就不得不对传统的价值观念进行整体的反思。五四文学革命之所以不同于中国历史上任何一次文学改革，其首要原因是它从一开始就找到了最有效的突破口，即文学价值观念体系的更新。正是由于他们对一切中国传统的观念做出了大胆的叛逆和对西方文化艺术观念的大胆“拿来”，才使新的文学观念不是旧模式的修补，而是新体系的确立。

当然，五四新文化人在对中国传统文化进行全面批判的时候，也有过于偏激的问题，以至于“把孩子和脏水一同泼掉了”。这也许是难以避免的。“历史老人总是做完一件事情再做另一件事情”，当时的新文化人要做的第一件事情是与传统的封建文化实行最彻底的决裂。无论中国传统文化中有多少精华，但它在本质上是封建精神的载体。初步觉醒的新文化人没有条件甚至没有可能把浑然一体的传统文化的精华与封建性的内容剥离开来，尤其是他们正面对着封建复古派保卫“国粹”的极力顽抗，若要他们既让步认可传统的精华，又要使封建文化从根本上解体，实在是难以做到的。

---

① 《鲁迅全集》第一卷，人民文学出版社2005年版，第254页。

然而，作为民族文化支撑物的传统被全盘摧毁，毕竟是民族文化的损伤。有所得也就必有所失。五四时期激烈地全盘性地反传统主义，由于未能得到有效的补课，日后几度显露出它的负面效应。

其二，“人的文学”的个性精神。马克思说过：“任何一种解放都是把人的世界和人的关系还给人自己。”个性解放的实质就是人的解放，使人从自然和社会的各种限制其自由健康发展的束缚中摆脱出来，获得人应有的权利和价值。“人”的发现，作为五四新文化运动最重要的收获，是中国文化由传统走向现代的标志。有了“人”的发现，才有了反礼教“吃人”的道德革命的呼声，才有了个性解放的“立人”主张，也才有了五四新文学的新精神和新内容。

“人的文学”是以人道主义和个性主义为思想基础的。它以人道主义对抗否定人的价值、抹杀人性合理发展的封建蒙昧主义，以个性主义对抗以君为本、以父为本、以夫为本的封建伦理思想。有了个性主义和人道主义这两个如此强大的思想武器作依托，使得“人的文学”在反对中国封建的“非人的文学”的斗争中大显神威。

在文学创作方面，最完整、最本质地体现“人的文学”精神的是鲁迅的小说和杂文。他本着“‘为人生’，而且要改良这人生”的启蒙主义创作目的，以他解剖刀似的文字刻画出一幅封建中国“人吃人”的图景，艺术地展现了人的价值被封建文化毁灭的历史真实，进而上升到对“食人民族”国民性的忧愤深广的思考。鲁迅小说还通过一些先觉者的无谓牺牲和初步觉醒的知识分子个性解放失败的悲剧命运，昭示出个性解放路途的曲折性和变革中国人生的极端复杂性。

以文学研究会作家为代表的“为人生”的文学创作，是“人的文学”观念的普遍实践。他们以人道主义思想为指导，主要表现了两个主题：一是揭示社会下层的人民被侮辱与被损害的不幸遭遇；二是探求理想的、美与爱的人生。文学研究会的“人的文学”创作体现了平民主义和理想化的色彩。对“人的文学”，创造社的作家则更多地理解为个性主义的“自我表现”。他们主张“自我就是一切，一切都是自我”，“文艺是出于自我的表现”。他们以个性价值的扩张和对创作主体意义的充分肯定，丰富了“人的文学”的内涵。

综上所述，“人的文学”是个性解放的时代潮流在文学上的投影，同时又推动了现代中国人性解放的历程。但是，五四新文学的个性解放并没有完成自己的历史使命。这首先是因为当时中国的个性解放缺乏深厚的与之相适应的文化土壤，而现实中的封建宗法经济和农业小生产经济基础制约着个性主义的发展，使它难以深深地扎下根，扼杀个性主义的封建思想一有机会，便会依靠固有的深厚基础而死灰复燃。其次，五四时期人的觉醒主要是先进知识分子的个性意识的觉醒，他们在唤醒下层劳动者个性觉醒的过程中，由于自身力量的脆弱，大都在做了原以为“登高一挥，应者云集”的英雄梦之后，失望于社会的险恶和百姓的愚昧，扮演了“折翅鸟”的角色。再次，新文学先驱们的“人的文学”的观念本身也不够完善。他们虽然确认了人是天地间最可宝贵的，但是当他们把个性强调到完全割断与整体的联系时，这种强调就几乎失去了实现的可能性。

另外，五四以来的现代中国作家几乎都承担着“启蒙”和“救亡”双重使命，而“立人”是为了“立国”，一旦“救亡”的迫切感压倒“启蒙”，他们很容易放弃个性主义而选择集体主义。总之，五四时期的个性解放热潮其实际作用和客观影响是有限的，更大的意义是为此后“人”的觉醒的艰难征程提供了一个良好的开端。

其三，忧国忧民的悲剧精神。五四新文学思潮滥觞于一个蒿目时艰的社会，传播于一个长歌当哭的时代。个人自立、民族自强的“历史的必然要求”已经急剧地敲打着时代的大门，而产生这种必然要求的条件与实现这必然要求的条件却严重脱节。因此，新文学表现“人”的觉醒，主要不是谱写新时代“天赋人权”、“四民平等”的欢歌，而是描绘封建文化和专制社会扭曲人性、压抑生命的悲剧。因此，悲剧几乎成了“五四”作家共同的创作形态。

五四新文学家的悲剧精神，首先表现为悲剧意识的觉醒。文学革命的主倡者们率先冲破了中国传统的“大团圆”式的“瞒和骗”的喜剧观念，并把这种传统文艺思想作为国民劣根性的体现加以无情的揭露。他们认为，只有真实的悲剧才能产生思想深沉、感人肺腑、发人猛醒的真正的新文学。悲剧意识的觉醒，源于五四作家个性意识的觉醒。这批最先觉醒的现代中国知识分子，也最先体验到人类生存的悲剧性，体验到社会环境的重压，体验到传统观念的禁锢，体验到反叛的艰难，体验到悲剧艺术的社会效能。因而，悲剧意识支配着这一代作家把握人生的艺术方式。

五四新文学的悲剧精神，又是一代觉醒者孤独心态的折光。五四先驱们自信代表着最先进的思想文化，同时发现由于自己思想的超前而在社会上成为“少数”的孤独者。他们在传播现代思想文化的过程中，不仅感受到自己与统治者的对立，更感受到自己与愚昧的被统治者之间的“厚壁障”。他们与普通百姓几乎失去了直接对话的可能，即使付之以牺牲，也难以得到被启蒙者的理解。尽管如此，五四先哲们还是怀抱着为国为民的强烈的责任感，以“改造国民性”为基本主题，用各式各样的悲剧艺术传达人民的疾苦，再现旧中国的罪恶，以期唤醒国人的觉醒。

其四，“拿来主义”的开放精神。20世纪初，列宁在《亚洲的觉醒》一文中预言，“被称为长期完全停滞的国家的典型”的中国的觉醒，亚洲的觉醒，“标志着

20世纪初所开创的全世界历史的一个新阶段”。① 这个新的历史阶段，是人类历史上从未有过的各民族文化大交流的时代。中国的现代文学正是在这样一个文化背景下产生和发展起来的。当文学革命还在酝酿阶段的时候，倡导者们就意识到，未来的中国文学必须“以外国文学为师”。随着古老中国“文化中心”观念的打破，五四新文化人以空前开阔的胸襟，“放开度量，大胆地，无畏地”将外来的新思潮“尽量地吸收”。由于他们将外来文化思潮视为中国新文化的源泉和摹本，因此，在吸收和借鉴西方文化和西方文学的问题上，他们采取了兼收并蓄、择取百家的态度。当时几乎没有一个作家只是某一种外来文艺思潮或学说的信奉者，而是或同时或先后师法多种异域的文艺观念或表现形式。也许后人已经记不清他们究竟“拿来”过多少外来的“主义”，但永远忘不掉的，是五四式的博大的“拿来主义”气概。

五四新文学家“拿来”的西方文化虽是五花八门，毫无系统可言，然而其中相近的民主意识、自由意识、批判意识和怀疑精神促使他们摆脱封建传统的羁绊而跨进新的精神境界，加速了他们文学观念的更新。尤其是从西方文学世界那里，他们看到了全新的审美理想和千姿百态的艺术形式，从而掀起了文体解放的潮流。他们在破坏传统旧文学形式的同时，仿照西方文学的分类样式，重建了中国文学的形式格局。

五四新文学家对于外来文化的借鉴留下了宝贵的历史经验，也留下了一些值得总结的教训。他们当时还不具备分析鉴别各种外来文化艺术所内含的文化价值和艺术价值的能力，在吸收和应用的过程中程度不同地都存在着浅尝辄止、“食洋不化”等缺憾。那一代人对于西方文化艺术思潮的把握，常常是热情匆忙地运用有余而冷静细心地消化不足。他们欣喜于在短短的几年里获得了西方几个世纪以来的思想精华，却不知在走马灯式的频频接收过后，所得到的多是零碎的大杂烩，或是被误读的东西。造成这一现象的根本原因是：西方的近代以来的文艺思潮是反封建的文艺复兴运动经历了几百年、资本主义文化发展到一定阶段后才出现的，而五四文学革命正处在从封建中国向现代中国的转换途中，这一转换是不可能一蹴而就的。没有适合的文明土壤，外来文化艺术的种子在中国也就难以生根开花。

当然，对五四文学革命的局限和教训的种种反思，并不能因此而得出五四文学革命功过各半的结论。我们必须肯定，它是中国历史上最伟大的一次文学变革。

---

①《列宁全集》第23卷，人民出版社1990年版，第161页。

二、五四文学革命的历史意义

五四文学革命标志着中国旧文学的终结、新文学的诞生，在中国文学发展的历史进程中具有划时代的里程碑意义。

其一，文学观念的全面更新。五四文学革命不仅否定了“文以载道”、“代圣贤立言”等旧文学思想，而且否定了支撑这些学说的整个价值观念系统。“文学革命”确立的文学观念，不是旧模式的修补，而是新体系的创建，从属于民主、人道、自由的现代思想体系，体现了现代中国人对文学的新的要求。在新的文学观念引领下，中国的新文学重新调整了文学与上层建筑、文学与社会生活、文学与创作主体、中国文学与世界文学等一系列关系，从而带来了中国文学的整体变革。

其二，创作主体的精神解放。五四文学革命从整体上以现代意识取代了封建意识，高扬人本主义的大旗，因而大大突出了创作主体在文学中的地位，使新文学家的世界观、人生观、价值观都发生了根本性的变化。固有的思想禁区被突破，思维空间大大拓展，创作主体挣脱了封建教条的束缚，自由地抒发自己的思想感情，自由地选择创作题材，自由地追求自己的创作风格。他们的人格能量和创作才情得到了极大的发挥，作家的主体性得到了空前的放大。

其三，文体形式的现代化。五四文学革命实现了古代汉语文学向现代汉语文学的转型，使中国文学的各种文学体式都发生了历史性的变革：现代白话取代了传统文言的正宗地位；运用白话、不受外在形式束缚的新诗取代了以往旧体诗的地位；报章型、随笔型、杂感型等各类现代散文取代了以往古文的地位；西式的现代小说取代了以往章回体小说的地位；舶来的话剧文学取代了以往戏曲文学的地位。而且这场历史变革来得那么自觉，实现得那么彻底。

其四，与世界文学的全面对话。五四文学革命结束了中国文学相对封闭自锁的状态，成为中国文学走向世界的开端。它促进了中国作家世界文学意识的觉醒，形成了中外文学碰撞交汇的发展格局。从此，中国作家自觉地借鉴、吸收外国文学及文化的营养，在与世界文学的对话交流中获得观照中国文学的全新眼光，获得了艺术创造的精神营养和形式摹本，成为开放型的、自立于世界文学之林的现代中国文学。

本章阅读篇目：

胡适：《文学改良刍议》、《建设的文学革命论》、《多研究些问题，少谈些“主义”》。

陈独秀：《文学革命论》、《本志罪案之答辩书》。

周作人:《人的文学》、《平民文学》。

李大钊:《新旧思潮之激战》。

蔡元培:《答林君琴南函》。

鲁迅:《随感录三十五》、《随感录五十七·现在的屠杀者》、《随感录五十九·“圣武”》。

本章参考文献:

朱德发:《中国五四文学史》,山东文艺出版社 1986 年版。

陈平原:《触摸历史与走进五四》,北京大学出版社 2005 年版。

《文学运动史料选》(第一册),上海教育出版社 1979 年版。

王桂妹:《文学与启蒙——〈新青年〉与新文学研究》,中国社会科学出版社 2010 年版。

本章思考题:

1. 简述新文化运动与五四文学革命的关系。
2. 什么是五四文学的精神?
3. 五四文学革命具有怎样的历史意义?

第四章　文坛巨匠鲁迅

第一节　鲁迅的思想历程

鲁迅，原名周树人，字豫才，1881 年 9 月 25 日出生于浙江绍兴一个集商、绅、官为一体的家庭，幼年接受良好的旧式教育，在熟读四书五经的同时，对唐代、明代小说及有关记载植物、动物的书籍产生浓厚的兴趣。13 岁时，祖父因科场舞弊案被判刑，家境开始衰落。加上父亲生病，家庭生活开始由小康步入困顿，原来对他们非常热情的亲戚朋友开始对他们冷眼相看，鲁迅自此看见了世人的真面目，感受到世态的炎凉。

因为家境的贫困，家里无法供鲁迅继续走科举考试之路，加上其他原因，1898 年 5 月，鲁迅离开绍兴到南京，先进入南京水师学堂学习，一年后转入矿务铁路学堂。在这一时期，鲁迅接触到了西方现代科学、文化，他的知识结构、思想观念发生了巨大变化。严复翻译的《天演论》对他产生很大的影响，达尔文的“物竞天择，适者生存”的进化论成为他此时思想的核心。同时，他阅读了梁启超创办的《时务报》上关于社会改良的文章，对日本社会的发展有了更多的了解，受此影响，他决定到日本留学。经过考试，他获得了官费留学的名额，于 1902 年 4 月到日本东京，先在东京弘文学院学语言，因对当时在东京的留学生的行为看不惯，他选择远离东京，于 1904 年进入仙台医专学习医学，希望掌握现代医学，成为一名医生，利用现代医学技术医治中国人的疾病，摘掉中国人“东亚病夫”的帽子。这一时期，鲁迅与当时在日本留学的其他留学生一样，抱着科学救国的思想，选择实用科学作为自己的专业，希望将来能够为中国的社会建设出力。然而，接下来的“幻灯片”事件，却改变了鲁迅科学救国、医学救国的理想，他意识到，即使中国人的身体再健全茁壮，如果灵魂有问题，那么也只能做毫无意义的示众的材料和看客，这个民族也是没有希望的。而要改变中国人的精神，鲁迅当时认为文艺是最有效的，于是，他决定弃医从文，提倡文艺运动。在此后的时间里，鲁迅阅读了大量的西方文学作品及哲学书籍，写下了《文化偏至论》、《摩罗诗力说》等文章，介绍西方现代哲学思想及文学作品，尼采的超人哲学思想、施蒂纳的极端个人主义思想受到鲁迅的欣赏，雪莱、拜伦等“摩罗诗人”成为鲁迅向往的作家，在此基础上，鲁迅提出了“任个人而排众数”、“掊物质而张灵明”的思想。如果说这些思想主要来自西方的影响，那么在此基础上所形成的“立人”思想则是鲁迅在当时基于中国社会现状的独特发现。与当时科学救国、教育救国、商业救国、军事救国等观点不同，鲁迅将救国的希望寄托在人才的培养上，而人才的培养，也并非简单地学习理论知识，而是“乃必尊个性而张精神”，这种思想与其改造国民性的思想是相一致的。

1909 年 8 月，鲁迅从日本回到中国，先后在绍兴师范学堂和中学任教。中国黑暗、落后的社会现实给他的理想之火泼上了一盆冷水，辛亥革命、二次革命、袁世凯称帝、张勋复辟，一个又一个重大政治事件使鲁迅对中国社会的未来产生了怀疑，加上家庭婚姻生活的痛苦，鲁迅陷入孤独的境地。1912 年，经朋友许寿裳的推荐到教育部任职，同年随教育部迁往北京，任教育部佥事。这一时期，除了上班之外，鲁迅的主要时间都花在整理、校勘古籍，抄古碑上面。

1918 年，鲁迅受钱玄同之邀加入《新青年》编辑部，同年 5 月首次用笔名“鲁迅”在《新青年》第 4 卷第 5 号上发表小说《狂人日记》，从此一发不可收，成为中国现代文学史上伟大的作家。同时，他也在《新青年》上发表一些杂文，成为“随感录”作家群中的重要一员。鲁迅在这一时期由沉默而呐喊，思想从消极而趋激进。

1922 年，五四新文化运动退潮，新文化运动的先驱者们开始分化，有的退隐，有的高升，鲁迅感到了孤独与寂寞：“寂寞新文苑，平安旧战场。两间余一卒，荷戟独彷徨。”① 这首诗所体现出来的，是鲁迅当时思想的真实写照。正是在这一背景下，鲁迅结集出版了《彷徨》、《野草》、《朝花夕拾》等作品。这一时期，鲁迅不仅支持学生与教育部对抗，而且写文章批评当时的政府，因此被列入黑名单。1926 年 8 月，鲁迅应林语堂之邀离开北京，前往厦门大学任教。1927 年 1 月，离开厦门大学，前往中山大学任教。“四·一二”政变后，他看到青年分成两大阵营的事实，看到国民党对共产党的大肆屠杀，“青年必胜于老年”的进化论思想受到冲击，在先进的枪炮面前，他对文学作用的看法也有所改变。

1927 年 10 月，鲁迅离开广州到上海，直到 1936 年 10 月去世。这一时期是鲁迅思想的“左转期”。1928 年，文艺界爆发了“无产阶级革命文学”论争，以郭沫若为代表的创造社和以蒋光赤为代表的太阳社联合起来对鲁迅发动围攻，用所谓的马克思主义理论对鲁迅进行彻底的批判与否定。鲁迅被迫购买、阅读了部分马克思主义的理论书籍，并用他所理解的马克思主义理论对郭沫若等人的

① 《鲁迅全集》第七卷，人民文学出版社 2005 年版，第 156 页。

批判进行了反击。后来,党中央派冯雪峰到上海做调停工作,双方停止论争,并于 1930 年 3 月联合起来在上海成立中国左翼作家联盟,鲁迅参与了"左联"的筹备工作,并被选为"左联"的领导人。鲁迅虽然加入了"左联"并被选为领导人,但他对当时左翼文学阵营中存在的问题有着清醒的认识,对帮派现象尤其表示不满,因此,他与"左联"内部某些领导人在某些问题上有着不同的看法,并由此而产生矛盾,1935 年 8 月"左联"解散后所爆发的"两个口号"的论争便是这一矛盾冲突的表现与结果。鲁迅这一时期的创作除《故事新编》中的部分作品外,其他均为杂文,先后出版了《三闲集》、《二心集》、《南腔北调集》等 9 个杂文集。

第二节 鲁迅的小说创作

鲁迅从 1918 年开始创作现代白话小说,他一生创作的小说数量并不多(除文言小说《怀旧》外,共有 33 篇,分别收在《呐喊》、《彷徨》和《故事新编》三个小说集中),却以"表现的深切"和"格式的特别"成为中国现代小说创作不可磨灭的丰碑。鲁迅开拓了现代小说新的题材领域,现代知识分子形象、平民百姓成为其小说的主人公;他成功地将西方现代小说与中国传统小说的艺术形式融合为一体,为中国现代小说确立了基本的范式,是当之无愧的中国现代小说的奠基者。

一、铁屋子里的呐喊

《呐喊》初版收入鲁迅写于 1918 至 1922 年的 15 篇作品,1923 年由新潮社出版。1930 年第 13 次印刷时,鲁迅将其中的《不周山》抽出,后改名为《补天》,收入《故事新编》。

从 1909 年回国到 1918 年,鲁迅沉默了将近 10 年,直到钱玄同请他给《新青年》写稿时,他仍然对中国的未来感到绝望。在他看来,当时的中国就像一间"铁屋子","是绝无窗户而万难破毁的,里面有许多熟睡的人们,不久都要闷死了,然而是从昏睡入死灭,并不感到就死的悲哀。现在你大嚷起来,惊起了较为清醒的几个人,使这不幸的少数者来受无可挽救的临终的苦楚,你倒以为对得起他们么?"①而钱玄同则认为,既然有几个人起来,就有希望毁坏这"铁屋子"。鲁迅认为钱玄同说得有道理,从而答应给《新青年》写稿,第一篇就是《狂人日记》,从此以后便一发而不可收。由沉默而呐喊,由绝望而希望,是鲁迅此时的思想状态,也是《呐喊》的主要思想倾向。

---

① 《鲁迅全集》第一卷,人民文学出版社 2005 年版,第 441 页。

鲁迅自己就生活在“铁屋子”之中，对“铁屋子”有着深切的体会，他知道生活在“铁屋子”中的人们的痛苦，更知道要摧毁“铁屋子”使生活于其中的人获得新生的艰难。“铁屋子”是愚昧、落后、保守、僵化的中国社会的象征，生活于其中的绝大部分中国人都麻木、愚昧、无知，昏昏欲睡，鲁迅笔下的阿Q正是其中的代表。小说《阿Q正传》最初连载于《晨报副刊》，署名巴人。阿Q住在未庄的土谷祠里，没有固定的职业，只给人家做短工，他的身份复杂，既不是纯正的农民，也不是纯正的市民，而是介于二者之间的一类人，同时具有二者的共同点，这使得阿Q具有广泛的代表性，在一定程度上可视为中国人的缩影。阿Q身处社会下层，遭受到来自社会各方面的压力，受到各种屈辱，不仅物质生活匮乏，而且精神生活贫乏。他没有身份地位，无名无姓，没有籍贯，衣食无着，但他却有自己的生存法宝，即“精神胜利法”。他在现实生活中处于弱小者、失败者的地位，但他却不愿、不敢正视现实，在精神上虚构出自己的优越——他虽然毫无地位，却瞧不起未庄的全体居民，连两位“文童”也不放在眼里，认为“我的儿子会阔得多啦”；虽然被人打了，心想“我总算被儿子打了，现在的世界真不像样”，于是心满意足；在赌博赢了钱但被人抢走之后，虽然感到失败的痛苦，但很快就转败为胜。他用右手打了自己两个嘴巴，“打完之后，便心平气和起来，似乎打的是自己，被打的是别一个自己，不久也就仿佛是自己打了别个一般”。[①] 阿Q通过盲目乐观、自尊自大、自轻自贱、麻木健忘、讳谈弱点等手法来自欺自慰，自我陶醉于虚幻的精神胜利之中。作为一种精神鸦片，“精神胜利法”令阿Q深陷其中不能自拔，他无法清醒地认识到自己的悲惨命运，虽受尽欺凌，却无法采取实际行动，来改变自己的可悲处境。这无疑是中国国民劣根性的集中表现，阿Q则成了国民劣根性的象征符号。

正是由于阿Q在现实生活中的悲惨命运和在精神生活中的虚幻胜利，导致其性格出现复杂性、矛盾性。他“是羊，同时也是兽”，在赵太爷、假洋鬼子面前，他唯唯诺诺，不敢反抗，变成了“羊”、“虫豸”，其软弱的本性尽显无遗；在面对小尼姑、小D等更弱小者时，他非打即骂，变成了“兽”，其凶残的本性充分暴露出来，欺软怕硬成为其本质特征。在他身上，表现出各种矛盾的性格，他有农民式的质朴，也有游手好闲之徒的狡猾；他既反对革命，又向往革命；既讲究“男女之大防”，又要跪下来向吴妈求爱；既自轻自贱，又自尊自大。可以说，阿Q是这些矛盾的统一体，正是这种矛盾性成就了阿Q，他不但成为中国现代文学史上的“这一个”，而且成为世界文学史上的典型形象。鲁迅对以阿Q为代表的国民持一种复杂的态度，一方面是“哀其不幸”，对他们的悲惨生活和不幸命运给予同

---

① 《鲁迅全集》第一卷，人民文学出版社2005年版，第519页。

情；另一方面，又"怒其不争"，对他们身上所具有的愚昧、麻木、落后的国民劣根性给予无情的批判，希望以此来唤醒国人的觉醒，达到改造国民性、拯救中华民族的最终目的。

在19世纪末到20世纪初，像阿Q一样愚昧、麻木的国民不可能自我觉醒，迫切需要先觉者、先驱者大声呐喊，将那些即将睡死的人唤醒过来，对他们进行思想启蒙。鲁迅早年在《文化偏至论》和《摩罗诗力说》中就对尼采的超人思想颇为欣赏，并对易卜生"敢于独战多数"、"敢于攻击社会"的思想行为极为向往，并将之运用到创作之中，塑造出许多典型形象。《狂人日记》中的"狂人"无疑是一个另类，他与周围的人作对，反对既成的传统，他也必然受到周围人们的反对，被人们视为"精神病患者"，成了一个真正的孤独者。然而，他的言行却使他成为一个精神界的战士。而《药》中的夏瑜则是一位革命先驱，因革命而被捕入狱，在监狱里他仍坚持革命，直至最后牺牲。"狂人"、夏瑜用自己的思想乃至生命来唤醒那些昏睡者、麻木者，这充分体现了鲁迅对革命先驱者的肯定与赞许。

鲁迅在描写先驱者革命的同时，也看到了先驱者在当时社会中的孤独处境及其悲剧结局，看到了启蒙者为被启蒙者所"吃"的残酷现实。正是因为未能忘记自己当时的寂寞的悲哀，"所以有时候仍不免呐喊几声，聊以慰藉那在寂寞里奔驰的猛士，使他不惮于前驱。至于我的喊声是勇猛或是悲哀，是可憎或是可笑，那倒是不暇顾及的；但既然是呐喊，则当然须听将令的了，所以我往往不恤用了曲笔，在《药》的瑜儿的坟上平空添上一个花环，在《明天》里也不叙单四嫂子竟没有做到看见儿子的梦，因为那时的主将是不主张消极的。至于自己，却也并不愿将自以为苦的寂寞，再来传染给也如我那年青时候似的正做着好梦的青年"①。应该说，鲁迅的这一思想在《呐喊》中得到了体现。

除了表现与五四新文化运动相一致的主题之外，鲁迅还对他所熟悉的知识分子给予了充分关注。这种关注体现在鲁迅笔下新、旧两种知识分子形象身上。

《孔乙己》中的孔乙己、《白光》中的陈士诚是中国传统知识分子的代表，鲁迅通过对他们悲惨命运的描写，强烈批判科举制度对知识分子的戕害。孔乙己多次参加科举考试，连个秀才也没中，他除了会读书，不会别的营生，愈过愈穷，只好靠给别人抄书换碗饭吃，他又好吃懒做，经常偷人家的书籍、纸张、笔砚，最后被打折了腿。他是咸亨酒店中唯一穿着长衫却站着喝酒的人，这一行为揭示出其尴尬的社会地位——有知识但没地位，有文化而无财富。其最后的悲惨结局，揭示出科举制度对文人的异化。陈士诚参加了十六回科举考试，一无所获，家道衰落，物质匮乏，靠出租房子、教学生维持生计，在经过第十六次落榜的沉重打击

① 《鲁迅全集》第一卷，人民文学出版社2005年版，第441—442页。

后，他的精神分裂，出现了虚幻的感觉，最终惨死于湖中，其悲惨结局同样有力地控诉了科举制度"吃人"的一面。

除了旧知识分子之外，鲁迅还对现代知识分子的生存困境进行了描写。《端午节》中的方玄绰是个现代知识分子，身兼官员和教员两重身份，随着年龄的增加和社会阅历的丰富，他的思想观念和行为也发生了很大的变化。其口头禅由最初的"都一样"变成了"差不多"，由原先激烈的反叛到后来的中庸，逐渐在金钱面前丧失了操守。他以个人利益为出发点，没有和社会黑暗斗争的勇气，瞒心昧己地编出一条"逃路"。鲁迅用这一人物表达出对现代知识分子命运的担忧。而用"端午节"做题目，也自然会令读者将方玄绰与屈原加以对比，进而揭示出现代知识分子在金钱面前的无奈。

与《呐喊》小说集所呈现出来的丰富深刻的思想内容相得益彰，在小说的艺术形式方面，收入《呐喊》中的作品也取得了丰硕的成就，集"表现的深切"与"格式的特别"于一体，显示了新文学革命的创作实绩。鲁迅探索尝试了许多新的文体形式和艺术表现手法，为中国现代小说确立了一些基本范式。诚如茅盾所说："在中国新文坛上，鲁迅君常常是创造'新形式'的先锋；《呐喊》里的十多篇小说几乎一篇有一篇新形式，而这些新形式又莫不给青年作家以极大的影响，欣然有多数人跟上去试验。"①

从文体学的角度来看，鲁迅打破了中国传统的小说文体样式，借鉴西方现代小说的文体形式，创造出新颖的小说文体。例如，《狂人日记》运用了日记体的形式，这一形式的最大特点，便是以主人公的口吻来记述自己的见闻与感想，以表现记述人隐秘的思想感情。《狂人日记》共由 13 部分构成，这 13 部分之间并没有连续的、完整的故事情节，也没有明确的日期，小说的结构不是由物理时间或外部事件的发展来决定，而是随主人公的心理情绪的变化而变化，因此显得非常灵活自由。这种结构给展示"狂人"复杂的内心世界提供了极大的空间，充分表现出"狂人"内心的激荡。再如，《阿 Q 正传》看似一部章回体小说，共由 9 章组成，每章有自己的标题，但它与传统的章回体小说又有所不同，标题根据每章内容来定，语言表达自由，不讲究诗句般的对仗；每章结尾也没有了"欲知后事如何，且听下回分解"的套话，且每章的篇幅长短不定，无拘束与限制。小说《风波》在结构上则类似于剧本，作者用空格的形式将全篇分成四大部分，每一部分相当于一幕，有具体的场景、人物。全篇主要由人物对话构成，通过人物对话来塑造人物形象，推动故事情节的发展。而《兔和猫》、《社戏》等篇则具有了散文的基本特征，淡化了情节和人物，结构随作者情绪的流动而变化，具备了"形散而神不

① 茅盾：《读〈呐喊〉》，《文学周报》第 91 期，1923 年 10 月。

散”的特征。《头发的故事》则是独白体小说，全篇主要通过 N 先生的自言自语来叙述其留学、剪辫子的经历。凡此种种，鲁迅所尝试的这些新的小说创作形式，为中国现代小说文体的形成与成熟奠定了基础，对后来作家的创作产生了深远的影响，成为中国现代小说文体发展的活水源头。

此外，在写作手法方面，鲁迅学习借鉴了心理分析、象征、荒诞等现代主义小说表现技法，并大胆运用在《狂人日记》、《药》、《白光》等作品之中，从这一角度来说，《呐喊》中的这些作品已具有了现代主义小说的基本特征。

二、荷戟独彷徨

《彷徨》共收录鲁迅写于 1924 至 1925 年间的 11 部小说作品，1926 年由北京北新书局出版。这部小说集在整体上表现出鲁迅在五四运动退潮期苦闷彷徨的复杂心态。

与《呐喊》相比，《彷徨》缺少了高昂的激情，没有了主将们的号令，没有了光明的尾巴，表现出来的主要是彷徨与无奈，这在以现代知识分子为主人公的作品中表现得尤为突出。例如，《在酒楼上》中的吕纬甫年轻时有理想、有追求，敢于与朋友一起到城隍庙里拔掉神像的胡子，与朋友连日议论改革中国的方法，但后来为生活与环境所迫渐渐地丧失了原来的激情，身为教师的他从教 ABCD 转而教“子曰诗云”，变得麻木、颓唐、消沉，敷敷衍衍、模模糊糊成了他的生存状态。再如，《孤独者》中的魏连殳早年是一个特立独行者，他是偏远的寒石山村唯一一个到外地游学的人，接受了现代文化的熏陶，吃洋教，入新党，村里人将他视为异类，既害怕他，又妒羡他。他经常在报纸上发表没有顾忌的议论，由此而导致小报上有匿名人来攻击他，学界上也常有关于他的流言，最后被校长辞退，生活无着，走投无路，被迫卖贵重的善本书维持生计，原来经常光顾他家的忧郁慷慨的青年、怀才不遇的奇士和肮脏吵闹的孩子都离他而去，在严酷的现实生活面前，他成了一个失败者，为了活下去，他做了杜师长的顾问，躬行他先前所憎恶、所反对的一切。拒斥他先前所崇仰、所主张的一切。然而，他却成了现实生活中的胜利者：每月有丰厚的薪水，那些原来远离他的人们又都成为他的座上宾，猜拳、说笑、唱歌、做诗、打牌成为他们的日常生活，他以一种自杀的方式生活着。从精神上的胜利者、生活中的失败者到精神上的失败者、生活中的胜利者，魏连殳的命运好像发生了本质性的转变，但孤独的本质并没有变化，他原来的另类行为得不到人们的理解，后来的放荡行为依然不被人们理解。吕纬甫、魏连殳等是现代知识分子的代表，其思想行为的前后变化，一方面揭示出知识分子性格的复杂性，另一方面也揭示出社会环境的黑暗与落后，这两个方面的因素结合起来，导致现代知识分子成了“折翅鸟”，并铸成了悲剧结局。

鲁迅关注女性的生存现状与命运，在《彷徨》中塑造了三种不同类型的女性形象。《祝福》中的祥林嫂是一个传统妇女，她质朴能干，但生活的噩运始终伴随着她，二十六七岁就成了寡妇，不久被婆婆以高额的聘礼许嫁给了贺老六，并生了儿子阿毛，但两年之后，她的第二个男人死于伤寒，相依为命的儿子阿毛也被狼吃了，在经受了一系列沉重打击之后，祥林嫂的精神出现了问题，显得麻木、痴呆，沦为乞丐，成了一个行尸走肉，“只有那眼珠间或一轮，还可以表示她是一个活物”，最后惨死于祝福之夜。祥林嫂的脑子里充满了传统的观念，持守“一妇不嫁二男”的传统道德，在被迫嫁给贺老六时一头撞到香炉上以命相拼，在听到柳妈关于死后阎罗王要将她锯开分给两个男人后她异常害怕，赶快用自己辛苦挣来的钱到庙里捐门槛赎罪。然而，她的这种反抗行为并没有改变其悲惨的命运，她的悲惨故事在重复了多遍之后成为人们的笑谈，她的两次守寡被视为不祥，即使她死于祝福之夜也被视为谬种。祥林嫂也曾反抗过命运，但她的反抗更多的是受传统道德观念的影响而进行，不是一种个人觉醒的反抗。《离婚》中的爱姑是一个从传统女性向现代女性过渡的人物形象，她一方面遵守传统的道德观念，认为自己是施家三茶六礼聘来的，是花轿抬来的，嫁入施家后低头进低头出，一礼不缺，就不该被赶出家门；另一方面她又具有了朦胧的现代女性意识，在遭到丈夫的抛弃后，敢于反抗，坚决不离婚，与婆家闹了三年，要闹得他们家破人亡，即使是慰老爷出面劝过四回也不行，她不是为了钱，而是为了赌气。但爱姑的反抗最后仍以失败告终，她在七大人的“来～～兮”声中改变了自己的想法，听从了七大人的吩咐，无奈地接受了离婚的现实。《伤逝》中的子君是一位现代女性，她接受了现代教育和西方现代思想的影响，大胆地追求爱情自由、婚姻自主，为了自己的爱情而不惜与家庭决裂，但在巨大的社会压力之下，在陷入物质匮乏的困境之中，在丧失了激情之后，她与涓生无可奈何地分手了，子君被迫重新回到了她所反叛的家庭里去，最终忧郁而死。祥林嫂、爱姑、子君虽是三种不同的女性，她们的处境、人生经历不同，但她们最后的悲剧命运是一样的，这一方面说明了五四时期中国女性所处的社会环境的黑暗、恶劣，另一方面也揭示出中国女性自身固有的软弱。

鲁迅身为知识分子，对知识分子的日常生活非常熟悉，这自然而然地成为其表现的对象。《幸福的家庭》以反讽的笔法写出了作家理想的幸福家庭与现实生活中贫困的家庭之间的巨大反差，描写了在物质生活压力下知识分子生活的困境。《肥皂》用弗洛伊德的精神分析理论来揭示四铭深层的潜意识世界，揭示出知识分子在人性与传统道德之间抉择的苦闷。《高老夫子》中的高干亭则是伪知识分子的代表，貌似新派，实则守旧，且品德有缺，通过这一形象，鲁迅揭示了知识分子身上所具有的某些虚伪性。《弟兄》则运用心理分析的手法来揭示张沛君的双重性格，揭示“兄弟怡怡”掩映下的金钱利益，暴露出知识分子在道德操守上存在的缺失。这些作品通过对知识分子日常生活的描写，充分表现了新旧交替时期知识分子的众生相以及他们复杂的性格特征。

《彷徨》在艺术形式上臻于完美，《肥皂》、《弟兄》熟练地运用心理分析手法来揭示人物的潜意识世界，塑造出具有多重性格特征的人物形象；《伤逝》探索尝试手记体小说获得成功，通过外在的故事情节和内在的心理线索来结构全篇，形成一种双线复合结构；《高老夫子》、《幸福的家庭》运用对比手法，通过人物性格或现实与理想的悖论来产生一种反讽效果。应该说，鲁迅在《彷徨》小说集中充分展示了其在小说创作方面游刃有余的艺术手法与炉火纯青的叙述技巧。

三、神话、传说及史实的演义

《故事新编》收入鲁迅于 1922 年至 1935 年间创作的作品 8 篇，1936 年由上海文化生活出版社出版。

《故事新编》是一部以神话、历史题材为主的小说集。对于历史题材的小说创作，学界历来有两种不同的观点：一种观点认为，应尽可能地查阅、掌握相关历史文献资料，做到言必有据，在写作过程中要力求还原人物、事件，呈现出历史的本来面目；一种观点认为，可根据创作的主观需要来灵活地运用历史文献资料，在主要人物、事件真实的前提下，充分发挥作者的想象力，赋予历史人物、事件以新的内涵，同时，也可根据写作的需要，适当地创造出史书中没有记载的人物、事件，在这种情况下，历史人物、事件成了作者思想情感的载体或符号，具有了现代性特征。由此来看，鲁迅在写作此类小说时所秉持的无疑是后一种观点。用鲁迅自己的话来说，就是“只取一点因由，随意点染，铺成一篇”①。鲁迅用现代思想、现代理论来观照古代的人物、事件，进而表达自己的思想观点，这在《补天》中表现得尤其突出。《补天》原名《不周山》，选取了女娲炼石补天的神话传说，鲁迅原本试图用弗洛伊德的精神分析学说来解释人和文学的缘起。小说的第一部分根据女娲抟土造人的神话传说来描写女娲造人的情节与场景，其情节、内容与汉代应劭《风俗通》中的记载描述基本相同，但同时作者又赋予女娲以新的内涵，苦闷的象征、力必多的升华在女娲身上都有鲜明的体现。鲁迅在写作此篇的中途看到报纸上东南大学学生胡梦华写的一篇批评汪静之的诗集《蕙的风》的文章，感到很滑稽，因此而改变了小说原来的写作思路，在小说的第二、三部分，作者不再用弗洛伊德的理论来观照女娲，而是描写女娲造出的人类如何一步步变坏——虚伪、战争、残杀成了他们的特点。同样，《奔月》中的羿、嫦娥、逄蒙等都

① 《鲁迅全集》第二卷，人民文学出版社 2005 年版，第 354 页。

是传说中的人物，其基本情节也符合历史传说中的记载，但鲁迅虚构了女辛、女乙、女庚等人物，而逢蒙对羿的陷害又暗示了当时青年学生高长虹与鲁迅之间复杂的关系，所有这些都赋予作品以现代意味。

鲁迅写历史小说不是为了还原历史人物、故事，而是要通过历史人物、故事来表达自己的思想情感，与当时的社会发生关联，而其强烈的思想情感与历史人物、故事之间难以达到完美融合的地步。换言之，历史人物、故事难以容纳其现代的思想情感，在现代思想情感的作用下发生扭曲变形，产生变形的张力，即鲁迅所谓的“油滑”。他往往借历史人物、故事来讽刺、嘲弄现实，用一种玩世不恭的态度表达自己的不满。在《补天》中，为了表达对胡梦华批评汪静之的不满，鲁迅在女娲的两腿之间加上了一个古衣冠的小丈夫，古衣冠的小丈夫指责女娲“裸裎淫佚，失德蔑礼败度，禽兽行”，他虽然知道穿衣，有了道德礼义，但他忘了自己来自何处，鲁迅以此讽刺胡梦华悖谬的批评态度。《理水》通过大禹治水的故事塑造出了有智慧、能吃苦的民族脊梁大禹，同时也对“文化山”上的学者们进行了挖苦与嘲讽，他们善于高谈阔论，理论脱离实践，除了发表议论、牢骚，解决不了任何的实际问题，从他们嘴中发出的“古貌林”、“好杜有图”、“O. K”、“摩登”等英语词汇显得不伦不类，古代与现代被生硬地结合在一起，不符合逻辑关系，产生了一种艺术张力，颇类于今天的“无厘头”效果，从这一点上来讲，“油滑”又带有一定的后现代意味。

从文体角度来看，《故事新编》也提供了一种新的小说文体样式。鲁迅自认为《故事新编》“其中也还是速写居多，不足称为‘文学概论’之所谓小说”①。这些作品中虽然也有人物、有故事，但与传统小说相比，无论是其中的故事还是人物都已被淡化，作者的思想情感成为主要的表现对象，成为贯穿作品始终的主要线索。为了达到这一目的，作者借作品中的人物之口时常在作品中发表议论或是抒发情感。例如，《采薇》以《史记·伯夷列传》中记载的关于伯夷和叔齐义不食周粟、饿死于首阳山的故事为题材演绎而成，在伯夷、叔齐看来不食周粟是义的行为，是对周王伐纣的抗议，然而在婢女阿金看来，他们的行为是傻瓜行为，作者甚至编造了一个关于叔齐在不食周粟之后不但喝鹿奶，而且还想吃鹿肉的故事，以此对他们进行嘲讽，并在结尾写道：“听到这故事的人们，临末都深深的叹一口气，不知怎的，连自己的肩膀也觉得轻松不少了。即使有时还会想起伯夷叔齐来，但恍恍忽忽，好像看见他们蹲在石壁下，正在张开白胡子的大口，拼命地吃鹿肉。”这样的议论性结尾，既表达了小说中的“人们”对伯夷、叔齐行为的看法，也表达了鲁迅对他们行为的看法。

---

① 《鲁迅全集》第二卷，人民文学出版社2005年版，第354页。

第三节 鲁迅的散文创作

一、奔突的地火——《野草》

《野草》收入鲁迅1924至1926年所作散文诗23篇，1927年由北京北新书局出版。

鲁迅在1924至1926年间，处于“内忧外患”的生存环境之中。这一时期，段祺瑞执政府进行黑暗统治，以章士钊为代表的“甲寅派”提倡尊孔读经，反对新文化运动；《新青年》团体解散，同一阵营中的伙伴发生分化，有的高升，有的退隐，有的前进。由于参与了“女师大事件”，加上写文章批评当时的政府，鲁迅成为“黑名单”中的一员，随时可能被捕入狱。在家庭内部，他与周作人兄弟失和。所有这些，令鲁迅在情感上受到沉重打击，对社会人生产生一种消极颓废的情绪，《野草》便是此时鲁迅内心世界的直接呈现，是这种复杂的思想情绪的外化。

《野草》中的作品大多数表现出作者犹豫彷徨、不知应该如何选择的矛盾心态。作者如同置身于毫无边际的荒原，失去了方向感，没有了前进的方向；又如同身处黑暗之中，没有了明确的目标，身陷进退两难的境地。《影的告别》具体而明确地表现出鲁迅的这种复杂思想。“影”本身是黑暗，是光的产物，是明与暗的合一，然而，黑暗会吞并“我”，光明又会使“我”消失，“我”不愿彷徨于明暗之间，最后却又不得不彷徨于明暗之间，“我”不愿到天堂里去，不愿到地狱里去，也不愿去将来的黄金世界，最后只能向黑暗里彷徨于无地，写出了“我”艰难的生存困境和互相矛盾的思想情绪。而在《死火》中，火与冰这两种本是相克、难以并存的事物，在作者的笔下却成了一个统一体，成了“死火”，“有炎炎的形，但毫不摇动，全体冰结，像珊瑚枝；尖端还有凝固的黑烟，疑这才从火宅中出，所以枯焦”。这无疑也表现出鲁迅此时的矛盾心境。

《野草》中的部分作品充满灰色的调子，作者似乎对革命本身产生怀疑，对现实人生持悲观态度，表现出一种深沉的孤独、寂寞的情绪。如《颓败线的颤动》中的母亲年轻时被生活所迫靠出卖自己的肉体来养活自己的女儿，然而女儿长大结婚后却觉得母亲当年的行为带累、委屈了她们，令她们无脸见人，埋怨、斥责成为对待母亲的方式，连年幼的外孙也以干芦叶作刀向她喊“杀”。女儿一家的冷淡与无情迫使垂老的母亲在深夜走出家门，赤身露体地、石像似地站在荒野的中央，举起两手，“口唇间漏出人与兽的，非人间所有，所以无词的言语”，而这无词的言语所表达出来的是母亲内心深沉的孤独与痛苦。《希望》中“我”的心也曾充满过血腥的歌声:血和铁,火焰和毒,恢复和报仇,但忽而青春远逝了,空虚、寂寞充满了“我”的心胸,于是,“我”有时故意地以没奈何的自欺的希望来抗拒那空虚的暗夜的袭来,鲁迅借用裴多菲的“绝望之为虚妄,正与希望相同”来表达其复杂的思想,对当时的他而言,希望就是绝望,绝望就是希望,其虚妄的本质是相同的。

然而,作者虽然身处“冰谷”之中,孤独、黑暗与虚无成为其存在状态,但他并没有因此而彻底颓废,而是偏要进行绝望的抗战。《过客》就集中体现了这一态度。“过客”独自一人在荒原中前行,他不知从何处来,也不知向何处去,只循着前面的声音往前走,即使前面是“坟”,他也不愿回转去,最后,他谢绝了老人和小女孩的好意,在黄昏之中昂着头,奋然向西走去。“坟”、“西方”等意象象征着死亡与绝望,是人生的终点,而“过客”的选择与行为则体现出其反抗绝望的思想。同样的,《这样的战士》中的战士手执原始的投枪,走进无物之阵,向慈善家、学者、文士、长者、青年、雅人、君子等所有人宣战,向学问、道德、国粹、民意、逻辑、公义、东方文明等所有的一切挑战,并用投枪掷中了他们的心窝,然而,“无物之物”最终成了胜利者,战士终于在无物之阵中衰老、寿终,他终于不是战士,但他仍然举起了投枪。《淡淡的血痕中——记念几个死者和生者和未生者》中“叛逆的猛士”看透了造化的把戏,他将要起来使人类苏生,或者使人类灭尽。“过客”、“战士”、“猛士”都表现出“独战多数”的勇气与行为,表现出绝望的抗战思想,从这一角度来说,这些形象既是鲁迅理想中的战士,又是现实中革命先驱者的真实写照,同时也是鲁迅思想的真实表露。

《野草》中的许多篇章都是以“我梦见”开头的,换言之,作者是借助梦境的形式,来展示自己深层、隐秘的潜意识世界。同时,作者又充分运用了象征的手法,其中的人物、事物等都成了象征符号,呈现出丰富、复杂的思想内涵。

二、夕拾的朝花

《朝花夕拾》收入鲁迅1926年所作回忆性散文10篇,曾在《莽原》杂志上以《旧事重提》为名发表,1928年由北京未名社出版。

《朝花夕拾》是鲁迅人到中年后对早年经历的回忆之作,其中所写的人、事都是真实的,尽管个别细节可能因时间的流逝“与实际容或有些不同”。作为一种纪实性的散文创作,其中,作品的排列顺序基本上是按照作者的人生经历来安排的。因是作者中年对早年生活经历的回忆性叙述,因此作品中存在两个叙述视角:一个是写作时的成年视角,一个是当年事情发生时的早年视角;前者是回忆性的,对早年的经历进行回忆、评论,并不时地加进一些当下的人与事,使之发生关联;后者是经历性的,力图对当时的事情进行还原性叙述,描述作者当时的经历和心态。

童年是人的一生中难忘的一段时光，无论它是幸福的还是痛苦的。对鲁迅而言，童年的经历、故乡的回忆成为其创作的一个重要来源。与其他孩子相比，鲁迅的童年无疑是幸福的，优裕的家庭环境为他提供了快乐的童年。《朝花夕拾》中的前5篇都是写鲁迅童年的趣事，童年的情思。《狗·猫·鼠》中，作者由仇猫事件联想到童年时饲养可爱的隐鼠的经历，想起幼时夏夜祖母讲猫的故事，写到长妈妈告知隐鼠被猫吃了时的愤怒与悲哀以及此后对猫的憎恨与复仇，展开由此及彼的联想，形散而神不散，写出了儿童的心理。《阿长与山海经》回忆描写保姆长妈妈。长妈妈生得黄胖而矮，喜欢切切察察，不许小孩顽皮，经常向母亲告状，睡觉时睡姿难看，挤得“我”没有余地翻身，这一切都令“我”对她充满了厌烦与不满，然而，她又懂得许多过年的规矩，教给“我”很多人生的道理，讲述关于“长毛”的恐怖故事，这些又令“我”对她充满了敬意；当“我”知道她谋害了隐鼠后这种敬意完全消失，然而，当“我”渴慕绘图的《山海经》而不得时，长妈妈却给“我”买了回来，她替“我”做别人不肯做或不能做的事，于是“我”又对她发生新的敬意。作品写出了长妈妈的粗俗、无知，也写出了她的纯朴与可爱。同时，作者幼年时对长妈妈的情感变化也显示出微妙复杂的儿童心理。结尾的抒情性议论，则表现出成年鲁迅对阿长的深切缅怀。《五猖会》回忆童年时对迎神赛会的盼望，介绍东关五猖会的盛况，表达自己对五猖会的向往之情，然而临行前父亲让背诵《通鉴》否则就不让去的命令却令“我”非常郁闷与痛苦，这种郁闷与痛苦消解了看五猖会的高兴，也成了鲁迅成年后仍耿耿于怀的一件事情。《从百草园到三味书屋》先写自己在百草园中无忧无虑、充满欢乐的童年生活，次写上学后在三味书屋单调枯燥而又不乏趣事的学习生活，写出了鲁迅告别童年向少年过渡的心理特征。以上这些作品主要描写了鲁迅童年的趣事，写出了当地的民众风情，也写出了鲁迅幼年时的性格特征。

祖父因科举案落狱后，周家的生活状况发生了巨大的变化，鲁迅经历了从小康陷入困顿的痛苦经历。自此，鲁迅告别其优裕、欢乐、幸福的童年时期，开始品尝到世态炎凉，而这些在其作品中也有具体的回忆与描写。《父亲的病》描写父亲生病后家里给父亲寻医、抓药、治病的经历，描写了几个所谓的名医及其治病的怪异药方，其中夹杂着对这些无法医治好父亲病痛的庸医的讽刺，以及对传统中医某些愚昧、无知糟粕的否定。《琐记》则回忆了邻居衍太太的故事，写出了她的庸俗、世故、两面与造谣生事，揭示了自己何以在后来离开家乡去往异地求学的深层心理因素，并且介绍了自己在南京江南水师学堂和矿务铁路学堂学习的情况。以上作品，写出了鲁迅在当时的向往与迷茫，也写出了鲁迅从少年向青年、从传统向现代的转型。

鲁迅从矿务铁路学堂毕业后参加了去日本的官费留学考试，并以优异成绩被录取，1902年赴日本留学，后到仙台医学专科学校学习医学。《藤野先生》一文记述了作者当年在仙台医学专科学校学习的情况，描写了藤野先生对鲁迅学业的关心与帮助，写出了他的严谨与慈祥，也写出了部分日本学生对鲁迅的排挤。鲁迅身处异国他乡，在需要别人帮助的时候，藤野先生的出现仿佛雪中送炭，给鲁迅留下了深刻的印象，也令鲁迅非常感动，“他的对于我的热心的希望，不倦的教诲，小而言之，是为中国，就是希望中国有新的医学；大而言之，是为学术，就是希望新的医学传到中国去。他的性格，在我的眼里和心里是伟大的，虽然他的姓名不为许多人所知道”①。这部作品在叙述鲁迅留学经历的同时，也揭示出其思想所发生的巨大变化，正因如此，鲁迅才走上了文学创作之路。《范爱农》是鲁迅在日本留学时的同学，是一个言论、行为离奇的人，在悼念徐锡麟、打电报到北京痛斥清政府的无人道这一问题上与鲁迅等人意见相左，引起鲁迅的反感。从日本回绍兴后他们又见面，且成了好朋友、同事。因他的性格怪异，难见容于周围的社会，遭到轻蔑、排斥、迫害，后来失掉了工作，生活陷入贫困，只得到处漂泊，最后落水而死。范爱农是一个抑郁不得志的现代知识分子的代表，鲁迅在文中寄托了他对范的哀思，同时也表现出对具有同样遭遇的知识分子的怜悯。

《朝花夕拾》是一部纪事性的回忆性散文集，记叙了鲁迅早年的人生经历，展示了鲁迅复杂的思想历程，对研究鲁迅其人具有重要的史料价值。另一方面，收入该集中的散文作品篇篇文笔深沉隽永，不愧为中国现代散文的经典。

第四节 鲁迅的杂文创作

杂文作为一种独立的文体样式，是自五四时期开始的。《新青年》杂志“随感录”栏目中所发表的作品，是现代杂文的开端。从现代杂文发展史的角度来看，鲁迅无疑是现代杂文的集大成者，他的杂文创作不仅数量多，而且质量高，堪称现代杂文的大家。

鲁迅的杂文作品主要收入《坟》（收入1907到1925年间所作论文23篇，1927年由北京未名社出版）、《热风》（收入1918到1924年所作杂文41篇，1925年由北京北新书局出版）、《华盖集》（收入1925年所作杂文31篇，1926年由北京北新书局出版）、《华盖集续编》（收入1926年所作杂文32篇、1927年所作杂

① 《鲁迅全集》第二卷，人民文学出版社2005年版，第318页。

文一篇，1927年由北京北新书局出版）、《而已集》（收入1927年所作杂文29篇，附录1926年一篇，1928年由上海北新书局出版）、《三闲集》（收入1927年到1929年所作杂文34篇，1932年由上海北新书局出版）、《二心集》（收入1930年到1931年所作杂文37篇，1932年由上海合众书店出版）、《南腔北调集》（收入1932年到1933年所作杂文51篇，1934年由上海同文书店出版）、《伪自由书》（收入1933年1到5月所作杂文43篇，1933年由上海北新书局以“青光书局”名义出版）、《准风月谈》（收入1933年6月到11月所作杂文64篇，1934年由上海联华书局以“兴中书局”名义出版）、《花边文学》（收入1934年1月到11月所作杂文61篇，1936年由上海联华书局出版）、《且介亭杂文》（收入1934年所作杂文36篇，1937年由上海三闲书屋出版）、《且介亭杂文二集》（收入1935年所作杂文48篇，1937年由上海三闲书屋出版）、《且介亭杂文末编》（收入1936年所作杂文35篇，1937年由上海三闲书屋出版）等。此外，还有部分杂文收入《集外集》、《集外集拾遗》、《集外集拾遗补编》中。鲁迅的杂文创作在现代文学史上一枝独秀，形成了鲜明的创作特色。

鲁迅的杂文作品都是在现实生活中有感而发的，具有强烈的现实性和战斗性。鲁迅就像《这样的战士》中的战士，手持原始的武器——投枪，向学者、文士、正人、君子等发出挑战，对社会上的各种不良现象、思想进行批判。鲁迅具有强烈的社会使命感，他写作杂文不是为了性灵，也不是为了幽默，在他看来，杂文作者的任务，“是在对于有害的事物，立刻给以反响或抗争，是感应的神经，是攻守的手足”①，因此，其杂文“论时事不留面子，砭痼弊常取类型”，或充满了直接的口诛笔伐，或充满了间接的冷嘲热讽。鲁迅的杂文具有很强的时效性，在不同时期所针对的问题有所不同，加上杂文集是以编年的方式编排的，因此其不同杂文集所呈现出的思想内容也有较大差异。以“随感录”为代表的五四时期的杂文主要对中国传统文化的弊端及当时社会上的各种不良文化现象进行批判，与社会上持不同观点的人进行论战，先后与陈西莹、高长虹及以郭沫若为代表的创造社成员等进行了激烈的论战。此后，鲁迅的杂文对社会现实更加关注，对当时政府的各种政策、行为进行批评，如《记念刘和珍君》对段祺瑞执政府对请愿学生的屠杀行为进行了严厉的批判，对流言家们的下劣言行表示极大的愤慨。鲁迅的这种尖刻的批评自然引来当政者的不满，鲁迅的杂文常常受到新闻检查官的特殊“照顾”，有的被禁止发表，有的被删节，对此，鲁迅在《且介亭杂文·附记》中有详细的说明。

鲁迅的杂文创作处于一个并不自由的社会环境中，即使在《自由谈》上所发

---

① 鲁迅：《且介亭杂文·序言》，《鲁迅全集》第6卷，人民文学出版社2005年版，第3页。

表的文章也并没有自由可谈，这也正是他给这一时期所写的杂文取名《伪自由书》的原因。为了发表文章，为了能以杂文的形式来与各种不良势力进行斗争，鲁迅常常采取迂回曲折的斗争策略，除了不得不经常更换笔名发表自己的文章，有时甚至不得不托人抄写了去投稿之外，鲁迅还运用多种艺术表现手法来间接委婉地表达自己的思想，意思还是那些意思，但态度不那么直接，在措辞上常常弯弯曲曲，说话往往很晦涩，如鲁迅给他的杂文集取名《且介亭杂文》，“且介亭”是指作者当时住在上海北四川路，是帝国主义者越出租界范围修筑马路的区域，即“半租界”，“且介”取“租界”二字各一半构成，表面看是个文字游戏，实际上却表现出鲁迅复杂的思想情感。此外，鲁迅还灵活运用指东打西、明褒暗贬等表现手法来对各种丑恶现象进行冷讽热嘲。

鲁迅的杂文长于进行由此及彼的联想，由当前的一件事、一个问题、一种现象联想到以前的某一事件、现象、问题，通过比较发现二者在本质上的联系，揭示出其内在的本质，从这一点上来说，鲁迅的杂文也具有散文的形散而神不散的特点。《由中国女人的脚，推定中国人之非中庸，又由此推定孔夫子有胃病》在这方面具有代表性，作者由谈女人引出关于中国女人“缠足”的话题，由女人“缠足”的走极端(尖、小，以三寸为度)引出中华民族自命为爱“中庸”的话题，再由孔子提倡“中庸”，推定孔子晚年生了胃病，又由古人联想到现实，对国民党的“不中庸”行为进行批判。在《随感录三十七》中，鲁迅由许多民国教育家提倡打拳联想到晚清时期王公大臣提倡打拳，通过分析得出结论：他们的位分略有不同，一边是民国教育家，一边是满清王公大臣；对打拳的提法不同，民国教育家将“九天玄女传与轩辕黄帝，轩辕黄帝传与尼姑”的老方法改称“新武术”、“中国式体操”，但他们愚昧无知的本质是一样的。鲁迅常从现实生活中取某一类事物、某一形象，由此生发联想，联系到现实生活中的某一类人物，将二者硬拉到一起，从而揭示出二者之间在本质上的差异或相同，如《战士和苍蝇》中将战士和苍蝇并置在一起，二者形成鲜明的对照，战士愈发显得伟大，而在战士死后在战士身上的苍蝇则越发显得猥琐而卑劣。

鲁迅的杂文充满了知识性。鲁迅是一位学贯中西的大家，具有丰富的知识，其杂文中随处可见古今中外的历史知识、人物、事件、典故，作者灵活地运用它们来表达自己的思想情感，作为自己立论的依据，这从鲁迅每篇杂文后面繁多的注释中即可看出。因为这些知识都具有明确的目的——战斗，因此，与周作人等人的杂文相比，鲁迅的杂文缺少趣味性，却充满了严肃性与思想性。即便有的作品是用幽默的笔法写作而成，但这幽默也不同于林语堂所提倡的幽默，而是充满了火药味。如《十四年的“读经”》是对章士钊提倡“读经复古”进行反击与批判，为了达到这一目的，作者引用了许多古今中外的人物故事、成语典故，从各个不同的角度对提倡“读经”的行为予以嘲讽与批判，这些知识表面上来看驳杂，但它们都具有一个共同的指向，即服从于作者创作目的的需要。

鲁迅的杂文是一种短小精悍的文体，灵活自由，不受任何限制，可以说，杂文是一种与散文性质相同甚至比散文还要自由的文体。在杂文写作过程中，鲁迅实现了“文体的狂欢”。鲁迅的杂文，有的是杂感体，由某一事物、问题引发感想，如《随感录》；有的是短评，针对当时社会上出现的各种怪异现象予以批评，如《骂杀与捧杀》；有的是散文诗，充满了浓郁的诗情和深刻的思想，如《夜颂》；有的是书信体，以书信的形式来讨论自己关心的问题，如《北京通信》；有的是独白体，以独白的形式来表达自己的思想，如《牺牲谟——“鬼画符”失敬失敬章第十三》；有的则是各种文体的杂糅，或将他人相关文章的部分内容嵌入自己的杂文中，或将他人的整篇文章附于自己的文章之后，一方面对其内容进行反驳批判，另一方面使两种或两种以上的文本形成一种互文，从而产生一种艺术张力，如《双十怀古》。

本章阅读书目：

鲁迅：《呐喊》，人民文学出版社 1979 年版。

鲁迅：《彷徨》，人民文学出版社 1979 年版。

鲁迅：《故事新编》，人民文学出版社 1979 年版。

鲁迅：《野草》，人民文学出版社 1979 年版。

鲁迅：《朝花夕拾》，人民文学出版社 1979 年版。

本章参考文献：

曹聚仁：《鲁迅评传》，复旦大学出版社 2006 年版。

钱理群：《与鲁迅相遇》，生活·读书·新知三联书店 2003 年版。

冯光廉等主编：《多维视野中的鲁迅》，山东教育出版社 2002 年版。

陈漱渝主编：《谁挑战鲁迅——新时期关于鲁迅的论争》，四川文艺出版社 2002 年版。

李春林主编：《鲁迅与外国文学关系研究》，吉林人民出版社 2003 年版。

林贤治：《鲁迅的最后 10 年》，中国社会科学出版社 2003 年版。

本章思考题：

1. 结合作品，分析阿 Q 的“精神胜利法”与其性格之间的关系。
2. 为什么说鲁迅是中国新文坛上创造“新形式”的先锋？
3. 结合作品，分析《野草》复杂的思想内涵。
4. 结合作品，分析鲁迅杂文创作的特点。

第五章　为人生派的文学

如果说，在中国现代文学史上有一个现实主义的创作脉流，那么，20世纪20年代的文学研究会这一社团的创作是较为典型、集中的代表，因为在当时，文学研究会就被称为“人生派”，而其主要成员的创作的确大都有“为人生”这一倾向。

第一节　文学研究会及其文学主张

文学研究会不仅是中国现代文学史上的第一个新文学社团，而且是最为重要的、影响最大的文学社团。

1920年11月23日，周作人、郑振铎等7人在北京东城万宝盖胡同耿济之宅聚会，商议文学研究会成立事宜。关于文学研究会发起缘由，《小说月报》第12卷第2号(1921年)所载《文学研究会会务报告(第一次)》有一个说明:“一九二〇年十一月间，有本会的几个发起人，相信文学的重要，要发起出版一个文学杂志:以灌输文学常识，介绍世界文学，整理中国旧文学并发表个人的创作。”其中所云“本会的几个发起人”是指郑振铎、耿济之等几个在北京读书的年轻人。因为他们没有办刊物的资金，便利用上海的商务印书馆总经理张菊生(元济)和编辑主任高梦旦(凤谦)来京之机，与其商议，可否由他们编辑，由商务印书馆出版一种文学杂志。结果商务印书馆“只答应可以把《小说月报》改组，而没有允担任文学杂志的出版”。郑振铎等人“自然不能赞成”，于是，“当时就有几个人提议，不如先办一个文学会，由这个会出版这个杂志，一来，可以基础更为稳固，二来同各书局也容易接洽”。这就是文学研究会最初的发起动机。

此后，被聘请担任《小说月报》编辑(即主编)的沈雁冰从上海来函，邀请郑振铎等人加入小说月报社，只是《小说月报》的内容可以彻底改革，但是，名称却不能改为《文学杂志》。为此，郑振铎等人又于1920年11月29日召集会议，“议决积极地筹备文学会的发起，并推郑振铎君起草会章。至于《小说月报》，则以个人名义，答应为他们任撰著之事，并以它为文学杂志的代用者，暂时不再出版文学杂志”[①]。可见，《小说月报》作为文学研究会的代用文学杂志的性质，在文学研究会成立之初，就已经作出了规划。

1920 年 12 月 4 日，“北京的同志”又召开会议，讨论并通过了会章，推举周作人起草宣言书，以周作人、朱希祖、蒋百里、郑振铎、耿济之、瞿世英、郭绍虞、孙伏园、沈雁冰、叶圣陶、许地山、王统照为发起人。1921 年 1 月 4 日，在北京的中央公园召开了文学研究会成立大会，到会者 21 人。

关于文学研究会会员入会情况，赵景深曾在《文坛忆旧》中的《现代作家生平籍贯秘录》一文中写道：文学研究会“会员经过正式登记的只有一百七十二位。曾经用仿宋字印过一本道林纸的会员录，计会员一百三十一人”。赵景深所说的印着一至一百三十一号会员的《文学研究会会员录》目前已经找到。石曙萍在《知识分子的岗位与追求——文学研究会研究》一书中，根据多方资料整理出已知入会号的会员 154 人的名单，未知入会号的会员 5 人的名单，并新考证出一位会员。至此，正式登记的会员有 12 人尚不知姓名。

关于文学研究会的机关刊物，一直有一个《小说月报》是文学研究会的“代用机关刊物”的说法。比如，沈雁冰就在《茅盾回忆录》中说，《小说月报》的“稿件大部分为文学研究会会员所撰译，因而外间遂称《小说月报》为文学研究会的代用机关刊物”。但是事实上，正如《文学研究会会务报告（第一次）》所披露的，对于《小说月报》，只是“以个人名义，答应为他们任撰著之事”，只是因为“暂时不再出版文学杂志”，所以“以它为文学杂志的代用者”。“代用”的“文学杂志”与“代用机关刊物”显然是两个不同的事物。

其实，文学研究会是有自己的机关刊物的，即《文学旬刊》，《文学旬刊》有北京和上海编辑出版的两种，上海的《文学旬刊》创刊于 1921 年 5 月，停刊于 1929 年。第 36 期的《文学旬刊》公开宣称刊物“改归文学研究会编辑，作为本会定期出版物之一”。北京的《文学旬刊》创刊于 1923 年 6 月，停刊于 1925 年 9 月。此外，还有创刊于 1922 年 1 月、停刊于 1923 年 5 月的《诗》杂志。

与四平八稳的《小说月报》相比，《文学旬刊》显示出较为强烈的社团色彩。当时，郑振铎、叶圣陶、沈雁冰与鸳鸯蝴蝶派、学衡派争论的文章，郑振铎、胡愈之、沈雁冰与创造社进行论争的文章都发表在《文学旬刊》上。《文学旬刊》1923 年 7 月改为《文学》（周刊），1925 年 5 月又改为《文学周报》，仍然表现出明显的社团意识。应该说，这份刊物发表文学研究会启事，报道文学研究会的组织活动，发布会员消息，代表文学研究会报道工作事务，宣传文学研究会的其他出版

---

① 《文学研究会会务报告（第一次）》，《小说月报》1921 年第 12 卷第 2 号。

活动，名副其实地发挥了机关刊物的职能。

茅盾在《关于“文学研究会”》一文中说：“就我所知，文学研究会是一个非常散漫的文学集团。”如果拿一般意义的文学社团来比较，文学研究会的社团特征是十分薄弱的。王晓明在《一份杂志和一个“社团”——重评五四文学传统》一文中指出，文学研究会的“形成过程和组织形式，却有一些相当特别的地方，使你禁不住要思忖，它究竟是不是一个通常意义的文学社团”。王晓明指出了三个“特别的地方”：一是文学研究会的实际发起人本是郑振铎、耿济之、沈雁冰这几个年轻人，可是他们却在经过颇为谨慎的酝酿过程之后，在实际发起人之前，赫然列上了北大名教授周作人、朱希祖和北洋政府官员蒋百里的名字。周作人是曾受托答应并撰写了《文学研究会宣言》，但是，很可能他作为发起人只是名义上的。二是文学研究会印制的会员册上就有一百七十二人，而且不仅人多，身份也很杂。有写实派，有象征派，有学者，有编辑，有音乐家，有国际政治家。郑振铎甚至写信到日本，邀请郭沫若、郁达夫、田汉入会。三是文学研究会竟然公开宣称自己没有社团性的确定的文学主张。

那么，文学研究会究竟是什么性质的文学社团呢？

《文学研究会宣言》说明发起这个会有三个理由，一为“联络感情”，二为“增进知识”，三为“建立著作工会的基础”。历来的文学史研究普遍公认“为人生”是文学研究会的文学主张，但是，可以说，宣言中并没有表述文学是“为人生”这一主张。事实上，一些现代文学研究者认为《文学研究会宣言》已经表达了文学研究会的“为人生”这一文学主张，不过是对宣言里一句话的一种误读。

在“建立著作工会的基础”一语之后，便是有名的、频频被引用的那句“将文艺当作高兴时的游戏或失意时的消遣的时候，现在已经过去了。我们相信文学是一种工作，而且又是于人生很且要的一种工作；治文学的人也当以这事为他终身的事业，正同劳农一样”。即使后来文学研究会作家大多有一些“为人生”的创作倾向，但是，却与上述文学“是于人生很且要的一种工作”这一观点没有必然联系。

对这句话的含义，需要在“建立著作工会”这一语境之下理解。现代文学是置身于现代社会的商品经济之中的。因为现代文学出版物具有商品的属性，所以，文学创作和研究才可能成为一种和劳农一样的工作，即成为一种职业。而在现代社会之前，文学创作和研究无法成为“终身的事业”（职业），只能是“高兴时的游戏或失意时的消遣”，即只能是一种不能靠之养家糊口的雅兴。这里的“人生”主要是实际的生活，而不是价值观上的抽象的生活。

周作人是一个思维逻辑十分严谨的人。他所使用的“正同劳农一样”的比喻其实道出了文学研究会的性质。工人有工会，农民有农会，作家、文学研究者也就有"著作工会"。文学社团需要拥有自己的文学主张，比如，创造社结社，不管其成员是否笃信"为艺术而艺术"，也要把它写在大旗上。但是"著作工会"则不必有文学上的主张。这也就是文学研究会何以在自己最初的宣言里，在作为代用文学刊物的《小说月报》的《改革宣言》里，在机关刊物《文学旬刊》发刊词里，在《文学旬刊改革宣言》里，都没有提出自己的明确主张，倒显示出很大的包容性来。

茅盾曾说："当时文学研究会被称为文艺上的'人生派'。文学研究会这集团并未有过这样的主张。但文学研究会名下的许多作家——在当时文坛上颇有力的作家，大都有这倾向，却也是事实。"①集团没有这一主张，但是集团名下的很多颇有力的作家却有这一倾向，这也是文学研究会的一个"特别的地方"。

作为一个散漫的文学社团，文学研究会以"文学研究会丛书"留下了坚实而清晰的历史足迹。文学研究会编辑的"文学研究会丛书"于 1921 年至 1937 年间，由上海商务印书馆出版。它是中国现代出版最早、规模最大的一套文学丛书，共出版 125 种，分为翻译和创作两大部分，其中翻译 71 种，创作 54 种。

《文学研究会丛书·缘起》言及这套丛书的宗旨："我们在文学研究会的名义底下，出版这个丛书，就是一方面想打破这种对于文学的谬误与轻视的因袭的见解，一方面想介绍世界文学，创造中国的新文学，以谋我们与人们全体的最高精神与情绪的流通。"②茅盾则在《关于"文学研究会"》中说，文学研究会"它是什么呢？文学研究会丛书是也"！茅盾对这套丛书的珍视，引人思考它的文学史的意义和价值。

1929 年 12 月 22 日，文学研究会的机关刊物《文学周报》在出版第 380 期后停刊，而 1932 年，商务印书馆在淞沪战役中毁于日军战火，导致《小说月报》停刊，于是"组织散漫"的文学研究会就此停止了组织活动。

第二节　问题小说

茅盾主编的《中国新文学大系·小说一集》收入的主要是文学研究会作家的作品。茅盾在《导言》中说："将文艺当作高兴时的游戏或失意时的消遣的时候，现在已经过去了""这一句话，不妨说是文学研究会集团名下有关系的人们的共通的基本的态度。这一态度，在当时是被理解作'文学应该反映社会的现象，表

① 茅盾：《中国新文学大系·小说一集·导言》(影印本)，上海文艺出版社 2003 年版。

② 《文学研究丛书·缘起》，《东方杂志》1921 年第 18 卷第 11 号。

现并且讨论一些有关人生一般的问题’。这个态度，在冰心，庐隐，王统照，叶绍钧，落华生，以及其他许多被目为文学研究会派的作家的作品里，很明显地可以看出来。”①

大约在1919年至1922年间发表的“表现并且讨论一些有关人生一般的问题”的小说，有一个共同的称谓——“问题小说”。“问题小说”是五四新文学思潮的思想启蒙意识下的产物。

问题小说一语最早由周作人提出，并对问题小说作出了理论阐释。1918年7月，周作人在《新青年》第5卷第1号上发表了《日本近三十年小说之发达》一文。在文章中，周作人对近三十年日本小说作了简明切实的介绍，行文中常常可感受到其发展中国的新文学这一意识，如“文学与人生两件事，关联的愈加密切，这也是新文学发达的一步”一语，说的是日本文学，但是与他稍后在《人的文学》所阐述的“用这人道主义为本，对于人生诸问题，加以记录研究的文字，便谓之人的文学”这一新文学理念，不无内在关联。该文介绍日本的问题小说，连概念都解释到了：“中日战后，国民对于社会的问题，渐渐觉得切紧，砚友社派的人，就发起一种观念小说，仿佛同露伴的理想小说相类，表示著者对于这件事的观念。描写社会上矛盾冲突种种悲剧，却含有一个解决的方法，就是一种附有答案的问题小说。”②1919年2月，周作人又在《每周评论》第7期发表《中国小说里的男女问题》，对问题小说作了进一步的阐释：“问题小说，是近代平民文学的出产物。”“凡标榜一种教训，借小说来宣传他，教人遵行的，是教训小说。提出一种问题，借小说来研究他，求人解决的，是问题小说。”“教训小说所宣传的，必是已经成立的，过去的道德。问题小说所提倡的，必尚未成立，却不可不有的将来的道德。”③话中可见，作为新文学形式的问题小说是与“重估一切价值”的“五四”思潮相联系的。

问题小说的兴起与周作人的理论倡导有关系，也与当时新文学的整体发展趋势有关系，其中关系最直接的就是挪威戏剧家易卜生及其作品被介绍到中国。1918年6月，《新青年》第4卷第6号出了“易卜生专号”，上面刊登有罗家伦、胡适合译的《娜拉》及他人译出的另外两种作品。最引人注目的还是刊于卷首的胡适的《易卜生主义》。后来胡适编选《中国新文学大系·建设理论集》时也将其收入，可见作者本人也认为这篇文章在新文学发展中发挥了重要作用。胡适所谓易卜生主义，实际就是面对人生的写实主义。而被介绍的易卜生作品正如鲁迅

① 茅盾：《中国新文学大系·小说二集·导言》，上海文艺出版社，2003年版。

② 周作人：《日本近三十年小说之发达》，《新青年》1918年第5卷第1号。

③ 周作人：《中国小说里的男女问题》，《每周评论》1919年第7期。

在《娜拉走后怎样》一文中所说:"这些剧本里面,有一时期是大抵含有社会问题的,世间也称作'社会剧',其中有一篇就是《娜拉》。"胡适指出,易卜生"对于社会的种种罪恶污秽,只开脉案,只说病状,却不肯下药"。后来的新文学的某些问题小说与易卜生的这一做法就有些相似。

文学研究会的创作之所以被称为"人生派"或"为人生"的文学,与其中的重要作家创作的"问题小说"有密切关系。

写作"问题小说"的作家中,冰心也许是最直接面对"问题"的作家。

> 从前我们可以说都是小孩子,无论何事,从幼稚的眼光看去,都不成问题,也都没有问题,从去年以来,我的思想大大的变动了,也可以说是忽然觉悟了。眼前的事事物物,都有了问题,满了问题。比如说:"为什么有我?"——"我为什么活着?"——"为什么念书?"下至穿衣,吃饭,说话,做事;都生了问题。从前的答案是:"活着为活着"——"念书为念书"——"吃饭为吃饭",不求甚解,浑浑噩噩的过去。可以说是没有真正的人生观,不知道人生的意义。——现在是要明白人生的意义,要创造我的人生观,要解决一切的问题。①

这是冰心的小说《一个忧郁的青年》里的人物彬君说的话。在短短一段话里,"问题"一词一连串出现了六个。写青年面对人生问题的苦闷、思考,是冰心的问题小说的模式。

在冰心的问题小说里,《超人》(《小说月报》第十二卷第四号,1921)虽然比《两个家庭》(1919)、《斯人独憔悴》(1919)、《去国》(1919)等创作、发表都晚,却是在当时影响最大的一篇。小说描写一个名叫何彬的"冷心肠的青年",他认为"世界是空虚的,人生是无意识的",人与人之间"都不过如同演戏一般",所以"与其互相牵连,不如互相遗弃",他甚至称赞"尼采说得好,爱和怜悯都是恶"。但是,一天夜里,何彬被对面楼下凄惨的呻吟声惊醒,一夜不能入睡,"他想起了许多幼年的事情。——慈爱的母亲,天上的繁星,院子里的花……"原来,是厨房里跑街的 12 岁的禄儿摔坏了腿,无钱医治而痛苦呻吟。何彬本出于摆脱呻吟困扰给了禄儿治病花费,但是,禄儿因感恩而送给他的鲜花,特别是禄儿的信里的话,改变了何彬的人生观。他在给禄儿的信中,忏悔自己过去的"冷心肠",表示:"世界上的儿子和儿子都是好朋友,我们永远都是牵连着啊!"

《超人》中反复出现了"慈爱的母亲,天上的繁星,院子里的花"这些意象。冰心正是用"母爱"和"美"的哲学来帮助何彬解决人生面临的"问题"。虽然以今日眼光看来,《超人》的情节逻辑或不够真实,情感也有过剩之虞,但是,这篇以"创

① 冰心:《一个忧郁的青年》,《默庐试笔》,百花文艺出版社 1985 年版,第 27 页。

作"栏头题发表的小说,在那个时代,是有打动人心之力量的,何彬这一人物形象也是具有一定的典型意义的。小说发表之初,主编茅盾化名"冬芬"在小说文后作了一则"附注",云:"雁冰把这篇小说给我看过,我不禁哭起来了!谁能看了何彬的信不哭?如果有不哭的啊,他不是'超人',他是不懂得罢!"此语应该较为真实地反映了那个时代的年轻知识分子的精神和情感状态。

我们常说,有一千个读者就有一千个哈姆雷特,同理,有不同的时代,就有不同的文学接受效果。就冰心的问题小说而言,她于 1924 年留学美国期间创作的《悟》(《小说月报》第十五卷第三号,1924 年),在小说艺术的高度上是胜出《超人》一筹的,可是却远不及《超人》在读者中的影响,其奥秘正如茅盾所说:"《悟》与《超人》中间虽然只隔开一年多(实为三年,引者注),然而中国青年对于'人生问题'已经起了很大的变化,一部分青年已经不再拿这个问题来自苦,而另一部分的青年则已认明了这问题的解答靠了抽象的'爱'或'憎'到底不成。"

五四时期,庐隐也是一位重要的"问题小说"作家。1921 年发表的《一封信》、《灵魂可以卖吗?》显示了庐隐关注底层民众生活命运的同情心。其后两年发表的《或人的悲哀》、《丽石的日记》、《海滨故人》,是以青年学生爱情题材来表现"人生问题"。《或人的悲哀》是书信体小说,《丽石的日记》则采用了日记体,中篇小说《海滨故人》中也夹进了大量的书信。这可能是因为写信、记日记,是那个时代思索、讨论人生问题的青年的一种精神生活方式,不过更为重要的原因,恐怕在于采用书信和日记的方式,更容易直接提出、讨论问题,直接抒发强烈的情感。庐隐的小说也的确提出了一些有价值的问题,比如,《或人的悲哀》对"游戏人间"的人生观的反思,《丽石的日记》对同性恋问题的超前关注和发问。

如果说冰心的问题小说已有情感过剩的不足,那么,庐隐的问题小说则是明显的滥情之作。特别是爱情题材的作品,满纸悲哀、苦闷之叹。在语言表现上,到处是"唉"、"啊"和惊叹号的滥用。以今天的眼光观之,庐隐的小说大都写得较为幼稚,线索混淆不清,人物缺乏个性,叙述啰嗦凌乱,这种水准的小说在《小说月报》上能够大量发表,一方面可能当时年轻读者有着这样的情感需求,另一方面,也凸显出新文学初期,高水准的小说作品还是较为匮乏的。

与冰心、庐隐的问题小说相比,叶圣陶的小说更为写实,艺术水准更高,是对问题小说的发展和提升,也可以称其为"人生小说"。

茅盾在《中国新文学大系·小说一集》的《导言》中说:"冷静地谛视人生,客观的地,写实的地,描写着灰色的卑琐人生的,是叶绍钧。他的初期(小说集《隔膜》)大都有点'问题小说'的倾向,例如《一个朋友》,《苦菜》和《隔膜》。可是当他的技巧更加圆熟了时,他那客观的写实的色彩便更加浓厚。短篇集《线下》和《城中》(一九二三到二六年上半年的作品)是这一方面的代表。"夏志清在《中国现代小说史》里评价叶圣陶时说,“叶绍钧文笔的长处乃在于观察力”。对于小说家,尤其是现代小说草创期的小说家而言,这都是很高的评价。

叶绍钧小说的题材范围很广,他描写妇女、儿童、知识分子乃至工人、士兵等社会阶层的生活,而其中笔墨最为集中的是知识分子形象,因为这是他所熟悉的。叶绍钧的小说中,写中小学教员的作品大约占到百分之二十,再加上写小学生生活的那些精彩作品,可见出他对教育的关注以及后来成为语文教育家的轨迹。

短篇小说代表作《潘先生在难中》发表于 1925 年的《小说月报》第 16 卷第 1 号,后收入短篇小说集《线下》。小说写的是小学校长潘先生在军阀之战将要打到所居小镇时的逃难、避难的故事。潘先生先是携家人逃往上海,但是看到报纸上报道的教育局长“地方上又没有战事,学自然照常要开”这句话,担心被革职,便只身返回小镇。附近在打仗,学是不能开,潘先生在恐慌中,将以学校之名讨要的红十字旗挂在自家大门上,一听得战事已到了只相距八里的邻镇,他仓皇躲进了教堂的红房子里。二十余天之后,战事停止,同事推举他为欢迎统帅的牌坊题字,潘先生“觉得这当儿很有点滋味”,便提笔写下“功高岳牧”、“威震东南”、“德隆恩溥”,然而,当“他写到‘溥’字,仿佛觉得许多的影片,拉夫,开炮,烧房屋,淫妇人,菜色的男女,腐烂的死尸,在眼前一闪”。小说观察冷静,叙事从容,于写实的笔触中透露出作家对“灰色的卑琐人生”的讥讽之意,又于讥讽之余透露出“灰色的卑琐人生”中也有的爱妻怜子的几缕温情,是耐人寻味的佳作。

在 20 世纪 20 年代,叶绍钧出版了短篇小说集《隔膜》(1922)、《火灾》(1923)《线下》(1925)、《城中》(1925)、《未央集》(1928)以及长篇小说《倪焕之》(1928),为新文学初期的小说叙事艺术作出了重要贡献。

在茅盾眼里,王统照是“在‘发展’的过程上跟叶绍钧“很相近的”作家。的确,王统照的小说与冰心、庐隐相比,对人生问题的表现较为沉潜,具有贴近底层生活的意识(如《湖畔儿语》、《生与死的一行列》),但是在表现他所热衷的“美”和“爱”时,则不及叶绍钧小说的“冷静”和“客观”,在小说艺术上不似叶绍钧小说那样成熟。短篇小说《微笑》描写一窃贼在监狱中,面对一女囚犯蕴含着“善”的微笑,性心理的波动转变为对“善”的感动,并因此持续受到感化,出狱后“居然成了个有些智识的工人”。像这样的小说,作家的主观意念往往强过甚至取代了客观、写实的描写,在作品的真实性上缺乏力量。

许地山的小说如代表作《命命鸟》、《缀网劳蛛》、《商人妇》等,大多具有异域生活背景,同时是表现他的宗教意识处理过的生活。他的小说所面对的“问题”,思索与解答往往与宗教有些关系。在对人生问题的体悟和思索方面,许地山的小说要比冰心、庐隐和王统照都要来得深刻、复杂。在小说艺术方面,其作品的特色在于情节离奇曲折，富于传奇色彩，这在当时小说注重写人物的风气中，是颇为醒目的。关于许地山小说的成就，夏志清特别举出《玉官》一篇，认为“《玉官》确实是一篇小小的杰作”，“所有的人物和情节都充满着生气，而女主角尤其突出，她所处的那种神圣的背景，分明地衬托出她叫人难以遗忘的人性”。

第三节 儿童文学

一、中国儿童文学的发生

在中国的现代文学史著作中，鲜有专门论及儿童文学者。事实上，儿童文学不仅是中国现代文学有机的组成部分，而且还是现代文学逐步走向成熟，水平不断提高的标志之一。

中国儿童文学实有百年之历史。本节所述儿童文学创作时间大致为现代文学第一个十年之范围。这十年的儿童文学创作与整个新文学融为一体，其明显证据之一就是，当时新文学的著名作家几乎都对儿童文学表现出强烈的兴趣，并以不同的形式参与到儿童文学创作活动中。而此后，特别是 1949 年以后，中国儿童文学则逐渐从一般文学作品中独立出来，形成一种类型化的书写。

儿童文学是现代思想的产物，其产生以“儿童的发现”为前提。尤其在中国，期待独尊“父为子纲”的古代社会里产生儿童文学，无异于天方夜谭。因此，中国儿童文学只能是一种现代的创造。

中国儿童文学的发生性质不是能动的，而是受动的，是西学东渐的结果。中国儿童文学的发生，脱逸出了先有创作后有理论这一文学发展史的一般规律，而是先有西方儿童文学的翻译介绍，再有深受西方影响的儿童文学理论，然后才有儿童文学创作。

1908 年 11 月，上海商务印书馆开始出版由孙毓修编辑的《童话》丛书，这是中国最早的儿童文学读物。《童话》丛书的出版自 1908 年始至 1923 年止，历时 15 年，共出版了 102 种作品。《童话》丛书以崭新的面貌，将自己与以往具有儿童文学要素的读物彻底区分开来。

在《童话》丛书的 102 种作品中，为儿童编撰的中国历史故事虽然占了三分之一，但是它对儿童读者的吸引力显然不能与西方儿童文学作品同日而语。可以说，《童话》丛书主要依靠西方儿童文学的译述，那些中国历史故事只是小小的配角。这清楚地表明，清末民初时期中国儿童文学的萌芽是在西风的吹拂下产生的。

在中国儿童文学理论建设方面周作人的贡献无疑是最大的，他论及的儿童文学理论，也是西方的现代文化进行世界性传播过程中的产物。

周作人在1913年至1914年间，曾经用文言写下了四篇论文：《童话研究》、《童话略论》、《儿歌之研究》、《古童话释义》。令人遗憾的是，周作人将《童话略论》寄给中华书局所办刊物《中华教育界》，竟被退了回来，最后这篇论文连同《童话研究》，只能经鲁迅之手，发表在《教育部编纂处月刊》上，而《儿歌之研究》和《古童话释义》则发表在更小的《绍兴县教育会月刊》上了。周作人对儿童文学的研究可以说是现代中国最早的儿童文学研究，它的不被重视，没有产生广泛的社会影响的事实，说明在当时的中国，儿童文学产生的条件还没有成熟。

直至五四运动爆发后，周作人的儿童文学研究才受到关注。在文学发展方面，周作人的思想经历了“三级跳跃”的过程。第一步是发现女子。他首先以译文《贞操论》为妇女问题讨论投进了最大一块石头，震动了当时中国的思想界。第二步是发现“人”以及“人的文学”。周作人在《新青年》第5卷第6号上发表的《人的文学》，使新文学运动有了重大突破，成为“关于改革文学内容的一篇最重要的宣言”（胡适语）。需要重视的是，在《人的文学》里，周作人已经反复论述了儿童问题。在周作人看来，解决人的问题，建设新文学观，是离不开儿童问题的解决以及儿童文学建设的。第三步则是发现“儿童”以及“儿童的文学”。1920年10月26日，周作人在北京孔德学校作了题为“儿童的文学”的讲演。讲演稿《儿童的文学》在《新青年》上发表后，有如登高一呼，应者云集。这篇宣告中国自己的儿童文学诞生的论文，成了此后相当长一段时期里中国儿童文学理论的纲领性文件。

1923年，周作人写作《儿童的书》一文，更明确地提出了“儿童本位”的儿童文学观：“儿童的文学只是儿童本位的，此外更没有什么标准。”儿童文学要“顺应自然，助长发达，使各期儿童得保其自然之本相。”

周作人以儿童本位为核心的儿童文学理论的提出，使中国儿童文学理论一开始就位于端正且有高度的起点，这一理论对20世纪20年代的儿童文学研究发生了深刻的影响。

论述处于发生期的中国儿童文学，鲁迅也是特别值得一书的人物。如果说，周作人在思想上发现了儿童，那么，鲁迅则主要在文学创作的维度，以审美的方式在精神上发现了儿童。在《怀旧》、《狂人日记》、《故乡》、《社戏》、《风筝》、《从百草园到三味书屋》、《阿长与山海经》等作品中，鲁迅通过对“童年”与“成年”的对比性描写，提出了一个深刻的“现代”问题（这也是人类精神发展的永恒问题），即在“童年”与“成年”的冲突中，人的生命逐渐被“异化”的问题。

在中国现代文学的发生期，对“儿童”、“童年”的发现是一件具有决定意义的事件。周氏兄弟分别站在理论和创作的前沿，深刻地发现了“儿童”，提出了“儿童本位”的儿童文学观，具有重要的文学史意义乃至思想史意义。

二、儿童文学运动

正如中国现代文学发生期有五四新文学运动推动一样，中国儿童文学的发生期也产生了儿童文学运动。对这一重要的文学史现象，作为文学研究会主要成员的朱自清早在1929年在《中国新文学研究纲要》里介绍文学研究会时，特别列出“儿童文学运动”这一章节的提要，可见在其认识中，当时儿童文学的理论与实践不是零星的、孤立的、偶发的现象。

在儿童文学运动中，文学研究会发挥了极为重要的作用，不过也必须看到，这场运动的根本推动力却是来自整个社会政治、文化、意识形态的变革。

《新青年》作为新文化、新文学的大本营和策源地，理所当然地在“发现”儿童、促进儿童文学产生与发展的过程中发挥着重要的启蒙作用。翻阅1921年以前的《新青年》杂志，能够发现里面有很多涉及儿童教育、儿童文学的文章。

在《狂人日记》发出“救救孩子”的呐喊之后，鲁迅又陆续在《新青年》上发表了表现童年生活的小说《孔乙己》(第6卷第4号)、《故乡》(第9卷第1号)以及宣示其“以幼者为本位”这一现代儿童观的论文、杂感《我们现在怎样做父亲》和《与幼者》(第6卷第6号)。

而周作人所做的与儿童、儿童文学相关的工作无疑最多。除了前面介绍过的《人的文学》、《儿童的文学》这两篇“发现”儿童和儿童文学的重要文献，周作人还发表了大量译作，有俄国梭罗古勃的《童子Lin之奇迹》(第4卷第3号)、《铁环》(第6卷第1号)、俄国库普林的《皇帝之公园》(第4卷第4号)、托尔斯泰的《空大鼓》(第5卷第5号)、日本江马修的《小小的一个人》(第5卷第6号)、丹麦安徒生的《卖火柴的女儿》、日本国木田独步的《少年的悲哀》(第8卷第5号)等。周作人还在《新青年》第九卷第九号上发表“歌咏儿童”的诗歌，即《小孩》和《对于小孩的祈祷》。

此外，当时其他重要学者、作家也均对儿童文学有所关注。比如，把儿童文学当做“儿童问题”之一的陈独秀，就在《论西洋教育》(第3卷第5号)这篇演讲文章中，批判中国教育“所谓儿童心理，所谓人类灵性，一概抹杀，无人理会”的弊端，主张“取法西洋”。沈兼士有论文《儿童公育》(第6卷第6号)，沈雁冰有译自莫泊桑的《西门底爸爸》(第9卷第1号)。而因创作白话小说《一日》而被胡适视为新文学“最早的同志”的女作家陈衡哲发表的《小雨点》(第8卷第1号)是一篇相当典型的儿童文学作品，虽然被标以“小说”题材，却是很标准的拟人体童话。其后，陈衡哲又发表了儿童题材的小说《波儿》(第8卷第2号)。

《新青年》作为当时中国唯一的一份大型新文学运动刊物，在思想界、文化界、文学界具有举足轻重的号召力，它对儿童和儿童文学的热心关注必然会对社会发生影响。

当《新青年》退出新文学历史舞台以后，《小说月报》传承了新文学的薪火，同时也成为儿童文学翻译和创作的重要阵地。特别是郑振铎于1923年接替沈雁冰主编《小说月报》以后，儿童文学的翻译、创作、研究逐渐成为该杂志的一个亮点。1925年，时值世界童话大师安徒生诞辰120周年，其时，安徒生童话在中国已经具有一定影响，《小说月报》拿出第16卷第8号、第9号两期篇幅，出版了“安徒生号”(上、下)。自第15卷第1号起，《小说月报》不定期地设立“儿童文学”专栏，至1927年郑振铎为避难远游欧洲离任，共计出“儿童文学”专栏9次，发表了多篇有关儿童文学的翻译作品、原创作品和研究论文。

郑振铎任主编期间，在《小说月报》上发表与儿童文学相关的文章的文学研究会作家有叶绍钧、赵景深、王统照、严既澄、高君箴、顾均正、傅东华、徐调孚、褚东郊、顾德隆等。由于《小说月报》是以成人读者为对象的杂志，这显然对提升儿童文学在文学界的地位和认知程度具有重要意义。

郑振铎在《小说月报》编辑方针上重视儿童文学的举措，也许直接得益于郑振铎曾参与《童话》丛书的编辑以及此前曾担任商务印书馆发行的刊物《儿童世界》的主编等经历。与《小说月报》不同，《儿童世界》是一本面向儿童读者的杂志，在同时代出版的儿童杂志中，《儿童世界》是以儿童阅读为目的的最早的综合性杂志，在中国现代儿童文学史上占据重要地位。中国第一本原创童话集《稻草人》里的作品就是应《儿童世界》的稿约而创作并发表在该杂志的。

三、儿童文学创作实践

新文学第一个十年里的“儿童文学运动”，在儿童诗、童话、儿童散文三种体裁的创作上都有重要收获。

在儿童诗方面，周作人的《儿歌》对儿童视角的表现、叶圣陶的《儿和影子》的儿童情趣、顾颉刚的《吃果果》的民间风格、刘大白的《两个老鼠抬了一个梦》的童话色彩、胡怀琛的《大人国》和《小人国》的夸张手法，都是深得儿童诗创作神髓的佳作。

俞平伯表现儿童生活的诗集《忆》堪称儿童诗创作的代表作。该诗集不仅作品本身艺术质地上佳，而且采用俞平伯毛笔手书诗作、孙福熙作封面图案、丰子恺插图、朱自清作跋的出版形式，使其成为艺术珍品。

在童话创作方面，取得最大成就的自然是叶圣陶。他的童话集《稻草人》既代表着中国儿童文学主体性、现代性的起点，也是“为人生”的创作理念在儿童文学领域的典型体现。

叶圣陶的童话因为其关注现实生活的特质，被称为现实主义童话。其实，叶圣陶的很多童话都借用了传统童话的“三段式”手法。一粒种子要经国王、富翁、商人这三个人之手并且遭遇了相同命运以后，才会被农夫种进地里(《一粒种子》)；一个人要听到了孩子、青年、女郎三个人的愿望诉说，才会选择邮递员的工作，然后，他要为姑娘、孩子、野兔送三次信，才会失去自己的工作(《跛乞丐》)；稻草人要目睹老妇人、渔妇、赌徒妻子这三个人的凄惨遭遇之后，才会昏过去(《稻草人》)。这种三段式故事结构的使用，强化了作品类型化功能，弱化了作品典型化功能。叶圣陶创作关注现实的童话作品时，大量运用传统民间故事的这种三段式故事结构，是有其必然原因的。作为“为人生而艺术”的文学研究会的重要作家，叶圣陶具有强烈的关注现实、批判现实、揭示人生问题的意识，而通过三段式故事结构的使用，他对现实人生的认识、看法乃至观念得到了充分的强调。当然，如果以儿童本位的儿童文学标准来衡量，叶圣陶的《稻草人》还是存在局限性的。

在五四时期，新文学领域曾出现“童心”崇拜的创作思潮，其中冰心的儿童散文集《寄小读者》是在这方面影响最大的作品。在《寄小读者》中，冰心以诗一般的抒情笔调，歌吟着童心、母爱、自然以及故国之爱，宣扬着她的“爱的哲学”。应该说，童心、母爱、自然，是儿童文学历来所亲近的主题，它们与儿童生活、心理很容易产生密切联系。但是，这只是一般或抽象而论，以它们为主题的作品能否成为典型的儿童文学，还要看作家表现这些主题时所采取的立场。很显然，冰心的《寄小读者》在看取童心、母爱、自然时不是“以儿童为本位”，而是选择了成人立场。冰心在《寄小读者》中传达的那些成人“悱恻的思想”是有不宜于儿童读者、不合于儿童文学精神之处的。

第四节　周作人、朱自清与现代散文

评价现代散文，有三句话值得思量。一句是胡适 1922 年在《五十年来中国之文学》一文中所说的：“周作人等提倡的‘小品散文’”“这一类作品的成功，就可彻底打破那‘美文不能用白话’的迷信了。”另一句话是刘绪源在《解读周作人》一书中说的：“‘五四’后的新文学，虽然小说、诗歌、戏剧喧闹了多时，但最后沉静下来细加掂量，却是散文的成绩最大，最站得住脚。”还有一句话是周作人在《杂拌儿跋》里评价俞平伯的散文时说的：“这风致是属于中国文学的，是那样地旧而又这样地新。”说的是俞平伯，也是说的自己，以及现代散文里最大、最有影响的作家群体的作品。简要解读这三句话便是：散文的成功是白话文学的决定性成功；新文学各体裁中，散文的成绩最大；现代散文调和了“旧”（中国传统）与“新”（西方现代），因而最具中国“风致”。

周作人以子严为笔名，在1921年6月8日《晨报》上发表的《美文》一文，是首次对现代散文进行论述和倡导的文献。在文中，周作人介绍：“外国文学里有一种所谓论文，其中大约可以分作两类。一批评的，是学术性的。二记述的，是艺术性的，又称作美文，这里边又可以分出叙事与抒情，但也很多两者夹杂的。……中国古文里的序，记与说等，也可以说是美文的一类。但在现代的国语文学里，还不曾见有这类文章，治新文学的人为什么不去试试呢?”其后，周作人身体力行，在现代散文的产生上立下头功。

关于周作人，鲁迅生前曾对美国记者斯诺说，中国最好的散文家是周作人。苏雪林说：“最近十年内‘小品散文之王’的头衔，我想只有他才能受之而无愧的。”（《周作人先生研究》）钟敬文甚至说：“在这类创作家中，他不但在现在是第一个，就是过去两三千年的才士群里，似乎尚找不到相当的配侣呢。”（《试谈小品文》）郁达夫编《中国新文学大系·散文二集》，虽然他在“导言”中说，“中国现代散文的成绩，以鲁迅周作人两人的为最丰富最伟大”，但是，以收入篇数论，周作人为57篇，鲁迅为24篇，冰心、朱自清、林语堂等14位作家一共仅为49篇，周作人散文在郁达夫心中的地位不言自明。

周作人的散文创作大致可分为三类：杂感文（其中又分批评、论战式杂文和温和的议论性杂文）、小品文、书话。如果依上引《美文》中周氏对“美文”的诠释，他的小品文更属于“美文”的范围。周作人的散文创作分为三个时期：20世纪30年代初以前为前期，30年代初至1949年为中期，1949年以后为后期。按照这一划分标准，则周作人的小品散文写作，大部分都发生于前期，中期则多为书话，即周氏所谓“看书偶记”，后期则是周氏记述鲁迅早年生活以及小说中人物掌故的文章。

周作人前期创作的散文主要收入《自己的园地》(1923)、《雨天的书》(1925)、《泽泻集》(1927)、《永日集》(1929)等自编文集里，其中又并不都是小品文，还包括了杂感文。虽然小品文的创作量并不大，却有《苦雨》、《故乡的野菜》、《北京的茶食》、《喝茶》（后再选入《泽泻集》时改题为《吃茶》）、《苍蝇》、《乌篷船》等小品散文的杰作。此类作品，周氏“自己觉得比较地中意，能够表出一点当时的情思与趣味”（《泽泻集》序）。

周作人前期散文作品的另一种类型就是杂感文或曰杂文，这些杂文于其前期的散文创作十分重要，是所谓表现了周氏“叛徒”精神和“流氓的性格”这一面的“浮躁凌厉”的作品。周作人的杂文中又以“别扭的写法”最具特色，此种写法的作品多是上乘佳作。名篇有《前门遇马队记》、《碰伤》、《吃烈士》、《死法》等。周氏所谓“别扭的写法”，即貌似平和却内心激越，言辞认真却多为反语。比如《死法》一文，作者从“人皆有死”，说到“世间死法共有两大类，一曰‘寿终正寝’，一曰‘死于非命’”，“寿终正寝”又有三种死法，即老熟、猝毙和病故，因为大多数人死于病故之“长期的拷打”，故作者说只好“求诸死于非命了”。接着历数钉十字架、荼毗、车边斤、吞金喝卤、吃鸦片烟、怀沙自沉、吊死等死于非命的方法，可是这些方法“想来想去都不大好，于是乎最后想到枪毙”。作者赞叹道：“枪毙，这在现代文明里总可以算是最理想的死法了。……在身体上钻一个窟窿，把里面的机关搅坏一点，流出些蒲公英的白汁似的红水，这件事就完了：你看多么简单。简直就是安乐，这比什么病都好得多了。”行文至此，作者突然引出段祺瑞执政府制造的“三一八惨案”，并说自己为遇难的胡锡爵君的追悼会“送去一副对联，文曰：‘什么世界，还讲爱国？如此死法，抵得成仙！’”说“这末一联实在是我衷心的颂词”。文到结尾，读者明确悟出通篇皆为反语，那同是反语的挽联一出，才知作者一直压抑的是怎样的悲愤。

在中国现代文学史上，朱自清是一位重要的散文作家，有诗和散文合集《踪迹》(1924)、散文集《背影》(1928)、《欧洲杂记》(1934)、《你我》(1936)、《伦敦杂记》(1943)。他创作出版的散文作品虽算不得多，但是，《匆匆》、《桨声灯影里的秦淮河》、《背影》、《荷塘月色》等名篇却脍炙人口，特别是《匆匆》、《背影》和《荷塘月色》，因长期被收入中小学语文教材而广为流传，影响深远。

周作人与朱自清都是文学研究会作家，但是散文风格殊为不同。文学研究会是一个松散的、没有自己的文学主张的社团这一特点，在散文创作领域表现得尤为突出。周作人在《近代散文抄序》说：“小品文则又在个人的文学之尖端，是言志的散文，他集合叙事说理抒情的分子，都浸在自己的性情里，用了适宜的手法调理起来，所以是近代文学的一个潮头……”周作人与朱自清虽然创作的都是关于人生的“言志的散文”，但是所言之“志”却颇为不同。

周作人散文所言之“志”为思想、见识和趣味，他的散文中当然也有感情，但是，往往冲淡平和，偶有激烈的情感，也会抑制于内心，引而不发，如上述《死法》就是这种表情方式之一例。朱自清散文所言之“志”主要是情感，其抒情方式是直抒胸臆，不加掩饰。他的《执政府大屠杀记》与周作人的《死法》虽是同一题材，但全文直接陈述事件，并用了50个惊叹号表达自己的悲愤。朱自清写散文常用惊叹号和问号，喜用排比句式，比喻也用得紧密，这些表现都有“刺激”性。

著名文学评论家止庵说：“中国白话散文有两路，一曰‘作文’，一曰‘写话’，作者(指周作人——编者注)基本上是后一路，但是他并不肯轻易随便地‘写话’，而要在不改变语言作为表现手段的前提下，写出味道或如他所说的‘雅致’来，那么就是‘文词还得变化一点’。”①如果说周作人是“写话”散文的领袖，朱自清可以说是“作文”散文的代表。周作人的“写话”散文率性而谈，不讲建制，而朱自清的“作文”则精心构思，营造结构。朱自清的《温州的踪迹》之二《绿》是所谓首尾照应的结构，开头一段是：“我第二次到仙岩的时候，我惊诧于梅雨潭的绿了。”而结尾一段是：“我第二次到仙岩的时候，我不禁惊诧于梅雨潭的绿了。”《背影》也是这种首尾照应的结构：先是以“背影”扣题，最后以“背影”照应开头。《〈梅花〉后记》、《怀魏握青君》也都是这种结构。朱自清的这种“作文”方式显然为的是强调、渲染情感。

朱自清散文的意象、意境是明净清浅，而周作人散文则有深厚的涩味。《桨声灯影里的秦淮河》第一段有“我们开始领略那晃荡着蔷薇色历史的秦淮河的滋味了”一句，后面又有“于是我们的船便成了历史的重载了”。可是，读完全文，却并不见有对“蔷薇色的历史”、“历史的重载”的深入表现。周作人《北京的茶食》里面也有相类似的修辞：“包含历史的精炼的或颓废的点心。”周作人为吃不到这样的点心而遗憾，他郑重地问道：“北京的朋友们，能够告诉我两三家做得上好点心的饽饽么？”周作人由吃不到“包含历史的精炼的或颓废的点心”而要求的是：“我们于日用必需的东西以外，必须还有一点无用的游戏与享乐，生活才觉得有意思。我们看夕阳，看秋河，看花，听雨，闻香，喝不求解渴的酒，吃不求饱的点心，都是生活上必要的——虽然是无用的装点，而且是愈精炼愈好。”紧接着最后一句是：“可怜现在的中国生活，却是极端地干燥粗鄙，别的不说，我在北京徘徊了十年，终未曾吃到好点心。”这一双关之语，是在进行文化批判，即如胡适所言，是“用平淡的谈话，包藏着深刻的意味”。

将周作人与朱自清的散文放在一起比较，是因为二者可以代表现代散文创作的两个重要风格。周作人散文所代表的风格的主要特质是“写话”、“苦涩”、“简单”，而朱自清散文所代表的风格则是“作文”、“透明”、流丽。

“五四”落潮以后，周作人从“十字街头”退回到了“苦雨斋”。特别是 1927 年以后，周作人谈狐说鬼，关心“草木虫鱼”，在很多人眼里，他成了背叛“五四”传统的“闲适”文人。但是，也有人看透了周作人经过遮掩的“苦涩”心境。曹聚仁在《从孔融到陶渊明的路》一文中，将周作人与“淡然物外，而所向往的是田子泰、荆轲一流人物”的陶渊明相比之后说：“周先生自新文学运动前线退而在苦雨斋谈狐说鬼，其果厌世冷观了吗？想必炎炎之火仍在冷灰底下燃烧着。”作为五四时期最为清醒的思想家之一，周作人未尝不是以“闲适”在对黑暗现实作一种消极反抗。

周作人附逆之前，“苦雨斋”是京派文人聚集的沙龙。周作人散文的文风不

---

① 止庵：《关于〈永日集〉》，《永日集》，河北教育出版社 2002 年版。

仅为俞平伯、废名、江绍原、沈启无所效仿，而且对梁遇春、钟敬文、李广田、何其芳等都有影响。周作人散文的影响甚至远及当代，学者孙郁在《周作人和他的苦雨斋》一书中就指出，张中行、邓云乡、舒芜、谷林、陈平原、止庵、刘绪源等人的散文“在知堂的基点上重塑自我”，“形成了相似的气脉”。这是耐人寻味的，在中国现代文学史、思想史上，延绵不绝的周作人散文传统是一个巨大的象征性存在。

1932 年，周作人在《中国新文学的源流》中说：“胡适之，冰心和徐志摩的作品，很像公安派的，清新透明而味道不甚深厚。好像一个水晶球样，虽是晶莹好看，但仔细地看多时，就觉得没有多少意思了。”周作人没有讲到朱自清，不过就散文作品而言，朱自清和冰心、徐志摩一样，都属于“清新透明而味道不甚深厚”一派。他们都侧重抒情，而且所抒之情多为青年的多愁善感，所引起的也多为年轻人的共鸣。在现代散文作家中，以朱自清和冰心的作品进入语文教科书最多，这或许也是原因之一。若寻找其 1949 年以后的余续，则有杨朔、刘白羽以及写作《文化苦旅》和《文明的碎片》的余秋雨等散文作家。

本章阅读书目：

冰心：《寄小读者》、《繁星》、《春水》。

叶圣陶：《倪焕之》、《稻草人》。

周作人：《自己的园地》、《雨天的书》。

朱自清：《背影》、《荷塘月色》。

本章参考文献：

贾植芳等编：《文学研究会资料》，河南人民出版社 1985 年版。

石曙萍：《知识分子的岗位与追求——文学研究会研究》，东方出版中心 2006 年版。

朱自强：《中国儿童文学与现代化进程》，浙江少年儿童出版社 2000 年版。

刘绪源：《解读周作人》，上海书店出版社 2008 年版。

钱理群：《周作人论》，上海人民出版社 1991 年版。

本章思考题：

1. 作为文学社团，文学研究会有何特殊性？
2. “问题小说”产生的时代背景是什么？
3. 周氏兄弟的“儿童的发现”对于现代文学有什么特殊意义？
4. 结合具体作品，思考周作人散文与朱自清散文有何不同？

第六章　主观抒情派的文学

第一节　创造社及其文学追求

一、创造社

“五四”让一代人猛醒，也点燃了一代人的青春激情。

1921年6月，留学日本的郭沫若、郁达夫、张资平、田汉等人一起为他们即将创办的刊物确定了一个此后震撼文坛的名字——《创造》。而他们的社团被命名为“创造社”。1921年9月发表的《〈创造季刊〉预告》宣布了创造社同人的名字：郭沫若、郁达夫、成仿吾、张资平、田汉、穆木天、郑伯奇。创造社的历史分为前期、中期和后期三个阶段。1921年6月至1924年初夏是创造社的前期。前期创造社先后以《创造季刊》、《创造周报》、《创造日》为阵地，以“异军突起”的姿态，为重再现、重客观、重写实的新文坛带来了重表现、重主观、重抒情的新的美学原则和艺术精神。1925年9月至1927年底是创造社的中期。中期创造社先后创办《洪水》、《创造月刊》，增加了周全平、王独清、冯乃超等年轻作家，开始了文艺思想的“方向转换”。1928年1月至1929年是创造社的后期。后期创造社成为中国共产党领导的革命文化团体，骨干成员有朱镜我、彭康、阳翰笙、李初梨、李一氓、冯乃超等。他们继续以《创造月刊》为阵地，又创办了《文化批判》，发动了著名的“革命文学论争”。就文学性和影响力而言，前期创造社贡献最大。

创造社探首新文坛之际，恰逢“五四”先驱们呼唤青年、呼唤少年中国的岁月。他们正是感应着时代的脉搏，以自己的青春心态和充满激情的创作跃上了这一时代洪流的波峰。他们敢于破坏，敢于暴露，敢于挑战，敢于创新，以昂扬的浪漫主义激情不断地为忧国忧民的新文学增添着理想的亮色。

创造社的出现被称为“异军突起”。这首先是指它为重客观、重再现、重写实的初期新文学带来了重主观、重表现、重抒情的新的美学原则和艺术精神。前期创造社确立了“自我表现”的文艺本质观、“为艺术而艺术”的文艺价值观。郭沫若的《女神》和郁达夫的《沉沦》是前期创造社文学创作的杰出代表。

二、五四文学精神的发展

在五四时期，以文学作品揭露和批判封建道德最有力度、最有影响的作家应是鲁迅和创造社作家。鲁迅着力批判的是中国封建道德“吃人”的残酷性，创造社作家所着力揭露的则是中国封建道德“骗人”的虚伪性。前者对封建道德“吃人”的深刻批判，深刻得一针见血；后者对封建道德“骗人”的大胆揭露，大胆得惊世骇俗。郭沫若的早期历史剧《卓文君》和《王昭君》，将这两个古代文人津津乐道的美女空前地塑造成了两个封建道德的“女叛徒”，并各赋予了“在家不必从父”和“出嫁不必从夫”的新主题。这两个剧本的思想意义不仅在于它们对奴役中国妇女的“三从四德”观念的大胆叛逆，还在于无情地揭露了卓王孙和汉元帝作为“三从四德”观念执行者骨子里的“假道德”的虚伪性。郁达夫等人的小说，不加掩饰地描写主人公青春期的“性苦闷”，显示了对“万恶淫为首”的中国封建伦理纲领的反叛。

创造社发展了五四新文学“人的文学”精神。这批作家把文学革命时期概念化的“人”的觉醒深化为个体“自我“的觉醒，将文学革命时期笼统的“个人的发现”落实到“灵与肉”冲突的内心世界的发现。这批作家不仅从思想上提倡个性主义和人道主义，也不仅以这些思想指导文学创作，而且为中国新文学提供了一整套张扬个性的诗学理论和表现个体的创作模式。创造社作家的文学本质观存在较为明显的矛盾性，也有过不同时期的前后变化，但在创造社成立之初，这些作家对文学的理解却基本一致，那就是“文学是自我的表现”。他们立足于创作主体来观照文学，认为文学是作家内心世界的产物，是天才的创造物；认为新文学家应“把内心的要求作一切文学上创作的原动力”。他们所理解的真、善、美都服从于主观和个性，因而在他们的笔下，最“真”的个性表现，就是最“善”的，也就是最“美”的。他们超越了新文学先驱仅仅肯定个性的价值和个性存在权利的个性主义，进而发展为大胆地肯定个性张扬和肯定自我欲求的个性主义。

个性主义的思想原则，在文学艺术中需要有与之相适应的美学原则来充实。在五四新文学先驱那里，个性主义是创作的指导思想，而到了创造社作家那里，个性主义已经发展成为内在化了的艺术原则，即“自我表现”的抒情文学原则和“自叙传”的叙事文学原则。创造社的“人的文学”，所描写的是交织着奋发与沉沦、亢奋与感伤、自信与自卑、雄强与羸弱等的丰富人性，是醒来的“人”的全部真实性；所表现的是个体生命所蕴含的创造欲望，是“人”的情感、欲念意志的自由宣泄和重铸理想人格的追求。他们在文学创作中把“个人的发现”落实到了自由心灵的发现，落实到了“灵与肉”相冲突的人性心理的发现。

创造社光大了五四新文学“拿来主义”的开放精神。创造社作家痛感中国旧文学缺乏西方近现代文学艺术的自由精神和创造精神，他们比五四新文学先驱和文学研究会作家更自觉、更广泛地向外来文学艺术吸取精神营养和艺术力量。他们所“拿来”的是包括西方启蒙主义、浪漫主义、现代主义、自然主义等多元的外来文艺复合体。他们自称“没有划一的主义”，但他们有一个更为开放的文学创作体系。创造社作家对五四文学“拿来主义”开放精神的深化，使他们更多地引进了欧美浪漫主义，特别是现代主义的文学观念和表现形式。他们紧紧地追踪着世界文学的最新潮流，并不断地付诸创作实践。如郭沫若的小说《残春》之于意识流和精神分析，陶晶孙和田汉的戏剧之于象征主义，王独清和穆木天的诗歌之于象征主义，滕固的小说《石像的复活》、《壁画》之于唯美主义，成仿吾的小说《深林的月夜》之于表现主义……以创造社的文学创作为标志，中国新文学才真正实现了与世界文学的全面对话。

三、给“文学革命”补课

应当注意，创造社一出现即是本着对于五四新文学阵营“清算的态度”的。尽管这批作家的主导倾向是深化和发展了五四先驱所开创的时代精神，但他们跃马文坛之初却主要不是和封建复古派作对，而是“和胡适之对立，和文学研究会对立，和周作人等语丝派对立……”并不是这些作家敌我不分，而是在他们看来，“已经攻倒了的旧文学无须乎他们再来抨击”。他们认为五四新文学先驱“陈、胡、钱、刘、周，主要在向旧文学的进攻”，而创造社的“郭、郁、成、张却主要在向新文学的建设”。他们对新文学建设的首要贡献，即在于补充了文学革命先驱由于强调文学的白话形式和变革社会的作用而对新文学的艺术特性的忽略。

封建中国的旧文学注重文学的实用价值，不太重文学的本体价值，重文章而轻文艺。基于此，新文学先驱在倡导“文学革命”的时候，就提出了究竟“何谓文学之本义”、“什么是新文学”之类的命题。基于旧文学中“文”或者“文学”的含义模糊宽泛，创造社作家想把作为艺术形态的文学作品与一般的文字和应用性文章区别开来；他们尤其痛恨“文以载道”和“代圣贤立言”的旧文学传统，以及旧文人屈膝为封建统治者“弄臣”的附庸地位，他们想让文学从这些桎梏中解放出来，以恢复文学自身的独立品格。

然而，文学革命主倡者们的这些理论，还仅仅停留在设想阶段。这些设想不仅很少付诸创作实践，而且他们表述这些设想的理性文字也常常有违初衷。例如，陈独秀曾对传统的文学工具论大加挞伐。他认为，无论“载道”、还是“有物”，都是“以文学为手段，为器械，必附他物以生存”，这就抹杀了文学“自身独立存在之价值”。而实际上，他以文学为思想启蒙服务的功利目的又远比他人还要强烈。五四先驱只是以新的“文以载道”取代了旧的“文以载道”。尽管所“载”之“道”不同了(以新思想、新道德置换了旧思想、旧道德),但文学作为从属的工具地位却没有变。他们贡献给新文学的主要是白话文学取代了文言文的正宗地位和中国文学“人”的觉醒。虽然他们激烈地抨击过旧文学的非艺术杂质和反艺术倾向,但是,从理论主张和创作实践两方面提高新文学独立的艺术品格却是他们想要做却未能完成的事业。

继“人”的觉醒之后,现代中国文学“艺术”的觉醒,是由创造社作家体现出来的。如果说文学革命先驱更多地思考的是文学“有什么用”,那么创造社作家更想告诉人们的是文学“是什么”。如果说文学革命先驱更多地说明旧文学所“载”之“道”对人性的压抑,那么创造社作家更想挣脱“道”对文学的束缚。创造社一成立,便高举“艺术独立”的大纛,要求“还文学给文学本身”。他们认为文学既是“人”学,更是“文”学。他们要求中国的新文学既要向创作主体回归,也要向文学的本体回归。既要求新文学创作者张扬“自我”,又要求新文学作品体现艺术的“全”与“美”。在创造社作家看来,五四先驱的致命弱点,就是理论上对文学特性的忽略和创作中过分的功利主义倾向。于是,他们以并不完善的理论和过分偏激的情绪对此予以反驳。

创造社一出现,就挑起了与文学研究会的纷争。表面来看,纷争只是“为人生”与“为艺术”两种口号的对立,而实际是新文学创作的功利主义倾向与反功利主义倾向的对立。文学研究会作家主张文学要达到指导人生、改造社会的目的,而创造社作家则主张“除去一切功利的打算,专求文学的全(Perfection)与美(Beauty),有值得我们终身从事的价值之可能性”。他们认为,文学艺术并没有什么外在的目的,它的目的就在于艺术自身,理由是“人类的精神为种种功利的目的、占有的欲望所困扰,人类的一切烦乱争夺,尽都从此诞生,欲消除人类的苦厄则在效法自然”。在他们看来,艺术的创造和自然的创造一样,首先不是人的有目的的社会性活动,而是来自人所固有的自然本性,而人的自然本性与人的功利占有欲望是对立的。从创造社作家对“为艺术”主张的全面阐述和创作实际来看,他们并不排斥文学的客观功利效果,他们所攻击的是狭隘、短视的功利目的,他们所担心的不是文学“为人生”这一功利目的本身,而是担心对这种功利目的的过分强调,有使文学丧失审美独立性的危险,有减弱作家艺术创造力而导致“粗制滥造”的危险。如此看来,创造社作家对艺术“无目的”的鼓吹,不应理解为对“有目的”的否定,而应理解为对“有目的”的补充。二者对立的张力,保持了新文学多元开放的形态和充满活力的生机;“为人生”与“为艺术”的互补,完善了中国新文学的格局。

创造社前期“自我表现”的文学思想,是现代中国文学主体性原则的最初体现。它开启并推动了中国新文学“向内转”的艺术方向，把中国新文学读者的审美眼光从“外宇宙”引向了“内宇宙”，这批作家所追求的不是再现客观世界的广度和深度，而是作家主观情感的自由程度和对读者心理的震撼力度。这首先表现在他们的文学本质观上：在主观与客观的关系上，他们把文学理解为“主观的、表现的，而不是没我的、模仿的”；在情感与理性的关系上，他们把文学理解为情绪的、直觉的、属于作家灵感的，从而把文学的内在本质确立为主观情绪的世界，把文学创作的本质规定为“自我表现”。在“自我表现”的文学思想的引导下，创造社前期的文学作品空前地将新文学创作的重心转向了心理和情感，并形成了自己特有的创作原则。这在他们的诗歌创作中呈现为“自我表现”的“内在律”原则，在小说创作中呈现为“自叙传”的原则。这就使得“人的文学”的观念在美学内涵上得到了补救，并结束了理论倡导阶段而初步在创作实践中落实到位。

创造社对五四新文学的补充，还表现为这批作家的文学创作加速了中国文学现代化的进程。前期创造社也许是五四时期最注意文学自身现代化建设的新文学团体。他们自觉地追求文学的先锋性，不断地提出一个又一个文学观念，又不断地否定着自己才提出不久的文学主张。尽管这样的自我否定受到他人的讥笑，但他们总是最新文学观念的发表者。他们所提出的各式各样的文学主张，大都是“舶来品”。他们当时还没有能力分清自己“拿来”的外来文学观念哪些是精华，哪些是糟粕，但是他们总能分清哪些是最新的，哪些是过时的。他们几乎总是将目光投向最现代化的世界文学。

创造社对新文学现代化的追求，既体现在对现代化文学观念的引进上，又体现在对现代化文学形式的建设上。中国现代文学史上的各种现代化文学样式大都能在创造社作家的作品中找到最初的尝试，他们极大地影响了当时的文坛和此后的文学创作趋向，并且总是掌握着新文坛的话语权。

第二节 郭　沫　若

一、人生经历和文学个性

郭沫若，原名郭开贞，别号鼎堂，四川乐山人。郭沫若在自传中说，他出生时是脚先下地，“这大约是我的一生成为了反逆者的第一步”。他生在一个经营烟土和糟房的富商之家，长在四川乐山的著名匪巢——沙湾镇。他的少年记忆与鲁迅等许多作家所不同的，是更多自豪、愉快、狂放不羁的生活印象。1914 年初他抵达日本求学，后考入福冈九州帝国大学医学部。其间文学的诱惑使他抛弃了曾经坚定的实业救国的信念，迈上了此后漫漫60年的文学创作征程。

1919年秋的一天，郭沫若从刚刚订阅的《时事新报》文艺副刊《学灯》上第一次读到了白话新诗。他敏锐地发现了中国新诗先天的不足，也获得了对自创诗歌的自信。在接下来的几个月中，郭沫若进入了“一个诗的创作爆发期”，几乎每天都生活在对于诗的“迷狂”中，诗的灵感常常使他战颤着听不成课、写不成字。《天狗》、《凤凰涅槃》、《浴海》、《立在地球边上放号》……这些奔腾着青春的激情、洋溢着天才的想象、凝聚着自由创造力的诗篇在郭沫若那颤巍巍的手下汩汩而出。而发现这个“东方未来的诗人”的，是《学灯》编辑宗白华，证实了宗白华这个判断的，是当时热爱新诗的众多读者，其中也包括被誉为白话新诗开创者的胡适。此时正是中国新文学需要“摩罗”诗人的时候，暮气沉沉的中华大地正期待着一种朝气勃勃的文学激情来填充，保守中庸的民族文化心理的硬壳正需要一种狂暴的、不重经验的文学力量来冲决。恰在此时，郭沫若为中国新文苑奉献了抒情文学的代表——诗集《女神》。

从《女神》开始，成功的体验和创造的欲望总与郭沫若相伴随，天赋聪明和自信心态使他在众多领域大显身手，他的命运也随之大起大落：既戴上了杰出诗人的桂冠，又拿到了日本帝国大学医学学士学位；写诗歌、小说、散文、戏剧几乎无所不能，还领导创造社在新文坛掀起了一场狂飙巨澜；北伐时期投笔从戎才几个月，就以中将军衔与周恩来等人一起领导国民革命军的宣传工作；早在“四·一二”政变前，他就发表了著名檄文《请看今日之蒋介石》，也就免不了被通缉而逃难的命运；可谁曾想，正是流亡日本的岁月使郭沫若又成为著名的历史学家、古文字学家，人文社会科学研究的通才；全面抗战爆发后郭沫若秘密回国，成为中国抗日民族统一战线文化事业的主要领导人，这期间，他不仅施展了擅长鼓动、刚柔相济的政治才干，还在历史剧创作和史学研究方面显示了过人的创造才能和学术智慧。

郭沫若是一个主观抒情的文学天才。他对自己的性格气质和艺术个性做过如下评说：

> 我是一个偏于主观的人，我的朋友每肯向我如是说，我自己也承认。我自己觉得我的想象力实在比我的观察力强。我自幼便嗜好文学，所以我便借文学来以鸣我的存在，在文学中更借了诗歌的这只芦笛。
>
> 我又是一个冲动性的人，我的朋友每肯向我如是说，我自己也承认。我回顾我所走过了的半生行路，都是一任我自己的冲动在那里奔驰；我便作起诗来，也任我一己的冲动在那里跳跃。①

---

① 《郭沫若全集》文学编第15卷，人民文学出版社1990年版，第225—226页。

透过郭沫若“偏于主观”和“偏于冲动”的个性，能够更准确地认识“这一个”诗人思想和创作的根本精神。

作为一个“偏于主观”的文学家，青年郭沫若首先是本着“内心的要求，从事文艺活动”，进而他确立了“文艺是出于自我的表现”的文艺本质观。在文艺的真实性问题上，他认为“艺术家的求真不能在忠于自然上讲，只能在忠于自我上讲”。在文艺的功利性问题上，郭沫若是矛盾的，他时而主张为“自我表现”而艺术，时而强调文艺的“社会使命”。在这明显的矛盾中，郭沫若多是让后者服从了前者，因为他坚信“个性最彻底的文艺便是最有普遍性的文艺”。① 因此，郭沫若前期的文艺思想首先是以高扬主体性为出发点的。在20世纪中国美学思想史上，他是肯定生命、肯定个性、肯定天才、肯定自由创造的一个“开路人”。

作为一个“偏于冲动”的文学家，郭沫若空前地强调情绪在文艺诸因素中的本质作用和文学家生命自然流露的美学意义。他认为：文学的原始细胞是情绪，“文学的本质是有节奏的情绪的世界”。那么，文学家的情绪从何而来？郭沫若回答，是生命的自然流露。他说：“抒情的文字惟最自然者为最深邃，因为情之为物最是神奇不可思议的天机。”②“文学愈有生命，愈真，愈善，愈美。”郭沫若的文学思想是文学家“自我的表现”的观念和“文学是有节奏的情绪的世界”的观念的结合，分别从创作主体和文学本体两个方面共同阐发了“生命文学”的思想体系。

郭沫若文艺思想的形成，既有中国传统文艺思想的无意识积淀，更有对外来文化艺术的自觉接受。郭沫若留日期间，就创作而言，对他影响较大的是惠特曼诗歌、泰戈尔诗歌、日本“私小说”和德国“狂飙突进”时期的文学作品；就文艺思想来说，对他影响较大的是柏格森的生命哲学、叔本华的唯意志论、弗洛伊德学说以及欧洲浪漫主义和包括唯美主义、象征主义、表现主义、意识流等在内的西方前期现代主义文学思潮，其中影响更为具体、更为深重的是歌德的“主情主义”。

二、开一代诗风的《女神》

《女神》出版之前已有白话新诗集问世，《女神》之后亦有优美的白话新诗集出版，但由现代文学史总体观之，《女神》当之无愧地成为中国旧诗与新诗的分野，这可以从以下几个方面理解：

其一，《女神》给中国新诗带来了大境界。郭沫若写白话新诗，起初来自泰戈尔和泛神论的启示。泛神论是从16世纪起流行于欧洲大陆的一种哲学学说。

---

① 《郭沫若全集》文学编第15卷，人民文学出版社1990年版，第338页。

② 《郭沫若书信集》(上)，中国社会科学出版社1992年版，第58页。

这一学说否认世界上存在超自然的主宰和精神力量，认为宇宙本体即是神，神存在于自然万物之中。泛神论来到刚刚脱离封建政体的中国时对国人观念的冲击，正如它出现在刚刚走出中世纪的欧洲时所产生的影响。由于它具有抗击宗教神学和封建专制的意义，所以不能以它存有与先进世界观的差距否定其历史作用。当时的郭沫若是将其作为诗人最理想的宇宙观来认同泛神论的。泛神论带给郭沫若的，主要不是一种哲学的追问，而是一种宗教式的悟道的冲动，进而是在“道”与“诗”之间的精神漫游。“道”，使郭沫若进入诗的堂奥；“诗”，使郭沫若悟得道的真谛。对于一个优秀的诗人而言，只有对道的发现才能“感受着诗美以上的欢悦”。对“道”的言说就是诗，“道”就是诗的最高境界。从泛神论那里，郭沫若拿来的是哲学，收获的却是诗。如果说他所理解的泛神论具有哲学内涵，那也是一种高扬主体性的人生哲学，更是一种追求物我同一的艺术哲学。接受泛神论以后，郭沫若非但没有成为无处不在的神的奴隶，反而好像获得天启神授一般的自由。这是诗的自由。当诗人把“神”拉到与自己和万物平等的地位，“一切的偶像都在我面前毁破”；当诗人把自我也奉为“神”，“一切自然都是我的表现”，于是郭沫若的诗歌获得了广袤无垠的自我表现世界：“自我”可以气吞日月、志盖寰宇，社会万物可以“不断的毁坏、不断的创造”。这种泛神的宇宙观，也是一种诗性思维方式。它既为郭沫若提供了个人心灵和情感驰骋的空间领地，又为其诗作的运思铺展了自我和万物能够通古达今，能够不断超越、不断更生的时间隧道。这种诗性思维方式，是郭沫若成为一位伟大诗人的重要基础。

《女神》诗化了“五四”的时代精神。时代精神本是理性的抽象观念，它本身是不能直接转化成具体的诗歌作品的。《女神》对“五四”时代精神成功的诗化，是以郭沫若有效地运用了这种泛神的掌握世界的艺术方式为前提的。这一方式把“自我”与表现的对象相沟通，把生命与创造联结在一起，这才使反抗专制的个性解放精神进入《女神》中可以无限张扬的“自我”，才使与传统决裂的叛逆精神化入《女神》中涅槃更生的“凤凰”，才使走向世界的开放精神飞扬在《女神》中“四面的天郊”。

其二，《女神》为中国新诗缔造了新的诗美规范。中国的古典诗歌是中华民族的骄傲。在长期的艺术实践中，中国古代诗人创造并遵从着一套精致的形式体系。这一体系是东方古典式的生活情调、生活方式和审美理想的产物。当国门不得不向世界洞开，“亚细亚的生产方式”和以“和谐”为美的文艺理想也就不得不随之改变。就诗歌而言，中国旧体诗的“外在律”（即讲究平仄、对偶、韵式、句法等规则的以声调为核心的格律体系），已经无法适应现代中国人情绪的自由抒发。早期白话诗人虽然实现了白话入诗并致力于“诗体大解放”的初步尝试，但他们并没有找到从根本上取代旧诗“外在律”体系的新诗的诗美理想和艺术规则。

郭沫若发现并创造了适应现代人思想情感表现的新诗的艺术法规——“内在律”。他说:“诗之精神在其内在的韵律(Intrinsic Rhythm),内在的韵律(或曰无形律)并不是什么平上去入,高下抑扬,强弱长短,宫商徵羽;也并不是甚么双声叠韵,甚么押在句中的韵文!这些都是外在的韵律或有形律(Extraneous Rhythm)。内在的韵律便是‘情绪的自然消涨’。”[1]郭沫若比早期白话诗人的高明之处首先在于,他从一开始关注的就不是白话能否入诗,而是为新诗寻找取代旧诗艺术规范的“诗之精神”。

依照“内在律”创作的《女神》,在意象、想象、节奏等诗体方面,为后世中国新诗树立了成功的艺术典范。由于“内在律”是以情绪表现为核心,所以现代人内在的自由开放情绪就需要与之相吻合的外在的寄托形式。中国古典诗歌中常见的意象如“杏花”、“春雨”、“晨钟”、“暮鼓”、“晓月”、“清风”等难以传达郭沫若的现代诗心。他的《女神》中充满了大量巨大的意象——“太阳”、“地球”、“无限的太平洋’、“雪的喜马拉雅”……这些意象在诗中是强大生命的象征,是宇宙能量的象征,是郭沫若庞大诗心的理想的寄托形式。在它们身上,郭沫若既注入了时代所匮乏的青春与生命热情,又传达出变革中国所需要的“动”之源和“力”之源。

郭沫若充满激情,又善于抒情。他深知“纯粹的感情是不能成为诗的”,要把实情提升为诗情,离不开想象的参与。他的《天狗》就是想象艺术的杰出范例。诗作表现的是扩张自我和破坏旧世界的思想情绪,但诗中并没有说教,丰富的理性意蕴全部隐藏在通过奇特想象所创造的意象中。诗的开头以幻觉让“实我”进入“幻我”——“我是一条天狗呀!……我把全宇宙来吞了……我是全宇宙底Energy底总量!……我的我要爆了!”在这一连串的想象活动中,张扬自我可谓达到极致,青春的热情光彩无比,一切旧的事物荡然无存。正是这丰富神奇的想象的力量,使《女神》提高了新诗的艺术品位,并为现代人自由情绪的抒发插上了宽广的翅膀。

在郭沫若的“内在律”体系中还有一个重要的因素是节奏。在他看来,情绪是诗歌最核心的内容,节奏是传达情绪的最主要的形式。郭沫若认为:“节奏之于诗是它的外形,也是它的生命。”[2]与中国古典诗歌讲究炼字炼句相反,《女神》中每一诗行所独立具有的审美意义是很小的,即使抽出《女神》优秀诗篇中的一两行,也会令人觉得如口号般缺乏诗意。然而,这些“缺乏诗意”的句子经郭沫若的组合,便大放新诗特有的光彩。其中奥秘之一,就是节奏的力量。《女神》中的

---

① 《郭沫若全集》文学编第15卷,人民文学出版社1990年版,第337页。

② 《郭沫若全集》文学编第15卷,人民文学出版社1990年版,第353页。

代表作《凤凰涅槃》以“情绪的自然消涨”结构全诗，形成一曲节奏动人的乐章。从序曲的沉郁、凤歌的愤懑、凰歌的凄婉，直到凤凰同生歌的沸腾激昂，形成了“弱—强—弱—特强”的节奏起伏，把对旧世界的诅咒、对新生的渴望和新生后的欢快逐层次地尽情渲染出来。诗中的节奏形成了新诗特有的宏大气势，是诗人炽热、奔放的青春热情的外化，让读者从中感到生命的力量、自由的力量以及不可阻挡的时代的力量。

自由体新诗不是郭沫若首创，却是在他笔下成熟。他的自由体诗歌对前人的超越，在于他让这一解放了的诗体自由而不随意。他的自由体不受“外在律”的束缚，却受“内在律”的支配；不受理性规范的约束，却受情绪表现的支配。《女神》中的作品篇与篇行数不等，行与行长短不一，但却遵循着有共同的规律——“情绪的自然消涨”。《天狗》中连续出现的“我飞跑”，每行 3 个字，以飞奔的诗行传达自我超越的急切之情；《立在地球边上放号》中的“无限的太平洋提起它全身的力量来要把地球推倒”，多达 21 字，并且故意不加标点停顿，是以海涛般的修辞方式表达对“动”与“力”的颂扬和呼唤。这些就是郭沫若自由而有“体”的诗形的具体表现，并从此引导了近一个世纪中国新诗形体的主流。

《女神》的“内在律”，以庞大有力的意象、丰富奇特的想象、火山爆发般的激情、令人心潮澎湃的节奏和不受外在因素规范的形体，创造了与“五四”时代氛围相契合的宏大的艺术气派。

三、多方位的文学创造

郭沫若在 20 世纪 40 年代曾经坦率地说：“《女神》以后，我已经不再是‘诗人’了”①。事实上，《女神》以后的短短几年里，郭沫若又创作了《星空》、《前茅》、《瓶》、《恢复》等新诗集，只是郭沫若诗歌艺术的高峰已经过去。然而郭沫若在 20 世纪中国的卓越地位不只是作为诗人取得的，而是作为“全能冠军”式的文化巨人奠定的。他在政治领域的重大影响姑且不论，就文化艺术而言，他在文学、考古学、古文字学、历史学、书法等方面几乎无所不能，并且都取得了很高的成就。单就文学来说，他既是中国新诗真正的奠基人，又是现代中国历史剧的拓荒者和成功者。他从作为“五四”文坛一支方面军的领袖起步，终成为继鲁迅之后中国新文化战线上又一面光辉的旗帜。他的文学翻译不仅译著丰硕，而且独创“神韵译”一派。他的文学批评既以“深刻的片面”纠文界之偏，又以“先锋”观念引文坛新潮。在 20 世纪 20 年代前期，他在历史剧、小说和散文创作领域均有独特贡献。

---

① 《郭沫若全集》文学编第 19 卷，人民文学出版社 1992 年版，第 408 页。

在现代中国，郭沫若创作历史剧时间最早，数量最多，影响最大。《女神》和《星空》中历史题材的诗剧，是郭沫若“史”与“剧”结合的最初尝试。他1923年发表的《卓文君》和《王昭君》，在思想上以对旧道德的激烈破坏鼓舞了一代青年，在形式上以历史题材话剧令观众和读者耳目一新。

《卓文君》一洗前人泼在这位“私奔”女人身上“大逆不道”的污水，而赋予她“五四”时代新女性的叛逆性格。通过她对父命的反抗向世间宣告“在家不必从父”。《王昭君》则被郭沫若塑造成“古装的娜拉”，她的自愿下嫁匈奴和怒斥皇帝，树立了“出嫁不必从夫”的标本。这两部剧作与1925年创作的《聂嫈》合集为《三个叛逆的女性》出版。它们以妇女问题为突破口，矛头穿过封建父权、夫权和王权的盾牌，直指中国封建文化的精神支柱——封建伦理。从艺术上来看，这三部剧本都没有摆脱中国历史话剧初创时期的幼稚：历史人物过于现代化，形象几乎成了时代精神单纯的传声筒。但这些作品为20世纪40年代郭沫若历史剧创作达到成熟提供了有益的经验和教训。

20世纪20年代初，郭沫若在创作新诗和历史剧的同时，还发表了一些小说作品。这些小说与郁达夫等人的小说一起形成中国现代小说史上独具特色的主观抒情派文学。此时期郭沫若小说艺术成就最高的作品是《残春》。这部短篇是将弗洛伊德学说应用于中国文学创作的成功尝试，它的成功主要不在于小说中对性与梦关系的表现符合精神分析的理论，而在于作者从人物形象的潜意识中开掘出有一定深度的人性内涵。从艺术上看，这部作品彻底打破了中国小说传统的因果律结构框架，以人物自觉意识和非自觉意识的流动结构全篇，从某种意义上讲，开了中国意识流小说之先河。

第三节　郁达夫与自叙传小说

一、郁达夫及其“自叙传”创作观念

郁达夫，原名郁文，浙江富阳人。1913年到日本留学，1920年开始从事新文学创作。1921年与郭沫若、成仿吾等人一起组建创造社。1922年从日本帝国大学毕业后，回国投身于新文学活动。他的小说创作以其独特的表现内容和艺术个性风靡一时。影响较大的作品有：《沉沦》、《春风沉醉的晚上》、《过去》、《南迁》、《迟桂花》、《薄奠》、《她是一个弱女子》、《茑萝行》、《采石矶》等。

郁达夫谈及自己“对于创作的态度”时，说过一句影响深远的名言：“我觉得

'文学作品,都是作家的自叙传'这一句话,是千真万真的。"①这句话几乎成了郁达夫终生不变的文学观念。郁达夫一生所创作的绝大多数小说作品,都类似于他的"自叙传"。这种"自叙传"的小说创作观念,在以郁达夫为代表的前期创造社作家那里,主要表现为他们把小说创作的重心由客观外部世界向主观内在世界转移。历史的发展也一再证实了这一论断,"自叙传"小说作为中国现代抒情小说的最初形态开始于郁达夫等人。

郁达夫提倡的"自叙传"小说观念具有以下特点:首先,以"自我表现"的文学主张为理论基点,以创作主体的主观心理情绪为中心,淡化了小说文体客观再现的功能,而强化了小说文体主观表现的功能,因此"自叙传"小说首先被视为一种抒情小说。其次,以创作主体为艺术中心,使得这类小说不可避免地带有自传性。即使不是创作者纯粹的自传,也主要是以展示作者自己的生活经历和与人生际遇为主,通过主观自我的表现来揭示客观世界。故而"自叙传"小说又被称为"身边小说"。其三,在"自叙传"文学观念的左右下,郁达夫和前期创造社作家的小说创作,侧重表现主人公的心境,大胆地袒露创作者的灵魂,甚至敢于对自己青春期性心理作露骨的刻画。创造社作家郑伯奇说郁达夫小说是"赤裸裸地将自己暴露出来,有时还要加上一点'伪恶者'的面目。他的大胆的描写,在当时的作者中,是一个惊异"。所以,郁达夫等人的"自叙传"小说还被称为"心境小说"或"自我暴露小说"。其四,"自叙传"小说在小说文体上的另一个突出特点是追求小说创作者、叙述者和作品主人公三者的共在性和同一性。"自叙传"小说要求作品中的一切服从于作者的文化心态指令。多用"第一人称"叙述,或者虽用"第三人称"也主要取材于创作者个人的生活经历和情感经验。塑造与创作者身份和经历相似的人物形象,从而形成创作者、叙述者和作品主人公"三位一体"的形式特征。

郁达夫等人的"自叙传"小说,作为一种小说创作潮流的出现,是这批以留日知识分子为主的作家深受 20 世纪初期日本文坛流行的"私小说"影响的结果。"私"在日文中是"我"的意思,所以有的翻译者将"私小说"译为"自我小说"。"私小说"在创造社前期作家留学日本期间,被日本文坛尊为"纯文学"的正宗。这种抒情化、主观化、心境化的"私小说",既与创造社成员的气质和个性相吻合,又能将他们急于要表现的思想情感对象化;"私小说"的"自叙传"性质,便于将他们青春期自我观察、自我评价和自我体验的自审意识对象化;"私小说"忏悔告白的特征,便于将他们青春期自我认同混乱的矛盾心理对象化;"私小说"的幻灭、颓唐情绪,便于他们将青春期人生选择和爱情追求遭受挫折后的悲观、忧伤情感对象化。所以说,以郁达夫为代表的前期创造社作家们对"私小说"的借鉴,并不是这

① 《郁达夫文集》第 7 卷,花城出版社、生活·读书·新知三联书店香港分店 1983 年版,第 180 页。

种日本小说形式在中国现代文学土壤上的简单移植，而是从内容到形式的创造性的“拿来”。从内容上来看，他们在这种外来小说形式中既融进了作者作为弱国子民的悲剧情感，又契合了他们要表现的青春心态，从而促成了“自叙传”小说在中国文学史上的出现；从形式上来看，这种外来小说形式的影响，既推动了中国现代小说“向内转”的艺术探索，又推动了中国现代抒情小说的诞生。而“自叙传”小说的形态，又决定了郁达夫等人的作品集中表现人物内心世界苦闷和忏悔的特有内容。

二、“性的苦闷”与“生的苦闷”

郭沫若在《论郁达夫》一文中说：“自我暴露，在达夫仿佛是成为一种病态了。”[①]在郁达夫小说中，的确存在着一种病态的创作现象，那就是他笔下人物对他人过分地敌视、对自己过分地苛责、对周围环境过分地敏感、对自己不幸过分地夸大、对自己阴私过分地袒露，这尤其表现在小说中对人物变态性心理的过分关注和饶有兴味的描述上。

《沉沦》是郁达夫的代表作，也是他的成名作。在这部小说中，看不到完整有序的故事情节，也难以概括出集中明确的主题思想，所能读出的只是一颗孤冷、痛悔的心灵。《沉沦》是这样开篇的：

> 他近来觉得孤冷得可怜。
>
> 他的早熟的性情，竟把他挤到与世人绝不相容的境地去，世人与他的中间介在的那一道屏障，愈筑愈高了。

这部作品一反传统小说中常见的对时间、地点、事件和人物身份的介绍，因为作者所关心的不是外部世界，而是人物的内在世界。小说中所塑造的“他”，始终是在一个几乎“与世人绝不相容的境地”里自审、自怜、自卑、自叹、自恼、自戕，以至发展为自杀。

为表现“他”的这个独特的内在世界，作者把小说中的事件都心境化了。在作品中，作者集中描述了三个场面：自慰、窥浴、狎妓。如果郁达夫想靠这些吸引读者，完全可以在细节上大做文章，或让“他在被窝里的犯罪”被人发现，或让“他”与那位洗澡的日本姑娘发生爱情，或详细地描写“他”的嫖娼过程。然而，这些本应曲折、诱人的情节在作品中都被淡化了，作者强化的是事件给予人物心境的影响。“自慰”一场，作者着力于自慰后的恐惧；“窥浴”一场，作者着力于窥浴后的羞愧；“狎妓”一场，作者着力于狎妓后的绝望。作品中所传达的首先不是爱国主义思想，而是人物的“性苦闷”；贯穿于作品中的主要不是故事，而是人物心

---

① 《郭沫若全集》文学编第 20 卷，人民文学出版社 1992 年版，第 322 页。

理和情绪的演变。

以《沉沦》为代表的郁达夫早期小说，几乎每一部都是在诉说中国留日青年学生的“性的苦闷”。这些作品对这种苦闷情感的排泄，越发显示出对中国传统伦理观念的有意对抗。作者所描写的内容，如窥淫、手淫、嫖娼、恋物癖、同性恋……在封建道学家眼里，实在是“大逆不道”。但郁达夫不是以欣赏和玩味态度取悦读者，而是以严肃的态度正视“人”的自然天性，呼吁人类爱情要求的天然合理性。郭沫若说，郁达夫“那大胆的自我暴露，对于深藏在千年万年的背甲里面的士大夫的虚伪，完全是一种暴风雨式的闪击，把一些假道学、假才子们震惊得至于狂怒了。为什么？就因为有这样露骨的直率，使他们感受着作假的困难”。① 郁达夫一反封建社会以“天理”否定“人欲”的人性观，大胆地宣告自然的“人欲”就是符合“天理”的。同时，郁达夫肯定“人欲”却没有以“肉”压倒“灵”，而是试图将“肉”升华到与“灵”的谐和。若与张资平等人的小说对比，这种倾向就更为明显。

郁达夫从日本回国以后，小说创作的内容发生了较大的变化。从“性的苦闷”转向了对“生的苦闷”的表现，这时期其代表作是《春风沉醉的晚上》。这篇小说描述了留学生“我”归国后的所遇和所感。“因为失业的结果”，“我”只好住进了贫民窟，与烟厂女工陈二妹相邻而居，并且得到过陈二妹的帮助。会多种外文的“我”却找不到工作，只能翻译一些英法的小诗和德国的短篇小说，希望能得到几块钱的稿酬。而寄来的稿费却被陈二妹误以为“我”在外面有不轨行为，便真诚地劝说。作品以主人公与陈二妹的关系为叙述线索，开端于二人的相识，二人的交流是情节的发展，陈对“我”的误会使小说达到高潮，误会的消除和二人情感的加深结束了故事。这篇小说虽然比他早期的作品增强了故事性和情节的完整性，但是贯穿小说全局的却主要不是描绘这种友情本身，更不是主要塑造陈二妹作为产业工人的形象，而是在二人的交往中逐层次地刻画主人公“我”的“生的苦闷”。在作品的开端部分，介绍了“我”由于失业不得不一次次搬家，从“永远也没有太阳晒着的自由的监房”到“一家相识的栈房”，再到贫民窟“矮小得不堪”的“一间小小的房间”。进而，通过与陈二妹的接触，写出了“我”“因为失眠和营养不良的结果”所造成的“病的状态”，以及“唯一的财产”“一件棉袍子已经破得不堪”，白天不能外出；而“每年在春夏之交要发的神经衰弱的重症……使我变成半狂”。作品中的这一部分进一步描写了贫病交加所带给“我”的苦闷。在高潮部分，作者既刻画出陈二妹善良、纯洁的心灵，又反衬出“我”的自卑：“我现在的境遇，可是还赶她不上，她是不想做工而工作要强迫她做，我是想找一点工作，终于

① 《郭沫若全集》文学编第 20 卷，人民出版社 1992 年版，第 322 页。

找不到。"以此完成了郁达夫对于当时的青年知识者找不到自己的人生位置的心灵解剖。

以 1927 年发表的《过去》为标志，郁达夫的小说创作再次出现从内容到风格的转变。虽然还是面对"灵与肉"冲突的题材，但作者的理性抑制了作品主人公的情欲，达到灵魂净化的境界。应当指出的是，此时的郁达夫充满人到中年的感怀，主人公的青春和作者此前充溢着青春激情的小说都已成为过去，但郁达夫对"自叙传"小说的创作追求仍没有改变。

三、独树一帜的艺术个性

"五四"文坛上，最有影响力的文学作品出自三位最富个性的作家之手：一位是强韧的理性最能穿透国人魂魄的鲁迅，一位是昂扬的情感最能鼓动进取者的郭沫若，再一位就是最能把自己心灵中的一切告白于天下的郁达夫。

郁达夫一登上新文坛，就以他小说作品所创造的"完全特殊的世界"，"吹醒了当时的无数青年的心"。在这个"完全特殊的世界"里，有这个"特殊"作家独特的题材、独特的人物、独特的叙述方式和抒情方式，它们共同组成了郁达夫独特的艺术个性。尽管在此后二十多年的创作生涯里，他的文学主张几经变化，但他对创作的艺术个性却是坚守如一的。

其一，独特的题材。郁达夫小说题材的独特性，不仅在于它取材于域外留学生生活，更在于它侧重于刻画青年人的青春期心理，尤其是展示青春期的性心理活动。

文学家的艺术个性，首先来自于他观察生活、摄取素材的独特视角。越是成熟的作家，越会选取容易打下自我烙印的题材领域和表现视角。郁达夫说："人生从十八九到二十岁，总是要经过一个浪漫的抒情时代的，当这时候，就是不会说话的哑鸟，尚且要放开喉咙来歌唱，何况感情丰富的人类呢？"① 的确，青春期、特别是青春时代的爱情凝聚了人类感情的各种丰富性，作为作家的郁达夫对此更为敏感。加之他在与人交往上相对封闭，使他创作之初对人生的体验更多地集中在对异性爱的早期体验和想象之中。由于得不到正常的爱情，并且屡屡受到日本女性对他"支那人"身份的歧视，他对性的体验和想象更多地演化为他小说中的手淫、恋物癖、同性恋等变态性活动。这些活动在他的小说中，诚然对读者有一定的消极作用，但是对突出他笔下人物内心深处的极端矛盾和感情的极端痛苦，又起到了其他题材难以起到的作用。郁达夫把"灵与肉"的冲突写出了空前的深度，让国人第一次听到了青春期心灵最深处的声音，使中国传统的"压抑性文化"受到了前所未有的挑战。

---

① 《郁达夫文集》第 7 卷，花城出版社、生活·读书·新知三联书店香港分店 1983 年版，第 250 页。

其二，独特的人物。郁达夫小说人物塑造的独特性，是他独创的那一个个“零余者”形象。郁达夫说：“五四运动的最大的成功，第一要算‘个人’的发见。”[①]然而，这一成功是以付出了发现者的孤独作为沉重代价的。五四时期最富有个性的新文化人，同时也是最孤独的知识者，而最有影响的孤独的文学形象又是出自他们的笔下。鲁迅小说塑造的孤独者形象，充满作者作为思想家的理性内涵，是要唤醒沉睡者而无人呼应的先觉者的孤独；郁达夫小说塑造的“零余者”形象，则充满作者作为艺术家的情感内涵，是需要感情慰藉而不得的多情游子的孤独。他们在时代的感召下发现了自我，但无力“忠实地守住这自我，彻底地主张下去，扩充下去”。西方现代的思想文化观念已使他们在理性的领域里成为独立的“自我”，而他们在情感和艺术的领域里却只能寻到“零余者”的位置。

正如郁达夫常说自己是“自卑狂”，他所塑造的“零余者”形象也多是自卑症患者。这些形象往往过分自贱自卑。爱情对于自卑者十分重要，他们无论是付出爱还是获得爱，都能缓解或平衡自己的病态心理。可是当追求爱情的时候，这些“零余者”不是展示自己的优长去赢得爱情，而是有意无意地通过贬低、折磨和摧残自己的言行以乞求对方的怜悯，或者借助于其他手段（往往是酒）获取某种暂时的或虚幻的心理平衡。他们不是“独战多数”的积极进取的孤独者，而是试图缩小自我、麻痹自我的消极的孤独者，这些人物也就注定无法摆脱自己的悲剧命运。

如果说，鲁迅塑造孤独者形象更多的是通过他们以解剖其对立面——庸众们的国民劣根性，那么郁达夫塑造“零余者”形象则是解剖“先天不足”的青年知识者自身。

其三，独特的表现形态。郁达夫小说的艺术个性还体现在作品独特的表现形态中。以郁达夫作品为代表的前期创造社小说，为中国现代文学创造了一种独特的小说艺术模式——心理情绪模式。这种小说艺术创作模式空前地突出了文学创作的主体性，把小说创作的重心移向了创作主体和对象主体的“内宇宙”。它不注重在小说中构建完整有序的故事，也不太关注作品中事件与事件之间的因果联系，而主要是以创作者或作品中人物的心理演变和情感流动来编织情节。作品的思想意义是借助于人物的心理和情绪体现出来的，如郁达夫早期小说在主人公心理和情绪的演变中，传达出自我的发现、性爱意识的觉醒和作为弱国子民的悲愤等理性内容。从功能来看，这种小说艺术模式所产生的客观再现的理性能量大大小于它的主观表现的情感能量。

小说抒情功能的加强，必然带来叙事功能的削弱。而叙事功能的削弱，又很容易导致小说文体特征的变异。从文体特征来看，郁达夫的“自叙传”小说正是

---

① 《郁达夫文集》第 6 卷，花城出版社、生活·读书·新知三联书店香港分店 1983 年版，第 261 页。

由于注重了抒情性，而导致形式上的散文化特点，即重视人物心境描摹而相对忽视统摄全篇的情节设计；重视主观抒情而相对忽视客观叙事；重视创作者与叙述者之间的同一性而相对忽视二者之间应有的叙述张力；重视人物心理发展的连贯性而相对忽视人物行为发展的逻辑性。此外，还有叙述视点过于随意，不太讲究结构章法等。这一切，造成了郁达夫小说缺乏故事的生动性。然而，以此为代价换来的是小说中的情感力度和人性表现深度的大大增值。

本章阅读书目：

黄侯兴主编：《创造社丛书》学苑出版社 1991 年版。

《郭沫若全集》“文学编”第 1 卷，人民文学出版社 1992 年版。

《郁达夫文集》第 1 卷，花城出版社 1982 年版。

本章参考文献：

饶鸿兢等编：《创造社资料》，福建人民出版社 1985 年版。

黄侯兴主编：《创造社丛书》，学苑出版社 1991 年版。

朱寿桐：《情绪：创造社的诗学宇宙》，上海文艺出版社 1991 年版。

魏建：《创造与选择》，百花文艺出版社 1995 年版。

本章思考题：

1. 创造社文学对五四文学精神有哪些发展？
2. 为什么说《女神》开一代诗风？
3. 简述郁达夫小说的独特性。

第七章　武 侠 小 说

第一节　民国武侠小说

武侠小说是指以武侠为题材、以侠客义士为主角、以颂扬侠义精神为主旨的文学作品。在中国，真正被明确标示为“武侠小说”的作品，是林纾发表于 1915 年 12 月《小说大观》第三期的文言短篇小说《傅眉史》。虽然从严格意义上说，林纾的武侠作品还不是真正的武侠小说，但却开了民国武侠小说的先河。从此，武侠小说真正取代了“侠义小说”、“侠情小说”、“尚武小说”、“任侠小说”等名词，并作为一种独立的小说类型在中国现代文学的土壤中生根发芽、开花结果。

一、民国武侠小说发展概况

民国武侠小说上承清代侠义公案小说，下启港台新派武侠小说，在中国武侠小说史乃至现代文学史上具有重要地位。它并非清代侠义公案小说的余续，而是在近代以来，我国屡挫于西方列强，有识之士期望继承和弘扬中华民族的尚武任侠精神，在抵御外侮中重振民族雄风，在文化反思中重建民族自尊和自信，积极探求新民强国之路的背景下产生的。从林纾的《傅眉史》到平江不肖生的《近代侠义英雄传》，从文公直的《碧血丹心大侠传》到还珠楼主的《蜀山剑侠传》，都在一定程度上体现了这种尚武任侠精神和御侮自强的强烈愿望与决心，以及超越有限生命、追求精神自由的价值取向。

民国武侠小说创作的发展历程，可以分为三个阶段或前后两期：1912—1922 年为萌芽阶段，1923—1931 年为繁荣阶段，1932—1949 年为成熟阶段。其中，可以把萌芽阶段和繁荣阶段视为前期，把成熟阶段视为后期。

民国武侠小说创作的萌芽阶段的代表性作家和作品有林纾《傅眉史》、叶小凤《古戍寒笳记》、陈冷血《侠客谈》、苏曼殊《焚剑记》、孙玉声《仙侠五花剑》等。这些作者多为当时社会的先进分子，如叶小凤为革命党人，陈冷血和孙玉声是名记者，林纾和苏曼殊为著名作家。小说文本政治意识、宗教意识强烈，多蕴涵反抗列强、尚武爱国、讴歌反清革命等进步思想，情绪张扬踔厉、慷慨激昂，少数作品已具有个性主义的萌芽(如《焚剑记》)。在体式上,多数采用唐传奇笔调和文言笔记形式,少数作品学习借鉴了西方笔法(如《侠客谈》)。

民国武侠小说创作的繁荣阶段是民国武侠小说发展前期的重要阶段。1922年,《红杂志》创刊,次年《侦探世界》创刊,从《红杂志》第22期和《侦探世界》创刊号起,分别开始连载平江不肖生的《江湖奇侠传》和《近代侠义英雄传》。1923年,平江不肖生的《江湖奇侠传》掀起了中国现代文学史上的第一波"武侠热",揭开了20世纪中国武侠小说大繁荣的序幕。经过繁荣发展,逐渐形成了以上海为中心的"南派"及以京津为中心的"北派"两大武侠小说创作基本流派。20世纪20年代,武侠小说创作形成了"南向北赵"竞相发展、共存并荣的格局,并出现了著名的"前五家"。"南向"即上海的向恺然,就是平江不肖生,"北赵"即河北的赵焕亭;他们分别从民俗和历史的角度创作武侠小说,成为民国武侠小说南北两派的代表人物。"前五家"是指民国武侠小说发展前期出现的南北两派五位代表作家,包括平江不肖生、赵焕亭、姚民哀、顾明道和文公直。其中,除了赵焕亭是北派作家外,其他四位都是南派作家。

民国武侠小说发展到后期进入成熟阶段。在20世纪30年代,平江不肖生的《江湖奇侠传》影响深远,顾明道、姚民哀等则不断求新求变。而北派经过赵焕亭的过渡,以1932年还珠楼主《蜀山剑侠传》横空出世为标志,开启了民国武侠小说创作又一个发展高潮。一直到20世纪40年代,南北两派交相辉映,不但真正形成了现代意义上的中国武侠小说,而且在北京、天津一带先后出现了"北派五大家",也称"后五家",从而把民国武侠小说发展推向成熟的顶峰。

二、民国武侠小说的现代性特征

民国武侠小说作为近现代通俗文学的一种类型,也是在清末民初大都市工商业发展和市场经济繁荣的基础上逐渐滋长繁盛的。在内容上以传统文化心理机制为核心,在形式上继承中国古代小说的传统艺术模式并有所革新,在功能上侧重于知识性、可读性、娱乐性和趣味性,并兼及惩恶劝善的载道传统,符合民族传统审美习惯,成为一种以广大市民阶层为主要阅读群体,反映他们的世界观、人生观和价值观的具有商品经济属性的文学形式。在以启蒙、革命、救亡和翻身为时代主题的中国近现代历史时期,民国武侠小说与新文学形成一种对峙关系,作为新文学的对立物而受到批判,同时它不断调整自己的发展方向,向新文学借鉴和吸收思想资源与艺术营养,积极探寻一种对话的可能。在雅俗对峙与对话的整体文学格局中,民国武侠小说不断求新、求变、求突破,取得了较高的成就。

相较于萌芽阶段的武侠小说创作而言,繁荣阶段"前五家"和成熟阶段"后五家"的武侠小说呈现出鲜明的现代性特征,这主要体现在以下几个方面:

作者在对“侠”的理解和阐释上，融入了现代意识。首先，把“义”提升到民族大义的高度来彰显人物的崇高精神和高贵品格，武侠的民族主义精神得到了张扬。同时表现侠客义士和武侠社会在现代社会的生存困境，侠义世界在某种程度上能够弥补现实世界的不足，但在真正展示侠义世界的时候，武侠小说似乎面临尴尬的处境，理想的江湖世界毕竟是带有乌托邦色彩的人间幻境，侠陷入越来越孤独无助的境地。其次，以侠义世界来映衬现实，更向文化深层延伸，带有象征、隐喻性质，增强了揭露现实、批判现实的艺术力量。再次，把侠的人格塑造和对自由境界的追寻相结合，开掘超越有限生命、追求自由永恒的生命意识，肯定现代人的抗争、反省、搏击、进取的理性精神，肯定现代人道主义思想的价值，注重人性的复杂性。

在人物塑造方面，已基本摆脱了清代侠义公案小说的框架，赋予侠客人格独立和精神自由的个性特征，不再做清官的忠实奴仆，从而使民国武侠小说取得了独立的品格。

在体式上，保留了“说书”等传统的故事讲述模式，但将传统章回体式置于可有可无的地位。同时注重章回体的内在改造，主要表现为叙述人称变化多端，描写能力不断加强，大量运用以人物为中心来结构故事的手法。

综上所述，“前五家”和“后五家”在民国文坛上创造了不朽的辉煌。但进入20世纪40年代后期，由于政治气候的急剧变化武侠小说创作逐渐衰落。到1949年后，随着武侠小说被明令禁止出版，武侠小说创作也彻底陷入沉寂。

第二节 “前五家”

“前五家”是指民国武侠小说发展前期出现的南北两派五位代表作家，包括平江不肖生、赵焕亭、姚民哀、顾明道和文公直。其中，赵焕亭是北派作家，其他四位都是南派作家。在“前五家”中，平江不肖生与赵焕亭号称“南向北赵”，他们一起揭开了20世纪中国武侠小说大繁荣的序幕，是南北两派的代表人物。

一、平江不肖生与《江湖奇侠传》

平江不肖生原名向恺然，字凯元，笔名不肖生。生于湖南湘潭，因祖籍湖南平江，故署名“平江不肖生”，是民国武侠小说的奠基人。

他出生于一个富裕家庭，其祖父靠经营伞店发家，父亲向碧泉是晚清秀才，在乡里间颇富文名。平江不肖生自幼随父攻读，修习八股，曾考进长沙高等实业学堂。因为积极参与学生运动而被开除学籍，随后他自费到日本留学。讨袁失败后，他再度赴日，结交了武术名家王润生，精心钻研中华武术。同时，他关注日本社会风俗，并留意亡命于日本的中国人之生存百态，曾根据其留日见闻，创作了长篇小说《留东外史》，揭露抨击亡命日本的中国人的道德堕落，成为中国留学生文学的先驱。

平江不肖生既热爱武术，又精通文学，以创作武侠小说驰名。可以说，他是民国武侠小说作家中真正精通武术的人。平江不肖生在留日期间，既受到日本革新气息的鼓舞，又深感中华民族国力孱弱、民气不振，因此，武侠小说就成为他抒发情志的首选文学类型。

1922 年，平江不肖生应上海世界书局之约，开始专心从事武侠小说创作。他的武侠小说成名作《江湖奇侠传》于 1923 年 1 月开始在《红杂志》第 22 期上连载，全书共 160 回，前 106 回为平江不肖生撰写，由于中途回湘，从第 107 回开始由杂志编者赵苕狂以“走肖生”笔名续写完毕。平江不肖生因创作《留东外史》而在文坛崭露头角，但使他得享盛名的却是武侠小说《江湖奇侠传》。

《江湖奇侠传》是中国第一部叙写江湖帮派、门户之争的现代长篇武侠小说。它以湖南平江、浏阳两地农民争夺交界地赵家坪之归属问题引起械斗为主线，引出昆仑派、崆峒派之间剑侠争雄的故事。

小说的江湖味很浓，把武侠世界和民间亚社会相结合，融入许多湖南的乡风民俗、民间传说以及野史，如湘阴、长沙的调龙灯，以叫花背米袋多少来划分等级的习俗，清末四大奇案之一的“张汶祥刺马”和民间传说“火烧红莲寺”等。从而使故事情节离奇曲折、生动有趣。小说先写柳迟的传奇身世，他出身奇特，长大后又喜欢与乞丐为伍，恰遇笑道人，牵出红姑等侠义人物。后来他拜金罗汉吕宣良为师，作者又把故事转移到向乐山身上，接着又转移到杨继新身上。就这样层层铺陈，使故事发展步步推进、环环相扣。作者善于把许多奇人奇事有机联系起来，使每个故事都有惊险和离奇之处，显得不枝不蔓，起伏有序。人物塑造个性鲜明，如柳迟深沉稳健、坚守信念，向乐山仗义勇为、豪气干云，陆小青有情有义，杨继新则一副书生呆气。

另一方面，《江湖奇侠传》将武侠小说加以神魔化。书中的武打场面大类神魔小说，有飞剑和法宝，存在不少迷信描写。如作者写崆峒派董禄堂与昆仑派吕宣良交手时，打出两颗金丹，用金光紧紧罩住吕宣良。而吕宣良则用双鹰破了他的魔法，那只大鹰衔去了董禄堂的左眼珠。最后吕宣良居然治好了董禄堂的瞎眼。还有蓝辛石烧符压王鬼，邓法官死后诛树妖等均为不经之谈。《江湖奇侠传》的武技设计，可分为七个方面：一是辟谷导气，防身拳术；二是降龙伏虎，役鬼驱神，所谓学道的看家本领；三是法术类的呼风唤雨，倒海移山；四是奇门遁甲，诸般变化；五是飞剑杀人，吐气殪敌；六是驾云御风，烧鼎炼丹；七是养性修心，脱胎换骨……这些情节，除第一种还属于拳棒技击的武艺外，其余都属于神魔色彩的“怪力乱神”。但这在小说中是完全允许的，因为作者塑造的本来就是一个超现实的想象中的“世界”。它们是为不肖生的“奇”字服务的。①

《江湖奇侠传》在叙写湖南平江、浏阳两地农民械斗和昆仑、崆峒两派剑侠争雄事件上，虽然故事情节起伏有序，但由于铺展的枝节过多，造成人物出场犹如跑龙套。比较起来，倒不如“张汶祥刺马”与“火烧红莲寺”这两个故事显得有头有尾、生动有趣而又错落有致。前者主要写张汶祥曾拜无垢和尚为师，性格豪爽，武功高超，是四川一带私盐贩子的首领。与郑时、施星标结拜为兄弟，后来他们想金盆洗手，恰巧抓住知府马心仪，马心仪出于无奈与张汶祥结为兄弟。后来马心仪升官，张等三人前去投奔。施星标当了巡捕，郑时、张汶祥娶了柳氏姐妹为妻。不料，马心仪垂涎柳氏姐妹的美色，动了非分之想。马心仪诱奸得手，又诛杀郑时。张汶祥发誓报仇，最终行刺成功。“火烧红莲寺”的故事主要写陆小青发现寺中机关遇险，所幸被柳迟所救，卜巡抚也误入红莲寺，方知道貌岸然的智圆和尚原来无法无天，柳迟奉师父吕宣良之命破了这个案子，最后卜巡抚发令举火焚烧红莲寺。后来“火烧红莲寺”被改编成电影，由当时著名影星胡蝶主演，引起了强烈反响。就连一向对武侠小说持批判乃至全盘否定态度的茅盾，在目睹盛况后所撰《封建的小市民文艺》一文中，也不得不如此描述道：

> 《火烧红莲寺》对于小市民层的魔力之大，只要你一到那开映这影片的影戏院内就可以看到。叫好，拍掌，在那些影戏院里是不禁的；从头到尾，你是在狂热的包围中，而每逢影片中剑侠放飞剑互相斗争的时候，看客们的狂呼就同作战一般。他们对红姑的飞降而喝彩，并不是因为那红姑是女明星胡蝶所扮演，而是因为那红姑是一个女剑侠，是《火烧红莲寺》的中心人物；他们对于影片的批评从来不会是某某明星扮演某某角色的表情哪样好哪样坏，他们是批评昆仑派如何，崆峒派如何的！在他们，影戏不复是“戏”，而是真实！如果说国产影片而有对于广大的群众感情起作用的，那就得首推《火烧红莲寺》了。②

这只是根据其中的一个故事所改编电影而产生的影响，作为小说《江湖奇侠传》本身而言，它在当年所引起的轰动更是巨大。茅盾指出：“一九三〇年，中国的‘武侠小说’盛极一时。自《江湖奇侠传》以下，摹仿因袭的武侠小说，少说也有百来种罢。”③徐文滢认为：“最著名的《江湖奇侠传》(即《火烧红莲寺》)几乎是妇

---

① 范伯群：《中国现代通俗文学史》(插图本)，北京大学出版社 2007 年版，第 295～296 页。

② 沈雁冰：《封建的小市民文艺》，《东方杂志》1933 年 2 月 1 日第 30 卷第 3 号。

③ 沈雁冰：《封建的小市民文艺》，《东方杂志》1933 年 2 月 1 日第 30 卷第 3 号。

孺皆知的，这广大的势力和影响可以叫努力了二十余年的新文艺气沮。”①从晚清到民初十余年间，中国通俗小说几经变化，公案小说和谴责小说的热潮逐渐降温，哀情小说持续不久已遭人嫌，此时平江不肖生将充满地域特色的乡风民俗、民间传说和乡间野史引入武侠创作，赋予侠客义士以独立人格和自由精神，张扬民族文化的刚强凌厉之气，使民国武侠小说取得了独立的品格，给当时文坛吹入一股清新健进之风，其引起轰动效应实乃情理中事。

当然，《江湖奇侠传》也存在许多缺陷。从思想上看，充满了浓重的“天命观”和“宿命论”色彩。小说继承了传统小说中游侠、剑仙在两界之间自由穿行的仙道文化心理，但却时时以“命运”、“缘法”、“来历”、“因果”为“奇”字助阵，来解释人物命运的发展逻辑。如小说中许多人物的命运展开以后，往往出现该死的不死、不该死的却死了等结局。对前者，平江不肖生解释道：此人“命不该绝”、“死期未到”；对后者则说：因他“恶贯满盈”才丧命。诸如此类，显示了“人力”是徒劳的，只有天命才是唯一的动力。在艺术上，由于小说在连载中信马由缰，对作品的结构章法顾及不够，致使作品稍嫌散漫，有时为了某个人物的来历，就抛开正在发展的情节主线，写了大量的旁文，顾此失彼。

从整体上看，平江不肖生的武侠小说创作没能形成完善的神魔武侠小说或技击武侠小说的风格形态。他毕竟是一位从晚清到民国过渡阶段的作家，对此不能苛求。可贵的是，他不仅会写武侠小说，而且精通武术、会武功，有着深厚的武学理论功底。他把武功分为“内家”和“外家”，也就是现在所说的“内功”和“外功”，强调“内功”的重要性，这在古代侠义小说中是没有的。他的许多武学理论思想被后世武侠小说所继承并发扬光大，堪称现代武学理论的开创者。平江不肖生在民国武侠小说史上属于奠基立业的先行者，真正为武侠小说开立门户，施泽于后人。正是《江湖奇侠传》引起的巨大轰动，才吸引了更多读者关注武侠小说，推动报刊经营者、书店出版商和电影制作者竞相搜求武侠小说，从而带来武侠文化市场的繁荣局面。后起的还珠楼主、白羽、郑证因、王度庐、朱贞木等都是在这种风气之下，受报刊之约才开始从事武侠小说创作的，而他们的作品或多或少均受到平江不肖生的影响。从这个意义上说，平江不肖生作为民国武侠小说的开山鼻祖，当之无愧。

二、赵焕亭与《奇侠精忠全传》

赵焕亭，原名绂章，河北玉田人。他生于一个正白旗汉军官宦之家，其父曾任知县，也曾经做过贡院的小官，家境并不富裕。赵焕亭少学文史，打下了比较

① 徐文滢：《民国以来的章回小说》，《万象》第6期，1941年12月1日。

扎实的古文功底，擅长写文言笔记小说，曾赴京参加过科举考试。民国建立后，其双亲先后辞世，他的生活境况逐渐陷入穷困，不得不卖文度日。赵焕亭是一位职业作家，从事小说创作前后达三十多年。1911 年，他就曾为上海商务印书馆创办的《小说月报》写过短篇小说。1915 年《小说海》创刊，他又曾在第十一号上发表短篇小说《铜驼恨》。进入 20 世纪 20 年代后，他的长篇武侠小说在天津《益世报》上陆续连载，《英雄走国记》和《大侠殷一官轶事》等先后均由益世报馆集为单行本出版。30 年代，他在上海《明星日报》连载《侠骨红妆》，在《小晨报》连载《鸿燕恩仇录》。1939 年，赵焕亭为《新天津画报》创作长篇武侠小说《白莲剑影记》，连载到 1942 年中断。他最著名的武侠小说是《奇侠精忠全传》，正集八册出版于 1923—1925 年，续集八册出版于 1926—1927 年，恰好与平江不肖生的代表作《江湖奇侠传》同时问世。

赵焕亭是一介书生，不会武功，但他懂得武学理论。他和平江不肖生一样，重视“内功”的基础作用。他把“内功”称为“罡气”，强调人只有加强内在的修为才能够获得“外功”的基础。更重要的是，他把这些搏击修炼之术进行了归纳总结，统一命名为“武功”。与武术、中国功夫相比较，“武功”的外延更为宽广、内涵更为深厚。和平江不肖生一样，赵焕亭对武侠小说这一文类的“武”、“侠”两个支点的理论建构和创作实践，有筚路蓝缕之功。自此之后，武侠小说创作除了内在的精神诉求——“侠义”之外，也具备了统一的外在表现形式——武功，从而构筑了后世武侠小说创作的基本框架。

《奇侠精忠全传》全书共 218 回，135 万字。小说一开始从主人公们的降生写起，还用一个带有神话色彩的故事来写两杨侯（杨遇春、杨逢春）的异禀来历。尤其是杨遇春，由于多吃了岁久通灵的深山肉芝，不仅智慧大增，而且力大无穷，这为他日后的智勇绝伦作了铺垫；后来他又在一个神秘山洞中得到了一部兵书《玉真玄女兵法秘笈》，被识得此书朱篆文字的道人葛玄一视作珍宝，于是答应留在他们蛟腾村设馆授徒。葛玄一共收了四个学生，分别是杨遇春、杨逢春、于益和冷田禄。他们四人在童年时代都个性鲜明，长大后各行其道。他们的命运沉浮、恩爱情仇共同支撑着这部长篇武侠小说的情节发展。杨氏兄弟刻苦学艺，练成绝技，侠肝义胆，精忠报国，在平定苗疆叛乱和镇压白莲教起义中屡建奇功，受到朝廷封赏。在第 218 回的大团圆结局中，杨遇春等再平回疆叛乱，受赏封侯；逝世后，被皇上赐谥忠武。同门师兄弟冷田禄却是好色之徒，在家乡因奸杀人，弃家逃到京城投奔杨遇春。在平苗胜利班师回朝时，冷田禄把俘虏的苗女偷带在军中淫乐，杨遇春等发现后将苗女处死。冷田禄弃义不顾，割袍断交，离开杨遇春去寻找表妹田红英。田红英是白莲教主朱仙娘的正式接班人，不断扩张邪教势力，野心勃勃地想登位称帝，二人在朝廷平定教乱中不得善终。于益在朝廷平乱中跟随杨遇春大显身手，却无意功名而入山为道。

赵焕亭是个编故事的能手，小说的故事情节处处摄人心魄，再加上鲜活灵动的说书人口吻和上乘的古文诗词功底，使得此书在当时就十分畅销，引起轰动。《奇侠精忠全传》的缺点在于：思想上将报国与忠君连在一起，侠士最后成为统治阶级的鹰犬，缺乏独立的人格，有清代侠义公案小说的余续之嫌。同时，小说结构上显得有些拖沓粗疏。

三、姚民哀与会党武侠小说

姚民哀，原名朕，字肖尧，江苏常熟人。民国时期著名报人，南社成员。他生于一个说书艺人家庭，9 岁时随其父在江浙一带的乡镇间流动演出，奔走于江湖，熟悉江湖帮会的特殊术语和生活风习，歆羡帮会中人的见义勇为、患难与共、意志坚强。长大后投身其中，先后参加了陶成章的光复会和陈其美的中华革命党等组织。辛亥革命爆发后，他曾加入敢死队与清军作战。民国建立后，他一面重操说书旧业，一面编辑报刊并从事小说创作。姚民哀善于将武侠和会党（帮会、党派）融为一体，形成风格独特的会党武侠小说。其武侠小说作品主要有《山东响马传》、《四海群龙记》、《箬帽山王》等，都充满了浓厚的江湖帮会色彩。

《山东响马传》是姚民哀 1923 年创作的第一部长篇武侠小说，取材于发生在山东临城（今枣庄市薛城区）的“孙美瑶临城劫车案”，这是当时震惊世界的大劫案。在这个震惊中外的民国第一案发生了 3 个月之后，姚民哀抓住时机在《侦探世界》上连载了以这次大劫案为背景的《山东响马传》。小说以车夫“赶脚史”口述抱犊崮匪部的内情作引线，为孙美瑶等绿林豪杰树碑立传，把他们写成罗宾汉一样的人物。《四海群龙记》则以倒叙手法来结构故事，讲的是清末镇江一位帮会首领姜伯先行侠仗义，喜好结交天下义士，颇有孟尝遗风。他曾留学东瀛，文武兼备。回国后痛感官场腐败、社会黑暗，于是毅然组织革命团体“三不社”，私蓄军火，招募志士，劫富济贫，惩恶扬善。后遭人暗算，被官府正法。他的朋友闵伟如联络四方帮会首领，齐心协力为姜伯先复仇。小说《箬帽山王》是《四海群龙记》的续编，另起炉灶，单独成篇，以“四海群龙队中的一条大龙”杨龙海为主角，写了“箬帽山王”组党结社的故事。

姚民哀的会党武侠小说对帮会聚众、江湖内幕及江湖黑话与口诀等，写得栩栩如生、历历在目。书中对武打场面描写，虽然怪异却近乎真实，文笔冷峻流畅，可读性较强。他之所以会受读者欢迎，主要在于他创造性地将武侠与会党两种题材结缘，加上他与革命党人曾有一段生死与共的历史，使得他的小说张扬着一种反抗意志和叛逆精神，而且体现出一种关注民生、同情下层社会的民间立场。但其小说的武侠味不是很浓，对于帮会知识的某些细节描写如报流水账，给人以卖弄之感。

四、顾明道与《荒江女侠》

顾明道，原名景程，别署正谊斋主、石破天惊室主，又号虎头书生，江苏苏州人。8岁丧父，自幼体弱，求学时，因膝部患骨结核而致残，不得不靠拄拐行走。他曾入教会所办的苏州名校振声中学学习，因成绩优异，毕业后留校任教。他是一个基督教徒，曾受过洗礼。1922年，范烟桥移居苏州，会同赵眠云、郑逸梅、顾明道等人组织"星社"，顾明道由此结识了一批文友。抗战时期，他举家移居上海，陷入贫病交加的困境。他一生以教书为业，到上海后，为生计而一面写作，一面自办补习学校，直到病重才停办。

顾明道的一生可谓才高、命蹇、情真、志坚。在做人上，他是一位正直、爱国的知识分子，"一·二八"事变后，他愤然创作了《国难家仇》、《为谁牺牲》等抗争小说。在创作上，他受到平江不肖生等人的武侠小说影响，从1923年开始在《侦探世界》杂志上发表武侠小说。1929年，应《新闻报·快活林》主编、也是星社文友严独鹤之约，在《快活林》上连载其长篇武侠小说《荒江女侠》，到1940年写毕。此作一经问世，便蜚声文坛。

《荒江女侠》共91回，120万字。顾明道最初创作的是言情小说，1922年出版的早期作品《啼鹃录》等多为婚恋哀情题材。1929年后陆续发表的长篇悲情小说《美人碧血记》、《红蚕织恨记》、《哀鹣记》等，或取材于历史，或取材于现实，里面已经存在侠客的影子。由于顾明道是由言情小说而进入武侠创作的，这使《荒江女侠》兼具侠情之长，开现代言情武侠小说之先河。小说写女侠方玉琴为报父仇，上昆仑山拜师学艺，苦练武功剑术，艺成下山，在寻找仇人的过程中，得到从未谋面的同门师兄岳剑秋相助。两人一见钟情，从此形影相随，戮力同心，纵横江湖，行侠仗义，除暴安良，构成了"剑"胆"琴"心相偕联手、惩恶扬善的基本故事框架；中间铺叙男女侠客之间的误会、磨合和武林各派之间的恩怨情仇，为写情创造了条件；又以反抗清廷统治为一大关节，使得故事情节更加多彩多姿。小说采用了此前武侠小说从来没有的第一人称限定叙事，使得靠想象构成的武侠世界呈现出真实可信的审美风貌，这给后世武侠小说提供了可资借鉴的艺术资源。但由于缺乏武术知识，作者在设计武打场面和技巧套路时，显得不够真实、生动。同时小说结构松散，"多脂粉气"，这些都成为小说的缺陷。

五、文公直与"碧血丹心"系列

文公直，号萍水若翁，江西萍乡人。生于官宦世家，其母博通经史，对他影响颇深。他自幼好学，打下了扎实的古学基础。13岁离家北上，考入军校。军校毕业后，血气方刚的文公直参加过讨袁、护法等斗争，追随孙中山投身革命，成为同盟会会员。后来为形势所迫而弃武从文，受聘为《太平洋午报》编辑。在编报之余，他致力于武侠小说创作。

文公直善于把武侠和历史相结合，以某个真实的历史事件为背景，在其中渲染或虚构侠客们的活动，形成独特的历史武侠小说。他的代表作是“碧血丹心”系列，包括1928年开始创作并于1930年出版的《碧血丹心大侠传》、1933年先后出版的《碧血丹心于公传》、《碧血丹心平藩传》，原来计划中还有《碧血丹心卫国传》，未能完成。“碧血丹心”系列以明朝名臣于谦的事迹为背景主线，塑造了许多豪气干云、为国尽忠的侠客形象，同时抒发作者的内心郁结，表达作者对历史和时政的看法。该系列前三部以明成祖朱棣、明仁宗朱高炽和汉王朱高煦父子、兄弟之间争夺政权为背景展开侠客们的活动，由朱棣夺取政权起笔，至朱高煦谋反，经过错综复杂的残酷斗争和悲欢离合的命运纠葛，最终在侠客们的参与帮助下，于谦擒获了朱高煦，平息了叛乱。第四部本准备以“土木之变”到于谦遭陷冤死为主线来结构故事，惜乎未能完成。该系列小说歌颂了于谦保家卫国的忠烈精神，实则借古喻今，弘扬中华民族同仇敌忾、抵御外侮的抗争精神，具有强烈的现实针对性。更可贵的是，小说把历史上实有的一个正直大义的民族英雄于谦写入武侠世界，并借于谦之口道出了“爱民第一”的观念，同时肯定了侠客的意义，指出爱护百姓是侠义行为。虽然小说中侠客义士的行为仍是为了维护封建统治，但作者把忠君和忠于社稷(国家利益)、维护民族利益联系在一起，这就超越了清代侠义公案小说的思想境界，是对传统“忠义”观念的一大突破。

在写法上，文公直受传统章回体小说影响较大，总是在历史上实有的真人真事基础上加以想象并虚构出侠客形象，进而展开情节、结构故事，且情节引人入胜。小说的缺点在于战争场面的描写多于江湖场面，削弱了武侠小说的传奇性和趣味性；同时作者对人物的心理描写不够细腻深刻。

第三节 “后五家”

从1932年《蜀山剑侠传》横空出世再度掀开武侠热的大幕，到20世纪40年代武侠小说达到一个辉煌的高峰，这是民国武侠小说发展的后期，也是其成熟阶段。在此期间，出现了成就斐然、各具特色的“北派五大家”，亦称“后五家”，即还珠楼主、白羽、郑证因、王度庐、朱贞木。相对于“前五家”而言，民国武侠小说在“后五家”的努力下日臻成熟。

一、还珠楼主与《蜀山剑侠传》

还珠楼主，原名李善基，后名李寿民，四川长寿(今重庆市长寿区)人。他是民国武侠小说创作的领军人物，“奇幻仙侠派”的代表作家。

还珠楼主生于一个书香官宦世家，其父李元甫曾任苏州知府，因不满官场黑暗，弃官返里，以教私塾为业。他在父亲的悉心调教下，3 岁开蒙，5 岁吟诗，7 岁能作丈许对联，被乡里视为神童。长大后兴趣广泛，诸子百家、佛经道藏、医卜星相等无不涉猎、无不通晓，古学功底深厚，打下了扎实的中国传统文化基础。

自 1932 年至 1949 年间，还珠楼主共创作武侠小说 37 部，包括本传《蜀山剑侠传》(正传 50 集 309 回，后传 5 集 20 回，共 329 回)、前传《长眉真人专集》、别传《青城十九侠》和外传《青门十四侠》等，构成了一个规模庞大、气势恢宏的“蜀山系列”。其中，以本传《蜀山剑侠传》最负盛名。

《蜀山剑侠传》最早于 1932 年在天津《天风报》上连载，一直到 1949 年出到 55 集。小说主要描述了以峨嵋派为代表的正派众剑仙与各种邪派异教之间的纠葛和斗争，包括正派老一辈剑仙“三仙二老”(矮叟朱梅、醉道人、髯仙李元仕、顽石大师笑和尚、苦行头陀)大破为邪派异教所把持的慈云寺、正派小辈英雄“三英二云”(李英琼、余英男、严人英和齐灵云、周轻云)学艺斗魔等情节。在结构故事的过程中，作者将现实社会、神话世界、自然胜境、诗情哲理错综交织，构建了一个由神仙佛道、妖魔鬼怪、鸟兽虫鱼组成的超现实的、奇幻浪漫的化外剑仙世界，这个世界堪称集中国传统文化之大成，神话志怪、博物传奇、风俗民情、阴阳五行、风水八卦、武术气功、剑仙法术、医卜星相、琴棋书画、儒释道魔、歌舞乐曲等无所不包，呈现出鲜明而强烈的文化精神；同时以正邪、善恶、是非的明辨使小说具有了入世情怀，把神话志怪、武侠剑仙、人情人性糅为一体，将哲理精义融入诗情描述，显得亦真亦幻，精妙绝伦。这就使作品呈现出汪洋恣肆、气势雄浑的艺术特色，更因其丰富深刻的思想文化内涵而凌盖古今、卓尔不群。一方面，在作者的奇特想象和玄妙构思之下，各种灵禽怪兽、奇花异草、海魅山精、飞仙异人、飞剑法宝、仙境魔域等的描写无不形象生动，各类修道历险、正邪斗法、天人交战等场面的营造更是气势磅礴、引人入胜。另一方面，还珠楼主几乎把自然风光的描写提升到文学本体的地位。一般武侠小说作家总是把情节结构和人物刻画作为描述的重点，大多把自然风光作为环境背景略加勾勒。而还珠楼主超越时俗，与众不同，他常常把自然风光作为重点描述对象，同时结合各地风土民情，把自然胜境和神话仙境融为一体，使小说进入一种诗化境界，与情节结构和人物刻画相得益彰。更重要的是，作者在小说中对中国传统文化进行了创造性整合，构建了一个三教合一的价值体系，形成了颇具现代性的超越生命观，以艺术的方式形象地彰显了中国传统文化的独特魅力。其中，儒家的忠孝仁义、拯世济民、惩恶扬善等基本伦理观念构成了小说人物面对世俗社会的基本价值体系；释家普渡众生的胸怀、我心即佛的愿力、金刚般若的慧境等悲天悯人的精义构成小说人物面对自我内心的人格价值体系；道教则为小说人物提供了外在行为体系，从"道家四九天劫"，到峨嵋三次斗剑过程中仙佛魔道修真，均基于道家宗教神话而来。小说表层描写的是正派剑仙同邪派怪魔之间斗争的故事，但从剑仙、怪魔都要逃脱"道家四九天劫"来看，文本结构深层却蕴藉着形而上的意义，剑仙靠行善来避免劫难，怪魔用作恶来逃离劫难，隐喻着人不断抗争自身命运，通过艰苦漫长的挣扎、奋斗，冲破个体生命的有限性，去追求无限永恒和身心自由，这是一个企求超越有限获得生命拯救而逍遥于天地之间的生命历程，体现了鲜明的现代意识。在如何成仙、渡劫实现生命超越上，小说提供了两条路经：一是修身养性蓄积内功，即无为；二是降妖伏魔积累外功，即无不为。二者总归于大悲悯，这就融汇了儒、释、道三教精义而浑然一体。

《蜀山剑侠传》问世后，引起强烈轰动，"在40年前的中国通俗文学界，还珠楼主的大名，真是妇孺皆知。他的读者，上至名公巨卿，下至贩夫走卒，莫不一卷在手，废寝忘食。即在今日，中年以上的'还珠迷'仍念念不忘他的成名作《蜀山剑侠传》，对其出入青冥的玄思妙想、如火如荼的魔幻笔力以及浩若烟海的博学杂识，在在拍案叫绝，叹为观止"①。民国年间，徐国桢作《还珠楼主论》，给《蜀山剑侠传》以很高评价，此为国内第一部研究武侠小说作家的专著。当然，《蜀山剑侠传》亦非完美，由于作品规模庞大、人物众多、情节复杂，难免存在首尾不顾的毛病，小说在整体上显得结构松散，枝蔓丛生。

在民国武侠小说史上，还珠楼主可谓承前启后、继往开来的人物。他是武侠小说的集大成者，成为民国武侠小说开山鼻祖平江不肖生的继承者和新一代的开拓者，揭开了民国武侠小说第二波热潮的大幕，后继的北派其他四大家无不受到他的影响。与平江不肖生相比，他的武侠小说更能显示出鲜明的现代意义，带动北派武侠小说超过南派。在思想观念和艺术手法上给后世武侠小说作家以深刻启示，特别是以金庸、古龙、梁羽生为代表的港台新派武侠小说作家大都承其惠泽。还珠楼主不愧是民国武侠小说第二波的领军人物。

二、白羽与《十二金钱镖》

白羽，原名宫竹心，山东东阿人，生于天津马厂。"社会反讽派"代表作家。

白羽的祖父是秀才，曾做过县吏。其父早年投军，当过营长。白羽19岁时，

① 凌云：《记〈蜀山剑侠传〉作者：还珠楼主》，香港《春秋杂志》第714期，1987年4月1日。

其父去世，从此家境陷入贫困。为了生计，他做过小贩、税吏、邮递员、家庭教师、军队文书。他小时候爱读《水浒传》、《施公案》、《三侠五义》，1913 年到北京进入新式学校学习，开始接触新文学作品。五四时期结识鲁迅、周作人，并有书信来往，多承教诲，受新文学影响颇深。白羽于 1927 年开始在《世界日报》连载其武侠处女作《青衫豪侠》，1938 年发表《十二金钱镖》（前一回半是邀郑证因代写的）一举成名，20 世纪 40 年代创作了《联镳记》、《武林争雄记》、《偷拳》等。

《十二金钱镖》是白羽的成名作，以“劫镖—寻镖”为主线，引出武林儿女的是非恩怨、爱恨情仇。小说写江南镖师俞剑平以拳、剑、镖三绝威名远震，晚年隐居，寄情山水。因无法拒绝老友借镖旗押镖的请求，命大弟子程岳同往护镖。途中遇劫，劫贼指名道姓要会俞剑平，俞剑平不得不重出江湖，经查方知劫镖的飞豹子是他 30 年前的师兄袁振武。袁振武妒恨俞剑平，一是师父丁朝威废长立幼将掌门之位传给了俞剑平，二是他苦恋的小师妹丁云秀嫁给了俞剑平。袁振武离开丁门之后，历尽千辛万苦，遍访名师，练就了一身好武艺，此次劫镖，就是为了报仇。于是，在劫镖者和寻镖者之间展开了一场生死大搏斗。最后，俞剑平挫败了袁振武。在这故事中又穿插了柳兆鸿、柳研青、杨华、李映霞等人的遭际。小说中塑造的侠客都是现实生活中的平常人物，作者没有把武侠世界理想化，在叙写镖师敬业、诚信、英武、侠义的同时，也写出了他们现实中可怜、可笑、可悲、可叹的尴尬处境。俞剑平作为武林泰斗、一代宗师，在官府面前却不免忍气吞声；官府在镖行武师面前作威作福、不可一世，遇到强盗却显得无能狼狈。总体来看，小说的开头起势甚大，而中间和结尾写得却不够精彩。

侠义讲究宽恕仁德，但现实社会却人心叵测，武侠思想和社会现实之间出现了矛盾，侠也不免陷入生存困境和可悲结局，这使白羽的小说带有“反武侠”色彩。这在《联镳记》和《偷拳》中都有所反映。《联镳记》中的大侠林廷扬因讲侠义宽恕败者，反遭对方突袭而亡。《偷拳》既肯定了杨露蝉三年装哑偷拳所表现出来的侠者忍辱负重、坚忍不拔的精神，又批判了武侠世界鱼龙混杂、名不副实的一面。

白羽深受新文学现实主义创作方法的影响，立足于现实，借武侠故事来表达他对社会、人生的看法和真实的生命体验。在他的笔下，武侠都是在现实社会背景下活动的，他在《偷拳》中首创“武林”概念，把武侠从奇幻的剑仙江湖世界拉回到现实的人间武林社会，按照现实规律描摹世态，抒写人情冷暖，反讽社会现实，具有强烈的现实批判精神，形成社会反讽的鲜明特色。因此，他的武侠小说具有鲜明的现代性。

三、郑证因与《鹰爪王》

郑证因，原名郑汝霈，天津西沽人。“帮会技击派”代表作家。

郑证因自幼家贫，曾做过塾师，后开始为报刊投稿，得以认识担任编辑的白羽。他懂武术，曾在“北平国术馆”学太极拳，能使九环大刀。白羽邀他代写《十二金钱镖》初稿，他请白羽校改《武林侠踪》，堪称文坛佳话。《武林侠踪》使郑证因在文坛崭露头角，1941 年《鹰爪王》在《369 画报》上连载，则使他闻名遐迩。在四十岁左右时，他由天津迁居北京，专门从事武侠小说创作。其所作 88 部武侠小说大都与《鹰爪王》有联系，形成一个规模庞大的“鹰爪王系列”。

郑证因的武侠小说以刚健勇猛见长，完全不写侠情，善于描写江湖帮会的内部秘密、帮会的复杂仪式和争斗场面，同时把武功技击融入小说。仅就拳法、掌法而言，他就创造出混元掌、排山掌、龙形八掌、鹰爪手、天罡手、金刚指等二十余种；轻功则有草上飞、飞鸟凌波、燕青十八翻等十多种。从而形成“帮会技击”的鲜明特色，使小说充满阳刚之气。《鹰爪王》是郑证因武侠小说的代表作，描写凤尾帮与淮阳派、西岳派结下仇怨，为争夺江湖霸主地位，凤尾帮三发请柬，要与淮阳派、西岳派在十二连环坞决一死战的故事。塑造了“鹰爪王”王道隆、万柳堂、杨文焕、武维扬、陆七娘等个性鲜明的人物形象，对江湖帮派、技击格斗的描写独具特色，武功技击偏于写实，并由实到虚，进而达到艺术化境地。郑证因笔下的侠义和白羽相通相类，侠客遇到官，显得低声下气，现实生存的顾虑束缚了他们为民除害、惩恶扬善的侠义行为。在作者笔下，侠客是普通人，既有侠肝义胆，也存在世故、懦弱等弱点。

郑证因的武侠小说有自身独特的风格，特别在武功技击方面有重大发展，但也存在文学性不足、想象力不够丰富、过分渲染武打场面而影响人物内心刻画的深度等缺点。

四、王度庐与“鹤—铁”系列

王度庐，原名葆祥，后改为葆翔，字霄羽，北京人，满族。“悲剧侠情派”代表作家。

王度庐生于一个贫苦的旗人家庭，自幼丧父，12 岁辍学做学徒，因身体瘦弱被辞退。由于家境贫困，无力接受系统的学校教育，只读过几年书。但他勤奋好学，学写旧体诗词，并经常到北京大学旁听，到北京图书馆看书。凭着多年的刻苦自学，打下了深厚的文学功底，不仅熟知中国传统文化知识，而且对西方的文学文化思潮及五四新文学，也有较深的了解和掌握。同时他还从社会生活中学到了各种知识，熟悉北京下层社会的生活，深谙市井江湖的各种奥秘，贫困坎坷的生活道路使他接受了人道主义思想，具有平民意识。因投稿结识北平《小小日报》主办者宋心灯，应邀做该报编辑，开始发表侦探小说。全面抗战爆发后，以“度庐”为笔名创作《河岳游侠传》，这部武侠小说未产生较大影响，此后又创作了《鹤惊昆仑》、《宝剑金钗》、《剑气珠光》、《卧虎藏龙》、《铁骑银瓶》，形成著名的“鹤—铁”系列。作品一经问世，王度庐蜚声文坛，跻身于武侠小说名家之列。

王度庐善于把武侠和言情两种因素紧密融合，写武侠豪气扑面，写言情缠绵悱恻，由于多写武林豪侠的爱情悲剧，使小说带有一种撼人心魄、感人至深的美学效果，形成了“悲剧侠情”的审美风格。“鹤—铁”系列是王度庐的成名作和代表作，也是他的“悲剧侠情”的奠基之作。五部小说各自独立，又互相联系，共包括三个悲剧侠情故事，分别是江小鹤(后称江南鹤)和鲍阿鸾、李慕白和俞秀莲、罗小虎和玉娇龙这三对恋人之间的爱情纠葛与悲剧结局。五部小说的人物互相关联：江南鹤是李慕白的师父；杨豹是罗小虎之弟，因偶得大内宝珠而引起江湖动荡，宝珠后被李慕白和俞秀莲追回；玉娇龙盗“九华秘籍”而被李慕白和俞秀莲围追。造成江小鹤与鲍阿鸾爱情悲剧的是“世仇”：鲍阿鸾的祖父鲍昆仑杀害了徒孙江小鹤的父亲。尽管两人青梅竹马，却因爱恨交织、情不敌仇，最终还是落得悲剧结局，鲍阿鸾自刎而死，江小鹤万念俱灰。李慕白和俞秀莲的悲剧源于“义”对“情”的虐杀。他们本来两相爱慕，只因俞秀莲已与孟思昭有婚约在前，再加上孟思昭为了成全他们而赴敌身死，于是李、俞二人遂以“大义”为重，背负着精神的十字架无法冲破心理和道德的阻碍而比翼双飞，只能终身以兄妹相称。罗小虎和玉娇龙的悲剧首先在于门第偏见，他们早年相爱，只因玉娇龙是京城九门提督之女，而罗小虎是个强盗而难成眷属。到后来，玉娇龙之子(韩铁芳)被人调包换为女孩(春雪瓶)，韩铁芳长大后千里寻亲，在荒漠遇亲生父母而浑然不知，父母辗转死在亲生儿子面前。这些主人公们都是陷入情海而不能自拔的“大侠”，但在世仇、大义、门第偏见和命运捉弄的压抑之下，其情却惨遭蹂躏乃至玉石俱焚，小说的笔力深入到人性深层，从而形成社会悲剧、命运悲剧、性格悲剧和心理悲剧错综交织的综合美感。

言情武侠并非王度庐首创。前有清代文康的《儿女英雄传》，民国初年也出现了不少“侠情”、“情侠”类小说，但它们大多未超出才子佳人的窠臼。恰恰是王度庐在“情”上有了新开拓，他深入人物的性格和心灵世界，开掘人物的灵魂与人性的内核，注重揭示个人与社会的矛盾，展示人物内心的冲突和挣扎，表现出丰富而复杂的人性内涵。从而使得通俗的言情武侠小说真正进入五四以来“人的文学”的序列。

五、朱贞木与《七杀碑》

朱贞木，名桢元，字式颛，浙江绍兴人。“奇情推理派”代表作家。

20 世纪 20 年代，朱贞木在天津电话局任文书股科员，工作之余作画、治印、撰文。后来与还珠楼主共事，受其影响，作《铁板铜琶录》，但读者反响不大。卢沟桥事变后，日寇侵占天津，他仍留在电话局工作，继续从事武侠小说创作。抗战胜利后，因其曾为日伪工作而被解职，1949 年后下落不明。

朱贞木的武侠小说布局诡异，以推理见长，善于描写离奇恋情和侠义之事，并铺写边疆异俗、附会历史事件，形成“奇情推理”的独特风格。他的传世之作近 20 部，包括《飞天神龙》、《龙岗女侠》、《苗疆风云》、《罗刹夫人》、《千手观音》、《闯王外传》等，其中最著名的是 1949 年出版的《七杀碑》。

《七杀碑》写明末权奸当道，国势衰颓，张献忠占据蜀地，洗村屠城，生灵涂炭。小说有两条线索：第一是川南七雄抵抗张献忠入蜀杀戮，以及与华山派的争斗；第二是杨展仗义除凶，抒写侠义精神和儿女情长，并在二者的有机结合中彰显出英雄本色。作者成功塑造了川南七雄的群体形象：华阳伯杨展、雪衣娘陈瑶霜、女飞卫虞锦雯、僧侠七宝和尚晞容、丐侠铁脚板陈登皞、贾侠余飞、赛伯温刘道贞。其中，杨展是一个文武双全的侠义英雄，他考中了秀才再转考武举成为武进士。对待朋友义薄云天，对待敌邪严惩不贷，在惩罚敌邪之前他总有一番仁至义尽的劝诫，可谓英雄本色。小说写了杨展与四个美貌的奇女子(雪衣娘陈瑶霜、女飞卫虞锦雯、三姑娘、齐寡妇)之间的关系，雪衣娘陈瑶霜与杨展青梅竹马、夫妻恩爱，其他三位也都对杨展一见钟情，卷入情感风暴之中，知道杨展结婚后，都觉得相见恨晚。在对待女性的态度上，杨展顶天立地、正派可掬，但不迂腐，且很人性化。他虽是明末武举人、武进士，但不满朝廷现状。以他为首的川南七雄一心要挫败张献忠，阻止他给四川带来的大劫，显示出侠者拯世济民的风范。

朱贞木的武侠小说不再拘守传统的章回体式，而是对其进行了现代性改造，如《七杀碑》的回目以《新娘子步步下蛋》、《玉龙街单身女客》、《铁琵琶的韵律》、《齐寡妇》等为题目，这是以前武侠小说中不多见的。同时他的武侠小说也喜欢使用新名词，如《罗刹夫人》中的“观念”“意识”、“主体”、“计划草案”等，用得颇为自然妥帖。但书中多议论，喜欢卖弄学识，这是其武侠小说的缺点所在。

朱贞木是民国武侠小说“后五家”的最后一位，但其文学史地位却不容忽视。他对人物情感的理想化描写、对武功细节的现实化营造、对“一男多女”爱情模式的浪漫化架构，均为后来港台新派武侠小说创作奠定了基础。

本章阅读书目：

平江不肖生：《江湖奇侠传》，新星出版社 2008 年版。

赵焕亭：《奇侠精忠全传》，新星出版社 2009 年版。

姚民哀：《山东响马传》，元昌印书馆 1950 年版。

顾明道：《荒江女侠》，漓江出版社 1988 年版。

文公直：《碧血丹心大侠传》，岳麓书社 1987 年版。

还珠楼主：《蜀山剑侠传》，山西人民出版社、北岳文艺出版社 1998 年版。

白羽：《十二金钱镖》，北岳文艺出版社 1992 年版。

郑证因：《鹰爪王》，吉林文史出版社 1988 年版。

王度庐：《卧虎藏龙》，吉林文史出版社 1988 年版。

朱贞木：《七杀碑》，北方文艺出版社 1988 年版。

本章参考文献：

陈平原：《千古文人侠客梦——武侠小说类型研究》，人民文学出版社 1992 年版。

范伯群：《中国现代通俗文学史》(插图本)，北京大学出版社 2007 年版。

韩云波：《中国侠文化：积淀与承传》，重庆出版社 2004 年版。

徐斯年：《侠的踪迹——中国武侠小说史论》，人民文学出版社 1995 年版。

张赣生：《民国通俗小说论稿》，重庆出版社 1991 年版。

本章思考题：

1. 如何评价民国武侠小说在中国现代文学史上的地位？
2. 为什么说平江不肖生是民国武侠小说的开山鼻祖？
3. 从现代性的角度谈谈《蜀山剑侠传》的现代精神。

第八章　左 翼 文 学

第一节　左翼文化与左翼文学

1928年对于现代中国文学的生长而言，是一个“血沃中原肥劲草，寒凝大地发春华”的时节，中国左翼文人知识分子提倡革命文学的热诚，在这一年的血腥政治压抑氛围中愈加高涨。以后期创造社和太阳社成员为主创办的《文化批判》、《太阳月刊》等刊物的问世为标志，中国左翼文学运动的历史帷幕正式拉开。

以后期创造社和太阳社成员为主的左翼激进派，以批判国民党政权的政治和文化专制为基本价值取向，运用马克思主义，向“五四”以来以民主、科学、个性解放等理念为核心的知识和思想话语权力体系发动了措辞激烈、声势浩大的“文化批判”，决意促使中国文坛“转换方向”，这对中国现代文学的发展产生了重大影响。

一、国际左翼文学运动的影响

1928年只是一场暴风雨般的文学运动即将爆发的临界点。对于左翼文学运动的兴起，鲁迅有一个著名的看法：“这革命文学的旺盛起来，在表面上和别国不同，并非由于革命的高扬，而是因为革命的挫折。”①这为理解左翼文学发生、发展的历史背景与社会文化语境提供了线索，开拓了广阔的阐释空间。众所周知，革命文学在中国的勃兴，既有深刻的国际和国内的社会政治、文化原因，又有中国现代文学自身发展寻求突破的内在需要，这就需要我们回溯到历史的深处，去探寻中国左翼文学运动产生与发展的历史隐秘。

中国左翼文学主潮的形成和高涨，适值20世纪20年代末至30年代初，亦即人们常说的“红色的30年代”。这一时期最令人瞩目的精神和文化现象，是马克思主义在中国的介绍与传播。

---

①《鲁迅全集》第四卷，人民文学出版社2005年版，第304页。

在苏俄，随着社会主义制度的建立，新兴政权不但在政治、经济和军事领域掌握着社会的命脉，而且寻求思想文化的领导权，在这些领域传播新的价值观念和意识形态诉求。无产阶级文化派和稍后出现的“拉普”(俄罗斯无产阶级作家联合会的俄文缩写音译)成为最具代表性的文学思潮流派。“拉普”对文学理论问题进行了广泛的探讨，诸如文艺与现实的关系、文艺与政治的关系、真实性、典型性、现实主义和浪漫主义、世界观与创作方法的关系、形式与内容的关系等命题，都在中国左翼文学产生和发展的过程中产生了影响。它提出的“辩证唯物主义创作方法”，也成为中国左翼文学思潮和创作的理念与价值框架。

在日本，左翼文学运动始于20世纪20年代初《播种人》杂志的创刊。1928年，日本成立左翼作家总同盟，继而组成全日本无产者艺术联盟，简称“纳普”。其纲领的核心是“建立为无产阶级解放服务的阶级文学”。1931年“纳普”解散，又成立了日本无产阶级文化联盟，简称“克普”。他们接受共产国际和日本共产党的政治领导，文学活动具有鲜明的政治色彩，是日共的外围组织和政党活动的分支。日本无产阶级文学运动中最有影响的政治思潮是福本主义，其根本特点是追求纯粹的阶级意识。福本主义和“纳普”在中国左翼知识分子中产生了重大影响，特别是在后期创造社的理论架构中，可以清晰地看出福本主义的思想脉络，像“意识斗争”、“分离结合”等术语就直接来源于福本和夫的理论。在文学理论领域，日本左翼文坛的代表人物是青野季吉和藏原惟人。他们分别成为前后期日本无产阶级运动的理论高峰。像青野季吉的“自然生长”、“目的意识”，藏原惟人的“无产阶级写实主义”等理论和概念，直接为中国左翼文学运动的激进派提供了文学理论资源。

在当时世界范围内的左翼文学运动中，声势最大的是苏联、日本和中国。德国、法国、匈牙利、波兰、美国以及东南亚等国家，也都出现了左翼文学运动，左翼知识分子们纷纷建立无产阶级文学组织，创办无产阶级文学刊物。在这样一个世界范围无产阶级文学运动兴起的基础上，由苏联“拉普”提议，于1925年建立了国际革命文学联络机构，日后又成立了国际革命作家联盟，各国的革命文学组织成为它的支部，接受它的领导。因为它所执行的路线、方针和政策全都来自“拉普”，因此各国无产阶级运动在组织形式、指导思想、理论建设和创作得失等诸多方面都声气相通。

包括中国在内的左翼文学活跃时期，是马克思列宁主义理论风靡全球、向各个领域渗透、扩张的时期。马克思主义是现代资本主义体系派生出来的一股异己力量，它提出了一整套有别于原有资本主义社会形态的现代性重构方案，它关注大多数人尤其是社会下层人民的利益，追求合理、公正和平等的社会秩序和社会模式，承诺未来社会面向大众及所有人的福祉。它提出了社会主义社会和共产主义社会较之于资本主义社会的全面超越性理想，主张无产阶级是资产阶级的“掘墓人”，是社会变革的主要历史力量，崇尚阶级斗争、阶级解放和暴力革命。这些理念对当时寻求救国、救民与救个人的中国知识分子来说，无异于救世良方。而苏俄社会主义形态的建立与成长，更是为中国树立了学习的榜样。总之，全球范围内马克思主义理论的传播，为中国左翼文学的兴起和发展提供了借鉴与模仿的思想平台与价值参考系。而左翼文学则成为马克思主义由理论转化为现实的重要实践领域，中国左翼文学运动构成了全球性左翼文学运动的重要一环。

二、国内的政治文化语境

正如鲁迅所明确指出的那样，中国革命文学运动的兴起与其他国家不一样之处，在于其他国家的革命文学是伴随着无产阶级革命运动的高涨而产生的，中国革命文学却是在革命遭受严重挫折之后，政治追求在文学和思想精神文化领域的应激式反弹。大革命失败之后，国共两党由合作转向你死我活的角逐。南京国民党政权的建立主要是依靠政治暴力，但是没有任何一个统治阶级能够永远依靠暴力来维持其统治，还必须在思想和精神文化领域取得意识形态领导权。国民党政权显然缺乏这样一套行之有效的思想文化说服体系。非但如此，国民党政权在国共分裂后，加强了专制独裁统治，强化对社会民众和文人知识分子的政治控制，从而加剧了社会整体的紧张心理。

国民党政权在思想文化性质上是一个政治民族主义和文化保守主义相结合的党治体系，“国民党对于新文化运动的态度，国民党对于中国旧文化的态度，都有历史的背景和理论根据。根本上国民党的运动是一种极端的民族主义运动，自始便含有这保守的性质，故起来了一些保守的理论。这种理论便是后来当国时种种反动行为和反动思想的根据了”①。国民党政权在思想文化领域连续出台了一系列反动措施，查禁书刊，封闭书店，颁布扼杀言论自由的“出版法”、“图书杂志审查办法”，借助政治高压手段推行思想文化专制主义。这令人们往往用“白色恐怖”来形容当时的社会状况。当人们对国家社会政治进程的怀疑、对政治前景的苦闷和焦虑，得不到国家政治意识形态的合理解释与说明时，势必要寻求其他渠道进行释放和排解。

20世纪30年代初，国民党深感在意识形态领域的统治发生动摇，于是开动宣传机器，提出了“三民主义文学”和“民族主义文学”口号，企图在文艺领域建立意识形态领导权，但遭到了绝大多数知识分子的反对。这既包括左翼知识分子，

---

① 胡适：《新文化运动与国民党》，《新月》第6、7期合刊，1929年9月第2卷。

也包括右翼和独立的知识分子。在当时的思想文化界和文学界，除左翼文人知识分子集团外，最具影响力的当属以新月派为代表的文人知识分子群体。这一派别成员大多信奉英美模式的社会政治架构，基本认同和支持国民党政权，对苏俄模式的社会政治架构嗤之以鼻。但是，他们“小骂大帮忙”式的思想文化批判方式，难以形成一套相对独立、完整且具有说服力和行之有效的解释系统，难以满足民众尤其是青年学生排解政治焦虑的需要。而马克思主义的传播恰恰适应了当时社会民众缓释政治焦虑心理的需要，作为被压抑者代言人出现的马克思主义，在国民党政权和其他思想文化派别的意识形态不能为社会政治进程提供恰当的形象和意义指导时，以一套完整的、能够激发人们想象力的说服体系，以作为社会状态的科学认识论的先进形象，对社会发展前景做出了崭新的说明和构想，唤起了饱受压抑的人们对社会、人生的希望之火。众所周知，文学是社会心理、情绪、欲望和意志宣泄与展现的精神中介和渠道，左翼文学之所以受到民众尤其是青年人的普遍关注，在很大程度上在于马克思主义学说对未来世界的美好憧憬，在于通过文学想象建构一个虽然粗糙、幼稚但是充满诱惑的艺术想象空间，从中生发出对于社会人生的浪漫理想和行动指南。由于大众的政治关怀成为指导文学内容与形式的重要价值力量，由于左翼革命文学实践在最大程度上适应了公众的政治取向和社会心理，使政治焦虑情结在文学领域寻找到新的置换途径，文学自身在某种程度上转换为大众政治行为艺术，因此它在当时成为思想文化和文学界的主潮，就是大势所趋了。

三、左翼文学运动的发生

政治文化语境的变迁给中国现代文学的流变提供了现实土壤，左翼文学的产生与发展还有赖于文学内部诸多构成要件的变革。其实，早在1923—1926年，就有了早期革命文学的倡导。早期共产党人瞿秋白、邓中夏、恽代英、萧楚女、沈泽民等人，利用《新青年》季刊、《中国青年》周刊、《民国日报》副刊《觉悟》等刊物宣传革命文学的主张。像瞿秋白的《告研究文学的青年》、邓中夏的《贡献于新诗人之前》、恽代英的《文学与革命》、萧楚女的《艺术与生活》、沈泽民的《文学与革命的文学》等文章，已经开始初步运用马克思主义理论，对文学的上层建筑性质、文学的阶级性、文学与社会生活的关系等命题进行解说，有意将新文学的发展方向与政治革命的走势结合起来。但由于他们大多不从事文学实践，其言论自然难以在文学领域产生较大的回应。

这一时期，走在左翼文学理论和实践前沿的文学界代表人物，是蒋光慈、沈雁冰、郭沫若等人。蒋光慈是较早系统介绍和评价十月革命和无产阶级文学，并进行革命文学实践的文学家。他的《无产阶级革命与文化》和《现代中国社会与革命文学》，是当时较早呼吁革命文学的代表文章。沈雁冰的《论无产阶级艺术》是现代文学史上较早的系统阐述无产阶级文学主张的理论文章。这篇文章从理论到实践各个方面分别论述了无产阶级艺术产生的条件，以及无产阶级艺术的范畴、内容和形式等命题。该文不但列举苏联、德国、美国的无产阶级文学创作的事实来说明无产阶级艺术的产生，还指出无产阶级艺术还处于萌芽和幼稚阶段，同时纠正了当时人们对无产阶级文艺的内容与形式的褊狭理解。郭沫若是创造社的领袖，是自觉追逐时代精神并勇立潮头的文坛风云人物。他在新文化运动落潮不久就号召“反抗资本主义的毒龙”，“要在文学之中爆发出无产阶级的精神”。[①]他在北伐出征前夕写的《革命与文学》[②]，更是以排山倒海之势呼喊“文学是革命的先驱”，号召青年“你们应该到兵间去，民间去，工厂间去，革命的漩涡中去，你们要晓得我们所要求的文学是表同情于无产阶级的社会主义的写实主义的文学”。

如果说五四新文化运动落潮和日趋严峻的政治形势冲击着文人知识分子的情感，使他们逐渐左倾，那么大革命的失败则为这种转变提供了政治导火索，由此，中国现代文学从“文学革命”阶段走向了“革命文学”时期。1928年成为无产阶级文学运动正式开始的标志性年份，上海成为这场运动的策源地，激进的左翼文人知识分子如后期创造社的李初梨、彭康、冯乃超、朱镜我和太阳社的蒋光慈、钱杏邨、洪灵菲等人成为呐喊革命文学的急先锋。他们对五四文学革命和新文化运动进行批判和清算，强烈抨击资产阶级意识形态对文学的影响，号召将当前的文学发展同无产阶级革命运动结合起来，掀起一场轰轰烈烈的普罗文学运动，大张旗鼓地开始了现代文学领域的马克思主义启蒙运动。蒋光慈的《关于革命文学》、冯乃超的《艺术与社会生活》、成仿吾的《从文学革命到革命文学》、李初梨的《怎样地建设革命文学》、钱杏邨的《死去了的阿Q时代》等文章，在当时都产生了重大影响。

以后期创造社和太阳社成员为主的左翼激进派，首先对五四以来的新文学成就进行否定和批判，并在这个基础上初步探讨了无产阶级文学的理论建设问题，诸如文学的阶级性、文学的意识形态性质、无产阶级文学的内容与形式、作家的思想转变等命题，这些都成为当时思想文化和文学论争的中心内容。1928年无产阶级文学的揭竿而起，既是对五四时期刚刚建立起来的带有资产阶级意识形态性质的文学知识体系的颠覆，也是无产阶级意识形态诉求在文学领域的扩张，以唯物辩证法、奥伏赫变、意德沃罗基、普罗列塔利亚等时尚名词所代表的思想理念和艺术表

① 郭沫若：《我们的新文学运动》，《创造周报》第3号，1923年5月。

② 《创造月刊》第1卷第3期，1926年5月。

达形式，为中国现代文学带来了新的话语实践方式和新的生长空间。

在这样的背景下，为了团结思想文化界和文学界的力量，共同反抗国民党的政治、文化专制，在中国共产党的斡旋和指示下，以创造社、太阳社为代表的左翼激进文人知识分子和以鲁迅等人为代表的左倾文人知识分子，在上海成立了中国左翼作家联盟，简称“左联”，这是中国左翼文学正式登上历史舞台的标志。左联设有党团、执行委员会（又称常务委员会）、秘书处、组织部和宣传部。开展文学实践活动的组织有大众文艺委员会、创作批评委员会、马克思主义文艺理论研究会、国际联络委员会、小说研究委员会和诗歌研究委员会（后发展为中国诗歌会）等，在北平、天津、保定、青岛、广州和日本东京以及南洋等地都有分盟。同时，左联也是国际革命作家联盟所属的支部之一。据统计，先后参加左联组织的约有400余人，左联出版的刊物主要有《萌芽月刊》、《前哨》、《拓荒者》、《十字街头》、《北斗》等，仅左联研究专家姚辛在《左联画史》中的记载，左联及其成员出版的刊物就有88种。左联在探索无产阶级文学的理论和创作的同时，还积极参加政治活动，遭到了国民党政权的镇压，一大批作家被捕被杀，许多刊物遭禁。直至1936年年初，在日本侵华的政治形势下，左联响应共产国际的号召而宣布解散。左联是中国左翼文学运动最为核心的组织，是左翼文人知识分子和政党政治双向选择的产物。

正是由于左翼文人知识分子及其组织的推动，中国文学追求现代化的发展方向发生了转变。它将近代乃至五四运动以来人们对欧美资产阶级现代性的模仿与建构，变更为对苏俄无产阶级现代性的仰慕与渴望，以巨大的道德理想主义热诚，将文学纳入到实现共产主义社会的历史实践中，自觉、有效、系统地将文学塑造成实现社会政治目标和政治理想的重要工具和有力武器。从左翼文学运动的目的性、价值倾向性和政治效果来看，革命文学的倡导和发展是相当成功的，毛泽东在论及左翼文化运动时，将之视为第二条革命战线，感叹说：“其中最奇怪的，是共产党在国民党统治区的一切文化机关中处于毫无抵抗力的地位，为什么文化‘围剿’也一败涂地了？这还不可以深长思之么？”①

第二节 文坛的理论斗争

从1928年开始倡导无产阶级革命文学以来，大大小小的文坛论战就贯穿了左翼文学发展的历史，甚至可以说，这些论战极大地影响了中国现代文学的基本

① 《毛泽东论文艺》，人民文学出版社1983年版，第16页。

历史风貌和发展框架的形成与构建。许多论争话题即使在今天也有着深远的现实意义。

一、革命文学论争与左联的成立

这场论战的发生颇富戏剧性。第一次国共合作失败之后,左翼激进派认为必须与鲁迅等人联合起来,共同创办刊物,提倡新的文学运动。在郑伯奇、蒋光慈等人的协调下,双方联合署名,在1927年底的《时事新报》上刊登《〈创造周报〉复活宣言》。但是成仿吾和从日本归国的创造社新锐冯乃超、李初梨、彭康、朱镜我等人认为,《创造周报》复刊不足以代表时代精神,反对与鲁迅联合,另创刊《文化批判》,并发动了对以鲁迅为代表的五四代表作家的批判。与此同时,太阳社成员蒋光慈、钱杏邨等人也提倡革命文学,将斗争的矛头指向鲁迅。他们的共同特点在于,在宣称革命文学是符合历史和文学发展规律的最进步的文学的同时,将鲁迅看做革命文学发展的最大障碍。

这时,茅盾也与创造社、太阳社成员发生了冲突。茅盾于1928年1月《文学周报》第5卷第23期上发表了《欢迎〈太阳〉!》,在"敬祝《太阳》时时上升,四射它的光辉"的同时,对蒋光慈的革命文学观点提出了商榷意见。又于同年10月在《小说月报》上发表《从牯岭到东京》,在解释《蚀》的写作境况的同时,对当时的"革命文学"口号提出了批评。这引起了创造社和太阳社成员的强烈不满,克兴、李初梨、钱杏邨分别发表了《小资产阶级文艺理论之谬误——评茅盾君的〈从牯岭到东京〉》、《对于所谓小资产阶级革命文学底抬头》和《从东京回到武汉——读了茅盾〈从牯岭到东京〉以后》,将茅盾视为"小资产阶级文学的代言人"。双方相互诘难,展开了论战。

以创造社和太阳社为代表的左翼知识分子,自居为正统的无产阶级文学的主体,对五四以来的文坛发动了全面批判。他们认为,为了建立真正的无产阶级革命文学,就必须对"旧文坛"进行理论斗争和清算,推动文学上的方向转换。他们将鲁迅、茅盾、叶圣陶、郁达夫、张资平等在当时文坛上最具影响力的一批作家视为清算对象和批判目标,要求重新划分作家队伍、重新定义文学观念,建立起无产阶级作家主宰文坛的文学战线。其中,鲁迅遭到了最为猛烈的批判,像冯乃超的《艺术与生活》、钱杏邨的《死去了的阿Q时代》、李初梨的《请看我们中国的Don Quixote乱舞》、彭康的《"除掉"鲁迅的"除掉"!》、石厚生的《毕竟是"醉眼陶然"罢了》、杜荃的《文艺战线上的封建余孽》等一大批文章,都集中火力将鲁迅作为首要清算对象。

在自居正统的左翼激进派眼中,以鲁迅为代表的五四先驱,已经成为"历史人物"、"时代的落伍者"和"革命文学运动的绊脚石"。革命需要用新旧范畴来划分彼此对立的两个阵营，对旧人的否定意味着对新人的肯定，新人需要打倒旧权威从而确立历史英雄的地位。鲁迅、茅盾等人是当时文坛最有权威的“旧人”，符合新人们除旧布新的革命心理和对敌对者的择取标准，自然被新人们推上了革命的祭坛。左翼激进派与鲁迅、茅盾等人的论争，涉及了革命的形式与性质、作家的世界观和态度、文学与革命的关系、文学与时代的关系、文学的功能与特性、“标语口号”等诸多问题。但是对左翼激进派而言，最根本的目的在于通过对文坛旧权威的批判，获得左右当时文坛的强势话语权力，形成一支强大的社会精神文化力量，自我确证推动文学和历史前行的主体地位。

这场论争的一个重大成果是初步确立了马克思主义文学观的话语领导权，为各种类型的左翼文人知识分子集结为共产党领导下的无产阶级知识分子集团，奠定了理论基础和价值坐标。虽然论争的各种具体问题依然存在，但在“革命”这一最高价值尺度下，论争的各方在共产党的斡旋下达成妥协，顺利组建了中国左翼作家联盟，左翼文学运动也渐成时代主潮。

这次论战的规模和声势，丝毫不亚于五四新文化运动时期的群情激昂、轰轰烈烈。无论是文坛耆宿，还是后起之秀，无论是声名卓著，还是默默无闻，大大小小的作家，大大小小的流派，大大小小的报纸杂志，事不关己者罕见，无动于衷者罕见，坐壁上观者罕见。郑伯奇如此描述这场运动：

> 恐怕自从《新青年》提倡白话文学以来，中国的文坛恐怕还没有象这样紧张过，不管是艺术至上主义者也好，人道主义者也好，既成的作家也好，新进的批评家也好，一齐都参加到这个“革命文学”的论战。这样全文坛的论战，的确是不可多得的现象。①

李锦轩也有类似描述：

> 到了民国十七年，正是中国革命的转变，一般作家们，许多都从实际的革命工作的阵线上退下来，而形成了中国文艺界从来未有之兴盛。这时，真是书肆林立，作家辈出，文艺界充满了活跃突进的生气，老作家，少作家，新作家，旧作家，都一齐动起笔来，于是，一场混战在这时便开始了，造成了文学革命运动之后最值得令人注意的一个时期。②

这次论战最直接的现实后果是中国左翼作家联盟的成立。这场论战发生不久，就引起中共高层领导人的注意。在论战发展到白热化状态后，在中共高层领导人（一说是周恩来，一说是李立三，一说是李富春）的指示下，经中共上海地下党负责人潘汉年、冯雪峰等斡旋，鲁迅等人和创造社、太阳社等左翼激进派达成

---

① 何大白:《文坛的五月——文艺时评》,《创造月刊》第 2 卷第 1 期,1928 年 8 月 10 日。

② 李锦轩:《最近中国文艺界的检讨》,《前锋周报》第 3 期,1930 年 7 月 6 日。

妥协，决定成立中国左翼作家联盟。在经过召开“上海新文学运动者底讨论会”等一系列磋商后，1930 年 3 月 2 日下午，各派左翼知识分子在上海中华艺术大学召开中国左翼作家联盟成立会，鲁迅等五十余人与会。大会推举鲁迅、夏衍、钱杏邨为左联主席团成员。冯乃超、郑伯奇、潘汉年、鲁迅、彭康、田汉、阳翰笙等相继在会上发表讲话。这次会议选出夏衍、冯乃超、钱杏邨、鲁迅、田汉、郑伯奇、洪灵菲为常务委员，周全平、蒋光慈为候补委员，确定了左联行动总纲领。左联是中共外围组织，其组织架构类似中共组织构成，当时即被视为“第二党”。左联的成立不但为各派左翼文人知识分子集体发声提供了一个阵地，也为中国共产党提供了一个团结先进文人知识分子的平台。

二、左翼文人和新月派文人的较量

在创造社、太阳社与鲁迅论战的同时，双方还有一个共同的对手，这就是新月派。新月派是一个兼容政治、思想、文化和文艺，崇尚英美社会政治模式的知识分子结成的团体，主要代表人物有胡适、徐志摩、梁实秋、罗隆基、闻一多等人。1928 年 3 月《新月》创刊号上，发表了徐志摩执笔、体现新月派思想文化观点的《〈新月〉的态度》，这篇文章将当时文坛上与其文艺理念相悖的诸多文学现象概括为 13 派：感伤派、颓废派、唯美派、功利派、训世派、攻击派、偏激派、纤巧派、淫秽派、狂热派、稗贩派、标语派、主义派，并标榜“尊严”与“健康”两大原则。梁实秋在同年 6 月《新月》第 1 卷第 4 号上发表《文学与革命》，以人性论为理论基础，否定革命文学。显然，新月派将主要矛头指向了左翼文人知识分子。

针对于此，彭康于同年 7 月《创造月刊》第 1 卷第 12 期上发表了《什么是健康与尊严》，指斥徐志摩为“小丑”、胡适为“妥协的唯心论者”。冯乃超在 8 月《创造月刊》第 2 卷第 1 期上发表《冷静的头脑》，就“革命与人性”、“天才是什么”、“文学的阶级性”、“浪漫主义与革命的文学”和“革命文学”等几大问题批驳梁实秋。而对新月派批判最为深刻、最有力的是鲁迅，梁实秋则是鲁迅的主要论战对象。梁实秋 1929 年 9 月在《新月》第 2 卷第 6、7 号合刊上发表《文学是有阶级性的？》，批评左翼文人知识分子错误地把文学当做阶级斗争的工具而否认其本身的价值，认为文学没有国家和阶级的界限，文学是表现最基本的人性的艺术，同时发出“我们不要看广告，我们要看货色”的挑战。鲁迅于 1930 年 3 月发表在《萌芽月刊》第 1 卷第 3 期的《“硬译”与“文学的阶级性”》对梁实秋的观点进行了反驳：“文学不借人，也无以表示‘性’，一用人，而且还在阶级社会里，即断不能免掉所属的阶级性，无需加以‘束缚’，实乃出于必然。……倘说，因为我们是人，所以以表现人性为限，那么无产者就因为是无产阶级，所以要做无产文学。”

尽管个人恩怨在双方的论争中起了一定的火上浇油的作用，但彼此相左的政治价值取向以及由此带来的对文学的不同认识，是此次论战的关键点。左翼文人知识分子所信奉的文学观念，是建构在马克思主义阶级斗争学说基础上，强调文学的阶级性等文学的意识形态内涵和性质，倾向于文学作为阶级斗争和政治斗争工具的取向。而新月派所提出的恰恰是一套几乎与之完全对立的文学观念和理论，基于此，此次论争可看做文学“人性论”和文学“阶级论”的对峙。

三、由批判三民主义文艺、民族主义文艺到文艺自由论辩

三民主义文艺、民族主义文艺均是当时国民党当局为巩固其在意识形态领域的统治而提出的口号，如果说三民主义文艺在理论、创作等方面几无成绩，相比而言，民族主义文艺则颇有声势。发表在 1930 年 6 月《前锋周报》上的《民族主义文艺运动宣言》宣告了它的诞生，鼓吹民族主义应是文艺的“中心意识”、“最高意义”和“伟大的使命”。当时鼓吹民族主义文艺的代表人物主要有潘公展、朱应鹏、范争波、傅彦长等人，创办的刊物主要有《前锋周报》、《前锋月刊》和《现代文学评论》。黄震遐的《陇海线上》、《黄人之血》、《大上海的毁灭》，万国安的《刹那的革命》、《国门之战》、《准备》等，是民族主义文艺的代表作品。

国民党政权这种企图在文艺领域建立意识形态霸权的做法，遭到了大多数知识分子的强烈反对。不仅左翼阵营（主要有茅盾、鲁迅、瞿秋白等人）猛烈抨击，斥之“屠夫文学”、“僵尸文学”，“自由人”胡秋原说它是“法西斯蒂文学”，新月派的梁实秋也批评国民党进行“思想统一”的图谋。很显然，三民主义文艺和民族主义文艺作为国民党的文艺政策和党治手段，一开始就注定了它的失败，正如有学者认为，在“30 年代早期，一个有良心的文人去作政府的传声筒，几乎是不可想象的”①。但是，在大批文人知识分子对它群起而攻之时，却触发了现代中国文学史上一场极为重要的论争——文艺自由论辩。

在 1931 年 12 月《文化评论》创刊号上，其发刊词《真理之檄》声称：“我们是自由的知识阶层，完全站在客观的立场，说明一切批评一切。我们没有一定的党见，如果有，那便是爱护真理的信心。”同时，胡秋原还发表了《阿狗文艺论——民族文艺理论之谬误》，试图论证现代中国文学史上一个极为重要的命题——文艺与政治的关系。他在猛烈批判民族主义文艺的同时，更为深刻地指出：“文学与艺术，至死也是自由的，民主的。……将艺术堕落到一种政治的留声机，那是艺术的叛徒。……用一种中心意识独裁文坛，结果，只有奴才奉命执笔而已。”对民族主义文艺而言，这不啻为一记响亮的耳光，可是这也触到了左翼阵营的痛处，并被认为是对左翼文坛的进攻。1932 年 1 月，左翼知识分子密集发表文章，批

① 《剑桥中华民国史》下卷，中国社会科学出版社 1994 年版，第 493 页。

判胡秋原和《文化评论》是“为虎作伥”。

以当时中国最了解马克思主义的人自居的胡秋原自然不甘示弱，在1932年4月《文化评论》第4期上同时发表三篇文章为自己辩解，批评左翼阵营对马列主义的片面理解。5月，他又在《读书杂志》第2卷第1期发表《钱杏邨理论之清算与民族文学理论之批评——马克思主义文艺理论之拥护》，批评以钱杏邨为代表的左翼激进批评“和马克思主义毫不相干”，“是列宁之政治理论在文艺上的机械底适用”，“遂之抹杀艺术之条件及其机能，事实上达到艺术之否定”。为此，瞿秋白在同月的《文艺新闻》发表《“自由人”的文化运动》，批评他“客观上是帮助统治阶级——用‘大家不准侵略文艺’的假面具，来实行攻击无产阶级的阶级文艺。”6月，冯雪峰在《文艺新闻》发表《“阿狗文艺”论者的丑脸谱》，指出胡秋原“不是攻击钱杏邨个人，而是进攻普罗文学运动”。就在双方愈争愈烈之时，苏汶在1932年7月《现代》第1卷第3期发表《关于〈文新〉与胡秋原的文艺论辩》，竖起了“第三种人”的旗帜，表面上是调和论争，实则同情胡秋原，讽刺和攻击左翼阵营。在以后的岁月里，左翼阵营的瞿秋白、冯雪峰、鲁迅、周扬、胡风等人，和胡秋原、苏汶展开了大范围的论争。

这场论争主要集中在1932年，但是直到1936年才尘埃落定。这是整个左翼文艺运动中最有理论深度的一场论争。它是双方在基本认同马克思主义的大前提下，在马列主义话语范畴内展开的对文艺与政治关系的大论战。左翼阵营主要是从政治革命和阶级斗争的角度出发，认为文艺是政治革命和意识形态斗争的重要工具，认为在当时情况下强调文艺自由，势必会造成文学革命作用的减弱，而胡秋原、苏汶等人则是站在学术和纯粹文艺的立场上要求“文艺自由”，强调的是文艺的独立性和自律性。这次论战所讨论的文艺与政治的关系问题，是长期以来难以得到恰当处理的历史与现实问题，也是难以彻底清理的领域。

四、“两个口号”论争及左翼文学主潮的终结

“两个口号”论争，是1936年以周扬和鲁迅为首的两派左翼作家围绕“国防文学”和“民族革命战争的大众文学”两个口号发生的一次激烈论争，是在日寇入侵、民族危亡的大背景下，左翼文学阵营发生的一次带有宗派色彩的论争，也是中国左翼文学主潮终结的一个重要的标志性事件。

随着近年来不断有新的史料被发现，我们可以看到，被奉为左翼文学领袖、左联盟主的鲁迅在当时事实上并不掌握左翼阵营的领导权。由于前期左联的两位重要领导人瞿秋白、冯雪峰与鲁迅私交甚好，鲁迅与左联领导层的关系是比较融洽的。但是1933年随着瞿、冯二人离开上海，特别是1934年红军长征后上海的地下党组织与中央失去联系后，左联的政治生存环境开始恶化，鲁迅与左联新

领导层尤其是周扬的矛盾也日益加深。“两个口号”论争是双方积怨甚久的矛盾的一次总爆发。

1935年,周扬等人从莫斯科出版的《国际通讯》上了解到共产国际关于建立反帝统一战线的方针,从巴黎出版的《救国报》上看到了《八一宣言》,了解到中共中央“停止内战,一致抗日”、组织“国防政府”的主张。同年年底又收到左联驻莫斯科代表萧三的来信,传达王明指示,建议解散左联,另行组织一个体现反帝抗日统一战线的文学团体,于是决定解散左联并提出“国防文学”的口号。1936年2月,周扬等人在《生活知识》第1卷第11期正式将“国防文学”作为建立文艺界抗日统一战线的口号提出来并加以讨论。应该说,“国防文学”口号因为适应了当时急剧变化的社会政治形势,在经过讨论后产生了广泛的影响,并相继出现了“国防戏剧”、“国防诗歌”、“国防音乐”、“国防电影”等口号,形成了“国防文学”运动,并于1936年6月7日成立了有112人参加的“中国文艺家协会”。但是在解散左联和提出“国防文学”口号等问题上,鲁迅并没有得到应有的尊重,因此他拒绝参加进来。5月底,胡风发表了《人民大众向文学要求什么?》,提出了“民族革命战争的大众文学”的口号与“国防文学”分庭抗礼,龙贡公、聂绀弩、张天翼等作家纷纷发表文章表示赞同。此后,鲁迅等63人在6月末共同发表《中国文艺工作者宣言》,对此表示支持。“民族革命战争的大众文学”口号提出后,很快遭到了周扬等人的反对和指责,“两个口号”的论争升级。更为严重的是,徐懋庸在8月1日写信给鲁迅,贬斥与鲁迅关系较密的胡风、黄源、巴金等人,并指责鲁迅“半年来的言行,是无意地助长着恶劣倾向的”。这彻底激怒了鲁迅,他抱病写了《答徐懋庸并关于抗日统一战线问题》,严厉批评徐懋庸和“四条汉子”(田汉、周扬、夏衍、阳翰笙),令“国防文学”运动严重受挫。鲁迅的这篇文章发表后不久,“两个口号”论争基本平息。

“两个口号”论争在理论层面上主要围绕三个问题:一是两个口号孰优孰劣,二是要不要公开提出无产阶级领导权问题,三是“国防文学”是作为联合的标志还是文艺创作的标志。参加这场论争的人数、刊物和文章之多,在现代文学史上是较为罕见的。其实就理论表述而言,双方的分歧没有本质差别,只不过侧重点不同。但是左翼阵营内部严重的宗派主义却激化了论争。这场论争对双方的伤害是巨大的,给文艺界留下了长期的难以泯灭的阴影。这场论争和左联的解散,标志着左右中国文坛近10年之久的左翼文学主潮落潮了。在新的政治情势下,中国左翼文学完成了自己充满批判性、战斗性和革命性的历史使命,而左翼文学的传统在新的历史条件下得到了有选择的继承,成为新制度下的文学政策的思想观念基础。

第三节　左翼作家的创作

虽然马克思主义在五四时期就已传入中国并产生了一定影响，但是对于广大知识分子而言，对马克思主义的认同和接受，则是20世纪20年代中后期特别是左翼文学运动发展起来之后的事情。急剧恶化的国内状况和飞速变化的国际形势，使大批知识分子转向马克思主义，以期从中寻找到国家、社会和个人的出路。在文学、文化等领域积极探索和实践马克思主义学说，成为当时知识分子的一项主要工作。左翼文学的创作实践和大众政治关怀紧密结合起来，创造了现代文学的新潮流，以富有震撼力和冲击力的革命美学，改变了以资产阶级意识形态为核心的美学趣味和美学理想，拓展了现代文学的审美创造空间。

在这种政治文化氛围中，左翼作家们将目光投向社会的各个角落，特别是社会底层，力求深刻全面地反映时代的风貌，将中国现代文学创作推向新的历史发展阶段。他们在血雨腥风的黑暗残酷现实面前，以改造社会为己任，努力以文学反映社会的真实状况，自觉将文学创作摆在为劳苦大众摆脱阶级压迫、争取自由而斗争的位置上，表现出以争取工农大众解放为旨归的革命人道主义精神。左翼作家们以笔为武器，以昂扬的政治激情唱响了革命之歌。

政治与艺术交相辉映，是这一时期文学最为明显的特征。强烈的政治关怀意识，使文人知识分子们超越了五四以个性解放为本位的阶段，将目光和激情转向广阔而剧烈的社会变动，转向民生疾苦，转向阶级斗争，用文学创作和文学行为来思考社会和人生。这使文学创作的题材得到规模空前的开拓，表现角度得到深度开掘，叙事视野、叙事手段、小说结构、情节设置都具有尖端性和前卫性的时代特点。短短的十年间，不但产生了茅盾这样的左翼文学巨匠，而且出现了蒋光慈、洪灵菲、柔石、殷夫、丁玲、张天翼、沙汀、艾芜、萧军、萧红等一大批优秀的左翼文学作家。他们从各自的现实体验和感受出发，在政治激情的引导下，特别是在新的文学题材和新的文学形式的试验与开拓上，都始终站在当时文学创作的前沿，引领当时文学创作的时尚。反抗政治专制主义和反抗文化专制主义的政治理性要求，使他们所获得的文学成就，是一般知识分子所达不到的，并在最大程度上实现了文学的社会功能。

一、蒋光慈与“革命＋恋爱”模式

中国左翼文学的兴起以普罗文学的倡导与实践为前锋。以“东亚革命的歌者”自居的蒋光慈，是中国普罗文学的先驱。1925年1月，蒋光慈出版诗集《新梦》，热情讴歌俄国十月革命和社会主义社会，成为无产阶级革命诗歌的滥觞，此外他有诗集《哀中国》、《哭诉》、《战鼓》和《乡情集》。蒋光慈更为杰出的文学成就在小说领域。其早期小说代表作是著名的《少年漂泊者》、《鸭绿江上》和《短裤党》。《少年漂泊者》是一部书信体自叙传小说，孤儿汪中在致诗人维嘉的长信中，倾吐了近10年的漂泊历程和内心的不满与追求，最后在战场上献身革命理想。这部小说洋溢着浓烈的反抗精神与革命鼓动性。《鸭绿江上》以围炉夜话的形式，讲述了朝鲜青年李孟汉和金云姑在国破家亡的境遇中的恋爱史，小说沉痛悲壮、清丽哀婉，具有较高的艺术魅力。《短裤党》直接取材于现实政治事件，以粗糙但充满激情的笔触叙述和描绘了中国革命史上轰轰烈烈的一幕。

在1928年至1930年的普罗文学高潮中，蒋光慈的创作也开始登上巅峰，著名作品有《野祭》、《菊芬》、《最后的微笑》、《丽莎的哀怨》和《冲出云围的月亮》。《野祭》开创了“革命＋恋爱”小说创作模式的先河，以革命文人陈季侠凭吊“天使似的女战士”章淑君为线索，讲述了彷徨中的文人知识分子的人生选择，将爱情的价值和革命的价值捆绑在一起，通过革命来解剖爱情，又通过爱情来展现革命的价值。《冲出云围的月亮》是“革命罗曼蒂克”小说的代表作，主人公王曼英在大革命潮流的激荡下加入了革命队伍，但大革命的失败使她陷入了精神危机，走上了运用“肉体美的权威”进行复仇的道路。革命者李尚志的出现，扭转了王曼英病态的、疯狂的复仇信念。李尚志不但是革命和爱情的神圣化身，而且是政治理念和浪漫激情的引渡者，是将革命与爱情、性欲与政治的价值旨归整合在一起的最高价值的化身。

《丽莎的哀怨》是蒋光慈最富探索性的作品，以哀伤深沉的笔调叙述了白俄贵族丽莎在十月革命洪流的冲击下，由贵妇沦落为妓女的悲惨经历。这部作品一经问世就遭到了批判，甚至成为蒋光慈被开除党籍的重要诱因。其实，这部作品以深沉的人道主义精神，开始审视和反思革命对人的冲击。《咆哮了的土地》是蒋光慈的最后一部长篇小说，也是比丁玲的《水》更早超越“革命＋恋爱”模式流弊的小说，改变了过去小说中主观、空洞的情绪宣泄，注重客观细致的具体描写，展现了在革命理念指引下的早期农村革命风暴的壮丽画卷。

本是古代文学经典模式的英雄美人（才子佳人），在20世纪20年代末期最前卫的无产阶级革命文学潮流中实现了现代复活，最古典的和最时尚的文学资源共同创造了现代中国文学史上革命罗曼蒂克小说的风行。除了开创这一潮流的蒋光慈外，其他重要的作家还有洪灵菲和华汉等人。洪灵菲的成名作和代表作是《流亡》。在这部文采斐然、激情洋溢的小说中，革命是如此富有魅力、富有激情、富有诗意，不但鼓舞和激励革命者放弃名誉、家庭和地位，为着理想的生路冲锋前进，而且为爱情指明了归宿。华汉（阳翰笙）的代表作是1930年出版的

《地泉》三部曲《深入》、《转换》和《复兴》。1932 年再版时，瞿秋白、郑伯奇、茅盾、钱杏邨和华汉自己的 5 篇序言，使这部小说成为左翼作家总结革命罗曼蒂克小说创作得失的典型。

为人们所诟病的“革命＋恋爱”题材的流行与泛滥，在很大程度上却真实反映了“大革命”失败后，倾向革命的知识分子自我抉择过程中的一种真实和沉痛的心路历程，它的出现是急剧变化的社会情境造成的焦灼心理在文学上的反映，是一代青年政治理性精神觉醒在文学上的展现。革命罗曼蒂克风潮的出现，将爱情与革命、性与政治这些青年最为敏感的、最易产生幻想的题材，聚焦于文学的想象空间与审美视野，以最为前卫的社会观念与美学观念重新审视和关照现实与未来，不但颠覆了五四时期的美学范畴和标准，而且以先锋姿态的强烈震撼与冲击力，开辟和拓展了一个虽然粗糙、简陋但充满生命活力的现代审美精神新空间。早期的普罗小说家们以文学想象的形式，为政治激情找到了一个释放空间，为个体与社会创造了一个充满诅咒与憧憬的期待视野。正是在小说虚构的艺术世界中，作者、小说人物、读者获得了对话的舞台，革命作为尖端性和前卫性的话语，成为嫁接政治理性、浪漫情怀和现实社会的桥梁，从而获得否定黑暗专制社会的鼓动力量和强势心理。左翼小说家们将政治理性与浪漫激情融为一体的艺术创造，让文学成为宣泄政治理性与浪漫激情的精神领地，产生了不同凡响的巨大社会效力，许多热血青年正是因为革命罗曼蒂克小说的鼓动，走向革命、走向创建新世界的征途。

但是今天重新阐释革命罗曼蒂克小说，也决不能忽视它的弊端。错误的政治理论转化为错误的文学观念后，造成了长期以来为人们所诟病的创作公式化、主题理念化、人物脸谱化的诸多弊端，使小说成为“时代精神的号筒”。对革命的狂热的理念化想象，使多数小说作品偏离了艺术创造所首先应当遵循的自身规律，沦为标语口号化的政治理念。

二、柔石、殷夫、胡也频

这三位作家属于“左联五烈士”，即柔石、殷夫、胡也频、李伟森和冯铿。1931 年 2 月 7 日，这五位青年知识分子因叛徒告密而被国民党抓捕并秘密枪决。在这五人中，柔石、殷夫、胡也频在文学创作上取得的成就较大。

柔石最初的小说作品往往充溢着浪漫抒情色彩，主要有小说集《疯人》、长篇小说《旧时代之死》和中篇小说《三姊妹》，其后期的中篇小说《二月》和短篇小说《为奴隶的母亲》则被视为左翼文学的经典作品。《二月》主要描写在大时代冲击下来到芙蓉镇的知识分子萧涧秋，是一个“衣履尚整，徘徊海滨的人”，“他极想有为，怀有热爱，而有所顾惜，过于矜持”，但他在“大齿轮的转动”中，“仅是外来的一粒石子”，终究“被挤到女佛山——上海去了”，重新追寻“光明之地”。《二月》所展现的正是主人公在江南小镇追寻“人类纯洁而天真的花”的理想遇挫后，重归大时代洪流的抉择。《为奴隶的母亲》问世不久就获得了国际声誉，被斯诺夫妇编入《活的中国——现代中国短篇小说选》，据说也深深地感动了法国文豪罗曼·罗兰。小说叙述了春宝娘这个底层女性被“典妻”的经历，将人世间的血泪真相以沉痛凝重的笔触刻画出来，在揭露人间“恶”的故事中蕴含着深刻的社会批判性。

如果说蒋光慈是普罗诗歌的开创者，那么职业革命家殷夫就是中国普罗诗歌的巅峰。殷夫诗歌的代表作为《血字》、《别了，哥哥》等，代表诗集为《孩儿塔》。殷夫的红色鼓动诗和政治抒情诗，清新刚健、节奏明快、激情充溢、想象丰富，犹如进军的号角，嘹亮而震撼人心，做到了政治激情、革命理念和审美意识的较高程度的融合，表达出昂扬向上、豪迈宏阔的普罗诗歌美学理念。其美学价值取向上的先锋性和激进性、革命性价值，确如鲁迅所说：“这是东方的微光，是林中的响箭，是冬末的萌芽，是进军的第一步，是对于前驱者的爱的大纛，也是对于摧残者的憎的丰碑。一切所谓圆熟简练，静穆幽远之作，都无须来作比方，因为这诗属于别一世界。”①

胡也频前期的作品具有追求个性解放色彩的显著特征，1928 年前后开始在作品中展现无产阶级文学的价值理想。其代表作是小说《到莫斯科去》和《光明在我们的前面》。《到莫斯科去》洋溢着革命浪漫主义情怀，以缠绵华美的篇章讲述了一个青年革命者和一个寂寞贵妇的爱情悲剧。《光明在我们前面》主要从民众运动和社会思潮发展的视角建构小说的主题，表现爱情和信仰的冲突。小说女主人公白华凭着天真和梦想，坚信无政府主义，而这也成为她和共产主义者刘希坚爱情的重大障碍。但严峻的社会危机终于使她对无政府主义感到幻灭，在刘的帮助下走向革命，刘也获得了爱情。胡也频的作品体现出一代青年如何突破人生重围为理想和信念而战的浓重色彩。

三、叶紫、张天翼

在 20 世纪 30 年代的左翼文坛，叶紫和张天翼是享有盛名的两位小说家。

叶紫的小说是对大革命失败前后洞庭湖畔农村民众的苦难、觉醒与抗争的真实展现，是一个底层文学青年愤怒灵魂的呼号。叶紫小说的政治倾向非常鲜明，洋溢着被压抑民众追求新生与革命的激情。但是，其他众多作家作品中概念化、公式化、标语口号化的倾向似乎与他无缘，因为他的艺术创造是建立在真实

---

① 《鲁迅全集》第六卷，人民文学出版社 2005 年版，第 512 页。

痛切的人生体验与心理体验之上。《丰收》的人物原型就是作者的表叔与表弟，真实再现了中国农村老少两代农民的观念冲突和心理差异，揭示了底层农民在社会重重压榨下只有反抗才有出路，艺术地表达了作者的政治理念和追求。中篇小说《星》是叶紫的杰作，艺术地再现了美丽善良的农村少妇梅春姐在革命激流的鼓动下觉醒、抗争与追求的历程。这部小说细致真切地营构了一个底层女性不屈不挠寻求生理、心理和社会解放的故事，深入且艺术地回答了“五四”以来女性解放和个性解放的现实出路。更为重要的是，这部小说在真诚展现革命风云激荡的同时，将革命进程中的人与事置放于真实的现实氛围中，以近乎原生态的艺术描写展现了革命的复杂性、艰巨性，以及对于革命的疑惑与不解。

张天翼被视为左联最优秀的讽刺小说家之一，而且也是一个多产的作家。从 1929 年开始发表作品到 1938 年的近十年间，先后写了短篇小说近百篇，编为《从空虚到充实》、《小彼得》、《蜜蜂》、《反攻》、《移行》、《团圆》等 12 部小说集，代表作有中篇小说《清明时节》，以及长篇小说《鬼土日记》、《齿轮》、《一年》等 6 部。20 世纪 30 年代前期张天翼主要致力于“革命文学”的创作，着眼点往往是那些生活在社会底层的小人物，写他们的挣扎、痛苦、麻木、愚昧、庸俗，在可怜、可笑与可气中表达出作者对他们的深切同情与严厉批判。20 世纪 30 年代中期，反虚伪、反庸俗、反彷徨成为其小说的基本讽刺主题，其独特的讽刺艺术风格也逐渐定型。鲁迅将张天翼归入新文学运动以来“最好的作家”和“最优秀的左翼作家”之列。①

四、沙汀、艾芜、吴组缃

加入左联的沙汀、艾芜和没有加入左联的吴组缃，因为小说艺术上的成就，成为引人注目的优秀左翼小说家。

沙汀的成名作是《法律外的航线》，小说通过对长江航线上一艘外国商船的一系列描写，既勾勒了帝国主义分子在中国国土上的“法外治权”，又暗示了中国农村革命星火燎原的生动情景。1935 年至 1937 年，沙汀小说达到了新的艺术境界，为他成为 20 世纪三四十年代描绘中国宗法制农村的优秀作家奠定了基础，佳作有《丁跛公》、《代理县长》、《凶手》、《兽道》、《在祠堂里》等。创作于 20 世纪 40 年代的长篇小说《淘金记》、《困兽记》、《还乡记》“三记”以及短篇小说《在其香居茶馆里》，是其小说创作的巅峰之作。

异邦边陲的风光习俗和世态人情造就了艾芜作为一个流浪作家的独特清新的小说艺术风格。《南行记》既是他的成名作也是他的代表作。这部小说集主要

---

① 尼姆·威尔士：《现代中国文学运动》，载《新文学史料》1978 年第 1 辑。

以一个流浪知识青年的目光，审视和叙述边疆异域底层民众诸如盗贼、流浪汉、商贩的生存与挣扎，而且带有浓郁的自叙传色彩，《人生哲学的一课》、《山峡中》和《松岭上》等小说更是其中的杰作。这些小说不但在风格上清新明丽、奇异自然，在内容上也善于发掘社会最底层民众顽强的生命意志，以及人性的错综复杂。

吴组缃尽管不是左联成员，但他的优秀小说无不浸润着左翼文学思潮的营养。他的代表作《一千八百担》是一篇具有深厚艺术功力的小说作品，在短短3万字的布局中，通过对宋氏各房争夺祠堂积谷的速写，举重若轻地描绘了中国农村宗法制社会崩溃的缩影，刻画的人物活灵活现、形象传神，小说结构严谨舒畅，既传达了作者的政治取向，又有很高的艺术价值。《菉竹山房》是另一篇广为人称道的小说。它通过一对年轻夫妇探视二姑姑的经历，讲述了一个凄丽幽婉的爱情遭遇，述说了一个幽闭的迟暮女性对青春、爱情和欲望的渴求。小说富有古朴的传奇气息与淡淡的诗意，令人读后久久不能忘怀。

五、夏衍与左翼戏剧

左翼文学在政治意识与艺术形式上的结合不但造就了小说、诗歌、散文创作的繁荣局面，也使现代话剧创作走上文坛的前沿。20世纪30年代，仅仅在上海就活跃着田汉领衔的南国社、洪深领衔的复旦剧社、应云卫领衔的上海戏剧协社、朱襄成和罗鸣凤领衔的辛酉剧社、陈白尘领衔的摩登剧社、夏衍领衔的上海艺术剧社等著名戏剧艺术社团和流派。

如果从成就和影响来看，夏衍在左翼文学阵营中，在戏剧的创作方面是最为突出的。夏衍介入文学活动时，正值革命文学论争火热时期。他在左翼文学统一战线尤其是左联的建立过程中，起了重要的组织作用。更为重要的是，他在文学创作领域也起了重要的先锋作用。他的报告文学《包身工》由于入选多种中学语文教材而广为人知，而报告文学在那个时代是典型的先锋、前卫文学样式。当然，他的文学创作成就更大的还是戏剧。他是从改编茅盾的《春蚕》等作品开始步入剧坛的，最著名的三部作品是《赛金花》、《自由魂》(《秋瑾传》)和《上海屋檐下》。《赛金花》在当时产生了很大的轰动效应，不但被迅速搬上舞台，而且引发了文学艺术界广泛的讨论。夏衍戏剧的顶峰之作则是1937年上半年创作的《上海屋檐下》。这部话剧蕴含着深沉的现实主义情怀，采取新颖的舞台空间横切手法，演绎了上海小市民的喜怒哀乐、悲欢离合。这部作品在思想主题上具有时代先锋性，克服了早期左翼文坛创作中的公式化、概念化、标语口号化等弊端，深入到社会人生的底层领域和私人领域，拓展了左翼戏剧、左翼文学的创作空间，成为左翼戏剧文学创作走向成熟的标本。

第四节　茅　　盾

茅盾,原名沈德鸿,字雁冰,浙江桐乡人。早在少年时代,就显露出文学天赋,深得国文老师的赞许。文采斐然而且志在揽辔澄清的少年茅盾,也仿佛就此奠定了人生的基本追求坐标:文学创作和政治关怀的高度融合。这可以说既是茅盾观察社会人生、又是他进行文学创作和文化活动的基本框架。

茅盾是五四新文学运动的重要人物,他不但参与和主持了《小说月报》的改革,使之成为新文学运动的重镇,更是文学研究会的主要理论家。五四时期诸多著名的文学运动和文化活动中大多能看到茅盾的身影,可以说,在建构中国现代文学的知识体系、审美尺度和观念系统等方面,茅盾起了不可忽视的作用。与同时代很多作家不同的是,茅盾不仅在文学和文化领域取得很大的成就,而且积极参加政治与社会活动,他是中国共产党早期的党员之一,在1921年至1927年这段时间里,他将主要精力投入到政治活动中,成为半职业的社会政治活动家。不过这并没有妨碍他在为新文学进行知识储备和理论建构方面的工作。从他在这个时期写的《〈小说月报〉改革宣言》、《文学与政治社会》和《论无产阶级艺术》等著名文章来看,茅盾文学观念的基本底色就是文学创作与社会政治潮流相契合,其日后的文学创作也基本行走在这条大道上。

一、《蚀》三部曲及早期创作

1927年国共合作失败和国民党的清党政策,让政治遇挫的茅盾陷入了深深的苦闷和彷徨之中。但这也成为他全身心投入文学创作的原动力,在咀嚼着大革命失败痛苦的过程中,在思索着知识青年未来命运的过程中,在系统总结着过往经验与教训的过程中,《蚀》三部曲(《幻灭》、《动摇》、《追求》)诞生了。

《蚀》三部曲营造了动荡时代性与革命对人的生存的支持和溃败。《幻灭》中的静女士,对于性如同革命一样,既涉足不深又幻想借此寻求希望与刺激。当她"一大半还是由于本能的驱使,和好奇心的催迫"而失身于帅座的暗探、女性猎逐者抱素("反革命"的能指符号)后,得到的却是"偿还加倍的惆怅"和"痛苦失败的纪录"。革命"张开了欢迎的臂膊等待她",然而革命同样也不是庄严圣洁的处女梦,"一方面是紧张的革命空气,一方面却又有普遍的疲倦和烦闷"。更令她感到遗憾和嫌恶的是"革命的人生观,非普及于人人不可"。静女士不能不追问:"在这样的矛盾中革命就前进了么?"在静女士对革命产生厌倦和困惑的时候,崇尚战争与未来主义的强连长走入静女士的世界,带给静女士的是远离革命尘嚣的爱恋。革命缺席后恋爱的出场，让静女士终于盼到了“梦想的生活”，然而强连长又转而寻求“强烈的刺激，破坏，变化，疯狂的杀，威力的崇拜，一应俱全”的战争。静女士体验了性与革命的循环式诱惑和追求，得到的却是激情沦为庸常后的厌倦、困顿和幻灭。作为本能和追求象征的性与革命，终究抵挡不住命运的无常：“人们都是命运的玩具，谁能逃避命运的捉弄？谁敢说今天依你自己的愿望安排定的计划，不会在明天被命运的毒手轻轻地一下就全部推翻了呢?”性与革命所象征的生命本能冲动和生存理想的追求，在《幻灭》中具有了某种形而上意味的叙事功能。

如果说《幻灭》展现的是对性与革命激情的追求和幻灭感，那么《动摇》则述说了激情爆发过程中心灵、情感和意志的复杂体验。性心理与革命心理描写成为《动摇》的精彩之笔。“动摇”一词恰如其分地展现了小说人物方罗兰在追求性与革命过程中进退失据的心理和情感状态。性伴随着革命一道袭来产生的巨大能量，使整个社会结构和公众心理都发生了动摇。

《追求》作为“缠绵幽怨和激昂奋发的调子同在”的“狂乱的混合物”，展现的是性与革命遭受失败后，带给挣扎着的生存本体的巨大挫折感、精神危机和心理创伤。看清了时代病的悲观的张曼青，将最后的憧憬寄托于教育和爱情，得到的却是更大的苦闷：“现在是事业和恋爱两方面的理想都破碎了，是自己的能力不足呢？抑是理想的本身原来就有缺点?”试图以肉体挽救史循自杀的浪漫女性章秋柳，亦曾慷慨激昂：“在极顶苦闷的时候，我们大笑大叫，我们拥抱，我们亲嘴。我们含着眼泪，浪漫，颓废。但是我们何尝甘心这样浪费了我们的一生！我们还是要向前进。”然而史循暴病而死，她身染梅毒，渴望“用群的力量约束自己，推进自己”的章秋柳彻底幻灭了。“半步主义”者王仲昭将要“沉醉于已经到手的可靠的幸福”时，却遭到致命的一击：“你追求的憧憬虽然到了手，却在到手的一刹那间改变了面目!”《追求》中的三个主要人物“刹那间再起一回‘寻求光明’的念头”①再一次遭到重创。几十年后茅盾这样解释其创作动机：“《追求》原来是想写一群青年知识分子，在经历了大革命失败的幻灭和动摇后，现在又重新点燃希望的火炬，去追求光明了。”但他又不能不尊重逝去经验的真实：“在写作的过程中，我却又一次深深地陷入了悲观失望中。”②不论茅盾事后如何强调创作动机中的革命性，《追求》给人最深刻的印象却是：“全部的人物都似乎被残酷的命运之神宰割着，他们虽有各自的个性，有的努力于事业，有的追求强烈的生活的乐

---

① 钱杏邨：《从东京到武汉》，《中国当代文学研究资料·茅盾专集》第2卷，福建人民出版社1985年版。

② 茅盾：《创作生涯的开始——回忆录[十]》，《新文学史料》1981年第1期。

趣，但结果，都被命运之神引向了幻灭死亡的道路。”①

《蚀》三部曲中，个性解放和政治伦理冲动具象化为性与革命的激情展现，“时代女性”的苦闷追求本身就是革命的产物，同时又构成整体革命的有机组成部分，身体与心灵因革命的风起云涌而鼓起解放的翅膀，同时又因革命规则和残酷现实而呈现光怪陆离的景观。性与革命的原动力来自于生存本体对个性、自由和快感的憧憬，是以激情爆发的形式获得身体、心灵和意志的满足，但激情在瞬间爆发后，却将人抛向客体化的世界，将人置于外在的而非内在的必然性统治之下。性与革命围绕自身建构了一个充满紧张和焦灼的张力场，一切的矛盾由此萌生。以性与革命作为艺术中介和叙事焦点，《蚀》三部曲诉说了大革命时代的人（主要是知识分子）的内心矛盾、精神危机和生存困境。《蚀》小说文本对性与革命的悲观色彩的叙事，与同一时期蒋光慈、洪灵菲等人创造的以“革命＋恋爱”为主题的革命罗曼蒂克小说展现的“革命积极性”，形成鲜明对照。《蚀》三部曲作为艺术创造，超越了一般革命罗曼蒂克小说，展现了与当时“革命＋恋爱”流行模式不同的历史叙事方式，从而丰富了左翼文学的多维历史性格和精神面貌。

在1928年茅盾东渡日本前后，他又创作了《创造》、《自杀》等小说，结集为《野蔷薇》，继续探索动荡时代苦闷灵魂的出路。他写了《读〈倪焕之〉》等文艺评论，在回答来自左翼阵营的指责的同时，开始形成自己独特的文艺理论和创作观念，即善于从社会政治经济的宏观视角来建构自己的艺术想象空间和审美世界，善于从时代性的高度来赋予文学创作以重大的价值和使命。经过了政治遇挫后的艰难和困惑的茅盾，开始借文学来重新营造自己的理想蓝图，这在其长篇小说《虹》中得到了具体表现。

今天如果我们不再从单一的“革命”的角度，而是从一个复杂的多维的艺术形象的视野观照小说主人公，从心理、性格、社会境遇、政治环境、爱情、欲望等多层面来看待和解读梅女士，那么我们从小说中得到的将会非常丰富，梅女士的喜怒哀乐、狷介孤傲、独立不羁，对爱情与理想的执著追求，以及远大抱负，都是可圈可点的，具有丰富的可阐释空间。即使从“革命”的单一视角来看待这部小说也是别有意味的，正如茅盾自己所说的：“客观现实反映到作家的头脑，由作家加以形象化，这就是文学作品。作家尽管力求客观，然而他的思想情绪不能不在作品的人物身上留下烙印。梅女士思想情绪的复杂性和矛盾性，不能不说就是我写《虹》时的思想情绪。当时我又自知此种思想情绪之有害，而尚未能廓清之而更进于纯化，所以《虹》又只是一座桥。”②恰恰是“此种思想情绪之有害”，比之几

① 贺玉波：《茅盾创作的考察》，《大公报》1933年1月25日。

② 茅盾：《亡命生涯》，《新文学史料》1981年第2期。

十年后的“纯化”认识，更真实地展示了作者的思想情绪的原生态，更真实地展示了梅女士这一人物形象的艺术真实品格和内涵。这种“有害”的思想情绪，不但是作者的，也是历史的，更是小说艺术本身的，小说正是在这样的基础上，建构了一个具有丰富底蕴的艺术世界，塑造了一个气韵生动、七情六欲皆备、性格狷介丰满的人物形象。需要指出的是，《虹》的后半部分与前半部分相比颇为逊色，也就是梅女士东出夔门之前的蜀中岁月的描写，要远胜于梅女士来到上海后逐渐“准备将身体交给第三个恋人——主义”的描写，究其原因，作者未能将思想信仰与艺术真实结合起来，是一个不可小觑的因素。

二、《子夜》和社会剖析小说

茅盾是现代中国文学史上理性意识最强的作家之一，其小说也常常被人们称之为社会剖析小说。茅盾的小说观念是建基于深层的科学理性主义世界观和客观实证的观察分析方法之上的，并以小说这种艺术形式来展现其对社会人生的理性思考和观察。在他的小说中，复杂的社会现实、深刻的心理分析、细腻的人物形象塑造、宏伟的史诗结构、客观冷静的叙述、创造时代典型的气魄，都是建构在理性思考与艺术创造尽可能完美融合的基础之上的。他强调运用科学的态度分析社会、解剖社会、揭示社会的本质，强调运用科学的理论对社会现象进行理解与分析，强调理性思考在艺术创造中的作用，能够将社会科学精密的剖析与现实主义创造手法出色地融合起来，依靠理性分析来开拓形象思维的深度与广度，从典型环境出发来塑造典型人物形象，注重小说题材与主题的时代性与重大性，自觉追求小说创作的巨大思想深度和丰厚的历史内容。可以说，无论是题材选择还是主题提炼、无论是结构情节设置还是人物形象塑造、无论是典型细节描写还是性格与心理刻画，理性思考在茅盾的小说创作中都占据极为重要的分量。

用文学作品反映当时的时代与社会，成为茅盾创作观念的轴心。茅盾运用“研究过社会科学”的“训练过的头脑”进行创作，并自觉贯穿“大规模地描写中国社会现象的企图”，其作品中最为典型、影响最大的当推长篇小说《子夜》。茅盾的目的意识非常明确，他将《子夜》的主题定位于以下三个方面：“（一）民族工业在帝国主义经济侵略的压迫下，在世界经济恐慌的影响下，在农村破产的环境下，为要自保，使用更加残酷的手段加紧对工人阶级的剥削；（二）因此引起了工人阶级的经济的政治的斗争；（三）当时的南北大战，农村经济破产以及农民暴动又加深了民族工业的恐慌。”①创作意图固然不等同于文学作品，创作意图也不一定能够完全在作品中落实，但谁又能够否认《子夜》作为一部小说对这种理性

① 茅盾：《〈子夜〉是怎样写成的》，《茅盾全集》第22卷，人民文学出版社1993年版。

企图的展现呢？且不说茅盾为实现自己的创作意图如何深入"基层"去摄取素材，仅就小说中主要人物吴荪甫的塑造来讲，茅盾不但注重表现其性格的多面性与复杂性，而且将人物的行为、情感、心理、个性等置放于错综复杂的社会关系中加以描写，置放于社会政治经济剧烈变动的环境中加以塑造和审视。或许正是因为茅盾强烈的政治理性追求，才使《子夜》这部作品成为具有史诗意味的时代之作。

《子夜》的出版在中国现代文学史上具有相当大的震撼力。茅盾在《〈子夜〉写作的前前后后》①中记述了一些相当有价值而且至今仍可以让人回味的评价。

瞿秋白在《〈子夜〉与国货年》中认为："这是中国第一部写实主义的成功的长篇小说，带着很明显的左拉的影响。自然它有许多缺点，甚至于错误。然而应用真正的社会科学，在文艺上表现中国的社会阶级关系，这在《子夜》不能够说不是很大的成绩。"在《读子夜》中又说："在中国，从文学革命后，就没有产生过表现社会的长篇小说，《子夜》可算第一部；它不但描写着企业家、买办阶级、投机分子、土豪、工人、共产党、帝国主义、军阀混战等等，它更提出许多问题，主要的如工业发展问题，工人斗争问题，它都很细心的描写与解决。从'文学是时代的反映'上看来，《子夜》的确是中国文坛上新的收获，这可说是值得夸耀的一件事。"同时也指出了一些值得注意的问题，如"《子夜》在社会史上的价值超越它在文学史上的价值"，以及小说结构、人物描写、叙事风格等方面的问题。或许令人奇怪的是，在人们对《子夜》议论纷纷的时候，"学衡派"的吴宓却赞赏有加："吾人所为最激赏此书者，第一，以此书乃作者著作中结构最佳之书。盖作者善于表现现代中国之动摇，久为吾人所习知。其最初得名之'三部曲'即此类也。其灵思佳语，诚复动人，顾犹有结构零碎之憾。吾人至今回忆'三部曲'中之故事与人物，但觉有多数美丽飞动之碎片悬绕于意识，而无沛然一贯之观。此书则较之大进步，而表现时代动摇之力，尤为深刻……此书写人物之典型性与个性皆极轩豁，而环境之配置亦殊入妙……笔势具如火如荼之美，酣恣喷薄，不可控搏。而其微细处复能宛委多姿，殊为难能而可贵。尤可爱者，茅盾君之文字系一种可读可听近于口语之文字。"

及至今天，人们在评论《子夜》时也多沿用半个世纪之前瞿秋白的批评模式。大多数人都从"文学是时代的反映"角度肯定《子夜》的价值，却很少像吴宓那样从纯粹的艺术与技巧的角度来评判。但从茅盾在《〈子夜〉写作的前前后后》记载来看，《子夜》初版为 3000 册，三个月内重版四次，每版 5000 册，在当时实属罕见，读者除了新文学爱好者外，向来不看新文学作品的资本家少奶奶、大小姐，电

---

① 《新文学史料》1981 年第 4 期。

影界中的人物乃至舞女也以读《子夜》为时尚。可见《子夜》的魅力显然并不仅仅停留在“对时代的反映”上。

茅盾在写作《子夜》时曾有宏大的创作计划，但没有完全在《子夜》中实现。不过，茅盾在20世纪30年代中期所写的大部分中短篇小说，基本上都是原来《子夜》所设想题材的延续和扩展，像农村三部曲（《春蚕》、《秋收》、《残冬》）以及《林家铺子》、《多角关系》等小说，以农村和小城镇的下层民众为主人公，描绘了这一社会环境下的政治状况、阶级矛盾和社会心理，深刻展现了中国下层社会的悲欢离合、喜怒哀乐。作者将深切的同情和深刻的政治理念注入这些作品中，不但借小说这种艺术形式表达了自己的价值追求，而且为现代中国文学史创造出了老通宝、林老板等经典的人物形象，为读者描绘出20世纪30年代中国底层社会的心灵图景。

三、20世纪40年代及以后的文学活动

20世纪40年代，茅盾的著名作品有《腐蚀》和《霜叶红似二月花》，这是茅盾小说艺术的另一高峰。这些作品同样延续着将政治理念和艺术创造合流的创作意图。《腐蚀》是一部暴露国民党政权特务统治的小说，将这一政权统治下社会的腐败、黑暗和龌龊淋漓尽致地展现出来。这部日记体的小说，将饱受黑暗政治蹂躏以至堕落、但人性未泯的女特务赵惠明的痛苦灵魂的忏悔，作为叙事中轴，为现代文学史创造了一个杰出的、独特的人物形象。《霜叶红似二月花》主要写五四运动前后一个江南小城的社会变动以及活动于其间的各色人等。这部小说只完成了原计划的三分之一，尽管如此，这部未竟之篇不但在展现“时代性”上有出色表现，而且非常富有艺术韵味，当时即被文坛认为是“中国文艺之巨大收获”，今天更是受到许多专家学者的赞誉。

由于坚持将政治理念贯穿到文艺创作中，这除了使茅盾的小说具有一般作品所不具有的宏大气魄等优长外，其理念化痕迹浓重也对小说的艺术表现力造成了抑制，这是茅盾小说在传播、接受和评价过程中遭到人们非议的一个焦点问题。实际上，不但茅盾的小说存在这一问题，许多左翼作家的创作都无法回避这一问题。这就需要我们确立一个基本标准，即理念要求有没有逾越文学自身的限度。左翼作家作品的优势在于底层社会和人民的立场，以及对社会水深火热生存状况的真切了解和表现，尽管文学能够在一定程度上将革命理念灌输给群众，但这毕竟是有限度的和有选择的。文学自身的问题还须以文学的方法来解决。从茅盾及其他左翼作家的创作来看，大凡优秀之作无不是在首先遵循艺术规律基础上来表达政治理念的，因而，受时代所限，茅盾的文学创作或多或少地存在政治先行的情况，但从总体来看，茅盾被誉为文坛巨匠是当之无愧的。

本章阅读书目：

蒋光慈：《丽莎的哀怨》

柔石：《二月》、《为奴隶的母亲》

张天翼：《包氏父子》、《华威先生》

沙汀：《在其香居茶馆里》

殷夫：《孩儿塔》

艾芜：《南行记》

吴组缃：《菉竹山房》、《一千八百担》

茅盾：《蚀》、《子夜》、《林家铺子》、《春蚕》

成仿吾：《从文学革命到革命文学》

李初梨：《怎样地建设革命文学》

钱杏邨：《死去了的阿Q时代》

鲁迅：《对于左翼作家联盟的意见》

鲁迅：《上海文艺之一瞥》

梁实秋：《文学是有阶级性的?》

胡秋原：《阿狗文艺论——民族文艺理论之谬误》

本章参考文献：

艾晓明：《中国左翼文学思潮探源》，北京大学出版社2007年版。

张大明：《不灭的火种——左翼文学论》，四川文艺出版社1992年版。

旷新年：《1928：革命文学》，山东教育出版社1998年版。

贾振勇：《理性与革命：中国左翼文学的文化阐释》，人民出版社2009年版。

本章思考题：

1. 结合史实，谈谈鲁迅等左翼文人与新月派的论战。
2. 结合史实，谈谈左翼阵营与自由人、第三种人的论战。
3. 试分析《蚀》三部曲的思想感情及艺术价值。
4. 简谈《子夜》的主题。

第九章　繁盛的文学流派

第一节　新月诗派与徐志摩

一、新月诗派

新月诗派又称“新格律诗派”，指的是新月社中的一群诗人。新月诗派的创作活动大致可以1927年为界分为前后两个时期。前期以《晨报副刊》、《现代评论》、《晨报副刊·诗镌》(1926年开办)为基本阵地，影响较大的诗人有徐志摩、闻一多、朱湘、饶孟侃、刘梦苇等；后期以《新月》(1931年创办)为主要阵地，代表诗人除徐、闻外，还有陈梦家、邵洵美、林徽因、孙大雨等。1931年底，其中坚人物徐志摩死于空难，这一诗派遂逐渐衰落。新月诗派的一些重要诗人的理论主张及其诗歌创作，为中国新诗坛带来了新的风气，产生了重要影响。

闻一多，原名闻家骅，字友三，号友山，湖北浠水人。著名的爱国主义诗人，新格律诗的积极倡导者和卓有成就的实践者。出版有两部诗集《红烛》(1923)和《死水》(1928)。闻一多的诗作，在如火的激情中凝聚着深沉的理性。他注重情感的内敛收缩，往往对生活中获得的思悟作冷处理，使之转化为美的诗情，渗入富于暗示性的字句，贯注在严谨整饬的形式里。他的《红烛》以构思的巧妙、想象的丰富、象征隐喻手法的灵活运用，深挚优美地抒唱了诗人恋国思乡、神往光明的满腔火热情思，出版后引起了强烈反响。他的《死水》，更以幽玄之美显示出高标独立的风韵。这部诗集中的诗章，把主体诅咒黑暗、鞭挞丑恶的愤怒情感，经过淬砺之后收敛在谨严而合度的格律里，将反抗的意志深化为一种冷峻的思考和沉雄的力度。诗作《死水》，在整饬形式的制约下，复杂的情思如炽烈的岩浆在翻滚搅动——“这是一沟绝望的死水，/这里断不是美的所在，/不如让给丑恶来开垦，/看它造出个什么世界。”对腐朽社会的深恶痛绝和对祖国的挚爱、对黑暗现实的激愤和对美好未来的向往、对生活的失望与不甘失望的焦灼缠绕交结，如被堤岸挡住的洪流，漩涡迭套、抑郁曲折。其他如《发现》、《祈祷》、《一个观念》、

《一句话》等诗，也都是将浓烈沉厚的主观情感凝聚在诗美的形象里，聚敛在严谨的形式中。形式规范化的情感表达，赋予闻一多诗作一种理性的人工美。

朱湘，字子沅，安徽太湖人。新月诗派的一位重要诗人，"清华四子"之一。有诗集《夏天》(1924)、草莽集(1927)、《石门集》(1934)、《永言集》(1936)。朱湘的诗作，以"技巧之熟练，表现之细腻，丰神之秀丽，气韵之娴雅"和意境的凄冷伤感与音律的宛转抑扬而著称于文坛。

陈梦家，浙江上虞人，曾用笔名陈漫哉，是后期新月诗派的一名健将和代表人物。有诗集《梦家诗集》(1931)、《陈梦家作诗在前线》(1932)、《铁马集》(1933)、《梦家存诗》(1936)。他的诗作多抒写悠然宁静、慈悯仁爱之情思，形式、技巧、语言都极为优美圆熟，具有玲珑飘逸、恬淡悠远的诗美特征。

饶孟侃，字子离，"清华四子"之一，江西南昌人。其影响较大的诗作有《呼唤》、《走》、《有一只老马》、《家乡》、《无题》、《蘅》、《爱》等。1929年自印诗集《泥人集》。饶氏诗作意象单纯清丽，情致和韵律皆优美柔婉，被陈梦家赞为"澄清如水，印着清灵的云天"。

新月诗派对中国现代文学的一个重要贡献，是对新诗格律化的大力倡导和对新诗形式美的探索。在《晨报副刊·诗镌》创刊时，徐志摩代表新月诗派于《诗刊·弁言》中公开亮出了致力于新诗形式探索的理论旗帜："要把创格的新诗当做一件认真的事情做。"闻一多把"创格的新诗"具体界定为"新格律诗"，并系统地提出了新格律诗应具备"音乐的美(音节)"、"绘画的美(辞藻)"、"建筑的美(节的匀称和句的均齐)"的"三美"理论。他认为，新诗固然应该彻底冲决旧诗格律的束缚，但同时还应该创建新的格律，"在一种既定的格律之中出奇制胜"，"律诗的构成是别人替我们定的，新诗的格式可以由我们自己的意匠来随时构造"，"新诗的格式是相体裁衣"。

陈梦家进一步阐释和完善了闻氏的新格律诗理论，提出要以"本质的醇正，技巧的周密和格律的谨严"作为诗之形式美的标准，因为"诗是美的文学"，"是可以观赏的歌咏的思味的文学"。他主张，"我们不怕格律，格律是圈，它使诗更显明，更美"，但"诗的格律，尽可以放得很宽泛"，而且如果"诗的情绪的空气不容许格律来应用时，还得要听诗的意义不受拘束的自由发展"。

新月诗人建构新格律诗理论、探索新诗形式美时，现代新诗的发展正面临尴尬的局面。五四初期白话新诗的大胆尝试，打破了文言旧诗一统天下的局面；其后郭沫若开一代新诗风的《女神》，宣告了一个以自由体为主流的新诗时代的开始，新诗由此获得了迅猛的发展。但同时也逐渐产生了一些令人担忧的问题，不少诗人忽视诗歌艺术的表现形式，写出了大量随手拈来、散漫无序、读后令人不知所云的诗作。正是在这种情势下，新月诗派打出了探索诗歌形式美的旗帜，使情感抒发在形式的节制下获得动态性聚合与美的升华，创建一种既有完美精神又有完美形式的诗格。这对新诗摆脱过分散文化、粗陋直白的危机，走上健康发展道路，对新诗美学理论的建设是功不可没的。

新月诗派对现代文学的又一个重要贡献，是创作了一大批自由抒唱自我性灵的诗篇。新月诗派是一群注重传达一己情感体验，喜欢倾听自我心声的歌者，写下了很多优美动人的爱情诗。如陈梦家的《我望着你来》，以柔美灵俏的语言倾诉了对爱人一往情深的赞叹与祈望；林徽因的《你来了》，写活了爱情到来时心魂的欢乐飞扬；其他新月诗人的爱情诗，闻一多写得幽玄，邵洵美写得华丽，饶孟侃写得灵秀，朱湘写得凄美，也都各具特色。

秀丽明媚的大自然是频频触发新月诗人灵思涌动的诱因，许多借景抒情以物寓志的诗作相继问世。闻一多笔下风情万种妩媚迷人的自然景物，总与其心中爱国思乡之情交织在一起。如《忆菊》，描绘了秋天的美景、菊花盛开时的丰姿异彩，并由此生发出对祖国的深情思恋和讴歌。饶孟侃笔下浪漫清纯的抒情主体与清灵秀丽的自然景观每每相映成趣、优美动人。陈梦家笔下的自然风光总是悠然静穆，并常与想象中的人生遭际浑然交融，寄寓着哲理，如《一朵野花》、《十月之夜》。

新月诗人还喜欢抒写特定情景下刹那间的个人感受和偶发意念。如林徽因的《笑》，捕捉了一位少女妩媚倩巧的粲然一笑，诗人以水的映影、风的轻歌、云的留痕、浪的柔波予以比喻形容，将这“笑”定格成一种美的永恒。

新月诗作的诗美风格空灵飘逸，显示出一种超凡脱俗高雅清丽气质。他们十分注重对幽渺辽远意境美的追求，如繁丽幽玄是闻一多诗境的基本色调，清雅灵透是林徽因诗境的追求，悠远宁静、云飘月逸是陈梦家诗作意境美的特征。他们擅长创造意象的美和象征的美，以拓展幽渺空濛的诗之意境，而新月诗作的语言也具有清雅洁美飞扬灵动之特点。

二、徐志摩

徐志摩，原名徐章垿，字槱森，浙江海宁人。出身于富商之家，自幼饱学诗书，兴趣极广。1918 年赴美留学专攻经济，1920 年赴英入剑桥大学专攻政治经济，获硕士学位。同时阅读了大量英国 19 世纪浪漫派诗作，深受雪莱、拜伦、济慈等诗人影响，自由意识、个性意识与诗之灵性一并觉醒，确立了“爱、美、自由”的生活理想。1922 年回国，先后担任北京大学、光华大学、东吴大学教授，积极从事新诗创作。1931 年 11 月因空难辞世。主要诗集有《志摩的诗》、《翡冷翠的一夜》、《猛虎集》、《云游》等。在浪漫单纯的人生观引导下，他将全部生命献给了爱、美、自由，享有“现代诗仙”之誉。

爱情诗是徐志摩诗作中最有特色也最具魅力和影响力的一部分。这些爱情诗或热烈激切，或缠绵悱恻，或哀婉忧伤，抒唱了诗人对理想人生的执著追求，希望以爱去美化社会，解释人生，促进人性向真善美境界提升。《雪花的快乐》就是其中一首脍炙人口的爱情诗佳作。诗人以超凡脱俗的想象将现实的我彻底抽空，让一朵快乐飞飏的雪花代替我出场，抒写了对爱的乐观信念与执著追寻，进而描绘了雪花为爱情与美而坚定追寻、快乐融化的生命过程："假如我是一朵雪花/翩翩的在半空里潇洒，/我一定认清我的方向——/飞飏，飞飏，飞飏，/这地面上有我的方向……"这朵充满灵性的雪花，寻找着爱之归宿，甘愿为爱与美而牺牲。在清幽的花园中，它终于等到了那位散发着朱砂梅清香的姑娘，凭借身体的轻盈，落在心爱人的衣襟，甜蜜地消融于爱人"柔波似的心胸"。这朵为爱而飞飏、消融的快乐的雪花，正是热烈追求爱与美的浪漫诗人的自我写照。这是被诗人意念填充的雪花，被赋予灵魂的雪花，这是为美而死、为爱而死的雪花。值得回味的是，雪花对为美与爱而消融自我生命的过程丝毫不感痛苦绝望，恰恰相反，它充分享受着选择的自由、消融的快乐——"飞飏，飞飏，飞飏"，这是多么坚定、欢快和轻松自由的执著，这是雪花自明自觉的爱情抉择。

抒写对大自然的崇拜与歌颂，是徐志摩诗歌内容的另一热点。诗人宣称："我是个自然的婴儿，光明知否/但求回复自然的生活优游"（《诗》）。在诗人笔下，大自然的山川草木和日月星辰，都是温柔善良的精灵，向人们无私地奉献着爱的温情。诗人感恩于山的鼓励、月的体贴、雨的柔情、草儿的忠诚，渴望自己"化一缕轻烟/化一朵青莲"，投入"大自然欢畅自由的合唱"。诗人与大自然之间有生命本能的认同，他能与星星问答，能和鸟儿对话，能感受高山的悲哀，能倾听到残苇的低诉。这种与大自然的契合呼应，在《五老峰》、《石虎胡同七号》、《乡村里的音籁》、《再别康桥》等诗中尤为突出。

抒写追求受阻、理想破灭的哀伤幽怨情怀，也是徐志摩诗歌的一个重要内容。在《翡冷翠的一夜》、《珊瑚》、《新催妆曲》、《呻吟语》等诗中，诗人细腻幽微地倾诉着两情相悦却终将分离的痛苦与疑惧。尤其在1927年后，诗人的个性主义理想在生活上和政治上同时幻灭，一种浓郁的沮丧绝望情绪开始弥漫在其诗中："阴沉、黑暗、毒蛇似的蜿蜒，/生活逼成了一条甬道 /……在妖魔的脏腑内挣扎，/头顶不见一线的天光，/这魂魄，在恐怖的压迫下，/除了消灭更有什么愿望？"（《生活》）诗人渐渐由一个浪漫的"生命的信徒"，蜕变成一个失去了生活方向与希望的颓唐人，无奈地"用半干的墨水"描画着"一些残破的残破的花样，/因为残破，残破是我的思想"（《残破》）。这些诗作为读者提供了求美尚爱的诗人被黑暗社会毁掉的一份诗化的情感记录。

徐志摩还有一些诗作揭露了旧中国军阀统治的黑暗，对劳动人民的痛苦命运表达了人道主义的同情。如《太平景象》、《大帅》、《叫化活该》、《人变兽》、《先生！先生》等诗。

徐志摩的诗作，以来自性灵深处的妙悟，寻求着优美自由而合度的情感传达。他推崇性情的自然流露，却非一任情感泛滥，而是按审美要求来诗化处理情感，实现形式与神韵的浑然天成，形式的节制使徐诗的主观情愫获得了诗美的升华。他热情地"努力于新体制的输入和试验"，先后尝试过散文诗、叙事诗、自由诗、新格律诗、十四行诗、打夯歌诗、对话体诗等多种诗体形式，成功率极高。而无论用何种体式，他都力求形式的总体完整性，"于参差变化中见整齐"，如《雪花的快乐》、《偶然》等诗。

徐志摩主张诗应该"彻底音乐化"，注重追求诗的音乐美。他善于调配诗句的声调平仄和音节流转，并辅以复沓重奏回环，造成优美和谐自然起伏的音乐美旋律。如《沪杭车中》、《再别康桥》、《半夜深巷琵琶》等诗。

徐志摩擅长以细密精微的艺术感觉与悟性摄像捕物，诗化情感，构成新颖美妙的意象，创造浑然天成的优美意境。他尤其善于借助飞扬灵动的比喻，创造意象传达意趣。朱自清赞他"最讲究用比喻，他让你觉得世上一切都是活泼的，鲜明的"。徐氏对中国新诗的重要贡献，正越来越受到学界重视。

第二节 丁玲与女性文学

中国现代女性文学的源头是五四新文化运动。伟大的五四新文化运动掀开了中国社会现代化进程的序幕，声势浩大的妇女解放斗争也由此正式启动。一批现代女作家迎着个性解放、人格独立的新时代曙光，勇敢冲出了封建父权意识、夫权意识的幽暗历史隧洞，昂首登上了现代文坛。以冰心、庐隐、冯沅君、凌叔华、石评梅、苏雪林等为代表的女作家，把"人的发现"这一五四新文化思想的核心具体化为"女性的发现"和"女性的复活"，宣告女性应该成为和男人一样的"大写的真正的人"，应该享有与男性同等的价值、权利与尊严。她们在作品中塑造了一批冲出男权传统樊篱的新女性形象，描写歌颂了她们对恋爱自由、婚姻自主、男女平等的大胆追求，揭露控诉了幽暗的历史牢笼对女性的摧残压迫，留下了一份份属于自己的女性体验与女性话语，在五四文坛引起了强烈的反响。

20 世纪 20 年代末到 40 年代，五四以来逐渐成长起来的女性自我意识，在那个血与火的时代经受了考验并逐步深化。由此，肩负着阶级解放、民族反抗的爱国主义精神的新女性迅速崛起，并滋生了新文学第二代女性文学作家群，以萧红、罗洪、关露、冯铿、白朗、谢冰莹、陈敬容等为代表。这一代女作家与第一代的最大不同之处，就在于她们在激烈的时代洪流中，充分展示了女性自我意识的真正觉醒。女性文学由纤细、哀婉的笔调描摹的个人命运，被粗犷、冷静地客观描写民族解放的生活所替代。在她们中间，丁玲第一个以革命作家的姿态，表现了新文学女性作家由第一代向第二代的转变。

丁玲，原名蒋伟，字冰之，湖南临澧县人，中国女性文学的重要代表作家之一，被誉为“灵魂与时代的绝叫者”。她的创作不仅持续闪耀着五四启蒙思想和个性主义的阳光，而且渗透着深沉精警的女性意识，更在时代风云中彰显出她追求真理、探索人生的勇气。在文化语境转型的20世纪30年代，丁玲一方面走出了“五四”女性文学的狭窄抒情天地，另一方面在政治与革命的宏大主题叙事中，坚持密切关注女性命运的个性书写立场，以她贯穿始终的双性写作思路，在两者的平衡间寻求为社会、为人生、为女性而呼号与奔走。在加入左联之前，丁玲出版了三个短篇小说集《在黑暗中》(1928)、《自杀日记》(1928)、《一个女人》(1930)。这些作品标志着一个新的时代女性的崛起，也奠定了她在现代文坛的重要地位。这其中最具代表性的是《梦珂》和《莎菲女士的日记》。在这两篇小说中，女主人公们体察了人生的复杂与艰难，痛感在保持自我的奋斗中，女性常常要被迫付出另外的牺牲，女性的完善人生是那样难以实现与完成。

1927年发表处女作《梦珂》的灵感，来源于丁玲的一段亲身经历。丁玲年轻的时候一直怀有一个明星梦。1926年来到上海后到明星公司应试。但黑暗混乱的社会现实却让丁玲非常失望，她亲眼看到并亲身感受到了女性被男权社会所压迫、所欺凌的许多残酷事实，对电影圈内混乱随便的男女关系更是感到厌恶和恐惧，因此很快就斩断了电影明星梦。然而这段经历却引发了丁玲最初的女性意识的觉醒——现实社会中的女人总是难免落入被男人欺凌的可怜境遇，她要为可怜的女人们讨一份公道。于是，她将这种清醒的认识和愤怒的情绪，全部贯注到小说中。小说主人公梦珂出生在破落的封建家庭，在姑妈家渐渐习惯了表兄妹们吃喝玩乐的生活方式，学会了喝酒和大把花钱。表哥晓松温存的体贴，一度将她推向了不切实际的遐想，认为表哥爱她，她也对表哥颇有好感。然而在表哥眼中，梦珂只不过是一具充满肉欲的女性身体，只不过是被男人随意审视的对象。当她偶然听到表哥和朋友关于她的一次轻浮的对话后，才明白她仅仅是男人间消遣的猎物。愤怒的梦珂选择离开这个家庭，然而步入社会后才知道社会为女性敞开的出路更是可怜，在绝望中梦珂最终去做了女明星，将身体出卖给男性贪婪的眼睛，让身体的影像进入公共视域，俨然成为“被看”的对象，让肉体的欲望成为男性公然追捧的对象，成为男性视点下的观赏物，由此才得以在这个社会立足。

与《梦珂》相比，《莎菲女士的日记》所表现出的女性意识更为鲜明和强烈。

这篇小说的发表,“好似在这死寂的文坛上,抛下了一颗炸弹一样,大家都不免为她的天才所震惊了”。虽然在当时,全然对立的褒贬让这部日记体小说面临很多质疑与误解,但有一个事实是不可忽视的——那就是丁玲揭开了女性自主掌控命运的历史新篇。小说以主人公日记的形式,真实记录了大革命失败后青年知识女性对社会、对人生的追求和精神情感上的孤独苦闷。用不加掩饰的大胆直陈,率真激切地表达了女性的情爱与性爱心理,打破了男性话语对女性文学一向惯有的柔美纤巧型的审美期待。主人公莎菲是一个走出家门、漂泊异地的知识女性,她孤身跑到北京求学,因患肺病而不得不待在公寓休养。苇弟追求莎菲,但是莎菲却不喜欢苇弟。苇弟虽然年纪比莎菲还大几岁,但在莎菲看来却是一个长不大的小男人,只会卑微地企求着莎菲的爱。莎菲讨厌这种乞怜的爱,只是从他的泪水中寻找快意,却又为这种冷酷的快意暗自忏悔。莎菲喜欢凌吉士的潇洒漂亮,渴望和他有亲昵行为。但又不想主动去追求他,而想让凌吉士来追求自己,以满足自己征服男性的渴望。然而和凌吉士交往一段时间后,莎菲发现这个男人不但已经结婚,而且品行轻佻放浪,思想庸俗,虚情假意。莎菲认为即使自己暂时征服了他,到头来也终究不过是他的玩物。所以最后凌吉士虽然拥吻了莎菲,但莎菲还是斩断了自己的情丝,宁肯自己寂寞地离开这个世界,也不向社会世俗屈服。

中国的女子向来不敢正视自己的欲望,即便是五四时期个性主义空前张扬,女性作家在涉及婚恋问题时也都不敢对性心理进行大胆暴露,这从冯沅君的小说《旅行》及《旅行以后》中对男女性爱的刻意回避就可以得到证明。而《莎菲女士的日记》却赤裸裸地描绘出女性的性心理。女主人公莎菲旁若无人地喊出自己要追求灵与肉统一的爱情,借此传达出一种凌空高蹈的女性意识。这种挑战和反叛的意义可以说是空前的。一方面,莎菲颠覆了千百年来约定俗成的男性欲望主体位置,女性第一次从一个被言说的客体置换为一个主体角色,将梦珂式的作为欲望客体的身体对象,转变为拥有身体权利的女性主体,自由地支配自己的欲望本能和情感归宿;另一方面,莎菲解构了男权中心的文化秩序,女性不再是被男性肆意审视的对象,女性同样也可以对男人进行重新定义,苇弟的卑弱和凌吉士的庸鄙同样被莎菲不齿。在丁玲看来,爱情就要达到灵与肉的统一,灵魂永远都是肉体的主宰,这是启蒙理性赋予人生的信仰,也是一个高尚灵魂的最后栖居。因此,莎菲的苦闷代表了一代人的迷惘——即在理智的灵魂与本能的欲望之间的激战很可能夺取一个人的尊严。然而选择了苦闷,也就是选择了寂寞,同时也必然选择了一种高贵的、有尊严的人生。这种以女性观点及自传手法来探索生命意义的写作态度,具有鲜明的女性自我意识与敏感性。由此,丁玲被茅盾称为“心灵上负着时代苦闷的创伤的青年女性的叛逆的绝叫者”。

从“人”的觉醒到女性性别意识的觉醒，是女性意识更深层次的觉醒，是女人真正的觉醒。丁玲在继承五四女性文学传统的基础上，最大的超越便是摒弃了男性文化的视角，突破了男性话语的樊篱，把女性带入了自觉追求性别觉醒的新时代。纵观丁玲早期的创作，传达出女性生活和心理的真实信息，使我们从这些作品中倾听到了女性的声音——女性的性别意识、女性的情爱欲望、女性的自我生命体验。初涉文坛的丁玲常采用带有强烈主观情感色彩的自传性文本，这种叙事策略不仅在叙述女性情绪与心理感受方面有天生的优越性，更为女性反叛和颠覆男权文化秩序争得了自由自在的话语权。因为作品中的第一人称叙事形式，使女性从被讲述的“她”变成了自我讲述的“我”，从客体转为主体，从而使女性叙述主体有了倾诉的主动权和自主权。无论是《梦珂》中描写女性在异性欲望包围中的自我选择，还是《莎菲女士的日记》中描写女性对男性欲望的重新审视，我们都能从丁玲苦心构造的女性世界中，读到她为女性、为人生所作出的艰辛的探索与抗争。

20 世纪 20 年代末期，受到时代大潮的影响，丁玲逐渐从女性意识的立场上后撤，转而关注社会政治变化，昔日的“文小姐”在 30 年代初经历了人生的重大转折。在民族危机到来的时刻，丁玲心中强烈的社会使命感和救国救民的潜在政治情结浮出水面。她和蒋光慈、洪灵菲、胡也频等作家一起成为早期左翼文学的拓荒者，1930 年又加入左联。此时，丁玲的创作开始向“左”转——由小资产阶级的写作转向为无产阶级写作，由女性写作转向为社会人生写作。

长篇小说《韦护》讲述了一个关于革命与恋爱的故事。一对青年男女在革命与恋爱的矛盾冲突中痛苦挣扎，最终革命战胜了爱情。共产党人韦护与热情而浪漫的女子丽嘉由恋爱而同居。丽嘉有着莎菲般的狂狷与孤傲，她崇拜自由，厌恶男性的自私和浅薄，常常对这些世俗男子嗤之以鼻。但是革命者韦护却以他的思想和人格魅力征服了她。他们深深地相爱了。虽然对于韦护来说，丽嘉是他的生命，是他所有的爱恋，但在革命的大氛围下卿卿我我的爱情却不为同志们所容，韦护在革命阵营里因此受到冷落和嘲讽。面对情感和理智的挣扎，革命的理性终于战胜了个人的情感，韦护离开了丽嘉，去奔赴那“比血还耀目的灿烂的前途”，而丽嘉也认清了自己只为爱情、只重爱情的狭隘，决心抛弃个人情感，追随男友投身到火热的社会革命中去。

虽然小说《韦护》在当时引起较大反响，然而我们无法回避在进行上述“革命加恋爱”主题描写中，丁玲的话语操作所显露出的一种难以弥合的裂隙——即在理念预设中依循革命叙事模式与力求在潜意识中保留个性化书写立场之间的矛盾对立。在革命大潮到来之际，革命与个性、个人与集体发生了激烈的冲突与交锋，丁玲把这种必然的冲突一方面化解在革命的主旋律叙事中，一方面又发现女性真实的生命体验并不能完全隐退于革命风雨的背后，在革命的山呼海啸中，女性的命运与生命的价值理应再得到进一步的重视与挖掘。为了把自己改造成一位革命化的作家，丁玲放弃了“莎菲”时期对男性的苛刻审视，脱去病弱虚伪的男性表象，男性的形象在革命时代得以升华和高大。若泉、望微等革命勇士形象显示出以往女性写作中所不具备的阳刚男子之气，他们有思想、有追求，胸怀高远，为民为国，甚至女性的思想进步也全部倚仗他们的指导与牵引。我们不妨把这类正面男性形象的塑造看成丁玲对革命叙事话语的妥协，因为时代需要这样“领袖式”的男子形象。然而在对女性这种“被引领”的角色设置中，在“革命加恋爱”的模式背后，我们依然能够发现丁玲在文本之内始终隐藏着那不曾泯灭的女性主体意识和鲜明的性别思考。原本相爱的恋人，却在男性革命者韦护“不经推敲”的推诿之下，留给丽嘉一个痛苦的结局，而丽嘉在痛苦中还要去寄希望于革命的未来。丽嘉的遭遇正是那个时代女性尴尬处境的真实写照，在书写革命的同时，遭遇到革命是一把双刃剑的事实，在革命中追寻解放的女性虽遥望到了女性的最终解放，更多要面对的却是长期以来男性文化历史惰性的压抑。

正当丁玲积极地探索革命化写作之路的时刻，1931 年，胡也频、柔石、殷夫等左翼作家被国民党秘密杀害于上海龙华监狱。惨案使丁玲在极度的悲愤中以更加鲜明的战斗姿态走向左翼文学的最前哨，她决心沿着烈士的血迹前进，留在上海主编左联机关刊物《北斗》，更以实际行积极参与各种社会政治活动，并于 1932 年毅然加入了中国共产党。在政治上迅速成长的同时，丁玲的创作也发生了根本的转变，她自觉地担负起了为大众革命而宣传、战斗的时代责任，爱的痛楚被暂时搁置，作家笔下极难寻觅到一点关于爱情加革命的踪影了。1931 年创作的《水》、《田家冲》等作品，被冯雪峰称为一种“新小说的诞生”。至此，丁玲完全从个人自传性写作和“革命加恋爱”模式中全身而退，用现实主义的手法直接对社会现状进行描绘，由书写知识分子的革命与恋爱，转到了刻画反映劳苦大众群体的反抗与觉悟。相继出版的短篇小说集《夜会》(1933)，长篇小说《母亲》(1933)等，大都是以 20 世纪 30 年代初农村现实生活为题材，真实地再现激变的农村中农民心理与命运的变化。丁玲的这些作品，集中体现了左翼小说创作的基本特征：一是题材开掘的巨大现实性；二是阶级视角的社会批判性；三是广阔生活图景的写实性。

在以发生在 1931 年波及全国 16 省的水灾为背景的小说《水》中，作者粗线条地勾勒出农民觉醒、反抗的群体雕像，表现出一种以速写方式描摹人物和场面的功力。小说真实地展现了人们在水灾到来之前的躁动以及洪水席卷而来时的触目惊心，再现了广大农民与洪水搏斗的惊心动魄的场面，表现出农民顽强求生的本能和在生死关头团结一致迸发出的巨大力量。作品中的“水”，因此也具有了多层的涵义，既是肆虐的洪水，又象征着罪恶势力的凶猛，更为重要的是，这“水”也表征着农民觉醒后反抗的巨大伟力。全篇笔力粗犷，结构大开大阖而又层次井然，这对初次涉及宏大革命叙事的丁玲来说难能可贵。

《田家冲》以诗意的田园风格对人物进行集中描绘。年轻的女革命者三小姐来到乡下进行革命活动，寄居在一个佃农家。家里的小姑娘幺妹对这个出身地主家庭的革命女性产生了浓厚的兴趣，作品以幺妹的眼睛展开了对三小姐的描写。三小姐是丁玲塑造的第一个正面革命女性形象，也是一个为国家、为民族无私奉献的社会型女性形象。她冲出家庭的层层阻碍，毅然参加了革命，最终以生命的代价为进步女性投身革命事业吹响了前进的号角。而田家冲的劳苦大众也在三小姐的感召下由蒙昧落后走向了自觉革命的道路。

然而，必须看到的是，此时的丁玲一方面获得了新题材和新风格带来的文坛声誉，另一方面由于对工农生活的隔膜和切身体验的缺乏，在一定程度上陷入了作品思想性和艺术性不平衡的误区。农民、工人、士兵、革命者等各色人物虽然相继进入了丁玲小说的视野，但这些人物在呈现社会层面多样化的同时，性格的苍白、平面、缺乏血肉却成为明显的不足。

第三节 戴望舒与现代诗派

一、现代诗派

现代诗派得名于1932年5月施蛰存创办的《现代》杂志。该刊明确宣布其诗歌主张：“诗是诗，而且是纯然的现代的诗。它们是现代人在现代生活中所感受的现代的情绪，用现代的辞藻排列成的现代的诗形。”现代诗派拥有的刊物较多，除《现代》外，还有《水星》、《新诗》、《现代诗风》、《星火》、《今代文艺》、《菜花》、《诗志》、《小雅》等。现代诗派阵容强大，包括了一大批在20世纪30年代诗坛上颇有影响的诗人，如戴望舒、何其芳、卞之琳、废名、林庚、路易士(纪弦)、金克木、徐迟、曹葆华、施蛰存、史卫新、玲君等。

现代诗派的成员在自由主义文学思潮激荡下，成为一群“纯诗”艺术的忠诚信徒。他们显然受益于法国象征诗“纯粹诗歌”观念的影响，与20世纪20年代以李金发为代表的初期象征诗派倡导的纯诗主张相联系。从诗歌内在审美机制的衍化角度来看，现代诗派的诗美建构是对初期象征诗派象征品格的继承与超越。

象征品格，是一种注重传达个体生命复杂幽微的内在情思与体验，高扬朦胧暗示美感效应的诗美品格。在具有象征品格的诗作中，诗人借助感性对应物，用暗示象征的方式，在主客融合、双向同化的过程中超越客体的表象世界，传达内心的千端万绪、幽微难明的个人化情意。这种诗美传达方式，是现代新诗从“古典诗意”向“现代诗意”转换的重要界碑。

中国现代文坛的象征诗美品格是在李金发笔下诞生的。1925 年，留学法国的李金发寄回他的第一部诗集《微雨》，出版后引起了巨大反响。1926 至 1927 年，李氏又出版了《为幸福而歌》和《食客与凶年》两部诗集。其后，王独清的《威尼市》和《圣母像前》、穆木天的《旅心》、冯乃超的《红纱灯》、姚蓬子的《银铃》、石民的《恶梦与良夜》、胡也频的《也频诗选》等接踵而来，一同推波助澜，形成了第一股象征诗潮。这些诗作充满了象征意蕴和暗示氛围，提供了一种朦胧神秘、幽邃陌生的诗美风格。但由于这一诗风属国外移植，缺乏本土诗美传统素质，诗人们又未能有效沟通整合中西诗艺，而且李金发的诗作古怪芜杂，意念过于晦涩，读起来让人太费揣摩，因而这种象征品格并未获得国人真正的理解与接受。

真正把象征诗美品格推向成熟的诗人是 20 世纪 20 年代末 30 年代初登上诗坛的戴望舒。这是一位具有传统与现代双重文化品格的诗人，他在古典诗词与象征艺术经验的融会点上刻意求新创造，用优美典雅而又可感可触的古典化意象作为暗示，以隐显适度的艺术传达方式和潇洒自如的笔触以及轻盈活脱的日常口语，成功地编织起一个个朦胧多义、半透明的、幽邃诱人的情结情境。此后，围绕《现代》杂志集结起一批诗人，推出一批令人耳目一新的诗作。如何其芳的《预言》、卞之琳的《三秋草》和《鱼目集》、废名的《废名诗选》、路易士的《易士诗集》和《行过之生命》、金克木的《蝙蝠集》、林庚的《夜》和《春野与窗》、徐迟的《二十岁人》等。他们追随戴氏开展象征诗创作，掀起了规模浩大的第二股象征诗潮。现代诗派又具体分为“主情”与“主知”两支，主情派代表诗人是戴望舒和何其芳，主知派代表诗人是卞之琳和废名。

现代诗派的诗作传达出一种浊世哀音与出世奇想。这群身处白色恐怖中的敏感而脆弱的诗人，对黑暗现实深怀不满却无力与之抗争，憧憬美好光明却找不到实现理想的可行路径，只能游离于社会时代主潮之外，退缩在个人心灵的隐秘之隅，咀嚼一己悲苦，煎熬忧怨情肠，发出缕缕不绝的凄怆哀叹。这些负载着忧郁、弥漫着伤感的诗行，痛苦而真实地刻绘出了现代诗派一个个布满创伤的灵魂，这是孤寂的夜行人、可怜的单恋者、彷徨的寻梦者们普泛性的时代病征与人生悲情的象征。

现代诗派的出世奇思，具体表现在隐遁山林、沉迷爱情、逃向死亡三种母题中。他们企图将大自然作为心灵的庇护所，在诗中反复咀嚼着回归自然与山林同处的滋味，如玲君的《山居》、史卫斯的《曝书》、吴奔星的《山径》等诗；他们企图避入美好纯洁的爱情中，逃离黑暗现实的沉重挤压，在诗中细腻地品味着恋爱的喜怒哀乐，迷惘感伤的悲剧性恋情则是其主要情调，如何其芳的《预言》、《罗衫》，施蛰存的《祝英台》、《乌贼鱼的恋》，林庚的《夜行》、《无题》等诗；他们企图将解脱痛苦的希望寄托于死亡，在诗中描绘、歌咏死亡，表达对死亡的神往与渴望，如何其芳的《送葬》、《花环》，金克木的《憎恶》，南星的《守墓人》等诗。

现代诗派在诗歌艺术创新方面功不可没。他们致力于融合西方现代诗歌与中国古典诗词的艺术精神与技法，提供了以下成功经验：

在诗的取材上，现代诗派善于捕捉平常事物的情致意趣，在容易被人们忽略的日常生活与琐事细故中发现诗意、诗美。他们以细腻精微的审美敏感，穿透日常事物的表象发微探幽，常常落笔于迷濛的雨天、飘忽的云朵、摇曳的衰草（如何其芳《雨天》、《云》、《夜景》）、喧闹的喷水池（如玲君《喷水池》）、啼叫不停的乌鸦（如路易士《乌鸦》）、悄悄爬行的壁虎（如南星《壁虎》）、古老的桥洞（如施蛰存《桥洞》）、扑火的小蠓虫和洗发的胰子沫（如废名《灯虫》与《理发店》），从中开掘出令人神驰心迷的情韵和令人思索回味的哲理。

在诗感表达方式上，现代诗派善于借助繁复多彩的意象抒情，追求一种光色隐约、迷离恍惚的朦胧美。如何其芳的《圆月夜》："说呀，是什么哀怨，什么寒冷摇撼/你的心，如林叶颤抖于月光的摩抚/摇坠了你眼中纯洁的珍珠，悲伤的露？"诗作抒写的是一种由现实与理想的永恒性冲突而生发的人生悲情，却并非直抒胸臆，而是择取林叶、月光、珍珠、露等意象加以暗示，使这份悲情在扑朔迷离如梦似烟的抒情氛围中，获得了隐显适度、朦胧优美的传达。

卞之琳的诗作常择取生活中一些本身就具备某种象征品格的客观意象，以铸成具有多义性主题内蕴的隐性意象，创造出借有限表达无限、借刹那表达永恒的象征诗美。如《断章》："你站在桥上看风景，/看风景人在楼上看你。/明月装饰了你的窗子，/你装饰了别人的梦。"诗的表层景象十分简约清明，但哲理象征意蕴极为丰富：人生不过是互为装饰——你可以看风景，但你同时也成为被他人所看的风景；宇宙间万物互为依存、息息关联——人己浑同、物我合一；相对、平衡精神乃是宇宙存在与运动变化的核心——主体与客体、我与你互相转化生成。这是诗人的灵心慧思与宇宙、生命的深层接触所激活的哲理认知，它使精短的四行诗含蕴了深博的象征哲思。

在诗歌语言和体式上，现代诗派大都倾向于富有散文美和口语美的自由诗。他们超越了初期象征诗派文白夹杂、生僻艰涩的语言风格，使用自然流畅的生活化、口语化语言；他们突破了新月诗派格律诗形式的樊篱，滤去音乐绘画成分，创建了舒放自如的自由形式。

二、戴望舒

戴望舒，原名戴梦鸥，笔名方仁、文生、江思等，浙江杭州人。1925 年入上海震旦大学攻读法文，开始接受法国象征派艺术影响。1928 年发表成名作《雨巷》，引起轰动和赞扬，遂获"雨巷诗人"称誉。20 世纪 30 年代初成为现代诗派盟主，诗集有《我底记忆》、《望舒草》、《望舒诗稿》、《灾难的岁月》。

戴望舒的诗歌创作可以全面抗战爆发为界分为前后两个时期。前期诗作多抒写满载柔情与忧郁的个人心灵，展示着一个孤寂的夜行人、一个可怜的单恋者的脆弱灵魂的幻灭哀伤和迷茫痛苦，诗行间弥漫着灰暗委顿的情调，呈现出一种朦胧凄婉的诗美风格，以《雨巷》、《林下的小语》、《单恋者》、《夜行者》、《忧郁》、《秋天的梦》等诗为代表；后期诗作多传达为民族而歌的悲壮崇高的爱国主义情感，呈现出一种明朗雄健的诗美格调，以《狱中题壁》、《我用残损的手掌》、《偶成》、《等待》等诗为代表。戴氏对中国现代新诗艺术发展的最重要贡献，是以朦胧美丽的情调象征诗，把现代新诗的象征诗美品格推向了真正成熟的高度。

戴望舒的情调象征诗，以"泄情"为主要特征。他善于在日常事物和平淡生活中捕捉美丽忧伤的情思意绪，借助隐喻象征手段，营造富有朦胧暗示美感效应的情调氛围，使读者深浸其中，并由此展开想象追踪，获得深刻的启悟。这情调，充满了心的流浪、神的恍惚和生命的战栗，充满了痛楚的呻吟、深致的悲怆和音乐般的莫名希求，是一种由现实与理想、个人与社会的永恒性冲突而生发出的现代人生悲情的象征。《雨巷》一诗蕴含着极为复杂幽深的心理内容，是情调象征诗的经典标本：

撑着油纸伞，独自
彷徨在悠长、悠长
又寂寥的雨巷，
我希望逢着
一个丁香一样地
结着愁怨的姑娘。

这位姑娘有丁香一样美丽的颜色和芬芳，又有丁香一样的忧愁，"像梦一般的凄婉迷茫"。诗人追求丁香姑娘的过程和结局，是梦一样的相逢又梦一样的分手，只在心头留下了难以排遣的惆怅与哀伤。

从表层看，这首诗似乎只是在抒唱失恋的孤寂忧伤，但进一步追踪其内在的深层意蕴，这种可望不可即的痛苦追求，这种追求幻灭后的无可奈何的叹息，这种叹息所凝聚的浓重伤感，正深刻地象征了个体人生在现代社会中孤苦无依、进退茫然、遍寻不见精神家园的灵魂痛苦。诗中的一系列意象，如孤独的“我”、寂寥的“雨巷”、梦般的“丁香姑娘”，都以凄婉迷茫的情调，浸染着浓重的象征意味。诗作的情感抒发始终建立在一个希望的幻象基础上，使诗境又蒙上了梦幻的恍惚迷离色彩，使象征意味的传达幽渺灵幻，深得象征诗美精妙幽邃之真谛。诗作以舒缓和谐的节奏，铿锵抑扬的韵脚和清雅舒畅的语言一贯到底，同时又借助复沓更迭手法造成鲜活的流动感，使情感的抒发一唱三叹、回肠荡气，优美典雅，极富音乐美感，更强化了彷徨的象征情调。

诗人在诗作中反复展示着追求对象的虚幻渺然和追求过程的飘忽迷惘：“我觉得我是在单恋着，/但是我不知道是恋着谁。”（《单恋者》）“从一个寂寞的地方起来的，/迢遥的，寂寞的呜咽，/又徐徐回到寂寞的地方，寂寞地。”（《印象》）“我呢，我是比天风更轻，更轻/是你永远追随不到的。”（《林下的小语》）诗人在诗作中反复咏叹着梦幻破灭、追求失败后心灵难以承载的沉痛与绝望：“我是漂泊的孤身，/我要与残月同沉。”（《流浪人的夜歌》）“吹罢，无情的风儿，/吹断我飘摇的微命。”（《寒风中闻雀声》）……这凄怨忧愁的情调，发自诗人在痛苦时代流血心灵的痛苦体验，其象征意味，折射出不满现实却又苦于没有出路的现代知识分子的人生悲情苦衷。

戴氏的情调象征诗作，朦胧恍惚而不流于晦涩，精美典雅而不流于雕琢，缥缈幽邃而又隐显适度，实为现代新诗象征品格成熟优美的艺术结晶。

第四节 沈从文与京派小说

一、京派小说

京派小说是指新文学中心南移到上海以后，20 世纪 30 年代一部分继续活动于北平的作家所形成的一个特定的文学流派。理论方面的代表作家有梁实秋、朱光潜、李健吾、李长之等，而在小说创作方面的代表作家是废名、沈从文、凌叔华、萧乾等，散文与诗歌方面的代表作家有周作人、俞平伯、何其芳、李广田和卞之琳等。京派是一个在思想上倾向自由主义、在组织结构上较为松散的流派，并未正式成立过文学社团，也从未发表过“文学宣言”之类的声明，但作家们持有较为一致的文学主张，在创作上也有相似的审美理想和追求，围绕着《骆驼草》、《大公报·文艺副刊》、《水星》、《文学杂志》等报刊开展文学活动，形成了较鲜明的流派特色，因而在当时的文学界具有很大的影响力和号召力。

京派成员大都是校园学者型作家，为此，卞之琳曾说“京派”是一个“学院派”。他们共处于北平文化古城和“校园文化”氛围里，形成了一种从容矜持的学人风范和虔敬艺术的文化心态。他们与时代、政治斗争始终保持较远的距离，既不追求文学的现实功利性，也不趋新求奇迎俗媚众，在理论观点、审美情调、艺术追求等层面显示出与“海派”及左翼文学情趣迥异的特色。

京派创作致力于追求一种执著而独特的“理性主义”文化品格。他们一方面自觉回避政治斗争，对政治功利性、党派性及文学的商品性持怀疑态度；另一方面又认同文学研究会“为人生”的文学主张，认为文学应该忠实于现实与人生。基于这种独特的文化品格，他们在作品中既质疑、批判浮华奢靡的现代物质文化和文明，又审视考辨封建传统文化的种种弊病，而对具有浓厚的原始风貌与自然气质的乡村文化形态和未来人生形式的美好理想，则表现出赞美向往之情。如沈从文的《巧秀和冬生》、《八骏图》、《绅士的太太》，芦焚的《百顺街》，凌叔华的《弟弟》等，都表现出对封建文明的嫌恶和现代文明异化人性的疑惧。而沈从文的《会明》、《雨后》、《三三》等，则深情地描写了一种灵魂尚未被封建宗法关系和现代文明污染的“自然人”，这些主人公形象寄托了作者的人生理想及建构新文化形态的精神意向。

得力于对淳朴乡情民俗和民间文化的审美敏感，京派创作显现出一种平民性的文化情怀。作家们从人道主义与民主主义立场出发，钟情于普通的人生命运与人生形式，从中品味人生的意义，渗透自己的主观体验，挖掘生活内在的诗意哲理，成功塑造了一大批下层平民形象。如大胆求生的丫头（林徽因的《文珍》），憨厚刚直的小贩（萧乾的《邓山东》），放达乐观的水手（沈从文的《长河》），以及众多虽平凡却可敬的渔民、挑夫、人力车夫等。透过其贫寒卑微的生命形式表面，京派作家力图揭示出其内蕴的坚忍、倔强而茂盛的生命活力，从而彰显出在平凡生命形式之中的审美价值。

京派作家的理性主义文化品格在美学上表现为追求一种烙印着东西方古典美学精神印记的“和谐”的审美理想，这与他们不偏不倚的人生态度、笃厚通达的文化性格及人性美、人情美的文化理想是完全一致的。表现在文学创作方法和文体建构上，便是将艺术与生命并重。既然生命形态不愿受束缚，小说便自然要摆脱重情节、重故事的成规，而趋向散文化、生活化，力求描绘出自然的社会生活状态。京派小说有时有人物无故事，有时甚至连人物也没有，近似随笔或散文，信笔写来，不事雕琢。如林徽因的《九十九度中》只是将北平城里两个阶层的人生片断互相穿插，几乎不见故事线索；废名的《四火》、沈从文的《月下小景》等也仅仅是描绘一幅或几幅生活场景。他们重视“人与自然的契合”（沈从文语），艺术表现的中心是气氛的渲染和意境的营造。这种抒情体小说极大地丰富和发展了五四以来的现代小说体式。

萧乾，原名秉乾，是京派小说的重要代表作家之一。他出生于北京一个蒙古族贫民家庭。1926 年入北新书局当学徒，开始接触文艺。20 世纪 20 年代末先后就读于辅仁大学英文系和燕京大学新闻系。1935 年毕业后，曾在《大公报·文艺》任主编。在此期间出版了短篇小说集《篱下集》、《栗子》，长篇小说《梦之谷》及小说、散文集《落日》、《灰烬》等。

萧乾的小说创作始终浸润着浓郁的诗情，同时也笼罩着一层“忧郁”的色彩。1937 年创作的长篇小说《梦之谷》是其主要代表作。小说的主人公“我”是一个青年知识分子，因对耶稣不敬被学校开除，后来流浪到南方的一所海滨学校教书。与附近女子师范学校的盈姑娘相识，二人均身世凄凉，同病相怜，不久就产生了纯洁而热烈的爱情。但盈姑娘是靠有财有势、别有用心的刘校董资助上学的。二人想尽千方百计也未能逃脱刘的魔掌，盈姑娘最终被刘校董据为己有，美好的爱情只能以凄凉的悲剧收场。小说是以作家本人“一场失败了的初恋”为蓝本而创作的，采用第一人称写法，以浓郁的抒情笔致追述往事，文字表达时而幽婉柔丽，时而激切沉痛，读来荡气回肠，极富艺术感染力。

二、沈从文的小说创作

沈从文，原名沈岳焕，曾用过小兵、懋琳、炯之、休芸芸等笔名，湖南凤凰人。他是京派最重要、最有成就的代表性作家。

在中国灿若星群的现代作家中，沈从文是相当独特的一个。他那特殊的身世背景、人生感受、文化教养与积淀以及曲折的创作历程，都与众多现代作家迥然不同。他用素雅洁美的文字，为现代文坛建构起一个神奇优美的“湘西世界”，用一曲曲“伟大的乡土抒情诗”，将新文学的爱与美的主题推向理想的至境。

1930 年起，沈从文的文学创作进入了成熟丰收期，最具代表性的作品有中长篇小说《边城》、《阿黑小史》、《长河》，短篇小说集《虎雏》、《月下小景》、《如蕤集》、《八骏图》、《新与旧》，散文集《从文自传》、《湘行散记》、《湘西》等。这些作品使沈从文获得了“多产作家”的称誉，并以独特的审美情趣和艺术风格显示出这位作家对现代小说的杰出贡献，奠定了其不可替代的文学史地位。

综观沈从文的小说创作，大致可分为重叙民间传奇和历史传说、都市讽刺、乡土抒情三大部分。每一类小说的表现内容与艺术形式都各有特色。

重叙民间传奇和历史传说的小说，以《月下小景》、《阿黑小史》、《龙朱》、《神巫之爱》、《媚金，豹子，与那羊》等为代表。这是作者对湘西边民古老的历史传说和民间故事的新编重叙，作品展示出的主要是一种生发于虚构和想象的超现实生活图景。不仅人物全是爱与美的理想化身，如《月下小景》中的小寨主与女孩，

《龙朱》中龙朱与黄牛寨主女儿等，都是一些只知道爱也只为了爱而生活着的形象，具有明显的“神化”意味；而且人物处身的环境也是被提纯净化了的，湘西边民古老奇异的习俗风情得到极度美化，如小寨主与女孩快乐地以死殉爱，如龙朱与意中人缠绵热烈的对歌传情，如村寨城镇中虔敬狂热的祭神仪式等，都涂染着一层神秘幻美色彩，颇具浪漫传奇情调。

都市讽刺小说以《八骏图》、《绅士的太太》、《若墨医生》、《烟斗》、《王谢子弟》、《来客》等为代表。在这些作品中，都市里现代文明熏染下的上流社会的世态人情，被沈从文逐一剥去了堂皇华美的外衣，暴露出肮脏丑陋的本来面目。他嘲讽了学者名流、绅士贵妇、俊才淑女们聪明中的愚蠢，风雅中的庸俗，自大中的卑琐，热情中的虚伪，并将这些“高等人”的种种日常生活情景与行为状态，上升到精神领域进行审视，以实现对病态人生、人性的理性批判。沈从文的都市讽刺并不辛辣尖利，而总带着一种怜悯与同情。他把人性扭曲畸变的主要原因归结为“现代文明”，强调社会环境对个人的压抑刺激和诱惑，表现出一个悲天悯人的人道主义者、人性治疗者对人与事的善意的惋惜与规劝。

在具体的艺术表现方法上，沈从文的都市讽刺小说极少使用对人物的外部特征及行为进行漫画化的夸张放大的描写方式，而主要采用写实的白描技法，抓取人物最具特征的自相矛盾的言行举止，以对比手法揭出人物的灵魂。如《八骏图》中写那位四处宣扬独身主义的乙教授时，抓住他在海边悄悄拾起一个刚被漂亮女郎踩过的蚌螺，拿在手中轻轻拂拭、细细玩味的小举动，不露痕迹地揭破了乙教授矛盾可笑的内心隐秘，通过朴素简洁不动声色的细节白描，收到了生动传神的讽刺效果。

湘西小说是沈从文创作中数量最多、影响最大、艺术成就最高的一类作品。这类小说通过描写湘西人民的种种生命形式，寄寓了作者对民间文化、乡土文明、乡间人性的探索和认识，以及对理想人生与人性的赞美和追求。如《柏子》、《丈夫》、《贵生》、《萧萧》、《三三》、《雨后》、《边城》、《长河》等。

湘西小说的主题集中于对湘西人民心灵美、道德美、人性美的描写与讴歌。作者通过对湘西边地邻里之睦、男女之爱、友人之谊、家族之情等世态人情的细致镂刻，赞美了湘西人民独具的简单而执著的生活信仰、坚韧强旺的生命活力、美好高尚的心灵品质、坦诚健朗的性格特征。这赞美中深深渗透着作者希望以人情美、人性爱重造民族精神的审美理想。

湘西小说的主人公们，是一群身处偏远边地乡村环境中的平凡小民。在他们颇带几分蒙昧野气的人性中，有着未被封建正统伦理所规范或扼制的人性，未受现代工业文明污染的生命价值。无论是资财权势皆有的寨主，还是家道殷实的码头船总，无论是靠摆渡为生的船夫、种粮卖菜的农人、砍柴抬轿的山民，或是经营小本生意的商贩、驻防本地的兵丁……个个都有一颗自然单纯、勇敢善良、洁美高贵的灵魂。他们不讲地位，不嫌贫爱富，处世为人均以诚相待、以善相亲，充满了温爱仁厚；他们坦白率真、心口相应，行为思想一致，绝无欺诈骗人之心；他们对于生活从来不抱过分的奢望，总是按照自己的淳朴本性安然自在地生存，虽然内心时而也泛起一些烦忧或隐约期盼，却总能够自我化解，保持住心灵的宁静。诚如沈从文在《边城》中对他们的评价："这些人既重义又轻利，又能守信自约，即便是娼妓，也常常较之讲道德和羞耻的城市中的绅士还更可信任。"

沈从文不仅反复描写了这群湘西边民世代因袭的优秀品质，而且以人的生存价值为尺度，凸显了他们野蛮中见雄强、天真中见热情的生命元气和活力。他们的生活、行为和性格都与自然紧密契合，很从容地尽性命之理，快乐地享受造化赋予"生命本来的种种"，自由自在地宣泄着生命力的美丽与强健，并由此体现出生命庄严神圣的价值与意义。沈从文在此类作品中表达了自己从乡下走入城市后重新审视乡土人生时所生出的浓浓的"恋乡"情感，以及对城市所代表的"现代文明"的反感与厌弃。在《旅店》、《雨后》、《雪晴》、《三三》、《静》、《萧萧》等小说中，沈从文从容细致地展示了优美可爱的人物形象和风土人情，以没有阶级歧视、没有贫富对立的社会秩序，以平和友爱真诚亲密的、温情脉脉的人际关系，以明快活泼自由自在的生命元气活力，来与其人生经验里病态冷漠的都市人生形式相抗衡。充分显示出他作为一个钟情于自然自由人生与人性的"乡下人"的独特情感立场。

1934年出版的中篇小说《边城》，是沈从文描写歌颂人情美、人性爱的湘西小说中最优秀的代表作。这曲细致悠婉的乡村牧歌，成为现代文学史的经典名篇。作品以湘西山城茶峒为背景，描写了一个美丽动人的爱情故事。主人公翠翠与外祖父相依为命，在小溪上摆渡为生。茶峒掌水码头的船总顺顺有两个儿子，大佬天保和二佬傩送，他俩都爱上了翠翠，但翠翠心中所爱只是傩送。兄弟俩商量好月夜轮流为翠翠唱歌，谁得到回答谁就是胜者。但天保逐渐明白了实情后，深知爱情不能勉强，便自动退出，驾船下辰州不幸中途遇难身亡。傩送虽然仍深爱翠翠，但哥哥为此而死使他压抑悲痛，心中蒙上一层沉重的阴影。这时父亲又要包办他与王姓姑娘的婚姻，傩送心所不愿，在痛苦中驾船离家去了桃源。为外孙女的幸福而焦虑劳神的老船夫，受到了船总父子的误会和冷淡，郁闷病死。从此孤苦无依的翠翠便怀着对情人傩送忠贞不渝的爱恋与思念，默默守在渡口等候着傩送归来。

作者的本意并不在描写爱情的曲折过程和人事纠葛，而是力图围绕这个三角恋爱故事，讴歌边城人民朴素正直、善良忠诚的人情美与人性爱，展现一种"优美，健康，自然而又不悖乎人性的人生形式"，借以寄托以美与爱重铸民族性格的审美理想。

主人公翠翠是沈从文理想中爱和美的化身与象征。这是一个天真乖巧、纯洁美丽的山村少女，终日与清澈透明的碧溪咀、豁达仁厚的外祖父为伴，养成了活泼机灵、善良诚实的性情。她对爱情怀有美好憧憬和忠贞不渝的操守。虽然命运并未给她任何许诺，但她仍一往情深地期待着、等候着，充分表现出对爱情的坚贞。作者通过对翠翠形象的塑造，礼赞了一种最美好、最纯洁高尚的人类感情，体现了对质朴自然人性美的热烈追求。

《边城》的艺术特色主要表现在三个方面：第一，新颖独特的结构艺术。作者并不着力构思编织完整曲折的故事情节，而是用彩笔精心描画一幅幅人生、风俗、景色图画，21 节行文像一首首优美的散文诗，使充盈着爱和美的人生在一种诗情画意的乡间纯美环境中展开，以凸显人物与自然的联系和美质；第二，采用寓含式的抒情方法，渲染气氛，创造意境，使物景与情景交融，实境与虚境相生，造成一种舒缓的情绪流动感和深沉的情绪渗透力；第三，语言明丽而古朴，峻洁而流畅，散发着鲜活丰盈的泥土气息，具有生动传神的艺术表现力，寥寥数语便将难状之景、难绘之物写得活灵活现跃然纸上。

第五节 穆时英与新感觉派小说

一、新感觉派小说

新感觉派指的是在 20 世纪 20 年代末 30 年代初兴起于上海文坛的一个现代主义小说流派，也是一个重视艺术形式探索与实验的文学流派，穆时英、刘呐鸥、施蛰存等作家是其杰出代表。他们的小说创作，以一种对外部现实的新的感觉方式，运用感官印象的定格放大、心理分析、象征手法、意识流捕捉等现代派艺术表现技法，机敏而趋时地描写反映了大都会五光十色的社会生活和形形色色的市民心态，在当时文坛名噪一时，由此获得了新感觉派称号。

中国新感觉派小说是在日本新感觉派小说的直接影响下发展起来的。20 世纪 20 年代风靡日本文坛的新感觉派作家主要有横光利一、片冈铁兵等人，他们强调直觉，重视主观感受，提倡以快速的节奏和新奇的表现为基础创作小说。1928 年 9 月，刘呐鸥创办了《无轨列车》半月刊，陆续译介了日本感觉主义、印象主义的小说与诗作。1929 年，施蛰存、戴望舒、徐霞村、刘呐鸥等人联合创办了《新文艺》月刊，先后发表了刘呐鸥、穆时英等人表现都市生活的小说作品，显示出深受日本新感觉派小说影响的风格特点。1932 年 5 月，《现代》杂志创刊，穆、施、刘等人集结在一起，形成了一个独立的小说流派。

刘呐鸥，原名刘灿波，笔名鸥外鸥、洛生等，台湾台南人。自幼生长在日本，1925年从日本庆应大学毕业后回国。他是最早尝试新感觉派艺术表现手法的小说家。1930年4月出版了小说集《都市风景线》，共收8篇小说。当时刊物编者评论说，刘“是一位敏感的都市人，操着他的特殊的手腕，他把这飞机、电影、JAZZ、摩天楼、色情(狂)、长型汽车的高速度大量生产的现代生活，下着锐利的解剖刀”。这评论固然有些过誉，却大致反映了刘氏小说的特点。

施蛰存，笔名安华、薛惠等，浙江杭州人。1923年开始文学创作。初期小说多以怀旧情绪描写沪杭一带市民生活和乡土风情，主要运用的是现实主义手法。自《鸠摩罗什》、《梅雨之夕》等小说起，他才有意识地创作心理分析小说，从而与新感觉派作家刘呐鸥、穆时英汇集在一起，正式亮出现代主义艺术旗帜。他的带有新感觉派艺术特色的小说集主要有《将军底头》、《梅雨之夕》、《李师师》、《善女人的行品》等。

二、穆时英的小说创作

穆时英，笔名伐扬、匿名子，浙江宁波人。毕业于上海光华大学。1922年开始小说创作，1930年春，其短篇小说《黑旋风》发表于《新文艺》月刊，此后又陆续发表了《咱们的世界》、《南北极》等，引起了文坛的注意。1932年出版小说集《南北极》，笔调虽别致短促、才气飞扬，但仍属写实套路。直到《公墓》、《上海的狐步舞》、《黑牡丹》、《白金的女体塑像》等小说问世，才充分显示出一种成熟的现代派艺术风格。穆氏是真正意义上的新式洋场小说家，他用跃动而开放的结构、充满速率和曲折度的表达方式、富有色彩美感的象征手法、叠合交错心理时空的镕铸、华美丰赡的语言，来表现都市灯红酒绿的繁华与畸怪，把新感觉文体发挥到淋漓尽致的极境，由此被誉为“新感觉派的圣手”和“鬼才”。他出版的小说集还有《空闲少佐》、《公墓》、《白金女体的塑像》、《圣处女的感情》等。

穆时英的小说重点从两个侧面描写都市社会生活，揭示了都市社会的腐烂本质与病态现状，传达出对中国古老封建文明和现代资本主义文明的双重疑惧。一类小说颇具水浒遗风，描写歌颂了都市下层社会中，一群带有原始野性的流氓无产者对权势、金钱、法律的蔑视与反抗，传达出的是一种乡野民间墨侠文化心理。在与封建文化和资本主义文化的抗衡中，它显示了质朴的正义性，也显示了粗蛮的破坏性。以《黑旋风》、《咱们的世界》等为代表。另一类小说主要描写揭露大都市腐朽没落、肮脏淫秽的社会生活。如《上海的狐步舞》不时交叉出现两组截然不同的生活断片场景，一组是富豪阔佬的纵情享乐，另一组是贫苦人们的凄惨遭际，较深刻地揭示了“上海，造在地狱上面的天堂”的罪恶本质；《夜总会里的五个人》、《夜》、《黑牡丹》等小说，反映了在醉生梦死的都市生活中，人的道德良心的泯灭与自我价值的丧失；《圣处女的感情》、《墨绿衫的小姐》等小说，则表现了在西方文化浸淫下，都市中人从传统道德规范中冲杀出来彷徨无主、进退失据的精神变态。这一主题倾向，通过描写表现殖民地化过程中，都市畸怪的文化文明和人生的种种堕落荒谬，一方面证明了封建文明已然礼崩乐坏不可挽救，另一方面也揭示了资本主义文明在中国的黯淡前景——当它形而下地具化为红男绿女们的醉生梦死、放纵堕落的生活方式时，它是注定没有前途的。这就触及特定历史时期内我国社会生活的某种本质问题，并一定程度地传达了作者对这种没有前途的社会生活的厌倦与批判，从而展示出穆时英文化心理和审美视野的某种现代性与开放性。

穆时英在艺术形式方面的创新求异是卓有实绩的。在小说的审美感觉、叙述方式、结构形态、情节节奏、语言风格等多方面都有重要收获。

穆时英小说提供的艺术感觉世界，已完全悖反传统的优美、优雅的审美风范，呈现一种“病态美”的特征。那大都市的一切畸形繁华，在小说中化为抹抹炫目的光彩、种种撩拨人的色调、缕缕亢奋的强刺激音响和道道富有性感诱惑的曲线，而这一切又被作者丰富的想象、联想、幻觉、潜意识所笼罩，建构起一种意象繁复、声色迷离而又新异怪诞的审美意境。《上海的狐步舞》、《夜总会里的五个人》处处描写了都市社会中种种带有东方殖民地色彩的病态现象，如时髦女郎的发焰的眼光、性感的石榴红嘴唇等。《白金的女体塑像》等小说中的性爱描写，也都是超出常态的，浸染着一种世纪末都市文化病的美感色彩。我国文学传统向来是以优美平和、健康自然为审美至境，即使要抒发忧愤不平，也主要是通过正面审美形象去感染打动读者。而穆时英等人却公然祭起了反叛传统美学的旗帜，以病态为美，以丑为美。这一独特的艺术趣味，不仅仅是对某些艺术手法的模仿和探索，更重要的是为中国读者提供了一种新的小说审美对象和审美经验，从而获得了一种独特的艺术价值。

穆时英的小说重视直觉和主观感受，力图把主观感觉印象投射进描写客体中去，以创造由心智建构起的“新现实”。他常常只凭瞬间的感官印象，捕捉住大都会的声色、光影、形味，将其定格放大，然后以种种暗示、象征、隐喻和具象性描写手法，把它们剪接拼合在一起，从而表现一种鲜活的印象世界。如《上海的狐步舞》中描写的舞场，作者侧重于人物对舞场的直观感觉的传达，或者说是舞场给人物的感觉刺激。这种以人物的内视角所表现的直觉现实来取代客观现实描写的艺术方式，突破了全知全能外观视角的传统叙述方式，使小说的叙述方式和文本形态呈现出一种活泼多样的开放性。

穆时英小说的语言风格具有华美多彩的特点。为了表达主体的新奇感觉，他刻意追求新奇的比喻，并大量采用通感手法，以实喻虚或以虚喻实，状常人所难状之感觉。如《第二恋》，写久别重逢的少时女友伸手抚摸“我”的头发，“我”感觉到“那只手像一只熨斗，轻轻熨着我的结了许多绉纹的灵魂”。这既是新奇的比喻，又是贴切生动的通感手法，有效地扩展了语言的表现力。由于穆时英的小说语言流动感极强，即使是复合修饰成分较多的长句，也往往并不呆板僵滞，如“奇迹呢！在我的小花圃里的那朵黑牡丹忽然在昨天晚上又把憔悴了的花瓣竖起来了，那么亭亭地在葡萄架下笑着六月的风”（《黑牡丹》），新奇而有神，充满了语言表达的弹性与张力。

第六节　萧红与东北作家群

一、东北作家群

东北作家群是现代文学史对一批在“九一八”事变以后从东北流亡到关内的青年作家的特定称谓。他们的作品以粗犷宏大的风格和浓郁的东北地方色彩，描写反映了处于日寇铁蹄下的东北人民的悲惨遭遇，字里行间燃烧着对侵略者的仇恨怒火、对父老乡亲的深情怀念和渴望早日收回国土的强烈愿望。“东北作家群”的主要作家有萧军、萧红、舒群、端木蕻良、白朗、李辉英等，代表作有萧红的《呼兰河传》、《生死场》，萧军的《八月的乡村》，端木蕻良的《科尔沁旗草原》等。

以萧军、萧红、端木蕻良为代表的东北作家流亡到关内后，分别在北平、上海等地的《文学》、《中流》、《光明》、《文学季刊》、《文学杂志》以及综合性大型刊物《国闻周报》、《东方杂志》的文艺专栏发表短篇小说和中篇小说。其题材基本都是他们亲身经历或所见所闻的东北地区中华子民可歌可泣的抗日事迹和对故土家园的深情怀念，文字充满了战斗激情，发表后在读者中引起了强烈反响。于是，当时的文学界把这一批流亡到关内传播抗战文学的作家称之为东北作家群。1936 年，生活书店的负责人邹韬奋，收集当时影响最大的东北作家的一批短篇小说出版了单行本，取名《东北作家近集》。包括罗烽《第七个坑》、舒群《战地》、李辉英《参事官下乡》、黑丁《九月的沈阳》、穆木天《江村之夜》、白朗《沦落前后》、宇飞《土龙山》和陈凝秋《在路线上》等 8 篇。由于这本书的畅销，“东北作家群”这一称谓也更为文学界和广大读者所熟知。

萧军，原名刘鸿霖，曾用笔名三郎、田军、刘军等。是东北作家群中的旗帜性骨干作家，后人常将他和萧红并称为“二萧”。1931 年“九一八”事变后，去吉林舒兰县秘密组织抗日义勇军，后队伍被打散，到哈尔滨以“三郎”为笔名正式从事文学写作。1933 年与萧红(笔名悄吟)出版短篇小说集《跋涉》。1935 年 7 月,长篇小说《八月的乡村》出版,鲁迅先生亲自为之作序,对其十分赞赏:“我却见过几种说述关于东三省被占的事情的小说。这《八月的乡村》,即是很好的一部。……作者的心血和失去的天空,土地,受难的人民,以至失去的茂草,高粱,蝈蝈,蚊子,搅成一团,鲜红的在读者眼前展开,显示着中国的一份和全部,现在和未来,死路和活路。”①

《八月的乡村》描写的是“九一八”事变后东北的一支抗日队伍在饥寒交迫的困境下与侵略者殊死搏杀的故事,在中华民族危机深重的紧要关头,以抗日救国时代呐喊的强音,深刻反映了抗战时代的思想主题。这支小小的东北抗日队伍尽管受到敌人的重重阻击,却始终意气高昂。他们互相搀扶着高唱《国际歌》,在战斗的风雨中前进。这恰恰是“九一八”后东北人民同仇敌忾英勇抗战的一个缩影。从艺术层面来看,小说成功塑造了游击队长铁鹰和知识分子肖明、安娜等抗日战士形象,字里行间洋溢出浓郁的地方色彩和鲜活的生活气息,具有粗犷而跳跃的风格特点。

端木蕻良,原名曹汉文,后更名为曹京平。端木蕻良崛起于 20 世纪 30 年代中后期文坛,其作品以磅礴的气势、独特的情感视角以及多样化的艺术手法著称于现代文坛。主要作品有长篇小说《科尔沁旗草原》、《大地的海》、《大江》、《江南风景》,短篇小说集《憎恨》、《风陵渡》等。端木蕻良的小说着力于捕捉、开掘和展示东北大旷野中大地的丰饶和强悍的血性男儿粗犷雄放的性格;于遥远的边塞风沙中,召唤古老民族中的原始的生命强力;在壮丽雄奇的自然景观中,寻找着人文变迁和民族的血脉。他注重方言的运用,又自觉地吸收电影剪接手法来结构小说,叙述具有跳跃性,用笔举重若轻,讲究力度,在小说体式上有新的创造。

端木蕻良影响最大的小说是短篇《鹭鸶湖的忧郁》和长篇《科尔沁旗草原》。《鹭鸶湖的忧郁》用诗意笔法描写社会底层人民的贫穷和苦难,悲愤郁怒之情回荡在平静的叙述中,传达出压抑与愤懑之情。1935 年完成的长篇小说《科尔沁旗草原》,展开了东北黑土地的历史与现实、社会与文化的巨幅画卷,是使东北作家群产生重要影响的力作之一。作品以科尔沁旗草原为背景,通过对“九一八”事变给东北人民带来的灾难与痛苦以及由此激发起的抗日怒潮的描写、对资本主义经济的渗透与压迫给中国经济造成的剧烈冲击的刻画,揭示了步入 20 世纪以来日益加重的民族危机,不仅烛照出社会底层的人们几千年精神奴役的创伤,而且发掘出各色人物的心理隐微。

---

① 《鲁迅全集》第六卷,人民文学出版社 2005 年版,第 296 页。

二、萧红的小说创作

萧红，原名张乃莹，另有笔名悄吟、玲玲、田娣等。1935 年 12 月，其中篇小说《生死场》出版，以沦陷前后的东北农村为背景，真实地反映旧社会农民的悲惨遭遇，以血淋淋的现实无情地揭露日伪统治下社会的黑暗。同时也表现了东北农民的觉醒与抗争，赞扬他们誓死不当亡国奴、坚决与侵略者血战到底的民族气节，在文坛上引起巨大轰动和强烈反响。鲁迅在为《生死场》所作的序言中称赞说："北方人民对于生的坚强，对于死的挣扎却往往已经力透纸背；女性作品的细致的观察和越轨的笔致，又增加了不少明丽和新鲜。"萧红因此成为 20 世纪 30 年代中国文坛知名的女作家和东北作家群中创作成就最高的代表人物。代表作主要有中篇小说《生死场》、长篇小说《呼兰河传》、散文小说集《跋涉》（与萧军合著）、《桥》、《牛车上》等。

萧红小说最突出的特点，就是其关于国民性改造与革命的独特叙事。这位女作家的创作从一开始，就选择了五四以来由鲁迅所开辟的现实主义的道路。萧红曾幸运地受到鲁迅先生的亲自指导与帮助，受到多方面影响，但最主要、最关键的还是在于萧红传承了"改造民族灵魂"的现实主义创作精神，并将其与革命叙事创造性地结合在一起，成功整合了五四文学传统与左翼文学革命思潮，探索出一条具有个性特征的创作道路。

在《生死场》的前 11 章中，萧红的笔锋超越了革命斗争的题材范围，更进一步伸向了社会生活与民族灵魂深处，描画着广大民众沉默的灵魂。萧红笔下的生死场上，就如鲁迅笔下的鲁镇与未庄一样，"人和动物一起忙着生，忙着死"。在充满奴性色彩的文化环境中生存着的农民，麻木、愚昧、无知的精神特性使他们习惯于被欺侮、被折磨，最后像"老马走进屠场似的"了却一生，却安于自己的生活状态，亲情异化，人性丧失，没有任何反省。例如，王婆三岁的孩子摔死在铁犁上，就像"一条狗给车轧死一样"。在王婆的价值天平上，麦田的分量远重于人，生命的尊严已经没有任何意义；当金枝为生活所迫不得不去城里谋生，遭到男人的强暴和侮辱后，她不仅得不到周围那些和她有着相同遭遇的女人的同情与关切，就连自己的亲生母亲，也只重视那沾染着女儿屈辱的钞票，竟迫不及待劝女儿尽早返城。

《呼兰河传》小团圆媳妇的婆婆，按照传统的老规矩办事，要给小团圆媳妇一个下马威。于是整日不是毒打就是恶骂，打出毛病后又在邻里妇女"献计献策"的怂恿下，请来了巫医跳大神给小团圆媳妇治病，最终导致这个可怜的女孩被活活烫死。这里的婆婆和邻里妇女也是被男性群体践踏和迫害的对象，是"被吃"的对象，但她们却木然而凶狠地毁灭和折磨着比自己更弱小的女性同类。对于王大姑娘也是这样，一旦发现她没经过明媒正娶就与男人同居，就用最恶毒的语言群起攻击。这些女性身为男权社会的牺牲品，毫不自省，反而自觉地成为这种伦理道德的捍卫者和帮凶，扮演着“吃人”的角色，深刻反映出奴性意识就如一根毒刺，已深深地扎入了这个多灾多难的民族。

值得关注的还有萧红后期的未竟之作——《马伯乐》，马伯乐就是鲁迅笔下阿Q式的典型人物。萧红着力刻画了作为知识分子的马伯乐自私卑琐、虚伪矫饰的真实面孔，揭露了抗战中四处逃窜的知识分子的灰色行径，以及民众的愚昧与麻木。马伯乐是一个阔少，同时也是一个在现实生活中困窘的弱者。他大学考不上，生意做不成，甚至失去了生活的自理能力。然而他对自己的处境又极度敏感，通过夸张自己的痛苦与不幸，为自己的虚伪懦弱找到各种可以原谅的理由。和阿Q一样，马伯乐也是爱幻想的，他以一种清高、自慰的精神胜利法来弥补现实中的缺憾和平衡畸形的心理。通过这个人物，萧红想要展示的不仅仅是战乱年代知识分子的心灵灰暗与性格上的矛盾，而是上升到对整个国民素质的思考——在半殖民地半封建社会的黑暗中国，国民的病态心理依旧继续着更为荒诞的沿袭。

萧红的小说从生态描写到心态刻画，从对农民生活、知识分子境遇的真实描写到对整个国民性的反思，使得五四以来的革命叙事话语与对国民劣根性的鞭笞在小说的文本中以更为严谨的构思空间相互渗透、彼此激荡，在某种程度上挽救了左翼文学单一化、公式化的趋势，使其具备了深厚的人性基础和丰富的情感力量。

萧红小说的第二个特点，就是其对女性解放和社会革命关系的深刻思考。20世纪30年代社会革命浪潮席卷而来，阶级解放的呼声掩盖了五四个性解放的需求，时代女性皈依革命成为历史的必然。文学中的性别意识逐渐消解在革命的宏伟主题下，女性内心的声音越来越微弱。萧红却与此潮流有所不同。在阶级斗争日益尖锐化的时代氛围中，她仍然固执地将关怀的目光投注到广大农村妇女身上，描写她们的痛苦遭遇，揭示她们的悲剧命运。从《王阿嫂之死》到最后一篇小说《小城三月》，女性问题始终是萧红创作的中心题材。她将自身的命运、女性的命运和时代的主题结合起来，通过展现女性生存的艰难来强化女性立场，重拾性别思考，创造性地把女性意识融入了社会革命的大方向。具体说来，萧红在描写揭示女性的生存艰难方面的深刻性，主要体现在以下几个层面：

第一，对女性生活中爱情空缺的社会现状的真实描写。爱情是五四以来现代女作家作品中描写最多的题材内容，但在阅读萧红的小说时我们却发现，这位女作家偏偏避开了爱情，她笔下所有女性的生活中爱情都是缺席的。萧红的绝笔小说《小城三月》，以深沉的同情与悲悯着力塑造了美丽娴静的主人公翠姨，揭示出在沉重的精神锁链扼制和压迫下，女性只能默默将悲哀吞下，戚戚而生、郁郁而死的严酷现实。萧红之所以关注并表现女性爱情的空缺，正是在遭遇爱情的切肤之痛后痛定思痛，对女性与爱情所作出的深刻思考。

第二，对女性生育苦难的描写。在阶级压迫深重、男权专制盛行的中国北方农村，女性不仅在精神层面上的感情需求得不到慰藉，就连其性别特征所赋予的怀孕与分娩，也遭到男性无情的忽视甚至是憎恶。《生死场》第六章“刑法的日子”就是这样一幅惨痛的画面：“女人横在血光中，用肉体来浸着血”；“赤身的女人，她一点都不能爬动，她不能为生死再挣扎最后一刻……”在这里，生育对于女人来说，早已失去了将为人母的喜悦和幸福，而是一个骇人听闻的字眼，是沉痛人生的又一大悲剧。《王阿嫂的死》中的王阿嫂，《呼兰河传》中的王大姑娘，就都没能逃脱生育带给她们的死亡。这里，生育对于处在苦境中的女性来说，那血光与死亡昭示着女人所经受的是无法逃遁的毫无价值的生命浩劫，男人们在这里失掉了人性，女人们却因男人失掉人性而愈加受苦受罪。萧红在写女性遭受生育“刑法”的同时，还写到鸟类及狗、猪等动物的繁殖生产活动，使我们不仅看到“在乡村人和动物一起忙着生，忙着死”的表象，而且也看到生育这一本来属于女人的创造性业绩，却只停留在动物的水平上，以及女性身为女性完全失掉了人格、尊严与价值这一深刻的社会问题，其中隐藏着女作家深深的思索与不平。

第三，对女性所承受的战争创伤的描写。作为社会中的一个弱势群体，女性在战争年代将会格外不幸。萧红在《生死场》中将时代内容与女性关怀结合起来，描写了战争中女性所遭遇的种种不幸与灾难。金枝在战乱中流落街头，挨饿受冻，时时面临着日军的暴行，遭受丑恶男人的欺凌与强暴；北村的一个老婆婆，儿子被日本鬼子打死后，最后绝望地与三岁的小孙女一起上吊自杀；王婆的女儿也被日本人杀害，使她承受心灵的痛苦等等。萧红之所以写战争中女性的惨状，其中渗透着她对女人与战争、国家、民族关系的思考，她想要表现的是，战争中女人的不幸，也是整个国家与民族的不幸。

第四，对女性生存希望的描写。女性的羽翼是稀薄的，残缺的，失去了飞翔的本领，只能在自我的天地里默默观望，陷入了虽有羽翼却完全丧失飞翔力量的困境。萧红透过文本真诚呐喊——女性要想获得真正的自我人格和自由，就必须摈弃精神死角中残存的奴性，荡涤渗透于其内心的传统桎梏和浓厚的男权意识，这样才会有丰满的羽翼。《生死场》中的王婆，在相当的程度上摆脱了中国封建社会妇女的卑弱、屈从以及被动的生活状态。在苦难的命运面前，她自有一种野性、一种不甘忍耐的反抗。她拥有与男人一样强健的体魄，不屈于做奴隶的命运，抛却男尊女卑的封建道德观念，自觉争取做一个女人的权利，以一颗劳动妇女的不屈灵魂成为自己命运的主人。

与左翼文学所倡导的阶级立场不同，萧红认为女性解放不仅要从经济上获得自主权，在社会上谋取地位，更重要的是要在思想意识形态领域中彻底解放。虽然像王婆这样的女性能够勇敢地反抗命运的不公，但这仍然属于女性意识觉醒的初级阶段。妇女所遭受的远远不止民族压迫和阶级压迫，还有千百年来根深蒂固的文化习俗的禁锢。这种认识有效深化了萧红小说的思想主题，使其对女性命运的认识更为深化和成熟。

第七节 废名与乡土小说

一、乡土小说

对“乡土文学”的界定，最早是鲁迅在编写《中国新文学大系·小说二集·导言》时提出的。他将20世纪20年代初中期活跃在中国文坛上的一批作家回忆故乡、抒写乡愁的小说称为“乡土文学”，后来人们便沿用这一概念至今。这批被称为“乡土小说”的作品，主要是一批来自乡村寓居于京沪都市的作家，在鲁迅改造国民性思想的启迪下，带着对故乡和童年的回忆，以自己熟悉的故乡风土人情为题材，旨在揭示宗法制乡镇生活的愚昧、落后，并借以抒发自己乡愁而创作的小说。这类小说用清新质朴的笔触将“乡间的死生，泥土的气息，移在纸上”，具有深刻的思想批判意义、深厚的乡土文化意蕴、浓郁的生活气息和鲜明的地方特色。主要代表作家有冯文炳(废名)、王鲁彦、台静农、彭家煌、许杰等人。

乡土小说的兴起，是对五四之后新文学过于西方化的一次有力反拨。当五四新文化运动拉开了中国社会现代性转型的序幕之后，一批文化前驱者生发出一种强烈的焦虑，他们试图借鉴模仿西方发达国家建构的文艺理论体系与既有的创作成就，来建立中国小说的现代化审美空间，从而导致五四新小说的创作在主题表达、文体建构以及思想取向上，渴求与西方近现代文艺思潮和文化运动亦步亦趋。这种亦步亦趋的模仿借鉴和追赶，使小说创作或成为作家演绎思想、表达观念的传声筒，或成为全盘照搬欧化体例和风格的模仿秀，在小说叙事层面脱离了故事情节结构，而在语言上又过于欧化生硬。面对这一现状，许多作家和评论家呼吁文学创作重新激活民族文化特色，保持“地方色彩”，高扬“从土里滋长出来的个性”，号召作家“须得跳到地面上来，把土气息、泥滋味透过了他的脉搏，表现在文字上”。而乡土小说在20世纪20年代的崛起，正表征了新文学对现实主义和民族特色的艺术追求。

最早呈现出乡土小说思想深度和艺术魅力的，是鲁迅的《风波》、《故乡》、《祝福》等作品。此后，一批乡土作家接受了鲁迅的影响并有意识地开始进行乡土小说创作，以一种质朴和真实的面貌为当时小说创作界吹进一股清风。

乡土小说的主要特征，首先是作家以理性批判的眼光客观而冷静地审视故乡风习，对愚昧、落后进行尖锐的讽刺与批判，以期达到“揭出病苦，引起疗救者注意”之目的；其次，乡土小说作家往往怀着既怜又恨的复杂情绪，描绘刻画生活于苦难中而又麻木、愚昧的故乡人，同情与批判、讽刺与哀怜相互交织，形成乡土小说喜剧与悲剧相交融、“含泪的微笑”和“含笑的悲苦”的美学风格；最后，在批判和描绘故乡愚昧习俗、麻木人性、凄凉人生时，乡土小说作家仍然抑制不住对故乡的眷恋，而这眷恋又往往与某种失落感相交织，因而小说大都具有抑郁伤感的抒情调子。

乡土小说作家中成就较大者是王鲁彦。王鲁彦，原名王衡，浙江镇海人。曾在北京大学旁听鲁迅的《中国小说史》课程。开始创作时遂用笔名“鲁彦”以表达对鲁迅的仰慕之情。王鲁彦的代表作有短篇小说集《柚子》、《黄金》，长篇小说《野火》(《愤怒的乡村》)等。

短篇小说《柚子》通过描写长沙处决犯人时市民们倾城出动、争相观赏的“盛况”，一方面讽刺了民众的看客丑态与嗜血心理，另一方面抨击了军阀政府草菅人命的残酷统治。作者运用反讽的语言来表现激愤之情，但由于激愤情绪太过强烈，导致“冷峻”在此变成“冷话”，反而削弱了情绪的丰富蕴涵。

《菊英的出嫁》讲述了浙东农村一户小康人家一本正经办“冥婚”(为死人办婚事)的故事。菊英七八岁时便死去，十年后她的母亲张罗为她寻找一个同在阴间的“丈夫”。先是请人说媒，合八字，然后大肆置办婚礼，极尽铺排。作者以略含嘲笑的笔调描写了菊英母亲为这场婚礼所竭尽全力耗费的精神、体力与金钱，同时连带讥讽了村中各色人等对于这种毫无意义的事所倾注的饱满热情。充实的物质铺张、忙碌的人物行为，反衬出人物精神的空白与生命的无意义本质。

《黄金》揭示的则是发生在浙东一个叫陈四桥的小镇的世态炎凉，将鲁迅式的冷静风格发挥得淋漓尽致。主人公如史伯伯本是家境殷实的人家，儿子在外工作并按月汇款到家，而陈四桥又似乎是个民风淳朴的世界，因此邻里乡亲们都对如史伯伯非常尊重，邻里之间关系融洽。然而，某月儿子的汇款不知何故过期还未汇来，如史伯伯的处境因此发生戏剧性的改变：人们纷纷猜测他的儿子出了什么事，无钱寄回家了，于是，关于如史伯伯破产的流言蜚语迅速蔓延开来，人们对他的态度立即改变。上门行乞的乞丐突然变得盛气凌人，毫不掩饰对如史伯伯的鄙夷；债主们纷纷提前上门索款，并动手搜拿东西；如史伯伯的女儿在学校无端受到欺侮，连他家的狗也被人打伤。仅仅因为一个毫无根据的臆测，昔日颇受尊重的如史伯伯便如丧家之犬。陈四桥镇人以落井下石、幸灾乐祸的市侩手段，给予如史伯伯一家难以承受的羞辱。小说以“黄金”为题，具有明显的寓意，如史伯伯的遭遇，步步紧扣“黄金”。开始受人尊敬是为了它；后来遭人奚落和欺侮也是为了它；如史伯伯意识到要想改变这种境遇，脱离困境，也只有靠它。所以作品末尾描写了如史伯母的梦和如史伯伯虚幻的希望。在如史伯母的梦中，黄金是和粪便联系在一起的，这就同时暗示了作者对黄金——这一陈四桥镇真正的主宰的极为不屑和全面否定。

乡土小说作家中另一个成就较大者是许钦文。许钦文，原名许绳尧，浙江山阴人。1922 年发表第一篇作品短篇小说《晕》，此后经常发表小说和杂文，受到鲁迅的扶植与指导。1926 年出版了由鲁迅选校、资助的短篇小说集《故乡》。

许钦文长于描写青年心理，尤其长于描写五四运动后青年男女恋爱的心理。像小说《理想的伴侣》、《博物先生》、《凡生》、《请原谅我》、《毛线袜》、《于卓的日记》、《后备夫人》、《病儿床前的故事》等，对男性的自私和见异思迁，对女性的多疑、善妒、褊狭、卖弄风情，喜欢新鲜强烈刺激的心理，均有细微的刻画、真切的描写和冷峭的讽嘲。

许钦文乡土小说的代表作是中篇小说《鼻涕阿二》，记述了故乡松村一个不幸妇人“阿二”的一生。阿二原名菊花，是一个最终被“男尊女卑”、“重男轻女”等腐朽封建道德和礼教吃掉的悲剧形象。她自幼在冷淡、轻视、侮辱、虐待中长大，然而却并不知道自己可怜，默默忍受一切屈辱，甚至平静而麻木地接受了被当做货物一样卖掉的悲剧。后来当了“新少奶奶”的菊花，转眼由悲剧的承受者而变为悲剧的制造者，她倚仗年轻漂亮又会撒娇，很得钱师爷的宠爱，便冲动地报复周围所有的人。她学着祖母、母亲、姐姐对自己虐待的样子，买了个小丫头海棠，无聊时便要威风对海棠非打即骂；还借着钱师爷的力量，排挤大太太，终于把大太太逼回娘家。但威风了没有多久，钱师爷突然死去，她重又陷入受欺侮的困境之中，最后在抑郁和苦闷中死去。在艺术手法上，作者以平实、冷峻的客观态度描写了这一“近乎无事”的悲剧，原生态地展示了菊花的真实生活和性格。

二、废名的小说创作

废名，原名冯文炳，字蕴仲，湖北黄梅人。童年受传统私塾教育，13 岁入学黄梅八角亭初级师范学校，1917 年考入国立湖北第一师范学校，接触新文学，痴迷新诗，立志“把毕生的精力放在文学事业上面”。1922 年，他考入北京大学英文预科班，开始发表诗和小说。在北大读书期间，广泛接触新文学人物，参加浅草社，积极向《语丝》投稿。1925 年 10 月，废名出版了第一本短篇小说集《竹林的故事》。其他代表作还有《桥》、《莫须有先生传》、《莫须有先生坐飞机以后》等。废名的小说以“散文化”闻名，其独特的创作风格被誉为“废名风”，对沈从文、汪曾祺等作家产生过重要影响。

与鲁迅批判国民劣根性的峻急情怀有所区别，废名的小说并不追求思想的深广忧愤和格调的沉郁冷峻，而是侧重于以散文化、诗化的笔触描绘乡风民俗中民众的怡怡之乐，提纯乡土人性，讴歌自然、风俗、人伦、亲情的洁净，展现出乡土世界的淳朴可爱和盎然生机，从而开启了现代乡土小说古朴、温馨、宁静、优美的田园诗风。即便是写到恶的一面，也总带着一种宽容的审美眼光。

废名以洋溢着古典式的和谐浪漫情怀和超越人间痛苦的诗化情致，力求在现实的基础上构筑美丽与真实的“梦”，寻求精神的家园。他往往选取湖北黄梅家乡为背景，以田园诗的格调来描写乡土风情，以其诗化的语言、诗化的意境以及禅趣美，复活了传统诗性，开启了诗化小说的先河，显示出了鲜明的艺术个性，对后来的作家创作有很大的影响。

废名出版的第一本短篇小说集《竹林的故事》以“我”的叙述视角展开，平淡而亲切地叙说着一个在乡村淳朴宁静环境里自然成长的三姑娘的故事。作者借助竹林、茅屋、菜园、池塘烘托出一种淳朴自然的生命状态。其中三姑娘父亲老程坟墓的存在也成为一种诗意，这种对死亡的坦然带给我们一个澄净透明的世界。散淡的描写，诗化的语言，自然的书写完全将乡土的人和事化为诗意，成为美丽而优雅的存在，他用诗意的存在取代了物欲世界的繁华浮躁，将乡土文学引领到另一种美丽却又不失真实的层面。

《桃园》是废名用写诗的笔法写小说，显示“多暗示、重含蓄、好跳跃”特点最为圆熟的一篇作品。其中无论是对桃花盛开季节的西山落日、阿毛看到照墙上画的天狗吞日图像发出“我们桃园两个日头”欢呼情景的描写，还是对阿毛病后父亲忧急如焚的心情的刻画，每个字都是爱的情感最好的诗性诠释和表达。

但废名的乡土小说绝非只是一味描画桃红柳绿的自然美景和淳朴敦厚的田园人性，而是处处蕴涵着对生命静美的感恩之情和对生命存在短暂的悲剧性感受。《浣衣母》吟唱的是一曲圣洁而沉重的人性美的挽歌，情感含蓄凝重，人物形象意蕴丰富，透过它可以窥视到处于特定历史文化语境下的乡土作家在创作上的矛盾心理和审美理想；《菱荡》则以舒缓伤感的笔调描绘了一幅旧时中国南方水乡的世俗图，反映了中国南方普通农民的生活状态、思想意识及人与人之间淳朴融洽的关系，塑造了一个诚实朴讷、憨厚风趣的农民陈聋子形象，字里行间流淌着叹息这一切终将逝去的哀婉之情。

废名小说的艺术风格显现出独特的个性特征。他的作品往往不重叙述，没有很强的故事情节，对人物的语言、行为也只是轻描淡写，但他塑造的人物形象却始终栩栩如生、跃然纸上；小说的语言自然质朴、清纯恬美、简单精练，意境优美，承转自然，状物摹人的细腻传神与优美景物的相互映衬，呈现出极强的画面感,渲染出真正浪漫的乡土风情,带给读者以身临其境般的美感享受。废名小说的“诗性美”使乡土小说在艺术上变得更加成熟。

本章阅读书目:

顾永棣:《徐志摩诗全编》,浙江文艺出版社 1990 年版。
陈梦家主编:《新月诗选》,上海出版社 1985 年版。
丁玲:《丁玲小说选》,外语教学与研究出版社 1999 年版。
梁仁:《戴望舒诗全编》,浙江文艺出版社 1989 年版。
沈从文:《沈从文小说选集》,人民文学出版社 1982 年版。
严家炎:《新感觉派小说选》,人民文学出版社 1985 年版。
萧红:《萧红选集》,人民文学出版社 2004 年版。
废名:《废名文集》,东方出版社 2000 年版。

本章参考文献:

朱寿桐:《新月派的绅士风情》,江苏文艺出版社 1995 年版。
李今:《海派小说与现代都市文化》,安徽教育出版社 2000 年版。

本章思考题:

1. 新月诗派对中国现代新诗的主要贡献有哪些?
2. 结合作品评析徐志摩诗歌创作的思想艺术特色。
3. 结合作品评述丁玲小说创作之于中国现代女性文学的价值与意义 。
4. 为什么说象征诗美品格在戴望舒手中真正成熟?
5. 结合作品评析沈从文湘西小说创作的思想艺术特色。
6. 如何认识评价新感觉派小说对中国现代文学的艺术贡献?
7. 结合作品评析萧红小说创作的思想艺术特色。
8. 结合具体作品分析废名小说的诗化特征。

第十章　民主主义文学大家

民主主义作家都是从探索人生出发而走上文学道路的，他们不但把文学当做一种艺术的选择，而且当成一种人生的选择。民主主义作家继承了五四文学革命传统，以民主主义、人道主义为创作指导思想，坚持文学为人生的观念，注重文学的启蒙效用。他们虽未直接投身于现实革命，但其创作却都具有强烈的社会责任感，对各种社会弊端和问题予以深刻地揭露与批判，表达了对革命的向往和对底层民众的人道主义关怀，与反帝反封建的中国现代民主革命性质相吻合。

虽然在反帝反封建的大方向上，民主主义文学与左翼文学是相近的，但民主主义作家有意保持了与左翼文学的距离。他们对左联的近于政党化、军事化的组织方式，过分强调文学宣传作用，忽视文学的艺术特征等缺陷有着清醒的认识。他们不愿图解政治，高度尊重文学的审美价值，反对以意识形态的正确与否作为判别艺术高下的标准，坚持个性化的创作原则，认真探索艺术创作规律，在艺术上取得了突出成就，以各自的现实主义创作丰富和深化了五四反封建的民主主义文学主题。

第一节　巴　　金

一、生平简介

巴金，原名李尧棠，字芾甘。他生于四川成都一个封建官僚的大家庭中。在这样一个讲究尊卑有别、长幼有序的环境里，少年时期的巴金亲眼目睹了中国封建大家庭的各种罪恶，从而深恶封建的专制与腐朽。幸运的是，巴金有一位温和宽厚、思想较为开放的母亲。作为巴金人生的“第一个先生”，母亲通过言传身教将“爱”的观念灌输给了他，这也是他人道主义思想形成的最初来源。1914 年和 1917 年，巴金的母亲和父亲相继去世。巴金的大哥李尧枚，作为长房长孙掌管了家务，从此深陷大家庭的种种矛盾纠纷中，加之本来性格软弱，在各种矛盾冲突中一味忍让、妥协和敷衍，精神上备感痛苦，却又难以自拔，最终于 1931 年服毒自杀。李尧枚后来成为巴金小说《家》中人物高觉新的原型。大家庭内部的黑暗使得巴金渴望冲出这座“家”的牢笼，自由地发展。1920年，作为这个大家庭的专制家长——巴金的祖父去世，巴金终于获得了寻求新生之路的机会。他先是进入了成都外国语专门学校，后又到上海、南京等地求学。在这段时间里，巴金参加了反封建的社会活动，接触了各种新思想、新学说。在各式各样的学说中，巴金受克鲁泡特金的政论《告少年》、廖·抗夫的剧本《夜未央》以及高德曼文章的影响，更加倾向和信仰无政府（Anarchy，音译为“安那其”，原指一种未经过治理的状态）主义思想。在这一思想追求的支配下，巴金从少年时代就开始研究无政府主义的思想学说，并直接参加了无政府主义的活动。1925年，巴金还与著名的无政府主义活动家高德曼等人通信。为深入探讨无政府主义理论，进一步寻求救国救民的真理，1927年初，巴金登上了去法国的邮轮。在法国，巴金参与了援救两名在美国被捕的无政府主义者萨珂和凡宰特的活动。同时，为了让大哥了解自己的思想和愿望，巴金创作了小说《灭亡》寄回国内。1929年1月，《灭亡》在《小说月报》连载后，巴金的文学声誉鹊起，但此时他还没有将主要精力投入到文学创作中，更没有将文学作为自己的事业追求。直至1931年，在政治活动失败，理想落空之后，巴金才开始转向以文学来宣泄自己的痛苦情绪。

巴金是以“社会改革家”的身份从事文学创作的，作为作家的巴金与作为思想家、社会改革家的巴金，是密不可分的。与此相应，巴金最著名的文学观念就是“写作如同生活”。他说：“我是在作品中生活，在作品中奋斗。”①他将写作活动看作其整个人生实践的一部分，作为改造社会的武器。巴金从事文学的信念就是要把写作和生活融合在一起，把作家和人融合在一起。也正因如此，当自己被大众传媒和文化市场所接受时，巴金并不为此而沾沾自喜，反而陷入痛苦、自责和焦虑中。

20世纪30年代，巴金创作之余，北上北平、天津、青岛等地，南下福建、广东、香港等地，或旅行或会晤亲朋好友。在这段时期，巴金还编辑了大型文学刊物《文学季刊》等，并于1935年开始担任文化生活出版社的总编辑。1937年，全面抗战爆发后，巴金全力投入了抗日救亡的文化工作。

从1929年到1949年这段时间内，巴金共创作了18部中长篇小说，12本短篇小说集（共收入短篇小说70多篇），16部散文随笔集，此外还包括30多种译作。巴金的小说内容丰富、题材广泛，在其创作中成就最高。巴金短篇小说的题材异常广泛，既有以外国人生活为主要内容的国际题材，也有反映中国各阶层人民的苦难及其反抗斗争的作品。国际题材的写作尤为独特，巴金凭借其强烈的道德激情，以第一人称“我”作为叙事人，叙述了各个国家的阶级性问题，攻击资

---

① 巴金：《关于〈砂丁〉——〈创作回忆录〉之九》，香港《文汇报》1980年11月29日。

本主义制度的丑恶，表达了“人类爱”的思想，但相对忽略了民族性。巴金的中长篇小说的成就最为突出，其题材基本可以分为两大主要类型：“革命系列小说”和“家庭系列小说”。

二、革命系列小说

“革命系列小说”的代表性文本包括《灭亡》、《新生》、“爱情三部曲”(《雾》、《雨》、《电》)等，这些小说作品主要集中于巴金创作的前期。《灭亡》以北伐战争前军阀孙传芳统治下的上海为背景，写了一群为反抗军阀的专制统治而勇敢地从事着革命活动的青年。主人公杜大心是一个患有严重结核病的革命者。面对黑暗残酷的现实，他深感痛苦，憎恨和诅咒这样的现实，因此他的“爱”全部化作了“恨”，由“爱人类”出发变为“恨人类”，怀着强烈的复仇心理。当他发现自己爱上了“爱的天使”李静淑后，对自己充满了自责，认为自己不该把有限的精力分散到爱情上，这使他更加痛苦，他只能借繁忙的工作来压抑自己的激情，甘愿消耗自己的生命以殉自己的理想和事业。工会办事员张为群是一个热情地投身革命的青年，却在运送传单报刊过程中被杀害，杜大心为此深感内疚和愤怒。为了替朋友报仇，杜大心刺杀戒严司令，但戒严司令只是受了轻伤，而他却英勇献身了。这部小说是作者首次以“巴金”为笔名发表的作品，是一个苦闷的青年为寻求出路的心灵自白。巴金以充满浪漫激情的笔调塑造了杜大心这样一个悲剧英雄形象。杜大心的性格忧郁孤僻，又有些病态，既有着面对黑暗现实的“予同汝偕亡”的决绝态度和投身理想的献身精神，行动上又显得狂热和幼稚。他的抗争充满了绝望感和虚无感。小说的格调充满激情而又略显狂躁。虽然巴金自认为《灭亡》不是一部成功的作品，但小说面世后，很受读者欢迎。

在巴金前期的创作中，也有为他自己所喜欢的作品，这就是与《灭亡》同类题材的“爱情三部曲”，这部小说包括《雾》、《雨》、《电》三个中篇和一个短篇插曲《雷》。它的创作与20世纪30年代初巴金三次南下福建泉州有着密切的关系。1928年以后，很多信仰无政府主义思想的人在福建泉州办教育，开展群众组织活动，宣传无政府主义的革命道理，这里遂成为无政府主义者活动的主要地区之一。巴金出于对朋友们牺牲精神的赞赏和感佩，便以他们为原型创作了小说。《雾》中的主人公周如水性格懦弱、优柔寡断，受封建思想观念的束缚，最终错失良机，失去了爱情，失去了可能得到的幸福。《雨》通过主人公吴仁民与两位女性的爱情故事，刻画了其峻急鲁莽，思想充满矛盾的性格特征。《雷》是由《雨》到《电》的一个过渡性的小小插曲，在极短的篇幅里通过女革命者慧与敏和德之间的爱情纠葛，刻画了三个性格鲜明的年轻革命者形象。显然，这三部小说写的都是主人公由于性格上的缺陷，而遭遇了一场爱情悲剧，其主要故事都是爱情纠葛。最后一部《电》则不同，它完整地描述了中国的无政府主义革命运动，是对前几部小说的一个总结。巴金说："《电》里面的主人公有好几个，而且头绪很多，它很适合《电》这个题目，因为在那里面好像有几股电光接连地在漆黑的天空中闪耀。"①

确实，《电》中的所有人物几乎都是一闪而过，出场次数比较多的是女革命家李佩珠。她憎恶黑暗，反抗现实，在经历了一系列的挫折后变得成熟老练，沉着稳健。作为一个"近乎健全的女性"，她身上集中了巴金关于革命者的理想，代表了成熟的革命者形象。

巴金在革命系列小说中塑造了众多年轻的革命者形象，他们虽然悲愤欲绝，思想极端，却始终爱憎分明，呼唤着社会正义。这些小说充满英雄主义的浪漫激情。尽管人物的命运始终笼罩在死亡的阴影下，但他们却有着旺盛的生命力，有着追求理想的内驱力，这种力量不断地积聚着，最终会像火山一样爆发，给予周围死气沉沉的世界以冲击和震撼。

三、家庭系列小说

"家庭系列小说"是为巴金赢得极高声誉的创作，代表作包括"激流三部曲"(《家》、《春》、《秋》)、《憩园》、《寒夜》等。

1931 年，巴金创作长篇小说《家》，并在上海的《时报》上连载。最初题为《激流》，1933 年，开明书店印行单行本时，作者将书名改为《家》。1938 年和 1940 年，巴金又完成了《家》的续篇，即《春》和《秋》，这三部长篇小说合称为"激流三部曲"。巴金在创作这三部小说时，最初并没有统一的构思，而且第一部与后两部之间间隔的时间也很长，可以说每一部都独立成篇。但是，《春》和《秋》写的是《家》的故事结束两年多后发生在高家的故事，是循着《家》的主题和情节，通过对高家的第二代("克"字辈)和第三代("觉"字辈)人以及周伯涛、冯乐山两家的描写，深入展示了这些封建大家庭的全面崩溃。因此，三部长篇合起来也是一个整体统一的系列小说。

三部长篇中，《家》的成就最高，影响也最大。《家》奠定了巴金在中国现代文学史上的重要地位。小说写的是 1920 年冬至 1921 年夏末，发生在四川成都一个四世同堂的封建大家庭高公馆里的故事。以五四以后动荡激变的社会为背景，以青年男女的婚恋故事为情节主干，主要写了高觉慧与鸣凤，高觉新与钱梅芬、李瑞珏，高觉民与张蕴华(琴)等几对青年男女的爱情遭遇。

作为一部现实主义杰作，《家》的思想主题具有强烈的现实批判性。作为封建

---

① 巴金:《爱情三部曲·总序》,《巴金全集》第 6 卷，人民文学出版社 1986 年版，第 29 页。

叛逆者的年轻一代与作为封建卫道者的老一代之间的斗争是贯穿文本始终的主要矛盾冲突，而封建大家庭内部各种青年女性的不幸遭遇和悲剧命运，如鸣凤、钱梅芬、李瑞珏的悲剧，则有力地揭示了封建家族制度的罪恶、腐朽和对青年一代的摧残。但是其批判的矛头并不仅止于此，显然，巴金是将高家作为整个社会的缩影来写的，高家的权力等级结构同时也是整个中国封建社会的体现，小说更集中地批判了作为封建统治核心的专制主义。小说主要围绕婚恋问题着力表现了青年叛逆者对封建势力不妥协的斗争，作家满怀激情地歌颂了他们反抗旧家庭和旧制度的革命行动，号召青年一代勇敢地向封建专制制度宣战。

《家》的重要意义还在于它塑造了一系列性格鲜明的人物形象。小说中的人物多达六七十个，最具典型性的是高老太爷、高觉慧、高觉新这三个人物。

高老太爷是封建卫道者的代表。作为中国封建士大夫奋斗道路上的最终成功者，他坚信封建制度和伦理的正确性，并毫不犹豫地维护它、实践它，以其为标准设计自己的人生和家庭，安排子孙的命运。更重要的是，他掌握着高家这个封建大家庭的经济权，因此一家人都得听他的，他是高家的最高统治者。巴金将这个人物作为封建专制主义制度的化身，集中笔墨塑造了其独断、专横、顽固、腐朽的性格特征。他成为高家一切悲剧或直接或间接的根源。小说借这个人物控诉了家长制与旧礼教对人的青春、生命、爱情的摧残。但作者并未将这个人物概念化，作者写了他在临死前流露的温情，他原谅了抗婚的觉民，这些人性的描写又使得人物具有了令人同情的一面。

高觉慧是高家的第一个叛逆者。他是五四时期具有进步思想的青年，但并不是一个英雄。他热情、勇敢、有理想、有追求，充满朝气，却又单纯幼稚。在五四新思潮的影响下，他认识到封建等级制度和旧礼教的罪恶，憎恨和蔑视封建制度，同时又有着源于人道主义的对底层劳动者的爱。他敢于无视封建等级观念，大胆地爱着家里的婢女鸣凤；他勇敢地支持二哥觉民抗婚，帮助他出逃；他鄙视家中长辈的无耻行为，批评大哥觉新的作揖主义；他将这个封建大家庭视作牢笼，最终选择离家出走，寻找新的生活和力量。但是，不可否认，觉慧的叛逆和反抗都存在着局限性。在情感上，他深爱着鸣凤，但在行动上，他却不知如何逾越森严的阶级壁垒，如何保护这种爱。他始终犹豫不决，没有鸣凤对他的爱那么忠贞和坚定，在现实困难面前，甚至决定放弃她。他最终选择“离家出走”对于反抗封建制度究竟有多大的现实意义也是值得商榷的。虽然觉慧是作者寄寓了全部希望的人物，但他并不是一个真正成熟的革命者，而只是一个勇敢而幼稚的“叛徒”。

高觉新是《家》中最见艺术功力，也是最成功的艺术典型。他既是一个能清醒地认识到自己的悲剧命运却又怯于行动的“多余人”形象，也是现代文学中具有丰富文化意蕴的“长子”形象。在高家这个封建大家庭内，他既是受害者、牺牲者，也是迫害者。深受封建思想意识的毒害，加之长房长孙的特殊地位决定了他在行为上总是严格遵循着封建伦理道德。他害怕承担不孝的罪名，处处怕别人说闲话，委曲求全、懦弱顺从，心甘情愿做一个牺牲者。这种悲剧性格正是封建家庭和封建伦理道德迫害的结果。然而，他的每一次妥协和顺从又都是以牺牲别人为代价的，包括他最爱的人，因此他又充当了不自觉的迫害者。五四新思潮的影响使他对旧家庭、旧礼教的罪恶有着清醒的认识，使他认识到作为一个完整的人应有的权利和行为，在思想上，他无法摆脱对自己行为的反省和自责，如赵园所说：“高觉新最有悲剧价值的内心冲突，是‘人之子’在他的意识中的挣扎。人物的最大也是最持久的痛苦在于，他在一个蔑视他作为人存在的地方仍然不能忘怀自己是一个‘人’。”①

思想与行动的重重矛盾铸就了这样一个具有双重性格，被不断撕裂着的痛苦灵魂，使得这个人物具有强烈深刻的悲剧性。作为长子典型，他的性格与命运传达了新旧交替时代的文化信息。作者对这个人物既有同情，又不无批判。

《家》的艺术风格是巴金前期创作风格的典型代表。它是激情的产物，具有浓郁的抒情化和情绪化色彩。巴金善于以诗一般的抒情独白来展示人物心灵深层的隐秘，如鸣凤投湖之前的内心独白，钱梅芬和李瑞珏的梅园谈心等等，都具有强烈的艺术感染力。在前期的创作中，巴金以偏激的情绪思索和表现着人生和时代的重大问题，充满自信和夸张地承担着沉重的人类悲哀。小说的情感汪洋恣肆，语言行云流水。这种创作方式和艺术风格特别易于为当时的青年读者所接受，特别能够引起他们的共鸣，这是小说产生很大影响的一个重要原因。

《憩园》、《寒夜》等是巴金后期小说创作的代表作。20 世纪 40 年代，巴金的小说创作无论在题材还是创作风格上都发生了明显的变化。这一时期，除家庭小说外，他还创作了《火》、《第四病室》等反映抗战时期现实生活的小说。

1946 年底，巴金完成了两年前就已动笔的长篇小说《寒夜》。作为巴金在新中国成立前的最后一部长篇小说，它最能代表巴金创作后期的风格和水平。故事发生在抗战胜利前一年(1944 年)的陪都重庆。图书文具公司的小职员汪文宣和在大川银行工作的曾树生是一对大学毕业的夫妻。他们曾受过西方新思潮的熏陶与启迪，曾怀有“教育救国”的理想。抗战期间，国民党统治的黑暗与腐败，使这个家庭生活窘迫，矛盾重重。主人公汪文宣是一个小人物的典型形象。他在社会经济与精神的双重压迫下逐渐失去了年轻时的激情和锐气，变得胆小怕事、软弱怯懦，甚至自轻自贱。他无力解决家庭内部婆媳之间的矛盾，只好靠自虐获得暂时的平静。他已经没有自己的意志和主见，只为了迎合别人的心情

---

① 赵园：《艰难的选择》，上海文艺出版社 2001 年版，第 280 页。

而活着，为了别人而压抑着自己的喜怒哀乐，卑琐平庸地挨着日子，最终在抗战胜利之际，满怀悲愤地死去。这样一个被侮辱被损害的灵魂，一个性格严重扭曲的人物是国统区小公务员卑微地位的真实写照，而他的悲剧命运也是对国民党统治黑暗腐败的最为严厉的批判。汪文宣的妻子曾树生则是一个性格复杂，内涵丰富的人物形象。她既有现代女性追求个性独立的强烈要求，又有传统女性恪守传统道德的矜持；既有年轻而富有生命力的普通女性的需求，又有知识女性的冷静和理智。她不满意自己充当花瓶的职业，但又不能抵挡物质诱惑。与懦弱无能的汪文宣相比，在她身上呈现的是积极的生活态度和生命活力。曾树生始终具有一种努力改变生存环境的自强意识，尽管其中也有很多无奈，但她不像汪文宣那样以自我折磨的方式消极度日。为了一家人的生活和自己对优越物质生活的渴求，曾树生做了银行的“花瓶”，最后又与年轻富有的上司去了兰州。巴金没有轻易地以道德标准去否定曾树生的物质追求，而是深刻揭示了人物内心的全部丰富性和复杂性，使其具有了丰厚的审美内涵。

小说人物形象塑造的成功最主要的不是通过曲折的情节，而是异常细腻深刻的心理刻画达到的。作者很注意揭示人物的隐秘心理过程，发掘人物的潜意识。小说在艺术上的另一鲜明特色是借助疾病的隐喻来表现人性的压抑。如小说反复描写主人公汪文宣的“肺病”，这种具有深沉悲剧感的疾病制造了笼罩整个文本的悲剧气氛和死亡气息，有效地展示了人性的痛苦和绝望，同时这一疾病意象也隐喻了病态社会的黑暗与寒冷。

在创作的后期，时代的巨大变化使作家经历了更多的磨难，为了适应抗战的需要，巴金对自己的思想和文学活动都进行了调整，其作品中原来随处闪现着的那种无政府主义的东西隐匿了，代之而起的是对知识分子的日常生活困境的再现。他不再写英雄式的人物，而开始写在社会重压下艰难生存的小人物。小说的格调也由前期的热情奔放一变而为忧郁、悲哀、冷静、深刻。尽管从前期到后期，巴金的创作发生了转变，但他始终是一个具有理想主义倾向和强烈道德感的作家，代表了现代中国知识分子的良知。

第二节　老　舍

一、创作历程

老舍，原名舒庆春，字舍予，满族人。他生于北京一个穷旗兵家庭。这样的生活环境使他从小就熟悉车夫、手工业工人、小商贩、下等艺人、娼妓等挣扎于社会底层的城市贫民，深知他们的喜怒哀乐，奠定了其日后从事文学创作的生活基础。老舍一岁时，父亲战死于抵抗八国联军侵略中国的战争中，从此全家人断绝了唯一的经济来源，靠老舍母亲洗衣缝补维持艰苦的生活。母亲坚强和隐忍的性格深刻影响了老舍，他说："我的真正的教师，把性格传给我的，是我的母亲。母亲并不识字，她给我的是生命的教育。"①

老舍9岁时，意外地得到一个富人的资助，幸运地获得了读书机会。老舍小学毕业后就进入了北京师范学校读书。这种长久而深刻的贫困生活体验使老舍首先顾及的是底层人的遭遇，总是在肉体的摧残和精神的戕害中去展现贫穷的酷烈。老舍首先是从生命的崇高、求生的欲望、被侮辱与被损害的意义上去认识贫困的，这使他不得不承担一种生命的沉重。另外，作为一个满族人的后代，经历了清王朝的灭亡和民国时期强烈的排满情绪，也深刻体验了"末世人"的悲剧境遇。老舍强烈的民族意识一直处于压抑状态中，在创作中也是以曲折隐晦的方式来表达的。贫困体验和民族意识的压抑共同铸就了老舍深刻而沉静的个性气质。

1919年，五四运动爆发时，20岁的老舍正在北京公立第十七高等小学任校长。五四运动对他的思想和人生道路的选择起到了重要的作用。1924年夏，老舍赴伦敦大学东方学院任华语教员。在此期间，为了学习英语，他开始大量阅读英文小说，读得较多是狄更斯、康拉德等人的作品。其后在思乡情绪的困扰下，老舍开始了文学创作，并将他的小说寄回了国内，在《小说月报》上发表。到1930年老舍回国时，他已经在中国文坛颇有名气了。

在英国期间，老舍完成了《老张的哲学》、《赵子曰》和《二马》三部长篇小说的创作。《老张的哲学》在《小说月报》第17卷第7号上连载时，署名为"舒庆春"，但自第8号起署名改为"老舍"，这标志着老舍文学创作的正式开端。小说主人公老张（张明德）是北京北郊二郎镇的一个恶棍。他信奉"钱本位而三位一体"的哲学，为了抓钱，采取卑劣手段拆散了两对恋人（王德与李静、李应与龙凤）。小说展现了在黑暗势力的摧残压迫下北京普通市民的悲剧命运，同时也批判了以李静姑母等人的婚姻观念为代表的封建传统道德观。《赵子曰》写的是北京天台公寓里一群大学生的荒唐生活。作者批判了赵子曰等人的空虚灵魂，同时在与这些人形成对比的理想人物李景纯身上寄寓了自己的希望。《二马》是老舍早期创作的一个高峰，在三部小说中，成就最高。小说通过马则仁、马威父子在异国他乡的生活经历，在对中英两国国民性进行比较的基础上，深入探索了国民性问题。老马是老民族里的一个老分子，古板地恪守着中国传统的尊儒轻商、尊卑长

① 老舍：《我的母亲》，《老舍生活与创作自述》，人民文学出版社1982年版，第292页。

幼等旧观念。他来伦敦本是为了继承兄长留下的古玩店，却处处鄙视经商行为。李子荣的才干使得古玩店得以维持，老马却处处时时以掌柜对待伙计的方式对李子荣吹毛求疵。与之相比，马威则比较激进，而李子荣比较务实。小说在父与子两代人和中英两国人的对比中透视和思考了民族心态的各个层面。老舍的早期创作已经充分体现出幽默的风格特征，但其美学风格尚未成熟，尚有流于油滑之处。

1929 年，老舍取道新加坡回国时，创作了儿童文学作品《小坡的生日》，描写了生活在新加坡的华侨少年与各被压迫民族的小伙伴一起，反对强权奴役的故事，表现了作者对被压迫民族的深切同情与对弱小民族团结起来共同奋斗的愿望。

1930 年至 1937 年间，老舍先后在齐鲁大学和山东大学任教。此间，他先后创作了七部长篇小说《大明湖》、《猫城记》、《离婚》、《牛天赐传》、《骆驼祥子》、《文博士》。小说《大明湖》为济南人民以及所有蒙受侵略之苦的祖国人民抒发愤慨。在这部小说里，他第一次描写了共产党人的形象，但小说后来被战火所毁，未能出版。另外，他的短篇小说还结集为三个短篇集：《赶集》、《樱海集》、《蛤藻集》。这一时期也是老舍创作的旺盛期。

《离婚》和《骆驼祥子》最能代表老舍这一时期的创作成就。《离婚》中的主人公张大哥是老舍笔下成功的“老派市民”的典型形象。他知足认命、墨守成规，信奉中庸哲学。在对待婚姻的问题上，张大哥一生所要完成的神圣使命就是做媒人和反对离婚。因为离婚在张大哥看来，不限于一对夫妇的离异，而是意味着一切既成秩序的破坏，所以，他坚决反对离婚。他一生的事业就是要弥合裂缝，消除危机，以确保天下太平。张大哥对儿女的希望也是中庸哲学的体现，他的“理想的儿子”正是模范市民的典范，甚至他的穿着打扮也永远不会走极端。但是，他的这种生存哲学也并不能确保他一家人的平安。当他的儿子被诬为“共产党”而下狱时，那些平日信赖敬服他的同事们却因害怕受连累，都不愿为他的儿子联名具保，甚至幸灾乐祸，抢夺张大哥被革除后留下的空缺。恶棍小赵还趁机榨取他的财产，诱骗他的女儿。这种因循守旧的庸人哲学的破产，欲顺应天命而不可得的悲剧，表达了作者对保守苟安的生活态度的严厉批判。小说结尾是一个绝妙的反讽：张大哥的儿子出狱后，他又宴请那些曾经袖手旁观的同事们，重新回到了原来的生活轨道，这表明其思想观念没有因这次悲剧事件而有所改变。小说另一主人公——老李则出于对北平城市生活的失望而携家眷回乡去了。与早期的小说相比，这篇小说不再是为幽默而幽默，而是蕴涵着深刻的社会历史内容，它标志着老舍创作一个新的高度：从思想性来看，老舍小说创作的核心思想得以全面系统地确立，即批判市民性格及造成这种性格的社会生活环境、思想渊源和文化传统。从艺术性来看，小说在幽默中迸发出智慧与真理的火花，含蓄而机智，幽默风格趋于成熟。

1937年，随着全面抗日战争的爆发，老舍的生活和创作都发生了很大的变化。他别妻离子，只身前往武汉，投入到文艺界的抗日洪流之中。自1938年起，老舍担任“中华全国文艺界抗敌协会”的总务部主任，主持文协的工作，直到抗日战争取得彻底胜利。老舍以满腔热情和耐心细致的工作，团结各个方面的文艺家，共同致力于推动抗战的文艺活动。这一时期，为了适应抗战需要，老舍进行了多种文艺形式的创作，如用大鼓体写成长诗《剑北篇》，用京剧形式写成《王家镇》、《忠烈图》，用话剧形式写成《残雾》、《归去来兮》、《面子问题》。此期创作的小说有长篇小说《火葬》、《四世同堂》、《鼓书艺人》，先后出版了短篇集《火车集》、《贫血集》等，同时，还撰写了大量杂文、散文和诗歌等。

二、《骆驼祥子》

《骆驼祥子》是老舍“作职业写家的第一炮”。小说最初连载于《宇宙风》杂志(1936年9月—1937年10月)，其创作源自于老舍的一位朋友给他讲述的两个洋车夫的故事。老舍的这位朋友说，他曾用过一个车夫，这个车夫自己买了车后又卖掉，如此三起三落，到末了还是受穷。另一个车夫则被军队抓了去，孰料转祸为福，他趁军队转移的时候偷偷牵回了三匹骆驼。于是，车夫与骆驼便成为后来骆驼祥子的故事内容。

《骆驼祥子》代表了老舍小说创作的最高成就，也是他自己最满意的作品。它以洋车夫祥子三次买车又三次失车，最终从一个体面要强、自尊自信的人堕落为麻木不仁、卑鄙猥琐的行尸走肉的过程为主要内容，展示了一个生活在社会底层的小人物的悲剧命运。

小说在对祥子悲剧原因的揭示中表达了对黑暗社会现实的批判与对城市文化和人性问题的思考。在一个混乱、黑暗与腐朽的社会中，像祥子这样生活于社会底层的小人物，其悲剧在于他以最大的代价和最低的条件求得卑微的生存而不可能，这种社会制度的不合理性也就昭然若揭。最初，祥子的性格中有着很多美好优秀的品质，这也是作者极力肯定和赞美的。祥子18岁时，由乡村来到城市谋生，既有着农民的勤劳朴实、沉默单纯，又有着结实强壮的身体。“他确乎像一棵树，坚壮、沉默，而又有生气。”①此时的祥子年轻力壮，善良正直，坚忍顽强，自尊自信，还有着属于自己的理想，那就是有一辆属于自己的车，做一个“自由的车夫”。为实现这一理想，祥子拼命地干，病了也舍不得钱买药。他用了三年时

---

① 老舍:《骆驼祥子》,《老舍文集》第三卷，人民文学出版社1982年版，第7页。

间凑足了买车的钱，终于买到了车。然而，不久，他的车就因军阀混战被逃兵裹走了。祥子逃出来时，牵回了三匹骆驼，卖了一些钱，于是，他再次回到车厂拉车。虽然受了沉重的打击，但他还是决定重新开始，只是不像从前那样对自己充满信心了，行为和观念也发生了一些变化，祥子身上的那些美好品质开始逐渐丧失。此时，祥子在苦闷中受到车厂主刘四的女儿虎妞的诱惑，积攒的买车钱又被军阀敲诈了去。虎妞谎称自己怀孕，逼祥子娶自己，这些事件使祥子再次受到沉重的打击。祥子娶了虎妞后，用虎妞的钱买了一辆车。但因为与虎妞生活，祥子的人格独立、身体健康以及生活方式都受到了极大的损害，祥子的自尊自爱在逐渐丧失。虎妞难产而死，祥子只得把车卖掉安葬虎妞。一次次打击，无穷无尽的磨难使祥子的自尊心丧失殆尽，他已经不再想从拉车中获得任何光荣，从而走向堕落：他抽烟、喝酒、赌博、接受主人姨太太的诱惑。当得知他所深爱的小福子吊死在树林里时，祥子的整个灵魂被彻底摧毁了，曾经被他所鄙夷的那些车夫的坏品质，他都一步步沾染上了，成为没有灵魂的野兽。祥子堕落的过程也就是他的做人的尊严被打击被剥夺的过程。他的一生就是在各种各样的打击中度过的，似乎命中注定他要“逢吉化凶”。这使小说充满了深沉的悲剧感和现实的批判力量，而在故事的深层则寄寓了作家对“人与城”关系的思考。老舍借助祥子灵魂蜕变和精神毁灭的过程，表达了对北京市民文化的深沉思考和批判，表达了对病态的社会和文化给人性所带来的伤害的深深忧虑。祥子作为一个城市的外来者，置身于陌生的城市之中，在这个异质的环境中，他的自然人性不断地被扭曲，在环境的逼迫下，不断地给自己的灵魂泼污水，最终自己变成了这个城市丑恶环境的一部分。从这个意义上，我们可以说《骆驼祥子》讲述的是一个来自农村的纯朴农民在融入都市文明的过程中所产生的道德堕落和心灵腐蚀的故事，这样的思考在同时代作品中是独树一帜的。

除了外在的客观社会环境之外，祥子的悲剧也不能排除自身的原因。尽管最初的祥子身上有着很多美好的品质，但却不可避免地带有保守性、狭隘性和盲目性。他固执死板地认定唯一的生活理想就是拥有一辆自己的车，认为有了车就有了饭吃，就可以自由和独立了。这是一种典型的狭隘保守的农民心理。与这种理想相适应的是他个人奋斗的行为模式，而单个人的奋斗挣扎是难以抵抗整个社会的黑暗，即使拥有了自己的车也无法改变受压迫、受剥削的命运。他的愿望和奋斗方式本身都是盲目的、脆弱的。老舍把祥子写成一个“个人主义的末路鬼”，就是要否定他的这种理想和奋斗方式。

小说的另一主人公虎妞则是一个有着更为复杂的社会内涵和性别内涵的人物形象。虎妞对祥子的诱惑、纠缠与索取是导致祥子悲剧的外在原因之一。作为车厂主刘四的女儿，她的好逸恶劳，粗俗刁泼，精明奸诈的个性特点，对祥子来说是一种社会黑暗势力的代表。但是，从虎妞自身来说，这种被扭曲的性格体现的则是男权社会中女性的生存悲剧。父亲刘四剥夺了她追求幸福的权利，而她追求幸福的方式又显然不能被以祥子为代表的男性群体所接受。祥子心目中的理想妻子是像小福子那样温柔体贴，具有传统女性气质的女性形象，而虎妞无论从外表还是性格气质来看，都不具有这样的特征。她的男性化特征正是她所生存的那个男权社会环境所塑造的，而这种特征在女性身上又是无法被男性所认可和接受的。从性别角度来看，虎妞实际上也是社会的受害者。

《骆驼祥子》以主人公祥子的命运起伏为线索，结构紧凑集中，布局妥帖。老舍还善于运用丰富、多变、细腻的手法描写人物的心理活动和心理变化，尤其是主人公祥子的内心世界获得了充分展示和深入开掘。

三、《四世同堂》

《四世同堂》是老舍后期的代表作。作为老舍规模最大的一部长篇巨作，全书近100万字，用了5年的创作时间。老舍赴美讲学期间，该书被译为《黄色风暴》(*The yellow storm*)在美国出版了节译本，当年在美国被誉为同一时期所出版的最优秀的小说之一。

小说写的是北平沦陷后，北平市民在日本侵略者统治下屈辱而痛苦的生活，堪称一部被征服者的痛史、恨史和愤史。与同一时期的抗战小说相比，它的独特之处在于其浓厚的文化反思色彩。文本表现的重点不在于暴露日本侵略者的罪行，而在于揭示抗战中中国人民的觉醒过程和中华民族文化心理的蜕变过程。在这个意义上，它是一个文化隐喻文本，是一部从文化层面剖析和表现民族灾难根源的小说。在这部小说中，老舍将病态的民族文化和国民性格置于日伪统治的刺刀下进行审视和检验，沉痛反思了北平文化(中国民族文化的代表)的精神痼疾，批判了国民劣根性。同时，老舍期望在战火中焚毁国民的劣根性，显示了改造和重塑“国民性”的努力。作为民族文化中优秀成分的代表，钱默吟身上寄寓了老舍的文化理想：和平时期，他是栽花饮酒的隐士；战争中，他一变而为敢流血的战士，如人物自己所言：“诗人与猎户合并在一起，我们才会产生一种新的文化，它既爱好和平，而在必要的时候又会英勇刚毅，肯为和平与真理去牺牲。我们必须像一座山，既满生着芳草香花，又有极坚硬的石头。”①在这个人物身上集中体现了中国传统文化进行自我更生的能力，这也是老舍对这场战争的文化期待。

小说成功之处还在于它塑造各种类型的市民形象，提供了一个丰富而完整

---

① 老舍：《四世同堂》，《老舍文集》第五卷，人民文学出版社1982年版，第244页。

的北京市民社会图景，如代表民族文化精华的钱默吟，代表民族文化糟粕的祁瑞丰、冠晓荷、大赤包等，代表民族文化保守性的祁老人等，代表民族文化复杂性的祁瑞宣等，代表民族文化进取性的祁瑞全等，代表民族文化生命力和坚韧性的底层贫民人力车夫小崔等各类人物从各个角度和层面有效地阐释了北平文化的优与劣。

祁老人和祁瑞宣是最为成功的两个人物典型。中国文化的保守性在祁老人身上表现得最为集中和鲜明。他是祁家这个四世同堂大家庭的长辈，也是宗法制家庭结构的维护者。他朴实、和气，不乏谦卑，但也闭塞保守，胆小怕事，一切凭经验办事。全面抗战爆发，他以自己惯有的经验，认为只要备足了三个月的粮食和咸菜，然后关上大门，再用装满石头的破缸顶上，便足以消灾避难了。他与长孙媳妇韵梅谈起战事，仿佛是谈论一件邻里家庭纠纷的新闻。在他看来，正如他的长孙媳妇韵梅所说，反正咱们姓祁的也没得罪东洋人，他们一定不能欺侮到咱们头上来。诗人钱默吟被捕后，祁老人很想去找冠晓荷替钱默吟说说情，但是，他还须想一想。他愿意搭救钱先生是出于真心，但是他绝不愿因救别人而连累了自己。在这场席卷整个民族的战争中，祁老人的经验失去了效用，他的小心谨慎并没有使儿子祁天佑逃脱侵略者的搜刮和凌辱而最终投河自尽的结局，也没有使孙子祁瑞宣逃脱被捕入狱的灾祸。自备的粮食敌不过侵略者制造的饥荒，重孙女妞儿也饿死了。这些毁灭性的打击最终激起了老人对侵略者的愤慨和仇恨，逐渐萌生了反抗的种子。但祁老人的生活观念始终无法摆脱传统，他在抗战胜利后的生活理想依然是希望自己的重孙子活到自己的年纪，做另一个四世同堂的老祖宗。

中国传统文化的复杂性最鲜明地体现在祁瑞宣这个人物身上。他的性格充满了矛盾，经历了从苦闷走向觉醒的艰难过程。他既有为中国传统优秀文化所塑造的性格特征，又接受了前辈所不曾接受的新式教育。他的内心和行动都有着来自于新与旧的两方面的作用力。他既善良正直，有爱国思想，又软弱忍从，受着传统文化的束缚；他既想尽忠，又想尽孝，在不能两全的境地中优柔寡断，苦闷不已。最终，在现实面前和爱国救亡激流的冲击下，他也从苦闷中走向了反抗侵略者的道路，积极为地下的革命刊物写文章。他从苦闷中觉醒走上反抗之路，体现的是他身上国民精神的弱点被逐渐清除的过程，也是他不断摆脱传统文化保守性影响的过程，这寄托着老舍对民族在战争中自救新生的希望。

《四世同堂》在内容上跨越了全面抗战的全过程，笔触也遍及北京的各个场所和角落，几乎是北平社会的全景图，且人物众多，线索纷繁，在广度、深度和气势上都富于史诗的气魄。在结构上，小说以祁家四代人为主，以冠家为辅，钱家穿插其间，旁及几个大杂院中的家庭，呈辐射型、网络状展开，脉络清楚，叙事写情极有层次，整体结构严谨而匀称。

老舍小说最突出的美学特征是它所具有的“京味”风格。老舍既是现代“京味”小说的开创者，同时也是集大成者，他的代表作都是“京味”小说的典范文本。北京是老舍最为熟悉的城市，他也经常以之为小说中故事发生的地点和背景。老舍的文学语言在北京方言土语的基础上形成凝练生动、明白晓畅、幽默传神的独特风格。更重要的是，老舍在小说文本中大量描绘了北京的自然景物和人文景观，并深层揭示了北京人特有的文化心态，深刻剖析了北京文化的本质。这一美学意蕴使得老舍的小说具有了持久的文化魅力。

第三节 曹 禺

一、创作历程

曹禺，原名万家宝，字小石。祖籍湖北潜江，生于天津一个没落的封建官僚家庭。“曹禺”是他 1926 年发表连载小说《今宵酒醒何处》时开始使用的笔名。父亲万德尊于清朝末年留学日本东京士官学校，回国后曾任总统黎元洪的秘书、宣化府镇守使、察哈尔都统等职，与上层社会人物多有来往，后来投资纺织公司，在天津做寓公，与曾任袁世凯财政总长的官僚买办周学熙来往密切。上层社会的腐败堕落使从小过着优越物质生活的曹禺在精神上却总感到压抑，憎恶他出身的封建家庭，“整个家庭都是郁闷的。每天可以听到和看到很多乱七八糟的事。像周朴园逼蘩漪喝药那类事，从我的亲戚、朋友的口里经常可以听到”①。

这些封建大家庭的生活经历也为他日后的戏剧创作提供了最直接的素材。曹禺的生母在其出生三天后即去世，他由继母和保姆抚养长大。继母酷爱戏曲，曹禺从三岁起便常随其出入戏园，观看许多名演员的表演，由此对戏剧产生了浓厚的兴趣。

1922 年秋，曹禺插班进入天津南开中学初中二年级学习，并于 1925 年参加了南开新剧团的活动，曾主演过《娜拉》、《国民公敌》、《悭吝人》等剧，从而获得了丰富的舞台经验与敏锐的舞台感觉。1929 年考入清华大学西洋文学系后，曹禺开始广泛钻研从古希腊悲剧到莎士比亚戏剧及契诃夫、易卜生、奥尼尔的剧作。本科毕业后，他又以优异成绩升入清华大学研究院，专门从事戏剧研究，这使曹

① 曹禺：《我的生活和创作道路》，《曹禺剧作论·附录》，中国戏剧出版社 1981 年版，第 204 页。

禺具有了深厚的戏剧创作理论的功底。从1933年到1949年，曹禺的戏剧创作出现了两次高潮。第一次是1933至1937年。1933年，尚未大学毕业的曹禺完成了戏剧处女作《雷雨》的创作。1934年9月，为生活所迫，他辍学到天津河北女子师范学院任教。1935年，完成第二部剧作《日出》。1936年8月，应南京国立戏剧学校校长余上沅邀请，赴南京任教，其间创作剧作《原野》。第二次高潮是1938至1949年。全面抗战爆发后，随学校辗转于长沙、重庆等地。1938年10月，他与宋之的合作改编抗战戏剧《全民总动员》，公演后轰动重庆。1939年，创作《蜕变》。1940年，剧作《北京人》问世，它是曹禺第二个创作高峰期的代表作。1942年初，辞去国立戏剧学校的教职，任中央青年剧社、中国电影制片厂的编导，成功地将巴金的《家》改编为话剧。1946年，与老舍同时接到美国国务院邀请，经上海赴美讲学，并两次会见德国著名剧作家布莱希特。1947年返回上海，任上海文华影业公司的编导。1949年初经中共地下党安排经烟台到北平。新中国成立后，曹禺继续进行戏剧创作，但其艺术魅力显然逊色于此前的剧作。

二、《雷雨》、《日出》、《原野》

《雷雨》是曹禺的处女作，也是他的成名作和代表作。曹禺高中毕业后，便开始构思这部剧作，经过五年的苦心经营和反复修改，最终在1933年大学毕业时完成。剧本写成后，曹禺就将它交给了同窗好友靳以，直至1934年7月靳以才将曹禺的《雷雨》推荐给巴金。巴金当晚就读完，被深深打动了，把剧本推荐给郑振铎，在当年《文学季刊》的第三期发表。1935年4月，《雷雨》在日本东京首次公演，8月，由孤松剧团在国内首次公演，立即引起轰动。从此，曹禺一跃而为中国剧坛的巨星。

《雷雨》以1925年前后的中国社会为背景，描写了一个带有浓厚封建色彩的资产阶级家庭的悲剧。它从周、鲁两家的矛盾冲突着眼安排剧情的发展。剧情始于一个传统的始乱终弃的故事，即30年前，阔少爷周朴园引诱占有了家里的女仆侍萍，后来为娶有钱人家的小姐又抛弃了她。30年后，周朴园与侍萍的儿子周萍不仅重复着父亲的丑剧，而且走得更远：他与继母乱伦，所引诱的女佣竟然是自己同母异父的胞妹。这样，戏剧的矛盾冲突变得集中和激化了，形成了一个纵横交错的故事网。剧中仅有八个人物，却形成了五组三角爱情关系，夫妻、父子、母子、兄妹、兄弟、主仆等等各种矛盾冲突纠缠在一起，使得剧情极为曲折、紧张。作者借助这个故事既揭示了由封建专制制度所造成的家庭悲剧，也揭示了由资本主义制度所造成的社会悲剧，更重要的是还揭示了人物深刻的命运悲剧，从而使作品具有了丰富的思想内涵和巨大的精神震撼力。在家庭悲剧的层面，《雷雨》揭露了中国传统的封建等级观念和婚姻观念以及封建家长制度对人的迫害。作为命运悲剧，它表现了人的无望的挣扎和命运的残酷，表明作者对宇宙间压抑着人的本性，人又不可能把握的某种不可知的力量的无名的恐惧。

《雷雨》的成功首先在于人物形象的塑造。剧中的每个人物，无论主次，都具有鲜明生动的个性，而且每个人的命运都有着丰富深厚的内涵。周朴园是剧中各种悲剧的根源。他是一个具有封建性特征的资本家，自私、贪婪、冷酷、虚伪，而这种性格的形成源于他自身的人性弱点和社会环境的塑造。作为煤矿公司的董事长，周朴园在社会上是一个贪婪冷酷、狠毒狡诈的资本家，这主要体现于他与鲁大海的矛盾冲突。他镇压工人罢工，收买工人代表。他还曾故意让江堤出险，淹死了两千多个工人，获得大笔的抚恤金。只要能弄钱，他什么都做得出来。在周公馆，周朴园则是一个专制冷酷、道貌岸然的封建家长。为了贯彻他的意志，他不惜牺牲任何人的幸福，要求周公馆所有人都要服从他，如在强迫蘩漪喝药的一场戏中，他关心的根本不是妻子的健康，而是她对自己意志的服从。但是，曹禺并没有把周朴园塑造为一个概念化的典型，而是一个活生生的人。这一点，在周朴园与他以前的女佣和恋人侍萍的关系中有着比较复杂的体现。周朴园早年追求过个性解放和爱情自由，但是迫于环境的压力，他屈服了，致使侍萍投河自尽。这一次出卖良心和灵魂的行为使他自己陷入终身的精神痛苦中，因此为了安慰自己的良心，纪念自己一生中仅有的一次真爱，不仅将自己儿子取名为“周萍”，保留了侍萍生周萍时的房间模样，而且还一直把侍萍当做“正式嫁过周家的人看”。但是，30 年后，腐朽黑暗的环境已经把他塑造成了另外一个周朴园。当侍萍的出现使他 30 年来建立的正人君子的自我形象面临被揭穿的威胁时，周朴园感到的是“恐惧”，他恨这个活着的侍萍，想用金钱将她打发掉。周朴园对待侍萍态度的巨变既展示了他的虚伪，同时也表现了人性的复杂与多变。

蘩漪是剧中最具有“雷雨性格”的人物。在剧本的“舞台提示”中曹禺这样写道：

> 她一望就知道是个果敢阴鸷的女人。她的脸色苍白，只有嘴唇微红，她的大而灰暗的眼睛同高鼻梁令人觉得有些可怕。但是眉目间看出来她是忧郁的，在那静静的长的睫毛的下面，有时为心中的郁积的火燃烧着，她的眼光会充满了一个年轻妇人失望后的痛苦与怨望。①

蘩漪是作者认为“值得赞美”的人物，所以在创作中，作者着力描写了她因“环境的窒息”而做出的一次“困兽的搏斗”，以及在这一过程中生命里所交织

① 曹禺：《雷雨》，《曹禺文集》第 1 卷，中国戏剧出版社 1988 年版，第 39 页。

的“最残酷的爱和最不忍的恨”。蘩漪出身书香门第,接受了个性解放的思想,但更重要的是她是一个极具生命活力的女性。在周公馆18年,她从未得到专制丈夫平等的爱,精神上长期受到摧残和折磨,深感压抑。但她仍然有着强烈的情感需要,而且这种压抑的家庭环境和不平等的待遇,使她产生了强烈的反抗心理。她抓住了周萍,付出了自己的全部感情,甚至不惜乱伦。但怯懦的周萍并未给她带来真正的爱情和自由,周萍的始乱终弃,反而使她压抑得更厉害了。超常态的压抑导致超常态的发泄和毁灭。蘩漪不能承受“两代人的欺侮”,终于选择了“一次困兽的斗”,揭穿一切不可见人的关系,也导致了一场死亡与疯狂的结局。蘩漪形象的成功,主要就在于作者深刻地表现了她矛盾复杂的“雷雨式”的性格。她的性格充满矛盾,有热情、坦率、倔强、反抗的一面,而超常态的压抑又使她变得阴鸷、残忍、冷酷、忧郁。剧中的其他几个人物形象也同样个性鲜明生动,每个人物的命运都是一部完整的戏。

《雷雨》的成功还体现于艺术结构和戏剧语言。它的戏剧冲突紧张激烈、错综复杂,但因其始终围绕周朴园展开剧情,并采用了明(周朴园与蘩漪的冲突)与暗(周朴园与鲁侍萍的关系)两条线索,彼此交织,相互影响,共同推动情节的发展,使得剧情紧张曲折,引人入胜的同时,又能够线索分明。

《雷雨》遵循西方传统的戏剧模式“三一律”结构。四幕戏的时间集中在一天之内(从上午到深夜),地点也集中在周鲁两家的范围内。戏剧情节高度集中,结构极为严密。它还将正在进行的事件与过去发生的事件巧妙地交织在一起,以现在的戏引发过去的戏,又用过去的戏来推动现在的戏,加之作者对巧合的运用,使得剧情跌宕起伏,产生了强烈的艺术感染力和震撼人心的效果。

《雷雨》的戏剧语言更值得称道。它的语言不仅是高度个性化的语言,具有丰富的潜台词,而且带有浓烈的抒情味。生动而精美的语言,充分展示了话剧这门“说话的艺术”的魅力。

1936年,曹禺的第二部戏剧《日出》连载于《文季月刊》。因有感于《雷雨》太像戏了,技巧用得过分,曹禺创作该剧时,决定试探一次新路。与《雷雨》相比,《日出》的戏剧场景、思想主题以及戏剧结构等方面都发生了明显的变化。它以20世纪30年代具有中国特色的半封建半殖民地都市天津为背景,以“交际花”陈白露的华丽客厅和翠喜所在的三等妓院“宝和下处”为具体地点,展示了“有余”和“不足”两个社会阶层完全不同的生存状态,实现了对“损不足以奉有余”的社会黑暗的揭露与批判。全剧共四幕,其时间分别为:黎明、黄昏、午夜、凌晨。剧中人物基本可分为三类:一是受五四新文化影响而在社会上发生不同变化的青年学生,如堕落为交际花的陈白露,仍然向往光明的方达生等;二是“有余者”的代表和附庸,如银行家潘月亭、大丰银行襄理李石清、富孀顾八奶奶、面首胡四、打手黑三、洋奴张乔治、大旅馆茶房王福升以及没出场的恶霸金八等；三是社会底层的“不足者”，如妓女翠喜、被银行抛弃的小职员黄省三、不幸落入黑社会之手的小东西等。

全剧的核心人物陈白露是一位娜拉式的新女性，她曾经是对未来充满理想的纯真而清高的“竹筠”，在进入这样一个金钱统治一切的社会后，她很快堕落为交际花。金钱的诱惑和腐蚀使她在这条路上越陷越深，难以自拔，然而在内心深处，她并没有彻底与这个黑暗世界同流合污，她仍然有着宝贵的正义感和同情心，隐藏在强颜欢笑，应付自如的繁华生活背后的是陈白露内心深处的孤独、空虚和痛苦。方达生的出现，唤起了陈白露对过去的美好回忆，但并不能真正拯救她，却加速了她的精神崩溃，最终绝望自杀。陈白露的悲剧命运和悲剧性格既是对金钱社会的控诉，也是作者对进入社会的“娜拉”们的命运深刻思索。

与《雷雨》的锁闭式结构相比，《日出》的戏剧结构具有“人像展览式结构”的特征。它从都市社会一部分人日常琐碎的生活内容中提炼戏剧冲突，没有大起大伏的戏剧情节，甚至没有贯穿始终的中心事件，每个人都带着自己的过去，成为一条独立的故事线，表面看来互不关联，结构松散，但却在“损不足以奉有余”这一主题思想的联结下，形成了一个完整的艺术整体。虽然人物外部的行为冲突较少，但潜在的贫富对立的根本性冲突却很强烈。该剧是曹禺对多种戏剧结构样式的一次成功探索和实践。

1937 年连载于靳以主编的《文丛》第一卷上的《原野》是曹禺对“新路”的又一次成功的“试探”。如果说《雷雨》主要体现了作者对中国封建家庭的认识，《日出》主要体现了作者对中国现代都市社会的认识，那么《原野》则将视野转向了农村，借助一个复仇故事表现了封建统治者的强权统治对人性的扭曲和摧残，更重要的是它挖掘了在强烈爱与恨的夹击下，人物丰富脆弱的内心世界，表现了充满反抗意识的原始生命力，在人性的层次上探讨了人的精神承受力。

《原野》的剧情围绕农民仇虎向地主焦阎王一家复仇展开：仇虎的父亲被焦阎王活埋，他家的土地被抢占，妹妹被卖为娼，受尽折磨而惨死，家里的房屋被烧毁，土地被霸占，仇虎的未婚妻花金子也被焦家的儿子焦大星强占，做了“填房”，仇虎自己被投进了监狱。八年之后，仇虎从狱中逃出来复仇，但此时害得他家破人亡的罪魁祸首焦阎王已死，剩下的只是又老又瞎的焦母、懦弱无能的焦大星以及一个毫无反抗能力的孩子小黑子。失去真正复仇对象的仇虎被置于欲复仇不能，欲放弃又不甘的尴尬境地。仇虎胸中燃烧的复仇火焰不可能熄灭，他杀死了焦大星，设计让焦母自己杀死了自己的孙子小黑子，然后带着金子逃进了黑树林。但复仇之后，他的灵魂却在负罪感中痛苦地挣扎，最终自杀了。

曹禺评价《原野》说：“（它）是讲人与人的极爱和极恨的感情，它是抒发一个青年作者情感的一首诗。”剧中，无论是如同仇敌般互相折磨的仇虎与花金子之间的情人爱，还是要独占儿子的感情的焦母对焦大星的母爱，都是一种疯狂的“爱”。“极恨”的感情则表现为复仇主题的复杂性。失去了复仇对象，复仇的合理性受到质疑和挑战，但仇虎的深仇大恨不可能因为焦阎王的死亡而获得平息。他只能按照“父债子还”的原则将复仇对象转向了焦大星。但在仇虎杀死焦大星，并设计让焦母误杀自己的孙子后，剧情发生了逆转：由外部的行为冲突转向人物内在的心灵冲突。完成复仇使命之后的仇虎不是获得了解脱，而是陷入了巨大的恐惧和不安中。剧本的最后一幕具有鲜明的象征主义和表现主义色彩，它实际是仇虎复杂内心感受的外化形式，集中表现了仇虎所承受的巨大精神压力和痛苦。

这部戏剧受到美国表现主义剧作家尤金·奥尼尔《琼斯皇》的影响，情节上有诸多相似之处。表现主义手法的运用，不仅加强了剧作的哲理性，而且创造了适于主题需要的情绪氛围，不能看作是对作品现实性的削弱。该剧是中国现代戏剧史上难得的一部现代主义戏剧，是曹禺又一次成功的艺术尝试。

三、《北京人》

《北京人》写的是北京一个昔日豪门曾家三代人的人生遭际和思想性格，在三代人的种种矛盾冲突中揭示了封建大家庭内部的腐朽衰败及其从物质到精神都必然走向崩溃的历史命运，同时它还深入人物的内心世界，揭示了封建主义对人性的扭曲和吞噬以及年轻一代对光明的向往和追求。

老一代北京人以曾家的封建家长曾皓为代表。虽然名义上，他还是这个大家庭的最高统治者，但已丧失了统治者的威风。他已经不能维持传统的宗法家庭秩序，无法阻止这个家庭的分崩离析，相反还要看别人脸色，受别人摆布。他以哀怜的面目去获取别人的同情，遮掩内心深处的自私和虚弱。这个人物是封建专制主义垂死挣扎和走向灭亡的象征。第二代北京人中，曾皓的儿媳曾思懿是曾家实际上的统治者，大权在握，精明能干，虚伪残忍，但也无法挽救这个即将崩溃的家庭。曾思懿的丈夫曾文清则是第二代北京人中的颓废者。他虽聪慧、温厚、善良，却没有自己的思想和追求，缺乏独立的意志和反抗的精神，在厌倦、失望中消耗着自己的生命，自己爱的人不能爱，恨的人不敢恨，离家出走又沮丧而回，最终一事无成，在绝望中自杀。曾文清的悲剧深刻揭示了封建主义对正常人性的扭曲和吞噬。而第二代人中的愫方和第三代人中的曾瑞贞则是两个具有叛逆性格，昭示着人类对自由和光明的向往的女性形象。愫方是曹禺继蘩漪和陈白露之后成功塑造的第三个女性形象。愫方最终选择离开腐朽的旧家庭，勇敢地去追求自己新生活，她的身上寄寓了作者更多的审美理想。因父母早逝，愫方不得不在寄人篱下的生活中忍受种种歧视和侮辱，但她沉默的忍耐并不等同于软弱。她有着美好的情操和牺牲的精神，也有着坚忍的毅力和自己的理想。当她终于看清了这个家庭的本质，对它彻底绝望之后，她勇敢地选择与瑞贞一起出走，勇敢地选择了新的人生道路。

在艺术上，《北京人》完成了曹禺向契诃夫"诗意的生活化（散文化）戏剧"的转变，实现了"走向契诃夫"的宿愿。作者将日常生活原貌呈现于舞台，格调散淡平和。剧本还师法契诃夫，采用象征主义手法增强戏剧的诗性和内涵。"北京人"是一个沟通过去、现在和未来的象征性形象。原始野性的"北京人"是生命力的象征，反衬映照了现实"北京人"的怯弱、腐朽和堕落，同时原始"北京人"形象也寄托着作者对新生活和理想人性的憧憬和追求。这一象征意象丰富了戏剧的内涵，增强了戏剧的诗意。这种艺术上的精致成熟标志着曹禺的创作达到了一个更高的水平。

人的命运悲剧、性格悲剧和社会现实悲剧的内在联系与多重表现，是曹禺剧作的共同思想意蕴和审美追求。现实真实与诗意真实的完美结合，精巧周密、紧张激烈的戏剧冲突，精心营造的戏剧结构是曹禺剧作具有经久不衰的艺术魅力的一个基本因素。

曹禺是中国现代话剧的奠基人之一，他的现实主义戏剧创作奠定了中国现代话剧的现实主义传统。他在话剧艺术上的杰出成就，标志着中国话剧艺术进入了成熟期。

第四节 张 恨 水

20 世纪 30 年代，旧派通俗小说开始进入了现代性转换的阶段。社会言情小说率先向雅文学靠拢，具有了现代性色彩，社会言情小说的集大成者即为张恨水。

一、创作历程

张恨水，原名张心远，安徽潜山人，生于江西上饶广信的小官吏家庭。童年读私塾，阅读各种古典小说和诗词，沉溺其中，13 岁时仿作小说。14 岁时，张恨水进入学堂，接受新式教育，开始接触欧美翻译小说，并潜心研究其写法。后因经济来源断绝，张恨水被迫放弃了投考大学的打算，自谋生路。自 1914 年起，他从南唐后主李煜《乌夜啼》中"自是人生长恨水长东"一句中截取"恨水"二字为笔名，开始发表作品。此时期的创作以描写缠绵情爱为主，属于消遣娱乐的鸳鸯蝴蝶派小说。

自1919年初开始，他到《皖江日报》当总编辑，开始了他的报人生涯，后历任《世界日报》编辑，上海《立报》主笔，南京人报社社长，北平《新民报》主审兼经理等等。同时，他继续小说创作，在报纸副刊连载。多年的新闻工作经历使他了解了很多社会内幕，引发了章回小说《春明外史》的创作。《春明外史》自1924年4月开始在《世界晚报·夜光》副刊上连载，这部长达90万言的作品风靡一时，使张恨水一举成名。1926年开始在报纸副刊连载的长篇小说《金粉世家》则成为他的代表作之一。1929年开始发表的《啼笑因缘》进一步将张恨水的声望推至高峰，这部融言情、社会和武侠成分于一体的长篇是他一生最享盛名的创作，并且体现了他改良通俗小说的现代性追求。此后的小说创作，无论思想主题，还是艺术形式，张恨水都在努力向纯文学靠拢，创作态度也日趋严肃。

“九一八”事变后，张恨水开始创作抗战小说。1934年的西北之行使他将目光转向了西北人民的苦难生活，以之为题材创作了《燕归来》、《小西天》等长篇小说，写作风格发生了明显变化。1937年全面抗战爆发后，他被选为中华全国文艺界抗敌协会的第一任理事。入川之后，张恨水一方面仍然创作抗战小说，另一方面，出于对国民党政府腐败无能的愤慨，他创作了《八十一梦》、《魍魉世界》(原名《牛马走》)、《五子登科》等长篇小说，揭露国统区的黑暗，将通俗小说的现代化推进到一个更高的阶段。1939年12月至1941年4月，连载于《新民报》副刊的小说《八十一梦》是这一时期的代表作。除楔子和尾声外，小说写了十四个梦。小说楔子交代稿子因沾了油腥被老鼠所咬，结果剩下一捧破烂的纸渣，暗喻作者受当时国统区黑暗势力的威胁，被迫搁笔，导致小说不能终篇的写作情况。小说借用中国古代的历史人物，或神话传说、文学作品中的人物，构筑了一个个荒诞不经的故事，映射现实的黑暗腐败。如猪八戒做上了警察署长，依靠着贿赂贪污养活一大群家眷；李师师不过是个妓女，却因精于政治，有人专门准备满车黄白之物去走她的门路；西门庆当上了十家银行的董事长，开了120家公司，潘金莲也因此而到处作威作福。这些人物的丑行都是直指现实，对抗战时期国统区的种种丑陋和腐败进行了毫不留情的揭露和批判。在艺术上，小说既具有梦幻小说和神话寓言的自由驰骋的想象力和诡异潇洒的趣味性，又具有社会批评小说的犀利与机智，而其荒诞的表现手法又具有了某种现代主义的特色，从而在现代文学中“独创一格”。《八十一梦》将雅俗融合的潮流推向了极致，实现了俗文学的现代转化。无论思想还是艺术，《八十一梦》已经不能再被视为纯粹的俗文学作品了。张恨水后期的小说创作几乎都具有强烈的现实性和批判性特征。

在中国现代文学史上，张恨水无疑是最多产的作家之一。他在回顾自己的写作生涯时说："我这一生写许多小说，每日还要编报，写文章、诗词，曾有人估计，我一生大约写了三千万言。"①

张恨水一生完成的小说作品达110部以上，堪称著作等身。张恨水也是作品最为畅销的作家，拥有"上至鸿儒，下至白丁"的广大读者群。

张恨水不仅是社会言情小说的集大成者，同时因其后期小说创作主题的严肃性和深刻性，而在中国现代文学史上获得了远远高于其他旧派通俗小说作家的评价。从《春明外史》、《金粉世家》、《啼笑因缘》到《八十一梦》，在这一过程中，张恨水不断改良旧体章回小说，使其获得严肃的主题、高雅的格调和现代的形式，将通俗小说的现代化发展到新的水平。

二、《春明外史》、《金粉世家》

张恨水早期的长篇小说《春明外史》既受谴责小说《二十年目睹之怪现状》的影响，又留有狭邪小说《花月痕》的影子，也有明显的改进。就社会因素而言，小说以杨杏园这个新闻记者为主人公，由他牵引出各种各样的社会新闻，尤其是名士遗老、达官贵族、名伶艳妓的逸闻趣事。主人公杨杏园既起到了像《二十年目睹之怪现状》中的"九死一生"那样结构全篇的作用，同时新闻记者的身份也使各种新闻故事的讲述更加自然可信，避免了"窥隐私"的嫌疑，并且小说的艺术表现手段婉而多讽，不似晚清谴责小说那样剑拔弩张。就言情方面而言，小说讲述了杨杏园与雏妓何梨云、女学生李冬青以及寄人篱下的少女史科莲的缠绵悱恻的爱情悲剧。杨杏园深爱雏妓何梨云，却无钱为其赎身，加之鸨母作梗和两人间的种种误会，梨云最终病逝，杨杏园为此悲痛欲绝。后杨杏园因诗词和朋友何剑尘的介绍而结识女学生李冬青。李冬青因自己身体患有隐疾，不能婚配而拒绝了他的爱，愿意与之以兄妹相称相待，并为了却情缘而毅然离京南归。在杨杏园苦恼不已之时，李冬青推荐自己的好友史科莲代嫁。杨杏园的拒绝又让史科莲产生了误会，认为自己妨碍了李杨的恋爱，因之远走他乡。杨杏园屡受打击，身患重病，最终伤心而逝。小说在杨杏园的爱情故事中穿插了大量诗词，小说回目也精致华丽，这些既保留着狭邪小说的影子，也未彻底摆脱传统"才子佳人"的言情模式，但爱情故事与社会新闻的结合，使得小说血肉丰满，又不缺乏骨干组织。因此，《春明外史》将《广陵潮》以来的社会言情小说创作向前推进了一步。

有着"民国红楼梦"美誉的《金粉世家》无论是思想主题、艺术结构，还是人物形象的塑造上都比《春明外史》更加成功和富有新意。小说以豪门官宦子弟金燕

---

① 张恨水：《我的创作和生活》，《张恨水研究资料》，天津人民出版社1986年版，第97页。

西与平民女子冷清秋的爱情婚姻故事为主线，展现了京城豪门贵族国务总理金家的盛衰史，同时穿插了与金家相关的军阀政客、姻亲朋友等社会各色人物的故事。小说既描写了金家盛极一时的浮华奢侈生活，也表现了金家衰败后树倒猢狲散的凄凉景象。小说对金家两代人形象的塑造体现了作者独特的思想立场。作为金家的创业者，位居总理的金铨有着政治家的老谋深算，也有着封建家长的威严，但他并不保守昏聩，却有着比较开明的一面，当然，在他与小妾的关系中则可见他平日隐藏很深的虚伪和鄙俗。张恨水将批判的矛头主要指向了以金氏兄弟为代表的金家第二代人的纨绔习性，而金家的迅速败落也被归因于此。小说对金家子弟的道德性批判虽然缺乏较强的时代感，但终究赋予了小说一定的思想深度。

对女主人公冷清秋的塑造则显示了张恨水对现代女性命运的独特思考，进一步深化了小说的思想主题。冷清秋身上寄寓了作者一贯追求的道德理想：玉洁冰清、知书达理、聪颖淡泊、忍辱负重。虽然这几乎是一个趋于完美的女性，但作者仍然细腻地揭示了她身上所具有的虚荣心等人性弱点。冷清秋本来受过新式教育，又以淡泊自许，却难以抵挡富家公子各种各样的厚礼和馈赠，终于在金燕西用金钱筑成的强大攻势下，暗许终身。婚后，大家庭内部的各种倾轧以及丈夫不再遮掩的纨绔习性使冷清秋逐渐认清现实。丈夫对她的蔑视、侮辱和背叛则使她彻底觉醒，意识到人格独立的重要性，毅然宣称："我为尊重我自己的人格起见，我也不能再去向他求妥协，成为一个寄生虫。我自信凭我的能耐，还可以找碗饭吃；纵然找不到饭吃，饿死我也愿意。"①

最终，冷清秋在一场大火中，抱着孩子离开了金家。冷清秋离开金家寻求新生之路的选择意味着一种思想的觉醒和人格的升华。虽然作者将冷清秋的悲剧命运归于"齐大非偶"，但在现代女性与金钱的关系的思考中，张恨水将女性人格的独立摆在了首位，肯定了冷清秋的觉醒和最终选择，可以说是"娜拉"命运的"市民版"和"通俗版"。

《金粉世家》在艺术结构和表现手法上也都富有新意和现代性特征。在创作之前，作者有统一的构思和布局。他曾预先列出一个人物表，注明每个人物所发生的故事以及人物之间的关系，保证了全文的完整性。它也不再采用谴责小说那种串珠式结构。小说还采用倒叙手法开头，在"楔子"中交代了女主人公冷清秋的命运结局，而其身世的扑朔迷离则吸引着读者去关注这位才貌双全的女主人公，小说的结尾则是半开放式的，这些都使中国的旧体章回小说在艺术格局上获得突破和新意。小说中还穿插了大量细致的心理描写和景物描写，这些深受

① 张恨水：《张恨水选集·金粉世家》，安徽文艺出版社1985年版，第1109页。

西方文学影响的艺术表现手段使中国通俗小说具有了现代特征，悄然改变着通俗小说读者的阅读心理。

三、《啼笑因缘》

1929年，张恨水接受了上海《新闻报》编辑严独鹤的邀请，答应为他写一部长篇小说，即《啼笑因缘》。有了前期的探索和准备，创作《啼笑因缘》时，张恨水已经能够成功地将社会与言情两种因素融合到一起，并取得了创造性的突破。因小说连载于当时南方的著名媒体，吸引和征服了广大的南方读者，从而将张恨水的影响由北方进一步扩大到了南方，引起了全国性的轰动。当时，两大电影公司还为争夺作品的摄制权打起了官司。作者在世时，小说即已再版了二十多次，并被改编成话剧、电影、评弹、大鼓、京剧、评剧、沪剧等多种艺术形式。小说的畅销情况在整个中国现代文学史上是极为罕见的，致使读者提起张恨水，就会想到《啼笑因缘》。这部小说篇幅虽不是很长，作家本人也不认为这是最优秀的作品，但却成为他的标志性作品。应该说，这部小说在很多方面都取得了成功，无论是情节的曲折、主题的深刻还是艺术的创新等等。

首先，小说情节曲折，引人入胜。男主人公樊家树在爱情上求沈(凤喜)得何(丽娜)更使之具有了令人啼笑皆非的喜剧性。小说写的是家境较好的平民青年樊家树游学北京，寄居于表兄陶伯和家。樊家树游览天桥时，结识了侠客关寿峰、关秀姑父女，后又对唱大鼓书的美貌少女沈凤喜一见倾心。樊家树倾力资助沈家，并送沈凤喜读书。而同时，侠女关秀姑因樊家树的热心相助也暗生恋情，但他对此毫无知觉；与沈凤喜容貌酷似的富家小姐何丽娜也对樊家树情有独钟，而他的表兄嫂也在从中撮合二人，樊家树却对何丽娜的奢侈浮华产生反感，逐渐与之疏离。在樊家树回乡探母之际，军阀刘将军以威胁利诱的手段将沈凤喜抢入府中。樊家树回京后，在刘氏父女帮助下，见到沈凤喜，本想重续旧情，却被爱慕虚荣和钱财的沈凤喜拒绝了。刘将军得知沈凤喜与樊家树偷晤后，将其摧残致疯。最终，樊家树历经磨难，在关氏父女的帮助下，与摒弃了奢华生活的何丽娜终成眷属。小说强烈的吸引力还来自于豪侠人物的加入和武侠因素的融入。张恨水本来要写一个言情故事，而当他正在构思安排人物和故事的时候，严独鹤要求他在小说中加入武侠因素，因为《新闻报》是面对上海地区的读者，当时上海正流行武侠小说和武侠电影。根据武侠小说《江湖奇侠传》改编的电影《火烧红莲寺》一连上映几个月而不衰。作为连载的通俗小说，自然要考虑读者的阅读口味和兴趣，所以，张恨水就增加了关氏父女两个侠客形象及相应情节，从而增加了小说的侠义之气，增添了小说的情趣，使情节更加曲折，引人入胜，更好地满足了读者的审美需求。而且，关氏父女勇救樊家树、山寺锄奸、杀刘将军等侠义行为使小说具有了反强权的色彩，丰富和深化了小说的思想主题。

小说的思想主题主要体现于男女主人公的恋爱故事中。男主人公樊家树不仅具有蔑视门阀观念的平民意识，而且有着充满人情味儿的现代性爱观念。他无视门第观念，大胆地爱上出身卑微的底层少女沈凤喜，并且努力帮助沈凤喜独立，追求情感思想上彼此之间平等的爱，宣称“我们的爱情绝不是筑在金钱上”。当得知沈凤喜失身于军阀后，他并不因此而厌弃她，反而认为“身体上受了一点侮辱，却与彼此的爱情，一点没有关系”。表现出一种摒弃传统贞节观的颇具现代色彩的性爱观。尽管如此，樊家树在两个容貌十分相似的女性之间的选择其实也隐含了一种文化趣味的选择和性别身份的自我确认。贫穷的沈凤喜具有东方少女的自然神韵，“含情脉脉，不带点些儿轻狂，风尘中有这样的人物，却是不可多得。”而富有的何丽娜则是一个时髦的摩登女郎，每天出入繁华场，买千儿八百块钱的花儿装饰闺房，富贵气逼人。樊家树对前者的倾心显然包含着作家对东方文化风情的喜爱，更重要的是沈凤喜的贫寒处境有效地激发了樊家树的怜香惜玉之情，由此引发了他强烈的拯救欲望；与沈凤喜容貌相似，但富有的何丽娜却无法达到这种效果，所以，只有在她繁华落尽后才有可能为樊家树所接受，这种选择无疑也包含了樊家树对自我男性身份的确认。另外，小说还具有社会批判色彩。它借助刘将军这个人物的塑造表现了军阀强权的横行霸道和强取豪夺，而豪门小姐何丽娜的奢华生活也暴露了上层社会的穷奢极欲。平民意识和社会批判性使《啼笑因缘》具有了一般通俗小说所缺乏的思想的深刻性。

此外，小说的心理描写细腻独到。例如，面对刘将军钱财的诱惑，沈凤喜微妙的心理变化是至为精彩的一笔。张恨水写侠客武功也极为绝妙、精彩、无陈词滥调，带有诗的空灵。另外，北京风俗景物的细致描绘使小说具有了浓厚的地域色彩。小说描绘了老北京的天桥、什刹海、北海、西山等地的风俗景物，这些京味十足的生活场景和风俗风景，使南方读者体验了一种不同于沪、苏、杭等地的新鲜感，这是它能够征服南方读者一个不可或缺的因素。

经历了《春明外史》和《金粉世家》的借鉴和摸索阶段后，《啼笑因缘》已经能够成功地结合社会与言情两种因素，将言情故事置于更为广阔的社会空间来表现，赋予了其更丰富的社会意义。此后，张恨水还创作了《夜深沉》等一大批优秀的社会言情小说，从而成为社会言情小说的集大成者。

张恨水的创作生涯鲜明地体现了中国现代文学中一个不可忽视的重要现象：新文学与旧文学，雅文学与俗文学之间的互动与融合。张恨水在吸收了西方小说技巧的基础上对中国传统章回小说进行了大胆的改良，使传统形式与现代内容相适应，章回体与新文学相融合。张恨水向雅文学靠拢的创作追求使其优秀的小说文本雅俗共赏，不仅提高了中国旧派通俗文学的创作水平，也为中国新文学的发展提供了可资借鉴的经验。

本章阅读书目：

巴金：《家》、《憩园》、《寒夜》

老舍：《骆驼祥子》、《四世同堂》、《断魂枪》

曹禺：《雷雨》、《日出》、《原野》、《北京人》

张恨水：《金粉世家》、《啼笑因缘》

本章参考文献：

汪应果：《巴金论》，上海文艺出版社 1985 年版。

陈思和：《人格的发展——巴金传》，上海人民出版社 1992 年版。

宋永毅：《老舍与中国文化观念》，学林出版社 1988 年版。

赵园：《北京：城与人》，上海人民出版社 1991 年版。

田本相：《曹禺剧作论》，中国戏剧出版社 1981 年版。

钱理群：《大小舞台之间——曹禺戏剧新论》，浙江文艺出版社 1994 年版。

袁进：《张恨水评传》，湖南文艺出版社 1988 年版。

本章思考题：

1. 巴金后期的小说创作与前期相比发生了哪些变化？为什么？
2. 结合作品，分析老舍的小说创作与北京文化的关系。
3. 为什么说曹禺的话剧创作标志着中国现代话剧的成熟？
4. 张恨水对中国旧派通俗小说的现代转型做出了哪些贡献？

第十一章　救亡文学

第一节　救亡文学活动与创作

1937年7月7日卢沟桥事变后，抗日战争全面爆发。全国的政治形势日趋复杂，文学创作格局也随之发生变化，形成国统区文学、解放区文学和沦陷区文学同时并存的格局。

日本发动的侵华战争改变了中国历史前进的方向，中华民族的生死存亡成为现实中最尖锐、最直接、最迫切的问题。救亡被摆到现实生活的首位，对文学的要求也不例外。1938年3月，标志着文艺界抗日民族统一战线形成的“文协”成立，大声疾呼国家利益第一，号召团结一致对外御侮。在这场空前的民族保卫战中，文学被直接转化为“宣传”。

所谓“救亡”，指的是将祖国和民族从日本帝国主义侵略铁蹄的践踏下拯救出来，给予中国和中华民族以独立、自由和尊严。对战争与救亡的热切关注成为20世纪40年代文学的特色，民族解放、救亡图存、全民抗战成为时代的中心话语。在这个大背景下，文学创作也因此具有了鲜明的时代特征，作家们以自觉的姿态承担起战争的灾难，呼唤民众为了民族自卫和解放而奋起反抗。

一、全面抗战初期文学概况

在全民抗战、同仇敌忾的情势下，文学创作表现出统一的步调和普遍高昂的爱国热情，几乎所有的作品中都弥漫着高昂的民族激情和时代气氛，充满英雄主义的调子。作品体裁小型化、轻型化，短小精悍的文艺形式大量出现，速写化的小说、墙头诗、朗诵诗、传单诗、街头剧、活报剧风行一时，报告文学也因时而繁荣。作家们真诚地放弃自己的个性追求，更紧密、更深入地把握时代和现实。

民族的危亡震撼了一代诗人的心灵。20世纪30年代各流派对峙的局面消失，为民族解放而歌成为所有爱国诗人的共同信念。不但像郭沫若这样在五四前后登上诗坛的著名诗人唱出了新的“战声”，一些小说家如茅盾、巴金、老舍等也写出了一些反映全民抗战的诗篇。一些在30年代初期登上诗坛的年轻诗人如艾青、田间、柯仲平等迅速成长起来，成为抗战诗歌阵地上的先锋和主将。全面抗战前期短短几年，出现了大量的抗战诗歌，街头诗、传单诗、朗诵诗大大流行。这一时期的诗歌表现出共同的时代特征，也反映出共同的历史局限。作品多以爱国主义为主题，表现全面抗战初期昂扬的民族情绪和时代气氛；文体多以短诗为主；抒情方式大多是宣言式的战斗呐喊，同时加入了大量的议论，容易产生现时性的鼓动效果。这一方面适应了现实性、战斗性的时代要求，另一方面却难免空泛，失去了诗歌应有的审美效果。

田间是全面抗战时期最受欢迎的诗人之一，著有《给战斗者》、《抗战诗抄》等诗集。他善于以精短有力的诗句来表现战斗的激情，鼓点式的节奏、雄壮的气势与全面抗战前期的时代精神正相契合，在读者中产生了强烈的共鸣，被闻一多称赞为“时代的鼓手”。

全面抗战时期，可称为艾青的“向太阳”时期，也是艾青诗歌创作的高潮阶段，他出版了《北方》、《他死在第二次》、《旷野》等诗集，以充沛而昂扬的战斗激情，或控诉敌人，或歌颂抗战，表现出诗人对光明和未来的信心与追求。“太阳”意象，既是伟大中华民族精神的象征，更是人类不朽的进取精神的象征。

随着抗日救亡运动的高涨，戏剧运动进入活跃期。在“文协”提出“文章下乡”、“文章入伍”口号的鼓舞下，大批戏剧工作者积极行动起来，怀着高度的爱国热情，组织救亡演剧队、抗敌宣传队和孩子剧团，纷纷奔向内地、农村和前线，投入到抗日救亡的斗争中。为了适应服务对象的变化，戏剧的形式也发生了明显的变化，即趋于小型化、轻型化和通俗化，出现了能够迅速反映抗日斗争现实、有宣传鼓动作用、易于为广大群众所接受的街头剧、活报剧、茶馆剧、朗诵剧、游行剧、灯剧等。被戏剧界称为“好一记鞭子”的三个短剧《三江好》、《最后一计》、《放下你的鞭子》，就是风行一时的小型戏剧。以抗日为主题的《保卫卢沟桥》、《台儿庄》、《八百壮士》、《咱们要反攻》、《打鬼子去》、《打回老家去》等，都是有影响的剧目。这些小型剧作内容通俗、形式活泼，富有战斗性，使话剧向群众化迈出了可喜的一步。由于时局动荡、时间仓促，这些剧作显得有些粗糙，有些公式化和概念化。

抗战救亡题材小说，直接反映抗战救亡现实，富有战地实感，留下了时代的剪影。丘东平的《第七连》、《一个连长的战斗遭遇》取材于淞沪抗战，对爱国军民浴血奋战的壮举作了真实描写，作品注重抗日将士的心理刻画，显示了悲壮之美。姚雪垠的《差半车麦秸》、《牛全德与红萝卜》，语言通俗，内涵深刻，显示了抗战小说的逐渐深化。

二、全面抗战中后期文学概况

1941 年 1 月皖南事变后，国内政治形势急剧逆转。作家们从全面抗战初期那种激昂的乐观主义，转向清醒地面对严酷的现实。文学在表达人民坚持抗战、反对分裂的呼声的同时，表现出对现实的批判和对历史的沉思。沉郁的时代气氛和作家们的深沉思索使这一时期的文学表现出凝重、深沉的格调。作家们在苦闷、抑郁中有了更深沉的使命感和责任感。他们通过作品重新认识民族，重新认识自己，为民族的振兴寻找新的出路。

在历史反思中，许多作品对传统文化、民族性格的探讨有所加强。萧红的《呼兰河传》、老舍的《四世同堂》、曹禺的《北京人》等都体现出上述特点。本时期还出现了历史剧创作的热潮。郭沫若的《屈原》等历史剧，标志着爱国主义主题的扩展与深入。作家们主体意识的强化，不仅给文学带来了多样化的风格，也使知识分子题材的创作得到恢复和强化。路翎的《财主底儿女们》、沙汀的《困兽记》、夏衍的戏剧《法西斯细菌》、陈白尘的讽刺剧《岁寒图》、艾青的长诗《火把》等作品，使本时期的文学在审美风格上呈现出沉郁、凝重、博大的风采。

全面抗战后期，尤其是 1944 年粤湘桂战役的大溃败，暴露了国民党政府的腐朽和不可救药，国内形势相当紧张。作家们对黑暗的诅咒、嘲谑，对光明的期待与焦躁，作为一种创作心理反映在文学上，使讽刺成为这一时期文学的主色调。文学的主题集中于两个领域：一是对黑暗的诅咒与对腐朽现实的否定；二是知识分子在新时代到来之前的自我内省与总结。几乎所有作品都笼罩着时代大转折时期所特有的氛围，充满了紧张、愤激、痛苦、希望、焦躁与不安等复杂情绪，钱锺书的《围城》、张恨水的《八十一梦》、陈白尘的《升官图》、等作品，不仅写出了抗战时期中国人的普遍心理，而且确立了 20 世纪 40 年代中国现代文学的品格。

在 19 世纪末即被日本占领的台湾，不但反抗侵略者的斗争此起彼伏，抗争的救亡文学作品也层出不穷，像赖和的《斗闹热》、《一杆“称仔”》，杨逵的《送报夫》、《模范村》和吴浊流的长篇小说《亚细亚孤儿》等都是揭露日本侵略者的暴虐统治和呼吁抗争与民族救亡的代表作。

第二节 胡风、路翎与七月派

一、胡风与七月派

“七月派”因《七月》杂志而得名。1937年9月11日,由胡风编辑的《七月》文学周刊创刊于上海。此后该刊时断时续,先后在武汉、重庆出版,1941年9月停刊。在四年的流徙中,它充分地汲取了战争年代的民族热情,突出地体现了在“荆棘丛中进行血肉搏斗”的一群精英知识分子的沉痛而激愤的风采。在胡风的推动和吸引下,以《七月》为阵地,逐渐形成了一个具有鲜明特征的文学流派。《七月》停刊后,多数成员仍坚持着工作,胡风主编的《七月》丛书开始在桂林、重庆、香港出版。1945年1月,胡风主编的《希望》杂志在重庆出版,它继承了《七月》的指导思想,继续承担作为“七月派”文学阵地的任务。如果说胡风还称《七月》为“半同人杂志”,那么《希望》已经是一个不宣自明的纯粹的流派同人刊物了。

围绕《七月》、《希望》以及《诗垦地》、《七月诗丛》等,形成了一个以诗歌和小说创作为主的文学流派。这个流派表现出为其他流派难以比拟的凝聚力。在中心刊物停办期间,在胡风的热心扶植下,鲁藜、绿原、冀汸、阿垅、曾卓、孙钿、方然、牛汉、路翎等青年作家脱颖而出,逐渐接替了流派初期的艾青、田间、萧军、萧红、端木蕻良的位置,形成了一个充满活力的创作群体。

胡风是七月派的核心与灵魂,这不仅因为《七月》杂志是胡风自筹经费出版的,而且胡风在《七月》、《希望》这两个杂志出版之后自觉地使刊物保持着一贯的政治态度以及大体相同或接近的创作倾向,鼓励作家为创建流派进行积极的理论探索和创作实践。胡风不仅是一位诗人,而且是一位重要的理论家,其思想对七月派文学创作产生了重要影响。从全面抗战前至1948年,胡风先后撰写出版了《文艺笔谈》、《文学与生活》、《密云期风习小记》、《民族战争与文艺性格》、《论民族形式问题》、《在混乱里面》、《逆流的日子》、《为了明天》、《论现实主义的路》等理论著作。

胡风文艺理论的基本特色是以创作主体为轴心,把现实主义视为作家与社会、历史,与文学、现实的一种特定关系,一种积极参与历史和文学进程的方法。胡风认为,对于现实主义者来说,创作过程是一个生活过程,强调作家的“主观战斗精神”和主观拥抱客观的美学追求。在胡风看来,三四十年代的文学创作中存在着严重的“客观主义”、“公式主义”倾向,形成了“抗战八股”。针对这种现象,胡风提倡“主观战斗精神”，要求作家用强烈的主观战斗精神去把握现实、表现现实。同时，在主体精神拥入对象生命深处的过程中，对象也以其真实性来促成、修改甚至推翻作家的主观意图，引起深刻的自我斗争。胡风自己曾解释说：“我说的‘主观战斗精神’是指的作者在创作过程中对人物的爱爱仇仇的态度。”（《胡风评论集·后记》）因此，创作过程不可能是机械的、直线的折射，而是创作的主客体之间相生相克、相互搏斗的双向或者多向的情感运动过程。

与“主观战斗精神”相关联，胡风文艺思想体系中还有一个重要的理论问题，即他倡导作家要揭示“精神奴役底创伤”。他认为这是现实主义文学的历史使命。胡风认为，人民的“生活欲求或生活斗争，虽然体现着历史潮流的要求，但却取着千变万化的形态和复杂曲折的路径；他们底精神要求虽然伸向着解放，但随时随地都潜伏着或扩展着几千年的精神奴役底创伤”（《置身在民主的斗争里面》），作家虽说要深入人民，但却不应被感性所完全左右，应该去体味那带着血泪与伤痕的人生，并进一步寻求支配历史命运的潜在力量，并使这种潜在力量释放出来，寻求新的出路。

二、路翎与七月派小说

七月派小说的代表作家主要有路翎、丘东平、彭柏山、曹白、贾植芳等。

路翎是以自己切身的生活体验和艺术感受来创作小说的。他那种沉痛愤激的心灵狂潮，那种拥抱现实的强烈的战斗热情，促成了他在艺术世界里的执着追求。路翎真诚地关注现实，他看到了现实生活中的苦难和仇恨、挣扎与反抗，对于这些现实，他不是静观地叙述，而是以自己的胸怀去拥抱并切入其中，进行灵魂的血肉搏斗。路翎的小说创作呈现出鲜明的特点：

其一，透视人物的内心世界，不厌其烦地拷问人物的灵魂。路翎无论写他所熟悉的矿工、农民，还是知识分子，都注重表现隐藏在他们身上的原始生命力。他同情笔下的人物，却又为他们的卑怯的人生和放荡的行为感到痛苦。路翎的作品《饥饿的郭素娥》就以烈火般的痛苦拥抱人物，突入人物痛苦灵魂的底层，以获得震撼人心的审美效应。这是一部以生活底层的人民强悍的反抗精神震撼人心的作品。《饥饿的郭素娥》的封面是一幅木刻，画面上是一个健壮的、充溢着生命力的黑女人，披发临风，面对矿区黑沉沉的天空。作品中主人公郭素娥的饥饿，包含着灵与肉两个方面的意义。郭素娥逃荒遇匪，被衰老的鸦片鬼刘寿春捡来。她强悍而美丽，在矿区摆香烟摊，以赤裸裸的欲望和期许狂恋着刚愎而凶猛的机器工人张振山。张振山是一个乖戾的流浪汉，在战争中经历过火灾和刑场，杀死过跟踪他的伙伴的便衣打手，对恶浊的社会投以极端的藐视和憎恨。他对郭素娥的爱也是“毒辣的”，一方面声称不能“让一个女人缠在裤带上”，另一方面又严防拘谨、怯懦的工人魏海清染指于她，致使郭素娥在阴沉的鸦片鬼家中绝望地叫出："有哪一个能救一个我这样的女人呀!"刘寿春引来保长和光棍，把她绑架到张飞庙，以残酷的家族刑法对其施以惩罚。待张振山赶来想带她乘船去闯荡江湖的时候，她已被流氓烙伤、奸死。张振山点燃了小屋，远走高飞。这是一部着重表现人物心理性格的作品，作家以主观的热情突入人物心灵搏斗之间，形成了一个既是性格和心灵的又是社会和命运的，浓重得几乎令人窒息的悲剧，从而控诉了那个"把人烧死、奸死、打死、卖掉"的野蛮社会。

这种对灵魂的挣扎和原始生命强力的凸显，还表现在《卸煤台下》、《罗大斗底一生》、《青春的祝福》、《燃烧的荒地》、《蜗牛在荆棘上》等作品中。在这些作品中，无论是工人、农民还是知识分子，他们都在生存与生命的痛苦煎熬中挣扎，并不断爆发出强大到可以毁灭一切的力量。

《罗大斗底一生》写了乡场文化背景中的一部奴才性格史，揭示了以往文学很少涉及的一个污秽的社会角落和发酸发臭的心灵角落。罗大斗是一个由破落户子弟堕落而成的游民，他在母亲恶毒的咒骂和刑罚中学到了卑怯和怨恨，在先父颓废的鸦片烟灯前学会了谎骗、谄媚和骄横。他的最高理想是成为一个"真正的男子"，一个站在街头上欺凌他人的光棍。但是这个光棍社会也存在着一条以强凌弱的法则，使这个破落户子弟三番五次地在社会的污泥和心灵的污泥中打滚，无以自拔。他偷了穷苦邻人的剪刀，对方来追查时他却颤抖着不敢堂堂正正地承认，事后才对着枯树挥着剪刀，大耍光棍的威风。他行窃挨打，被光棍们遗弃，逃入山中。他在除夕僻静的街头上，用石头打死向他讨钱的冻馁的乞丐，还"呸！呸!"地吐着唾沫，觉得乞丐给他带来晦气。他与周家大妹的婚爱，也爱得野蛮，爱得痛苦。周家大妹早已卖身当了财主家的丫头。他在破祠堂里把周家大妹找来相会后，吃着她偷来的食物，却摆起旧式丈夫对妻子的苛求和狠毒的脸孔。最后，他被周家财主捆去当壮丁，撞死在砾场的石头上。这是个向强者屈膝、向弱者耍横，被黑暗吞没自己又制造着黑暗的堕落了的阿 Q，一个乡场下流社会无可救药的渣滓。

《燃烧的荒地》在对人物灵魂进行解剖中，表现了人物原始生命力的"燃烧"。作品中的何秀英具有郭素娥式的性格。她不安于现实处境，反抗社会。张少清则在兽性与奴性的血肉搏斗中，不断进行灵魂的净化，最终成为一个勇猛顽强的清醒的"叛徒"。路翎笔下的人物大多在人生道路上，在饱尝人间的灾祸和痛苦之后，突破精神奴役的重围，从而获得新的生命形式，张少清就是这类人物的典型代表。

其二，历史地再现全面抗战前后中国知识分子的悲剧道路。短篇小说《谷》、《旅途》、《人权》等，描写知识分子精神上的没落和纠结在他们身上的自私、怯懦、守旧、中庸等品格。而对这一主旨反映最激烈的当属《财主底儿女们》，这是一部洋洋89万言的长篇小说，集叙事、抒情、议论于一体，形成了路翎式的浑厚而悲壮的交响曲。它的上部描写了一个风雨飘摇中的封建大家庭的分崩离析，大家庭的崩溃反而是对儿女们的彻底解放，出现了蒋少祖、蒋纯祖这样的叛逆子弟。小说的下部主要写蒋纯祖逃离南京，沿长江漂泊到重庆和四川农村所经历的鲜血淋漓的心灵拼搏的过程。在这个逃离的过程中，他看到了人民的苦难和互相残害的愚昧，并和自身追求物质与情欲的堕落性搏战；他参加了共产党领导下的演剧队，又看清了党内不正常的"左"倾家长式统治；在石桥场，他面对的是死水般的农村，在事业与爱情都遭遇封建恶势力的迫害后，狼狈而逃，最后病逝。蒋纯祖的生命之路一部分是现实的、社会性的，又有一部分是纯个人式的、心理的。在他身上，崇高与卑下、抗争与败退、正义与邪恶、理性与疯狂、生存和死亡纠缠在一起，成为一个在伟大的抗日民族解放斗争中仍未能与人民结合、没有找到光明出路的知识分子的典型。

其三，在揭示人灵魂的复杂、丰富性方面别具特色。胡风在评论《财主底儿女们》时说，作者"所追求的，'是光明、斗争和青春世界的强烈的欢乐'"，"是'欢乐'。但可以把这换写为'痛苦'，也可以把这换写为'追求'。欢乐、痛苦、追求这原是'我们时代的热情'"。（《财主底儿女们·序》）这种"时代的热情"在蒋纯祖的身上具体表现为内心搏斗与旷野的原始力量的协调与抗争，以及在这其中所包含着的青春的熊熊火焰。对于这部作品，我们尽可以从各个可能的角度去分析小说中人物的内心世界，那种狂热、骄傲、原始的力的激荡，都会让人的内心澎湃不已。路翎是位把心灵体验看作艺术体验的作家，诚如胡风在《饥饿的郭素娥·序》中说："他不能用只够现出故事经过的绣像画的线条，也不能用只把主要特征底神气透出的炭画的线条，而是追求油画式的，复杂的色彩和复杂的线条融合在一起的，能够表现出每一根筋肉底表情，每一个动作底潜力的深度和立体。"路翎总是从自己的感受出发，将自己的情感、情绪、思想毫无保留地甚至是夸张地通过人物表现出来。

心理描写是七月派小说另一个在现代小说史上留下相当深刻印痕的审美特征。路翎运用多种表现人物心理深广度的写法，掌握大起大落的心理节奏，处理人物之间的心理感应，使中国的现代主义小说创作技巧在他的手中有了更进一步的发展。这也正是以路翎为代表的"七月"派小说的独特性所在。

总之，七月派小说的人生态度不是静观的、空洞理想化的，而是充满忧患意识和悲剧意识的。他们所理解、所描写的人生图景错综繁密地交织着时代的迫力、社会的苦难和灵魂的创伤，笼罩着荆棘丛生的人生诸相的原色原味和血肉横陈的人生搏斗场的沉痛而悲壮的气氛，因此，构成其审美内容的不是风和日丽、神清气爽、清远冲淡一类东西，而是形象的饱和感、情绪的紧张感和格调的沉重感。作为主张“主观战斗精神”的文学流派，他们所描述的苦难重重的社会画面背后，总是隐藏着一种炽热的心灵碰撞，挺立着一个坚韧执拗的灵魂。作家们不屑于淡雅和柔弱、含蓄和节制，而热衷于在大开大阖中爆发出生命的呼唤。

三、七月诗派

七月诗派是以《七月》、《希望》和《七月诗丛》等书刊为阵地，以艾青、田间的诗歌创作为先驱，形成的一个现实主义诗歌流派。其代表诗人有鲁藜、绿原、冀汸、阿垅、曾卓、芦甸、孙钿、方然、牛汉等。胡风编辑的“七月诗丛”包括：合集《我们是初来的》，胡风的《为祖国而歌》，艾青的《向太阳》、《北方》，田间的《给战斗者》、《她也要杀人》，阿垅的《无弦琴》，鲁藜的《醒来的时候》、《锻炼》，绿原的《童话》、《集合》，冀汸的《跃动的夜》、《有翅膀的》，邹荻帆的《意志的赌徒》，牛汉的《彩色的生活》，孙钿的《望远镜》，化铁的《暴风雨岸然轰轰而至》，杜谷的《泥土的梦》等。这是一个人数众多的诗歌流派，他们以胡风的文艺理论为指导，主张发扬“主观战斗精神”，要求作者深入现实生活，表现出主客观的密切融合；强调艺术性而不作唯美的追求，要求诗人在生活中、斗争中去发现诗意，创造诗美。其总体特征表现为：

其一，传达时代的声音，展现血与火的真实。由于七月诗派诞生和成长在中华民族灾难深重的年代，因此诗人们的情感世界和艺术世界充满了深重的忧患意识和浓烈的郁愤情绪，他们的感伤和忧郁凝结着对民族与人民的深厚感情与深切关注。例如无论是邹荻帆的《走向北方》，还是阿垅的《琴的献祭》，都流淌着苍凉悲壮的气息。同时，七月诗人又诞生在一个民族意识与群体意识觉醒、高扬的时代，因此，他们更具有创造精神与战斗品格。胡风的《为祖国而歌》、阿垅的《纤夫》、孙钿的《行程》等都显现出一种强劲的生命力度。他们以具有鲜明个性的歌唱，表达了普遍的时代情绪和人民群众的心声。七月诗人把诗作为战斗的武器，追求诗歌与时代的密切结合，他们在诗中注入个人的独特创造，表现出高度的民族自信力与历史乐观主义精神。

其二，流露真诚的情感，表现独特的个性。绿原是七月派很有成就的诗人之一。从充满浪漫憧憬的诗集《童话》，到震耳欲聋的《给天真的乐观主义者们》、《终点，又是起点》、《你是谁?》等政治抒情诗名篇，这些诗视野开阔，感情激越，形象繁复，极富战斗精神。鲁藜的诗则代表七月诗派的另一种调子。他的诗集《醒来的时候》、《锻炼》等，大都以朴实清新的短诗，抒写诗人在抗日根据地的新鲜感受，《泥土》是表现新的人生哲学的名篇。此外，“沉稳坚忍”的阿垅，“表现多彩壮丽草原的雄浑的力”的牛汉，“喷火的曾卓”等都带来了充满力度和激情的诗歌。

总之，七月派诗的形式是自由奔放的，他们追随艾青，提倡散文美，自觉地把自由诗推向一个坚实的新高峰。

七月诗人们在大后方以自己特有的民族本位的战争体验，发出了民族反抗的最强音，他们的歌唱还得到了沦陷区诗人的响应。身处异族的统治下，诗人们只能用特殊的、多少有些曲折的方式表达对生养自己的祖国与民族的刻骨铭心的爱。诗人们正是以自己尽管微弱却富有生命力的歌唱，顽强地证明着民族文化、民族精神的不可征服。从某种意义上说，七月派的诗歌创作较七月派小说对救亡文学所做的贡献更直观，在现代文学史上也更引人注目。

第三节 历史剧创作

一、抗战历史剧创作概况

全面抗战时期，历史剧创作一度出现繁荣，产生了一大批优秀剧作。抗战救亡的严峻形势与迫切要求，激发了剧作家们的民族意识并唤醒了他们抚今追昔的历史想象，历史剧成了他们表达民族抵抗意志和感时忧国情怀的恰当方式。历史剧的编演在1941和1942年时达到了高峰，其中影响较大的先后有《大明英烈传》（于伶）、《洪宣娇》（阿英）、《忠王李秀成》（欧阳予倩）、《天国春秋》（阳翰笙）、《清宫怨》（姚克）、《棠棣之花》（郭沫若）、《屈原》（郭沫若）、《正气歌》（吴祖光）、《虎符》（郭沫若）、《孔雀胆》（郭沫若）等。从地域的角度来看，专注于历史剧创作的剧作家多集中于国统区以及“孤岛”时期的上海，1941年底开始历史剧的编演活动更汇集于国统区。所以，国统区可以说是战时历史剧的主要舞台。在那里，历史剧既是通过对民族历史的表演来激发民众的民族抵抗意志和国民道德意识的利器，也是国共两党借以表达各自的政治诉求、争夺抗战救国舆论主导权的话语方式。这些战时历史剧的创作有两个颇为突出的现象：

首先，这些历史剧虽然广泛地涉及从上古直到近代的中国历史，但并不是中国历史的每段都受到同等的重视，而是集中在下述选材热点上，并相应地形成几个突出的史剧类型：第一个写作热点集中在内忧外患交集的民族代兴之际尤其是南北宋和宋末、明末以及南明的历史，这类剧作可称为“民族危亡史剧”；第二个写作热点集中在诸侯相争的纷乱之际，如战国、楚汉时期的历史，这类剧作可称为“乱世整合史剧”；第三个写作热点是历史上的农民起义，尤其是明末李自成起义和清末的太平天国起义，称为“农民起义史剧”。当然这种区分只是相对而言。事实上，国家危亡之际也往往是社会纷乱之时，而民族矛盾与农民起义也常常同时而起，所以剧作家们虽然各有侧重，但在具体创作过程中这些因素难免会有交织。作家们之所以热衷于这三个题材的写作，固然与中国文学中传承不衰的吊亡怀古之情有关，但更重要的还是剧作家们在抗战救国的当下所迫切感受到的“现实政治问题”：如何吸取民族历史的经验教训和民族英雄的典范意义来应对当前的民族危机？如何在大敌当前的形势下妥善处理本民族内部的冲突、以避免民族悲剧历史的重演？用什么样的理念、依靠什么样的力量、遵循什么样的抗战路线，来引导和动员全国人民为建立一个新的统一民族国家而奋斗？同时，剧作家们也敏锐地感觉到历史大变动对个人命运及其人性人格的深刻影响，并常常情不自禁地将自己的体会与思考形诸笔墨。正是这一切，使得战时的历史剧既具有感时忧国的现实政治寓意，也夹杂着复杂的人性和人文关怀。

其次，出身左翼或倾向革命的剧作家如郭沫若、田汉、欧阳予倩、阿英、阳翰笙、于伶、陈白尘、吴祖光等，在历史剧的写作中显然居于主导地位，其创作无疑代表了抗战时期及 20 世纪 40 年代历史剧的实绩和水平。

阳翰笙是我国现代戏剧运动领导者之一。他在这一时期完成的剧作表现出强烈的民族意识，紧密地配合了当时的政治斗争。他先后写了《李秀成之死》、《塞上风云》、《天国春秋》、《草莽英雄》等剧。《李秀成之死》是写于 1937 年的多幕历史剧，剧中主要描写太平军将领李秀成在天京率领军民浴血奋战的故事。它热烈地歌颂了李秀成英勇抗敌、誓死不屈的崇高品质和英雄气概。他对帝国主义严正的立场，强烈的民族仇恨，以及就义前的乐观主义精神，正好同国民党反动派的卖国投降形成了鲜明对比。李秀成在就义前高呼：“我们中华民族中最优秀的人物一定很快就会跟着我们来的！”这里曲折地说出：革命者是杀不绝的，一批人倒下去，接着有更多的人踏着先烈的血迹继续战斗前进。与此同时，作者对国民党反动派所崇拜的刽子手曾国藩、李鸿章等卖国求荣、绞杀革命、残害人民的罪行，也作了严正的谴责和无情的揭露。

《天国春秋》写于皖南事变之后，作者要用这部作品来控诉国民党的滔天罪行。作品主要描写了太平天国内部的矛盾斗争，出身于反动地主阶级的韦昌辉，腐化堕落，勾结富豪，贩卖私货，不分敌我，在革命队伍内部自相残杀，大大削弱了革命的力量。作者通过这一历史事实，有力地揭露了国民党反动派妄图扼杀革命，为实现反动卖国投降政策开辟道路的罪行。作者在剧作的结尾借误受韦昌辉利用、参加谋害杨秀清的洪宣娇之口大声高呼：“大敌当前，我们不该自相残杀！”这充分表达了当时广大人民坚持团结抗日的强烈要求，也是对国民党坚持打内战的强烈谴责。洪宣娇是反动地主韦昌辉的帮凶，她的最后的内疚与忏悔，启示人们从历史的惨痛教训中认清皖南事变的实质，认清国民党破坏抗战的目的，并促使其中的被利用者、被蒙蔽者觉悟。

1942年,作者又写了《草莽英雄》。这个剧本主要描写清廷把铁路出卖给帝国主义的丧权辱国的罪行,以及清末四川人民组织保路同志会与清廷进行英勇斗争的故事。作者赞颂了罗选青、陈三妹的坚贞不屈和大无畏的英雄气概,同时也批判地描写了罗选青由于丧失革命警惕性,不汲取被叛徒出卖的教训,不听取同志们的劝告,因而中了敌人的诈降诡计,致使斗争惨遭失败,自己也受伤身死。作者通过斗争失败的教训启示人们:一切革命者都必须保持高度的政治警惕性,保持革命队伍的纯洁性,防止一切公开的和暗藏的敌人进行破坏活动。这对教育人民认清国民党反动派的阴谋诡计,起了积极作用。

阳翰笙的历史剧选取明末清初、太平天国和辛亥革命前后的人民斗争等重大事件作为题材,反映了抗战时期中国人民反对帝国主义和国民党反动派的英勇斗争的精神。他的历史剧在抗战戏剧运动中占有重要位置。

二、郭沫若的历史剧

全面抗战爆发后,郭沫若从日本回国从事抗日救亡运动。这位新文学老将的归来,迅速弥补了左翼文化界在鲁迅逝世之后缺失文化旗手的局面。随着皖南事变的爆发,国民党的反共逆流达到高潮,左翼文人在国统区处境艰险。郭沫若坐镇国民党统治的中心重庆,成为文化界抗击反共分裂的中流砥柱,并在历史剧创作上取得了辉煌的成就。从1941年12月到1943年3月间,郭沫若先后创作了《棠棣之花》、《屈原》、《虎符》、《高渐离》、《孔雀胆》、《南冠草》等六部大型历史剧。郭沫若将历史事件与现实精神巧妙结合起来,以对历史人物的再创造来表达他对那个时代的忧愤。这些史剧不仅显示出郭沫若的艺术才华和作为历史学家洞察历史的超群能力,更重要的是透过这些剧作传达出其政治和人文理想。郭沫若的历史剧具有以下特点:

其一,“借古讽今,古为今用”的创作意图。《棠棣之花》、《屈原》、《虎符》、《高渐离》等四部历史剧都取材于从战国争霸到秦始皇统一中国之初的史事,因而被称为“战国史剧”。这四个剧本突出地反映了当时主张团结御敌、反对分裂的进步力量对亲秦派的斗争,热情地歌颂了斗争中的那些仁人志士和爱国者,表现出反对日本帝国主义侵略、揭露国民党反动派投降卖国、鼓舞人民团结斗争的思想主题。它们集中表达了天下一统、独立自由、以人为本的民族国家的政治理想,与当时中国的形势十分吻合,因此也十分容易引起观众共鸣,成为抗战历史剧的经典。

在日本侵略军占领了中国大片土地的危急时刻,国民党反动派制造分裂,残害抗日的新四军,这引起了作者极大的愤怒。他说:“《棠棣之花》的政治气氛是以主张集合、反对分裂为主题,这不用说是掺和了一些主观的见解进去的。望合厌分是民国以来共同的希望，也是中国自有历史以来的历代人的希望。”

作者运用借古讽今的方式进行创作，在剧本里具体表现为影射、类比等手法的大量运用，如《高渐离》和《南冠草》用秦始皇、洪承畴等形象影射国统区统治者的专制和民族败类的卑鄙无耻。《屈原》、《虎符》、《孔雀胆》都是采用“借古喻今”的方式，通过象征、暗示、联想等手段，启发观众对历史经验的品味与思索。

其二，“失事求似”的创作原则。“求似”，就是尽可能真实准确地把握和表现历史的精神；“失事”，就是在“求似”的前提下以想象、虚构等手段进行合理的艺术虚构。也就是说，郭沫若的历史剧创作是在主要人物、主要事件真实的基础上，在史书缺而不传的地方驰骋自己的艺术想象。在郭沫若的心中，“写历史剧并不是写历史……剧作家的任务是在把握历史的精神而不必为历史的事实所束缚。剧作家有他创作上的自由，他可以推翻历史的成案，对于既成事实加以新的解释，新的阐发，而具体地把真实的古代精神翻译到现代。”

郭沫若在他的历史剧中，可以杜撰人物（如《屈原》里的婵娟、《棠棣之花》里的酒家女等），可以编造场面（如《高渐离》中的高渐离大骂秦始皇一场戏等），可以改动背景（如《虎符》中如姬与“魏赵唇亡齿寒”典故的关系等）。郭沫若这样做，不是有意歪曲历史，而是为了“史剧”的“合情合理”。比如《虎符》中对如姬的艺术虚构，这本是在史书记载中无关紧要的人物，但郭沫若却让她成了贯穿全剧的核心人物，也是塑造得最丰满生动的艺术形象。实际上，《虎符》重构了魏公子信陵君在如姬的帮助下窃符救赵的故事，有力地表达了团结救亡、抗击侵略、反对求和、保家卫国的时代主题。这部作品的战斗意义在于它显示出只有依靠人民的力量，才能对侵略者、反动派作坚决的斗争。

郭沫若历史剧的艺术虚构，既是补充史料不足的需要，更是艺术创作本身的需要。他的艺术虚构的过程，是丰富历史、生活内容的过程，是人物典型化的过程，也是增强戏剧效果的过程，是符合文学创作规律的。

其三，追求悲剧的崇高美。郭沫若成熟期的历史剧作品，都是悲剧，英雄的悲剧。也正是他的这些作品把现代中国的悲剧艺术创作引向“崇高”的美学境界。郭沫若的悲剧人物都是“杀身成仁，舍生取义”的英雄人物和志士仁人。郭沫若历史剧的悲剧群像，或是著名诗人兼政治家、杰出的豪侠壮士、民族英豪、忠义守信的志士，或是识大体、具远见、坚毅果敢的女英雄、女豪杰。他们热爱祖国、捍卫真理与自我人权，坚贞正直，胸怀坦荡，为民族前途、正义事业、人的权利而勇于抗争，不计成败，甚至“知其不可为而为之”，体现出无畏的献身精神。也就是说，郭沫若的历史悲剧作品，都不是单纯地让人悲，而是激发人们把悲愤的情绪转化成一种奋发和抗争的力量。而且他剧中的悲剧冲突庄严肃穆，格调高昂悲壮，富有悲剧崇高感。

其四，浪漫的抒情品格。郭沫若是位感情激越奔放的浪漫主义诗人，他的历史剧和他的诗一样体现了这一点。他的主观抒情艺术个性明显地渗透到其历史剧作品的各个方面。他的历史剧构思具有浪漫主义诗剧的特征，具有浓烈的诗意与优美的抒情性。“剧外人与剧中人融为一体，套用他的话，即剧中人‘就是我自己’。”《屈原》一剧就是以屈原情感的发展来构想全剧与结构剧情的。

《屈原》写成于 1942 年 1 月，是郭沫若历史剧中最有影响的一部。当《屈原》在重庆初次上演时，曾经轰动了整个山城，激起广大观众的共鸣。作者借屈原的时代来象征当时的时代，在剧作中突出揭示了屈原面临的双重冲突，抗秦与妥协、德政与刑政的政治路线之争。而不论在政治冲突还是文化冲突中，屈原都代表着正义和先进的一面，但冲突的结果却是屈原失败、楚国政治倒退、走上妥协亡国之途，而暴秦的图谋则一一得逞。即使他在被诬陷之后，仍然对理想不舍不弃。

此剧著名的“雷电颂”的独白，是对黑暗的诅咒、抗议，对邪恶的勇猛战斗，对光明的热烈追求，对自由的激情歌颂，像一首气势磅礴、高亢激越的抒情诗，充满浓郁的诗意。他是要用“全身炸裂的怒火”，照射出祖国的希望。屈原这种反抗的怒火，爱国的热情，勇猛的战斗和追求，正是当时在国民党统治下的广大人民反专制、反迫害、反投降、反卖国。争取民主、自由的正义要求的反映。“雷电颂”是屈原当时可能发出的心声，更是郭沫若对于当下黑暗现实的诅咒与对理想未来的渴望。他借屈原之口，倾吐胸中块垒。全剧的结局是屈原终于决定投身到人民中去，在这里所反映的乃是国统区人民对解放区的热烈向往和憧憬。全剧有力地讽喻了当时的现实，抨击了国民党的反共投降和卖国求荣的丑恶本质。

总体来说，抗战历史剧在战时的兴盛与繁荣，是中国现代文学史上的一种独特现象，推进了现代悲剧艺术在中国的发展。

第四节　赖和与台湾文学

一、台湾救亡文学简介

台湾新文学是整个中国新文学不可分割、又具有独特风貌的部分。在中国近现代史上，台湾是一个有着独特血泪史的历史存在，自 16 世纪下半叶以来，屡受东西洋列强的侵凌，甲午战争后，被割让于日本达半个世纪。然而，台湾新文学以沉重的脚步和民族回归的浩然正气，与大陆新文学并驾齐驱。起源于五四运动的台湾新文化运动，是以反日爱国意识和文化革新意识双轨并行的，因此台湾早期的新文学作家们是怀着一颗赤诚朴素的心紧紧拥抱着血迹斑斑的台湾大地。这群满怀忧患意识的乡村作家的心，是与大陆的鲁迅和文学研究会“为人生”的宗旨遥相呼应的。他们的创作主要有两个主题：一是正视现实，二是怀乡爱国。

1932年前后，台湾的新文学开始走向初步成熟。这个阶段的作品立足台湾本土，反思民族本位文化，透视日本殖民统治给这块伤痕累累的土地造成的深重灾难。1937年卢沟桥事变前，殖民当局先后废止报纸中文版和中文杂志，以抑制文化界的民族反抗意识。《台湾文艺》、《台湾新文学》等刊物的终刊，使富于民族抗争色彩的文学丧失了独立的阵地。赖和也因“思想问题”入狱，保释后猝死于心脏病复发，中文作家们痛失精神导师。台湾文学经历了远比祖国大陆文学更残酷、更艰难的处境，直至1945年8月日本侵略者投降，台湾文学进入光复期，情况才有所好转。

台湾新文学的先锋是张我军，他被誉为“台湾的胡适”，而他那种勇敢决绝的态度比胡适有过之而无不及。而赖和是台湾新文学的先驱和奠基者，他对台湾白话文学运动的开展，对台湾现实主义文学和乡土文学的确立，对台湾年轻一代作家的培养，都做出了重要的贡献，因而被誉为台湾新文学之父。

二、赖和的小说创作

赖和于1925年发表白话散文《无题》和新诗《觉悟下的牺牲》，1926年又在《台湾民报》发表了台湾地区最早用白话文写的小说《斗闹热》。自1926年至1935年创作小说14篇，即《斗闹热》、《一杆“称仔”》、《不如意的过年》、《蛇先生》、《雕古董》、《棋盘边》、《辱?!》、《浪漫外纪》、《可怜她死了》、《归家》、《惹事》、《丰作》、《善讼人的故事》、《赴了春宴回来》，此外还有众多随笔、杂文和新诗，这些作品显示了台湾新文学运动的早期实绩。

赖和的小说洋溢着浓郁的乡土文化气息，表现出反抗殖民统治的思想意识。《斗闹热》表面上描写的是一幅台湾乡镇迎神赛会的风俗画——由于日本占台，市民已经15年无法为他们最信仰的神祇妈祖举行生日庆典了，今年难得官府允许，又可以为自己的保护神举行祭典，大人、小孩都激动万分、都争先恐后地赶热闹。但表面的热闹难以遮蔽世道的悲凉，人们不得不为祭典的事而节衣缩食。作品呈现给我们的全然是街面景观的质朴速写，没有故事情节，但它却表现出了殖民统治下大众的贫困和对民族文化魂牵梦绕的苦恋。如果读者能够明白妈祖是由闽至台的民间保护神，就更能真切地理解作家那强烈的民族文化归属感。

赖和的小说刻画得最多、给人印象最深的是“查大人”形象。所谓查大人，即日本占据台湾后，派驻当地操持基层行政权力的巡警，他们横行霸道，荼毒百姓。

赖和的小说《一杆"称仔"》，便是剖析这类罪恶人物形象的。由于殖民者的制糖会社高价租用业主的田地，使农民失佃。农民秦得参用妻子娘家嫂子的一件首饰押钱做本，向邻居借一杆称仔（即秤），到市场做生意。他老实巴交，不会应付巡警的刁难勒索，不善随机孝敬，最后连秤杆也被折断了。法官还判他"违反度量衡规则"之罪，监禁三日。赎出后，他眼见生路断绝，被逼无奈，杀死警吏然后自杀。作品活画出血淋淋的人间悲剧，以一杆秤称出了为奴隶者"人不如畜"的社会价值，在展示"官逼民反"的现实逻辑中，宣泄了同归于尽的悲愤决绝的反抗情绪与强烈的救亡愿望。

1928 年元旦，赖和发表于《台湾民报》的小说《不如意的过年》，更进一步揭露了为非作歹的"查大人"的嘴脸。新年是查大人搜刮民脂民膏的良机，岂料今年的年礼歉收，有损他为官的威风。他迁怒于民众，破例上街捉赌，赌徒们逃跑了，便将怒火发向一个观赌的儿童。有人为儿童说了几句公道话，他感到不严惩儿童有碍于做官的尊严，于是就把儿童抓到官府罚跪，自己饮酒作乐。作品惟妙惟肖地表现了查大人的穷形极相、强盗般的无耻和贪婪，显示出作家对殖民地人生的愤慨。

赖和 20 世纪 30 年代的小说凝聚着更为深广的民族忧愤和社会忧愤。他是殖民当局严峻无情的暴露者，又是底层民众真诚沉挚的请命人，他的不少作品既是殖民地土地上的民族正气歌，又是殖民地社会里的"黑奴吁天录"。赖和于 1932 年元月发表了丰收成灾主题的小说《丰作》。小说写添福兄今年甘蔗丰收，盘算着总有五百元赚头，于是他做了一个地道的农民的梦：年底娶儿媳的款项有了着落。岂料制糖会社发布了十分苛刻的购蔗规定，严重危及蔗农利益。一批蔗农在农运分子策动下造反而被镇压，添福兄是安分的，安分的结果却是失去本分的利益。会社在秤头上作弊，对蔗农百般挑剔，把他五十万斤甘蔗克扣成三十万斤，在强行压价下所得款项还不够还债的，娶儿媳的美梦化作一声叹息。台湾盛产甘蔗，在殖民主义的经济机构制糖会社的压榨下，丛生的甘蔗竟成了台湾农民悲剧的象征。丰收成灾，揭示出社会的罪恶；忠厚招祸，揭示出主人公性格的弱点。作者通过作品既呼唤着民族和社会的救亡与抗争，也呼唤着国民的觉醒与反抗。

赖和作为台湾这块"伤心之地"的文学之魂，一生只穿唐装的赖和的血液中沉积着中华民族不屈不挠的坚贞节操和为民请命的侠义气质。小说《善讼人的故事》载于 1934 年 12 月《台湾文艺》第 2 卷第 1 号，叙写半个世纪以前台湾尚属福建省统辖时的一场官司，台湾乡间一桩不算大的案件须到福州总督衙门仲裁，故事不仅暗藏了台湾人民难舍难分的民族寻根意识，而且隐喻着作者浓重的批判与启蒙思想，同时还表现出深沉的历史感。此外，赖和的小说自然质朴真诚，并含有大量令人倍感亲切的乡风民俗画面。

从《斗闹热》到《善讼人的故事》，赖和的小说创作达到了高峰，也为台湾新文学走出了具有历史意义的坚实的一步。他开创了立足乡土、反抗侵略、寻找祖国传统文化之根的传统，为两岸文学建立了不可割裂的纽带。仅此一点，就足以使赖和成为不朽的新文学家了。

赖和开创的小说传统在台湾作家身上得到了继承与发展，尤其是浸透着血与泪的台湾乡土文学，直接传承着赖和的文学传统。与赖和并起拓荒台湾新小说的是张我军、杨逵与杨云萍。此后，陈虚谷、杨守愚、蔡愁洞等人的乡土小说在秉承赖和传统的基础上，又有了新的开拓。

三、杨逵的小说创作

赖和之后，台湾写实文学的代表是杨逵。杨逵师承并拓展了赖和创立的文学传统，他的处女作《送报夫》(1932)的发表，立即把台湾早期新文学推上了一个新的高度。作品描写台湾省籍而流落东京街头的杨姓青年在失业数月的困境中喜出望外地被聘为派报所的送报夫，他用仅剩的六元二毛钱给老板作押金，住的是阁楼上的跳蚤窝，25 人住在一室，拥挤得像沙丁鱼罐头，数人合盖一张被，连夜间小便也怕踩着别人的头。凌晨两三点起床，踩着积雪挨门挨户推销报纸，因老板订的推销定额太高，劳累终日也无法完成。苦干 20 天，老板发了四元多钱把他解雇，与押金相比，倒赔了二元钱。作品以逼真的细节揭露了日本资产阶级对无产者的沉重剥削，在卖了血汗倒贴钱的荒谬社会中，人失去了起码的尊严。就在杨姓青年被解雇的同时，他的母亲把卖房所得的百余元汇给他，并留遗书希望儿子“救救地狱边的乡人”后，在贫病交加中含恨自尽了。《送报夫》不仅写了杨姓青年“家的离散”，还写了台湾民众的苦难生活。他的父亲因拒绝日本公司的收买而被毒打致死，母亲在自尽的遗书中写下这样的血泪文字：“村子里的人们的悲惨，说不尽，你去东京以后，跳到村子旁边的池子里淹死的有八个，像阿添叔，是带了阿添婶和三个小儿子一道跳下去淹死的。”在死亡的老一代和漂泊的新一代的命运交织中，作品写出了沦为殖民地的台湾“人非人”的历史命运。小说不仅写了杨姓青年陷入派报所老板的经济圈套，而且写了资本主义世界经济危机给无产者带来的灾难。后来，杨姓青年与日本失业者结成工人联盟，与派报所老板斗争，迫使其答应了改善工人待遇的要求。这种眼光和胸襟，表现了杨逵思想的深沉，以及他对提高台湾新文学的社会人生价值做出的历史性贡献。这篇小说力图将对社会现象的刻画提高到历史变革的高度，具有明显的革命意味，丰富了抗战救亡文学的主题。

杨逵善于运用讽刺笔触来表达自己的忧愤，并将这种讥讽融于民族生死存亡的重大题材中，这在《鹅妈妈的出嫁》等作品中得到了具体体现。中篇小说《模范村》描写日本帝国主义在发动全面侵华战争前夕加紧与台湾地主阶级勾结，强化殖民统治。泰平乡不太平，“佃租年年在涨，捐派杂税多如牛”，农民在苦难中忍受煎熬。乞食伯有三个能干的儿子，奉令修公路而误了农事，在热得水牛都要中暑倒地的炎日下，尚须汗流浃背地赶犁田地。戆金福辛辛苦苦把生田变成熟田，阮地主却夺佃而转租给糖业公司，使他只好每日帮店铺挑水，换几根在当地不值钱的香蕉吃，捡他人吸剩的烟头吸。汉学、新学兼优的穷书生陈文治，因殖民者禁止汉学，虽考上文官，却无靠山，赋闲五年，一贫如洗，到店铺赊一分钱盐，还被老板娘冷嘲热讽得无地自容。然而，木村警长和阮地主为邀功请赏，强令农民勒紧裤腰带建设“模范村”。州知事奖赏该乡以“模范村”称号之时，农民误尽农时，额外负担铁窗栏和水泥费用，戆金福走投无路，葬身于河沟。作品展示了殖民当局和乡村豪绅狼狈为奸的真相，乡村矛盾激化到一触即发的程度。同时，小说中也闪耀着理想主义光彩。作品描写了地主家庭叛逆者阮新民回乡与父辈地主作对，传播抗日救国思想。尽管他被日本警察和地主父亲逼迫离乡，但他给陈文治和村中青年寄回进步书报，播下了民族革命的思想火种。

杨逵继承了赖和的尖锐的抗议精神，以诚实的风格、朴实的结构、平实的笔触表现出日据下台湾人民共同的苦难命运，弘扬了被压迫者不屈不挠的民族魂；他的小说充满了希望，弥漫着一股坚毅的行动力量，是台湾文学发展史上的里程碑。

此外，抗战时期的台湾文学史上，吴浊流的文学创作也很有价值，其长篇小说《亚细亚的孤儿》等也反映出台湾新文学作家坚毅不屈的反抗精神。而吴浊流也成为贯穿战前与战后台湾新文学运动的独特人物，为救亡文学在台湾的延展做出了巨大的贡献。

本章阅读书目：

田间：《给战斗者》

艾青：《向太阳》、《雪落在中国的土地上》、《我爱这土地》

绿原：《童话》

路翎：《饥饿的郭素娥》、《财主底儿女们》

郭沫若：《屈原》、《虎符》、《孔雀胆》

阳翰笙：《天国春秋》

赖和：《善讼人的故事》

杨逵：《送报夫》

本章参考文献：

蓝海：《中国抗战文艺史》，山东文艺出版社 1984 年版。
黄侯兴：《郭沫若历史剧研究》，长江出版社 1983 年版。
周燕芬：《执守、反拨、超越——七月派史论》，中华书局 2003 年版。
吴尚华：《台港文学研究》，安徽人民出版社 2007 年版。

本章思考题：

1. 结合作品，分析路翎小说的创作特点。
2. 试分析七月派对救亡文学的贡献。
3. 试分析郭沫若历史剧的创作特征。

第十二章　延安文学

第一节　《在延安文艺座谈会上的讲话》

一、文化背景

随着“七七事变”的爆发，中国抗击日寇侵略的民族斗争进一步激烈，国内政治形势发生了重要变化。丁玲、萧军、罗烽等来自国统区、沦陷区的知识分子和许许多多知识青年带着赤诚的救国热情来到延安革命根据地，优化了以农民为主体力量的延安军民的知识构成和人员结构。他们的到来为延安带来一股清新的文艺之风，极大地丰富了延安的文艺生活；但是，也出现了像关于民族形式、“演大戏”、歌颂与暴露、文艺与生活、文艺与政治等相关文艺问题的论争。

关于民族文艺形式问题的论争，早在“左联”期间就以文艺的“大众化问题”出现过，此后出现过多次有关“大众化”讨论。1936 年毛泽东在《在中国文艺协会成立大会上的讲话》中首次提出“工农文艺”的口号，并对文艺界提出了“发扬苏维埃的工农大众文艺”的创作导向和创作任务。1938 年，毛泽东提出要创造“新鲜活泼的、为中国老百姓喜闻乐见的中国作风和中国气派”，反对教条主义。1939 年，周扬、艾思奇、萧三、何其芳等人展开了对“民族形式”和“大众化”问题的讨论。1940 年 1 月毛泽东在《新民主主义论》中谈及新民主主义文化，指出“这种新民主主义的文化是大众的，因而即是民主的。它应为全民族中百分之九十以上的工农劳苦民众服务，并逐渐成为他们的文化”。毛泽东承接五四时期“平民文学”观念，进一步扩大了文学服务对象的范围，初步提出了工农兵文学的实现方式：接近民众、通俗的大众化语言改革。

1941 年，延安解放区出现了关于“演大戏”的文艺论争。解放区演出的一些中外名剧如《日出》、《雷雨》、《哈姆雷特》等，在引起轰动的同时，也与农民、士兵的欣赏水平、审美趣味产生了距离。同年 7 月，周扬发表《文学与生活漫谈》，认为文学创作是“一个作家与生活格斗的过程”，应当有“创作自由”。1942 年王实味发表的《政治家·艺术家》，提出艺术家的社会批判功能是“侧重于改造人底灵魂(心、精神、意识)”,是“灵魂底工程师”,与“偏重于改造社会制度”的政治家相比,各有不同的战斗领域和革命功能,同时二者的工作“相辅相依”,在一定的程度上,艺术家的工作“尤其艰苦”。王实味的这种艺术功用观引起了延安许多知识分子的共鸣与争议。

为了解决延安文艺界的纷争以及由此引发的思想混乱,适应抗战新形势的发展,中国共产党领导的革命不仅在政治、军事、经济等方面进行了战略性调整,在思想文化方面也建立起了与此新形势相适应的新意识形态。1942 年毛泽东在收集正反两方面资料、分别与延安各派知识分子进行交谈后,于 5 月 2 日—23 日召开了延安文艺座谈会,以一个政治家的身份提出了新的文艺政策,对解放区以及新中国成立后的艺术创作产生了深远的影响。

二、《在延安文艺座谈会上的讲话》的主要内容及意义

毛泽东《在延安文艺座谈会上的讲话》开篇就指出召开座谈会的目的是要研究“文艺工作和一般革命工作的关系”,“我们今天开会,就是要使文艺很好地成为整个革命机器的一个组成部分,作为团结人民、教育人民、打击敌人、消灭敌人的有力的武器,帮助人民同心同德地和敌人作斗争”。因此,解放区文艺一开始就被纳入中国革命的体系之中,作为中国革命的一个有机组成部分来进行讨论。毛泽东不是从文艺本体论的角度来阐释文艺的本质,而是出于一种政治家的革命考量,为了服从并服务于中国革命的需要来提出文艺政策的。

“文艺是为什么人的?”是会议的首要问题。毛泽东从中国的实际情况出发,指出“什么是人民大众呢?最广大的人民,占全人口百分之九十以上的人民,是工人、农民、兵士和城市小资产阶级。所以,我们文艺,第一是为工人的,这是领导革命的阶级。第二是为农民的,他们是革命中最广大最坚决的同盟军。第三是为武装起来的工人农民即八路军、新四军和其他人民武装队伍的,这是革命战争的主力。第四是为城市小资产阶级劳动群众和知识分子的,他们也是革命的同盟者,他们是能够长期地和我们合作。这四种人,就是中华民族的最大部分,就是最广大的人民大众。”毛泽东在《在延安文艺座谈会上的讲话》中鲜明地指出了“工农兵方向”,即文艺首先是为工农兵服务的问题。如何为工农兵群众服务是第二个问题。毛泽东以自己为例,说明了从资产阶级、小资产阶级感情到无产阶级感情的转变,指出“一切革命的文学家艺术家只有联系群众,表现群众,把自己当作忠实的代言人,他们的工作才有意义。只有代表群众才能教育群众,只有做群众的学生才能做群众的先生”。经过延安整风运动的开展,“工农兵”成为解放区文学描写和表现的中心与主角。

延安文艺座谈会是在延安整风运动的背景下召开的,是整风运动的重要一

环,目的是解决中国共产党在新的条件下领导文艺工作的方针问题。《在延安文艺座谈会上的讲话》是毛泽东领导工农大众反抗内外压迫、建立无产阶级政权的"一文一武"战线上的重要思想成果,平息了当时延安文艺界的争论,为当时文艺界指明了方向,有力地配合了当时的政治需要,从思想上打击了封建主义、资本主义和帝国主义反动势力。此后,工、农、兵作为中国社会历史舞台上的正面主角、大地主人与英雄形象大量出现在文学作品中。

第二节 解放区小说

解放区文学在毛泽东《在延安文艺座谈会上的讲话》指引下,详细描绘了解放区民众在抗日战争、解放战争中的成长过程,生动表现了农民在减租、翻身、抗日斗争、互助合作生产等方面的精神嬗变,记录下了中国无产阶级获得解放的社会史和心灵史。延安解放区小说创作,取得了较为丰硕的成就,出现了一大批优秀作家和优秀作品。短篇小说方面,涌现出了赵树理的《小二黑结婚》、孙犁的《荷花淀》、康濯的《我的两家房东》、马烽的《金玉娘》、束为的《红契》、孔厥的《受苦人》和《一个女人翻身的故事》等名篇。中长篇小说方面,既有赵树理的《李有才板话》、丁玲的《太阳照在桑干河上》、周立波的《暴风骤雨》、柳青的《种谷记》等现代体小说,也有柯蓝的《洋铁桶的故事》、孔厥、袁静的《新儿女英雄传》、马烽、西戎的《吕梁英雄传》等采用传统章回体、反映中国共产党领导下抗日武装斗争的新英雄传奇小说。

一、解放区短篇小说

延安文艺座谈会以后,短篇小说创作相继涌现出不少引人注目的新人新作,解放区小说创作进入了一个活跃繁荣的新阶段。翻身农民成为解放区小说的主人公,农民与地主的斗争,以及斗争过程中农民的精神成长构成了解放区短篇小说最常见的题材和主题。

康濯的《我的两家房东》以金凤和栓柱的婚姻恋爱问题为主要线索,写出了解放区青年敢于冲破封建伦理文化和旧婚姻的束缚,自主追寻幸福自由的主体意识成长。在金凤解除旧婚约、与"我"的旧房东拴柱自由恋爱的带动下,婚姻不幸的金凤姐姐也与欺压她的坏男人离了婚。但是,拴柱和金凤的自由恋爱在传统封建伦理文化的村庄里,引起了很多议论和谣言。"我"接受了拴柱的恳请,帮他做通了金凤父亲的工作,在区青救会和妇救会支持的新社会环境里获得了成功。小说通过这个故事展现了翻身农民从旧思想、旧观念到新思想、新观念的嬗变过程，显示出解放区农村的深刻变化。《腊梅花》等作品也真实地反映了解放区农村的情况，显示了细致而不琐碎、平淡而不刻板、淳厚朴实而又自然清新的艺术风格。

孔厥《一个女人翻身的故事》中的女主角童养媳折聚英在逼婚过程中找到了女宣传员"池莲花"，命运由于出现了转折，走向了革命，翻身解放，并最终成为学习模范、女英雄。《受苦人》则置入了农村解放的大背景，并没有直接引入农村女性解放的"革命性力量"及其代表，但作品却有着更深广的意义，更能反映出农村内部女性求解放的巨大阻力和正在生长的觉醒力量之间的较量。童养媳贵女情感上接受不了所谓的丈夫"丑相儿"，而被砍了一斧子。对"丑相儿"的伤害，贵女没有怨恨，而是把不幸的悲剧根源指向了以地主为代表的旧社会。贵女是不幸的，而依旧沉迷在旧思想的"丑相儿"更是痛苦的、让人悲哀的。贵女坚定地、持续地对不合理命运与旧思想制度的反抗与不服从，展现了女性农民在新社会变革中的自我意识觉醒与成长。

束为的《红契》描写了一个狡猾阴险的地主"笑面虎"。面对汹涌而起的减租潮流，"笑面虎"表面上对减租的事情言听计从、积极配合，暗地里却对佃农威胁利诱，反对减租赎地。佃农苗海其惧于地主的威吓，无奈把十垧地的红契送到地主家，继续种地交租。在农会干部的不断启发下，苗海其一步步战胜了内心的恐惧、顾虑，内心世界开始觉醒。《红契》生动深刻地展现了普通农民在翻身斗争中复杂的、矛盾的、艰难的思想变迁，记录了其社会地位发生变动和心灵嬗变的轨迹。与此类似的是，王力的《晴天》也反映了这一时期农民和地主的斗争。菡子的《纠纷》则主要写新四军所在根据地农民群众在革命政权支持下怎样力图摆脱旧势力的束缚的精神成长。

马烽的《村仇》是一篇反映农村阶级斗争比较深刻而成熟的作品。赵庄和田庄的农民在地主的挑拨下，发生械斗结下了深仇。作为连襟的贫农田铁柱和赵拴拴也因此成为冤家对头。在土改斗争中，田铁柱和赵拴拴开始认识到结仇的根子是地主老财，喝下了"和合酒"，一起斗倒了阶级敌人。秦兆阳的《老头刘满屯》、林兰的《红棉袄》、潘之汀的《满子夫妇》、西戎的《喜事》、方纪的《魏妈妈》等也展现了农民翻身后的新生活。

解放区短篇小说除了农村题材以外，还有一些反映人民武装斗争的军事题材作品。邵子南的《地雷阵》、于黑丁的《母子》、杨朔的《月黑夜》、华山的《鸡毛信》、管桦的《雨来没有死》、峻青的《小侦察员》是产生较大影响的作品。刘白羽是描写军事题材小说的代表性作家，创作了《政治委员》、《无敌三勇士》、《战火纷飞》、《血缘》等短篇小说，引人注目。《无敌三勇士》采用说书体与章回体小说的结构方式，生动地刻画了战斗英雄的高尚品质和丰富复杂的情感世界，人物形象生动真实。在《火光在前》中，刘白羽刻画了师长和师政治委员两个高级指挥员形象，塑造得比较成功。刘白羽的小说饱含革命激情，具有浓郁的革命英雄主义和理想主义的精神，人物形象富有阳刚之美，但是也存在故事结构不够紧凑，缺乏艺术性等局限。

总体来看，解放区短篇小说在《讲话》的指引下，形成了格调高昂、色彩明朗、乐观向上的叙事美学风格特征。这与解放区革命政权在农村采取的一系列革命性新政策是分不开的。解放区短篇小说反映的正是这种全新的生活，表现的是解放区民众从政治翻身、经济翻身、文化翻身到精神翻身的全过程，具有浓郁的时代氛围、深刻的思想意蕴和丰富的生活气息。

二、解放区中长篇小说

在解放区短篇小说繁荣之后，一些气势恢弘、结构复杂、人物形象众多的史诗性中长篇小说也相继出现了。1946 年，解放区开始了大规模的土地改革，许多作家响应毛泽东《在延安文艺座谈会上的讲话》号召，到土改斗争的第一线去体验生活，力图用文学的方式来展现这一历史性的社会变革。丁玲的《太阳照在桑干河上》和周立波的《暴风骤雨》这两部展现解放区农村土改斗争生活的长篇小说，分别获得 1951 年斯大林文学奖二、三等奖，代表了这一时期土改小说的最高成就。

丁玲的《太阳照在桑干河上》叙述了发生在华北桑干河畔的暖水屯的土地改革故事，展现了村庄各个阶级之间错综复杂、互相渗透交织的政治生态和社会关系结构，如钱文贵是村中的恶霸地主，但他的儿子钱义是八路军战士，女婿是村治安委员，亲哥哥却是种菜的贫农，亲侄女黑妮又是村农会主任的恋人，真实生动地描绘了农村土地改革和思想改造的复杂性和艰巨性。

小说的可贵之处在于，没有超越时代，一味拔高人物形象的精神思想，而是通过细致描绘和多方勾勒来塑造特定时代、环境下人物的复杂情感世界，这就使作品能够经受时间的考验而散发长久的艺术魅力。丁玲在《重印前言》中说："我不愿把张裕民写成一无缺点的英雄，也不愿把程仁写成了不起的农会主席。他们可以逐渐成为了不起的人，他们不可能一眨眼就成为英雄。"丁玲善于通过历史过程中的各种矛盾冲突和利益格局的变化来展现人物形象的思想、情感和心理状态的发展变化，使人物情感心理和精神思想处于动态结构之中。

另一方面，地主钱文贵、李子俊、侯殿魁、江世荣等形象也各不相同，避免了负面形象的脸谱化局限。作者对地主李子俊老婆的心理描写尤为精彩。她行走在被没收的果园里，看到农民在兴高采烈地采摘果实，心里涌现出强烈的复仇欲望，但却"施展一种女性的千依百顺"的态度，来掩藏心底的"不可调解的怨恨"，以寻求骗取昔日被剥削者的“疏忽和宽大”。

贫农侯忠全的形象富于典型性。因为几千年沉淀下来的宿命观念和奴隶意识，以及地主长期的压迫剥削，侯忠全被程仁讽刺为“死也不肯翻身的人”，他把斗争地主分得的土地偷偷交还给地主。当地主被彻底斗垮，他才放下心，笑起来，认为送地来的毛主席“就是咱们的菩萨，咱们往后就供毛主席”。由此可见，丁玲在接受延安的“工农兵方向”的思想意识时候，并没有遗失敏锐的五四现代精神血液，依然对农民心灵深处的精神奴役的创伤给予了深刻批判。

不仅如此，丁玲的思想锋芒还表现在她对乡土中国农民问题的独特、独立的思想认知和审美表现上。小说中丁玲借助钱文贵的儿媳妇、富农顾涌的女儿的话语表达了内心深处的隐忧：“共产党，好是好，穷人才能沾光，只要你有一点财产就遭殃；八路军不打人，不骂人，借了东西要退还，这也的确是好，咱们家这大半年来，做点买卖也赚了，凭良心，比日本人在的时候，日子总算要强得多。可是一宗，老叫穷人闹翻身，翻身总得靠自己受苦挣钱，共人家的产，就发得起财来么?”这样，丁玲间接地把一个极为重要的问题提了出来：斗地主、富农等有钱人，进行均地、均贫富式的土改是中国农民富裕起来的道路吗？什么才是解救中国农民贫苦处境的根本之道？这是丁玲在对土改所涉及的新弱势群体生存境遇的思考。丁玲在对广大的贫苦农民翻身命运进行精彩描绘的同时，还对土改中的众多地主、富农子女的命运给予关注，体现了一种五四式的人道主义思想。在《太阳照在桑干河上》中，丁玲以其对历史真实生动的描摹和细致丰富的展现，刻画塑造了众多丰富多彩的、富有个性的人物形象，表现了她对土改历史、社会和人性的复杂而深刻的理解，这使小说具有了较高思想价值和艺术价值。

周立波的《暴风骤雨》与《太阳照在桑干河上》一样，都是以土改斗争为题材的长篇小说，通过描写松花江畔的元茂屯在土改过程中阶级斗争的复杂变化，把波澜壮阔的阶级斗争画面与农民日常生活图景交织起来，塑造了地主、老一代农民、新一代农民积极分子等不同类型农民的典型形象，呈现出了这场“暴风骤雨”式伟大变革扫荡几千年封建剥削制度、使亿万农民翻身解放的重大价值意义。但是，小说存在着把农村阶级斗争简单化、程式化的审美局限。元茂屯里的阶级斗争只存在着一种性质，即农民与地主的矛盾冲突，而且阶级斗争阵线清晰得像政策条文规定的一样明确，缺少对农民与农民之间、地主与地主之间以及人物形象自我内在矛盾冲突、精神痛苦的描写与揭示。周立波坚持一种对现实生活过滤的“本质论”创作思维，与政治意识形态要求的“正确”相吻合，对文学展现现实生活的复杂性和多元性造成了一定程度的损伤，削弱了作品现实主义描写的深度和力度。

《暴风骤雨》对地主形象的刻画存在着模式化、简单化、平面化的局限。小说中的地主韩老六、杜善人和唐抓子之间虽存在着外形的差异，但其性格、政治态度、思想意识大致相同。小说的主要成功之处在于对各类农民形象的典型性描写，在典型事件和生动细节中塑造出了农民新人群像。郭全海、赵玉林、白玉山、李常有等农民积极分子形象生动真实，各有其不同的成长经历和性格特征，小说通过富有特征的细节性描写展现了他们的思想觉醒和精神成长。赶车老把式老孙头是小说中塑造最为成功的老一代农民形象。老孙头走南闯北，见多识广，性格开朗，幽默诙谐，喜欢表现，但也有着比较世故、自私怕事的弱点。他一辈子受盘剥、渴望翻身，却不想也不敢勇于站出来进行斗争，害怕“出头的椽子先烂”，斗争尖锐之际就想溜之大吉；当地主斗垮、分胜利果实的时候，他心里有着自己的小九九，做出了许多可爱又可笑的喜剧表演，正是这些优点和局限显示出了老孙头人物性格的独特性和复杂性。

马加的中篇小说《江山村十日》也是一部较为优秀的土改题材小说。作者把错综复杂的土改斗争浓缩在十日和“江山村”这一特定的时空框架中，充分展示出农民翻身解放的胜利喜悦，呈现出土改斗争的重大意义。

解放区除土改题材小说以外，还有一些反映农民减租减息、互助合作的文学作品。柳青的《种谷计》、欧阳山的《高干大》是这一时期展现解放区人民内部矛盾、反映农村互助合作的优秀长篇小说。

柳青的《种谷计》围绕着王家沟组织变工队进行集体种谷的中心情节，展现了解放区的农民之间互助合作进行生产的新事物与传统小生产者旧习惯势力的冲突，反映出农村生产关系的初步变动。欧阳山的《高干大》以革命干部高生亮为中心围绕着任家沟村庄办供销合作社的事情，塑造了农民出身的革命干部依然联系群众和脱离群众迅速官僚化两类典型形象，揭示了革命内部的矛盾冲突和政治生态的演变，具有很强的政治敏锐性和强烈深刻的现实意义。

在解放区文学中，有一批令人瞩目的、在内容和结构形式上迥然不同的中长篇章回体新英雄传奇小说，代表作有孔厥、袁静的《新儿女英雄传》、柯蓝的《洋铁桶的故事》（原名《抗日英雄洋铁桶》）和马烽、西戎的《吕梁英雄传》。这些小说既有像《三国演义》、《水浒传》、《儿女英雄传》等中国传统小说的章回体结构和话语方式，又具有新时代语境下的“新”叙述内容、心理情感和思想意蕴，洋溢着革命英雄主义和浪漫主义色彩。

孔厥、袁静的《新儿女英雄传》描写了革命战争年代正在成长中的农民群体，塑造了牛大水和杨小梅这样既具有普通群众特征又有一些高于常人的革命自觉意识的解放区农民英雄形象。七七事变时代背景的时间设置，为小说情节和人物命运的变化提供了历史维度和一种新的历史规定性，显然这不是一个普通的才子佳人式的穷人娶媳妇故事，而是一个有着新的历史空间、新的抗战事件、新的抗战英雄人物的新故事。牛大水和杨小梅经受了抗战的考验之后，在黑老蔡的撮合下，二人结婚了。同志们送的结婚对联很有意思，“新人儿推倒旧制度，老战友结成新夫妇”，横批为“革命的爱”。牛大水和杨小梅的婚姻幸福就具有一种丰富的含义，是社会解放与个人解放、婚姻自由相统一意义上的自由。杨小梅和牛大水这种“革命的爱”不仅说明了这种爱所具有的革命新质，而且具有一种深刻的精神隐喻，杨小梅的人身自由、婚恋之爱是黑老蔡所代表的中国共产党领导的革命给予和保障的，从而阐述了这种新型爱情的根源。

新英雄传奇利用传统小说的章回体形式，是对古典文学和民间文学形式的有益借鉴，生动展现了新时代解放区民间英雄的传奇性经历和内在的精神性成长，符合解放区民众的审美趣味和接受语境，具有很强的通俗性和艺术感染力，是一种传统形式的创造性的转化。但是，若使用不慎，也极容易滑入旧形式的窠臼之中。例如，《吕梁英雄传》采用故事连缀的方式，通篇由大大小小的故事组成，在故事与故事之间、人物形象及其性格的发展变化尚缺少内在的统一性，没有完全脱离章回体结构的局限。这些革命英雄传奇故事，对新中国成立后的革命历史题材小说创作如《林海雪原》、《敌后武工队》、《铁道游击队》等有着重要的影响，并由此形成了一个新英雄传奇文学的潮流和传统。

受历史条件限制，解放区工业题材的中长篇小说较少。女作家草明创作了解放区第一部工业题材的长篇小说《原动力》。作品描写东北玉带湖水电厂解放后，工人在电厂复工过程中克服技术上的困难，与敌人的斗争并获得成长的故事。作者的创作目的是要展现工人阶级是建设新中国的“原动力”。小说具有很强的开创性意义，但在艺术上显得较为粗糙。

第三节 赵树理与孙犁

赵树理和孙犁是土生土长的解放区文学作家，他们分别以通俗易懂、口语化、农民化和明朗清新、抒情化、意境化的两种不同的审美风格著称解放区文坛，并分别确立了“山药蛋派”和“荷花淀派”两种艺术流派，为解放区文学和当代中国文学提供了独特的审美经验和审美思维模式。

一、赵树理

早在 20 世纪 30 年代左翼作家开展文艺大众化运动的时候，赵树理就已经注意到了五四新文学与中国农民之间的距离。1942 年毛泽东发表《在延安文艺座谈会上的讲话》，对文学与乡土中国、农民的疏离状态进行调整，直接从意识形态方面提出文艺从属于政治、为政治服务的主张，要求作家为最广大的人民群众写作“工农兵方向”的文艺作品。1943 年 10 月，当毛泽东的讲话精神传到太行山区的时候，赵树理为自己的农民文艺写作找到了强有力的理论支撑资源。赵树理坚定地确立了自己为农民服务、为农民写作的农民文学观，在文学世界中想象与建构了众多的农民形象，成为中国现当代文学史上最为成功的农民文学家。

赵树理，原名赵树礼，笔名野小、王甲士等，山西沁水人，现代著名小说家。赵树理生于一个贫农家庭，从小就沉浸在乡村的民间文艺世界。他早年跟着父亲到村里八音会去学习民间音乐，不仅学会了吹拉弹唱的本领，而且学会了农民直率朴实、非常风趣的语言技巧。1925 年赵树理考入山西省立第四师范学校，不仅阅读了鲁迅的《阿 Q 正传》、郁达夫的《沉沦》等新文学作品，而且还阅读了《新青年》、《小说月报》等新杂志。1926 年暑假，赵树理带着一大包书籍回到家乡，他想向家乡的父老兄弟讲述鲁迅的小说，使他们觉悟起来，但是遭到了父亲的拒绝。这次碰壁使赵树理第一次对新文学产生了困惑与迷茫，并使他清醒地意识到：新文学的内容固然是很好的，但形式却不为农民所喜闻乐见。新文学只是以知识分子、知识青年、文艺爱好者等接受读者为对象，在知识阶层交换传阅，跟农民是无缘的。农民大众所喜欢的还是那些千年流传的、充满封建思想的唱本读物、通俗小说。他决定进行一种新的尝试，以农民喜闻乐见的传统形式来创作农民文艺作品，来满足农民对精神文化的艺术需求，占领农村文艺阵地，消除封建文化毒害。

1934 年，左翼文学阵容开始进行第三次文艺大众化讨论，赵树理积极参加了这次运动，发表了提倡大众化、大众语的文章。在文学实践中，赵树理明确了为农民写作的文学理念。做一个“文摊文学家”的志愿，充分显示了赵树理对农民文学创作的自觉的理性意识，彻底突破了五四新文学的樊篱。从中国传统民间文学和现代农民生活实践中，赵树理已经自觉地进行文学与农民大众进行语言与思想对接的农民大众文学创作实践，为中国现代文学创造了一个大众化文学成功实践的范例。1943 年，赵树理在协助调查岳冬至、智英祥一案后，写成小说《小二黑结婚》。书出版后就受到太行区农民群众的热烈欢迎，销行达四万册，群众把《小二黑结婚》改编为秧歌剧自演自唱。赵树理同年完成的《李有才板话》，得到更高评价，被指定为整风学习、减租减息和土改运动的干部必读材料。他也被调入华北新华书店任编辑，完成多幕话剧《两个世界》、报告文学《孟祥英翻身》、鼓词《劳动英雄庞如林》，抗战胜利后，写有快板《汉奸阎锡山》。1946 年，写成长篇小说《李家庄的变迁》，其出版范围和速度以及所获评价都超过了《小二黑结婚》和《李有才板话》，由此确立了赵树理在现代文学史上的独特地位。

《小二黑结婚》是赵树理从太行山走向中国文坛的成名之作。小说开篇没有描写刘家峧农民翻身解放的事情，而是以刘家峧的两个神仙——前庄上的二诸葛和后庄上的三仙姑为叙述对象，介绍他们身上所具有的浓重封建文化特征。刘家峧普通农民并没有觉醒，村里依旧盛行封建思想文化，流氓恶霸依旧在村里横行，并抓住许多农民不敢出头的落后心理，重新取得村政权，成为欺压农民的新势力。

小二黑是二诸葛的二儿子，在反“扫荡”时打死过两个敌人，曾得到特等射手的奖励，跟三仙姑的女儿小芹相好已经二三年了。两人的婚事不仅受到双方家庭的阻挠，而且还受到村里反动势力的破坏。金旺兄弟发动了一场“捉奸”行动，把他们捆起来送往区政府处置。小说故事情节的发展随着空间的转移而出现了喜剧性变化。具有革命性质的区政府已经耳闻金旺兄弟把持村政、欺压百姓的劣迹，当即把金旺兄弟扣押起来，派人搜集他们横行霸道的证据，一举消灭了刘家峧欺压农民的新势力。小二黑与小芹如愿以偿结婚了，二诸葛和三仙姑不再摆弄封建迷信那一套，农民们也不再受欺压了。《小二黑结婚》为翻身后的农民，尤其是青年农民提供了一个大团圆的、极为美好的结局。这种大团圆结局与情节结构的单线发展、绰号手法点睛画人，构成了一种民间评书体的叙述特征。

在《李有才板话》中，赵树理生动地写出了解放初期复杂的农村政治生态，描写了剥削之心不死的旧地主阎恒元、新的革命政权的代表者老杨同志、农村里蜕化变质的新干部、忠厚老实充满旧思想的农民老秦以及年轻气盛的青年农民等人物形象，以及这些不同的乡村力量之间的博弈。正是在这种复杂的政治生态斗争中，小说展现出了人物丰富、鲜明的性格特征，也体现了赵树理对农村、农民深刻的理解力。

阎恒元是塑造得较为成功的人物形象。他为人阴险，狡猾奸诈，曾经年年连任村长，剥削压榨贫苦农民。村里进行改选的时候，阎恒元暗中吩咐人，选干儿子刘广聚当村长，得以继续横行村里，并把编排板话揭露他虚伪、奸诈的李有才赶出阎家山。他不仅会审时度势，看到了革命工作者章工作员的工作中所存在的缺陷，而且还深刻了解商人、农民贪占小便宜的心理，对章工作员和不同层次的农民采用不同的办法分而治之，利用这些人的某些缺点来最大限度地保护自己的利益。事实上，在这场清算土地的斗争中，阎恒元所谋划的如意算盘都一一实现了，而且还因为办法很细致，阎家山还被评为“丈地的模范村”。

陈小元是一个贫农出身、后来蜕化变质的乡村革命干部形象。他本是阎家山贫苦农民的斗争代表，在成为武委会主任之初，他还保持着与地主反动势力斗争的革命品质，但随着自己地位的提高，小元身上的革命品质渐渐丧失，原有的封建等级差别观念渐渐清晰起来，在地主阶级的物质引诱和剥削思想的侵蚀下蜕化变质，成为农村反动势力的同伙。蜕化变质的农民干部小元是赵树理对农村解放后的政治生态变化的一种新反映，不仅展现了赵树理的敏锐思想意识，而且也展示了作者反映农村复杂现象的胆识与勇气。

老秦是赵树理在《李有才板话》中塑造得最为成功的农民形象。老秦不仅有着因循守旧、胆小怕事的思想，而且还有着较为严重的封建等级观念，既害怕地主势力，又看不起与自己一样的穷苦人。老秦听说老杨同志是个长工出身，马上就看不起他了。但是，老秦看到阎恒元等人在老杨同志那里碰了钉子的时候，又对老杨恭敬起来。最终老杨同志带领农民打败了地主阎恒元为首的反动势力，老秦磕头称老杨为“救命恩人”。

小说中的老杨同志是解放区立场坚定、经验丰富、善于观察和思考问题，具有现代革命思想和群众意识的老革命干部典型。穷长工出身的他不惧怕任何困难，在革命洪炉中锻炼成为一位成熟的、坚定的革命领导干部。他与最广大的穷人群体站在一起，主动要求到最穷苦的农民家了解情况，发现问题，发动和依靠农民群体的力量来推动问题的解决，形象真实生动，富有很强的亲和力和艺术感染力。

在赵树理的影响下，山西籍作家马烽、西戎、束为、孙谦、胡正等实力雄厚的作家，形成了一个影响波及全国的作家群体，创作出众多质朴清新、具有山西地域特色的优秀作品，被称为“山药蛋派”。这个流派以赵树理为代表，具有新鲜朴素的民族形式，生动活泼的群众语言，清新浓郁的乡土气息等艺术特色。

赵树理融民间文艺资源、五四新文学精神血脉与“农民文学”大众化追求于一体，为中国现代文学确立了一个不同于鲁迅等知识精英本位的新文学传统的、另一种典范的农民文学传统。“赵树理方向”与毛泽东“工农兵方向”的新意识形态遥相呼应，在创作中显现了具有中国作风、中国气派的叙事特色，构成了现代中国文学极为重要的精神资源。

赵树理小说喜剧性的艺术风格和评书体结构在极大程度上满足了解放区农民的审美愿望，但是这种单纯的乐观在一定意义上削弱了赵树理对乡土中国农民问题进一步思考的可能性，使其作品难以获得深度叙事的文学品质。

二、孙犁

孙犁，原名孙树勋，河北安平县人。孙犁 1927 年开始文学创作，1936 年到河北安新县的小学教书，了解到白洋淀一带农民群众的生活。全面抗战时期，孙犁任教于冀中抗战学院和华北联大，在晋察冀通讯社、《晋察冀日报》当编辑。1944 年孙犁赴延安，在鲁迅艺术文学院学习和工作。1945 年在延安《解放日报》发表了著名的《荷花淀》、《芦花荡》等短篇小说和中篇小说《铁木前传》、《村歌》。孙犁的小说深刻地反映了冀中儿女在抗日战争时期的精神风貌，具有鲜明的时代特色和独特的艺术风格，表现出淡雅疏朗的诗情画意与朴素清新的泥土气息。这一独特风格对当代文学发生极大的影响，造就了被誉为“荷花淀派”的河北作家群。孙犁以思想的深湛，文体的创新，艺术风格的鲜明和炉火纯青，描绘了一幅幅壮丽、清新的文学景象，产生了广泛而深远的影响，成为赵树理之外最重要的解放区短篇小说作家。

在延安文艺座谈会前，孙犁已经写过片断式、剪影式的短篇，如《一天的工作》、《邢兰》、《战士》、《女人们》，这些短篇小说都具有很强的记录性质，缺少文学性描述，人物形象不够鲜明突出。直至孙犁来到延安之后，他的文学创作才有了长足的进展，创作出了《荷花淀》、《“藏”》、《钟》等短篇小说。孙犁结集出版的短篇小说集《芦花荡》、《荷花淀》、《嘱咐》《采蒲台》等，基本上以冀中平原农村为背景，具体生动地描写了抗日根据地人民在中国共产党领导下进行的抗日斗争，洋溢着革命的乐观主义和理想主义，在表现现实苦难的同时揭示人物心灵深处的美丽、善良与勇敢，被誉为“诗化小说”。

孙犁小说中塑造了一群独特的农村女性形象，她们坚贞美丽、活泼可爱、温柔多情、英勇顽强。在抗日斗争和解放战争的艰苦岁月中，这些农村妇女不怕艰难，不怕牺牲，承担着生活和斗争的重任，显示出解放区觉醒了的中国妇女坚忍顽强的生命本色。小说《荷花淀》和《嘱咐》中的水生嫂是其中的代表。水生嫂美丽善良，勤劳能干，活泼深情，经过战争的锻造后，逐渐变得勇敢机智，深明大义，勇于担当。在《荷花淀》中，水生嫂和妇女们不甘落后，组织起水上游击队，一起参加抗战；在《嘱咐》中，水生嫂熟练地驾着冰床送走抗战多年刚回家一夜又要去打反动派的丈夫，在大后方支撑着抗日战争和解放战争，成为战争胜利的坚强后盾。在她身上，集中体现出解放区农村女性的优秀品质，“像金子一样坚硬，像水一样明澈”。

孙犁的短篇小说不仅善于细致描绘人物的外貌特征，而且善于选取日常生活事件中的矛盾、误会、冲突来展现人物复杂的心灵世界与情感变化，表现人物内心深处的人性美和心灵美。孙犁灵巧地刻画出人物形象在阶级斗争和民族斗争的狂风暴雨中锤炼出来的坚毅、英勇、智慧的性格，用诗意的方式呈现出人物对生活的喜悦、乐观与希冀，以及如何以艰苦的抗争打碎旧秩序、迎接新世界的革命理想。《碑》中描写赵老金和女儿终于盼来了李连长，却在敌人的围剿中跳河牺牲了。赵老金冒着危险在河边一连几天撒网，只捞到了一只军鞋和空的子弹带，但他每天都到那个地方撒网，一直到冬天。面对封河的冰块，赵老金用木槌砸冰：“你在别处结冰可以，这地方得开着。”听到那奔腾号叫的流水的声音，老人的心平静一些。“他轻轻地撒着网。他不是打鱼，他是打捞一种力量，打捞那些英雄们的灵魂。”在《碑》中，孙犁没有堆砌华丽的辞藻，而是用平易单纯的文字，写出了人性的美丽、善良与内在灵魂的激荡，具有一种夺人魂魄的崇高诗意美。《钟》通过多方面的冲突来塑造还俗的尼姑慧秀与男青年大秋的一波三折的婚恋故事，塑造出一个压不扁、刺不死的勇敢顽强、独立自主、终获幸福的农村女性形象。

孙犁的作品看似平淡、简朴、轻柔，但是从平淡中显出新鲜，于简朴中含着隽永，在轻柔中透出刚强，在朴素的语言形式中寄予深刻的思想、丰富充沛的情感与和谐的美学追求。《“藏”》中的女主角浅花最初对丈夫新卯夜不归宿、回来就疲惫不堪的行为产生了误解，新卯对此也无可奉告，浅花就怀疑其在外边有男女关系，深夜跟踪才发现新卯是在为抗日工作挖洞，心中涌上了“因羞愧引发的更强烈的爱情”。他的作品没有离奇情节，平淡舒缓，不觉紧张，然而主人公的遭遇和命运却紧紧扣人心弦。《新安游记》讲述了用智谋杀死做汉奸大伯的传奇性英雄，但这位英雄在攻打新安的时候，却因为一条腿挂了彩而自杀，像鹰一样保持着生命的尊严死去，从而描绘出了“一种强烈的悲壮的风云”。

孙犁非常善于场景描写。白洋淀的自然景物，一经作者勾勒，既富于地方色彩，又充满着时代特色。孙犁的白描手法做到既绘形又传神，他对白洋淀水乡的人物景色的描写，字里行间既洋溢着深挚感情，又能与所塑造的人物形象语言、行为和谐地融合在一起，构成天、地、人自然和谐的诗意抒情画卷。孙犁对白洋淀乡亲和故土的诗情画意描绘，凝结着他对于故乡人民和大地的深沉爱恋，以及对故乡农民命运、生活和美好心灵的深切关注和热烈赞美。孙犁这种质朴生动、自然深切的感情，使他的作品具有特别能够打动读者心灵的审美魅力。

孙犁小说具有独特的语言风格，凝练优美，刻画人物、抒情写景十分准确细腻，是白洋淀农民口语化语言的提炼。孙犁曾谈到自己的语言来自母亲和妻子，来自于民间大地的语言源泉，这就使其作品既自然优美，又通俗易懂，更易在群众中传播。

孙犁作品在国内影响很大，特别是在河北、天津一带。在孙犁的影响下，京、津、冀地区的一批作家如刘绍棠、丛维熙、韩映山，他们的创作具有浓郁的浪漫主义气息和乐观精神，语言清新朴素，心理刻画细腻，抒情味浓，追求诗情画意之美，被誉为“荷花淀派”。

第四节　新歌剧与长篇叙事诗

《在延安文艺座谈会上的讲话》发表之后，解放区文学涌现了众多描写农民在政治与经济上翻身的作品，记录了农村在共产党领导下的伟大变革：农民在政治上和经济上第一次扬眉吐气、翻身做主人，农民的社会身份和内心情感都发生了巨大嬗变。同时，一些作家不仅敏锐地捕捉到了农民的新变化，而且还细心地感受到了农民在精神文化、思想意识上的觉醒与个体意识的萌芽成长。在这方面，鲁艺文工团的《兄妹开荒》、丁毅、贺敬之执笔的《白毛女》，西戎等人的《王德锁减租》、马加的《夫妻识字》等歌剧有意识地表现了农民在精神文化、思想意识上的翻身解放，体现出了一种先进而独特的创作方向与人性意识，构成了解放区文学中的一道独特景观。

一、新秧歌运动

1943 年 11 月，中共中央宣传部在《关于执行党的文艺政策的决定》中强调戏剧是“今天动员与教育群众坚持抗战发展生产的有力武器，应该在各地方与部队中普遍发展”。1944 年举行的陕甘宁边区文教大会在《关于发展群众艺术的决议》中认为“群众艺术无论新旧，戏剧都是主体，而各种形式的歌剧尤易为群众所欢迎。应该一面在部队、工厂、学校、机关及市镇农村中发展群众中的话剧和新秧歌、新秦腔等活动，一面改造旧秧歌、社火及各种旧戏”。在这些方针的指引下，由专业文艺工作者和广大工农兵共同参与的群众性的戏剧活动，很快在各根据地蓬勃开展起来，呈现出中国现代戏剧史上空前活跃的局面，作品从思想内容到艺术形式，也都发生了广泛、深刻的变革。

陕甘宁边区的新秧歌运动，开始最早，成就和影响最大。1943 年春节，鲁艺秧歌队采用民间秧歌、花鼓、小车、旱船、高跷等老百姓喜闻乐见的艺术形式，演出了新颖的秧歌剧，受到当地民众的热烈欢迎。其中，鲁艺文工团的《兄妹开荒》(原名《王小二开荒》)，采用民间秧歌小调的形式，以新型的农民形象和欢乐的劳动场面来取代旧秧歌中常有的丑角以及男女调情的成分，从而把浓郁的泥土气息与农民特有的诙谐交织在一起，给人以焕然一新的印象。《解放日报》在题为《从春节宣传看文艺的新方向》的社论中，肯定了这次初步实践工农兵方向的秧歌剧演出，赞扬《兄妹开荒》是个“很好的新型歌舞短剧”。鲁艺新秧歌剧的最初成功，激起了人们对于秧歌的浓厚兴趣和普遍重视。在鲁艺的带动下，众多专业文艺团体也很快开始编写新秧歌剧，一些机关学校组织了很多业余秧歌队，上演了 150 多个节目，出现了《夫妻识字》、《牛永贵挂彩》、《惯匪周子山》、《一朵红花》等优秀秧歌剧，形成了 1944 年春节新秧歌演出的高潮，出现了“鼓乐喧天，万人空巷”的盛况。

陕甘宁边区新秧歌运动的经验被迅速推广到各抗日民主根据地，并涌现出许多新编的秧歌剧，作家们对于流行于本地区的其他民间艺术和传统戏曲形式进行革新，使得群众性的戏剧活动更加丰富多彩。例如，1943 年前后两年，山东莒南县就有村剧团 140 多个。胶东地区的东海草庙村，在半年时间内就编出小调剧、秧歌、活报剧 40 余出，有的剧目还获得威海市演出一等奖和胶东文艺创作一等奖。晋察冀边区的阜平高街村剧团，编写了大型剧目《穷人乐》，表现在阶级斗争和生产斗争过程中从苦难走向解放的历程，获得晋察冀分局的肯定。

在新秧歌运动中涌现出来的作品，尤其是工农兵群众的创作，数量是极其惊人的。群众创作往往没有正式的演出脚本，题材和主题都较为宽广多样，事后能够流传下来的只是很小一部分。宣传生产劳动，成为不少秧歌剧的共同主题。被称为“第一个新的秧歌剧”的《兄妹开荒》，就反映了边区大生产运动中热火朝天的劳动场面的。改编的《小放牛》则唱出了“这个世界工农来造，工和农应该做主人”的工农心声。新秧歌内容和主题与解放区正在发生的社会变革紧密联系在一起，反映了劳动在解放区人民心目中的崇高地位，以及劳动者成为新生活主人的喜悦心情。

农民和地主的冲突，是初期新秧歌运动涉及的题材。1944 年，西戎、卢梦、孙千、常功合作，创作出了表现农村减租减息运动的大型秧歌剧《王德锁减租》。《王德锁减租》在晋绥边区影响很大，先交吕梁文化教育出版社出版，后由“七月剧社”公演。据当时的统计数字，仅晋绥边区一地就演出 100 多场，观众达 20 余万人。这两个数字在非常贫困的晋绥根据地，是罕见的，反映出该剧深受群众欢迎的状况。《王德锁减租》中的主角王德锁勤恳、老实、本分，处处谨小慎微、事事要求良心自安，是一个受到传统思想文化深刻影响的普通农民形象。他对边区政府的减租法令虽然很是向往，但是，由于既往生活的教训，又不敢冒险与地主展开减租斗争，地主的威势还是留存在其心中。在减租的翻身斗争中，已经有一部分农民觉醒起来，看到了片面讲良心的局限性和与地主进行阶级斗争的必要性。

马加的《夫妻识字》以农民在政治、经济翻身之后对精神文化的需求为审美关照的中心，不仅反映了在中国共产党领导下实现政治、经济翻身的农民对精神文化翻身的愿望，而且还展现了农民主体性的萌芽、成长。作品的主角刘二认为，如今翻了身，受苦人做了当家人，学习文化最当紧。识字学文化不仅仅是个人的“文化大翻身”，而且还关涉后代人的利益，是为了后代农民“子子呀孙孙咱不受穷”。在解决了经济上的贫困之后，精神文化上的贫困就成为农民自我意识觉醒的重要障碍，也成为整个乡土中国现代化的重要问题。马加在作品中所展现的农民在政府的指导下破除精神文化贫困的事情在今天依然具有重要的现实意义。

随着新秧歌运动的深入发展，专业和业余的文艺工作者对其他民间艺术、戏曲形式进行改造和利用，不仅吸收秧歌的长处，而且也借鉴了其他地方剧种和民间艺术形式的优点，相互融合在一起，创造了民族的新歌剧。解放区的这场声势浩大的新秧歌运动，是实践文艺的工农兵方向的重大成就。这场以农民为主力的革命戏剧运动，以前所未有的规模和深度，实践了新文艺在农村的大普及，创造了名副其实的大众文艺，扩大了新文艺的阵地，缩小了旧文艺的影响。新秧歌运动在探索旧戏改造与新戏发展、革命内容与旧戏形式、专业文艺与业余文艺创作相结合等方面都为中国戏剧现代化提供了珍贵的历史经验和审美模式。

二、新歌剧《白毛女》

新歌剧是延安在新秧歌剧运动基础上产生的一种完全新型的民族歌剧。它既融会了西洋歌剧和中国传统戏曲的有益成分，又汲取了延安秧歌和其他地方戏曲的变现手法，是在中国传统文化基础上融戏剧、诗歌、音乐、舞蹈、美术为一体的音乐戏剧形态。解放区以农村妇女为主角，倾诉她们在封建压迫下的深重苦难，歌颂她们为创造新生活所作的英勇斗争的优秀新歌剧，有《白毛女》、《王秀鸾》、《刘胡兰》和《赤叶河》等。阮章竞的《赤叶河》全剧贯穿了农民才是土地的开拓者和真正主人的思想，文字直白，形象生动，具有扣人心弦的力量。战斗剧社的《刘胡兰》全面表现出刘胡兰“生的伟大，死的光荣”，反映了共产党人的崇高品质和英雄气概，具有惊心动魄的艺术效果。1945 年由延安鲁迅艺术学院集体创作，贺敬之、丁毅执笔的《白毛女》，是这个时期歌剧创作的代表作，奠定了中国新歌剧的发展基石。

1945 年，西北战地服务团从晋察冀前方回到延安，带回了民间传说“白毛仙姑”的记录本。鲁艺师生决定以它为题材，创作一个大型的、在现有基础上提高一步的新型歌剧。周扬指出这个故事既富有浪漫主义精神，又具有现实主义根据；在反映抗日战争时代的作品中，它是最先提出阶级斗争问题的，有着特别深刻的意义。贺敬之以诗人的情怀和戏剧家的叙述能力，按照陕北秧歌剧形式重新改写这个故事。最后一章由丁毅完成。新剧本主题更加鲜明深刻，不仅形象地揭露了三座大山统治下的旧社会把人如何变成“鬼”，共产党领导下的根据地把“鬼”如何变成人，而且反映了被压迫农民对土地的迫切要求和希望革命更彻底、更深入的强烈愿望。

《白毛女》成功地塑造了杨白劳、喜儿等农民形象。杨白劳是在地主阶级长期压榨之下尚未觉醒的老一辈农民形象。作者通过杨白劳年关出外躲账带回的东西，生动地表现了一个勤劳善良的贫苦农民的十分朴素的生活愿望。但是，杨白劳这一点卑微的生活要求却不能得到满足，反而被逼上绝路，含恨而死。喜儿是《白毛女》的主人公，也是全剧所着力塑造的反抗的农民形象。在剧本中，喜儿从现实中一个柔弱、被动、可怜的被害者变成一个坚强的、有着顽强生命力与革命反抗精神的反抗者形象。喜儿在受到黄世仁污辱后，从“不能见人”、企图自尽转向决心为复仇而活下去。抗日队伍的到来不仅镇压了恶霸地主黄世仁，为她报仇雪恨，而且让她与心上人终于喜结良缘、成为新生活的主人。

《白毛女》深刻地表现了半封建半殖民地社会农村的基本矛盾，即广大农民与地主阶级的矛盾，有力揭露了地主阶级凶残、狡诈、贪婪、腐朽的本质，表现了长期受着深重压迫的贫苦农民的共同悲惨命运，具有深刻的典型意义，引起了人民群众的强烈共鸣。《白毛女》在借鉴民间文化话语的同时，重新诠释五四“人”的解放思想，融合现代知识分子话语和政治权力话语，传达出长期蓄积在农民大众心灵深处的对地主阶级仇恨之情，表现出旧社会把人变成“鬼”、新社会把“鬼”变成人的思想主题。

《白毛女》最突出的艺术成就是开创了较为成熟的、具有“中国作风和中国气派的”民族新歌剧形式。第一，《白毛女》在结构上从民间戏曲汲取营养，采用传统戏曲的写意手法，虚实相生，浓淡相宜，戏剧情节跌宕起伏而又晓畅明快，具有较强的故事性。第二，在音乐上，《白毛女》创造性地运用民歌、小调和地方戏曲曲调等民族音乐形式，同时借鉴西洋歌剧音乐的戏剧性和性格化特点，来塑造人物性格特征。第三，在表演形式上，借鉴了中国传统戏曲唱、念、白三者结合方法。喜儿的出场就是用歌唱叙述了戏剧发生的特定情景，之后独白介绍身世和家庭，富有民族化、大众化艺术特色。第四，艺术手法上，大量使用比兴、对偶、排比、重叠手法，穿插民间性的歇后语和谚语，具有浓郁的民间乡土气息。

三、长篇叙事诗

1946 年 9 月，李季的长篇叙事诗《王贵与李香香》在《解放日报》发表，一举成名。《王贵与李香香》不仅继承了古代叙事诗和民歌的长处，而且在艺术上有自己的探索和创新，以优美的故事和人民群众熟悉的“信天游”形式吸引了读者，在人物塑造和诗歌形式的民族化上都达到一个新的角度，是中国叙事诗发展的一个重要里程碑。

《王贵与李香香》全诗共分 3 部 13 章，热情地歌颂了王贵和李香香忠于革命的精神以及他们纯朴的爱情，真切反映了贫苦农民的解放和革命斗争胜利血肉相连的关系。他们的圆满结合和革命斗争的胜利，是水乳交融地联系在一起的。“不是闹革命穷人翻不了身，不是闹革命咱俩也结不了婚。”“革命救了你和我，革命救了咱庄户人。”这既是主人公发自内心的歌唱，也是作品所传达的思想主题。

王贵在被地主阶级残酷压迫的时候，却得到了被压迫者李德瑞父女的关怀和同情。随着岁月的更替，王贵和李香香在苦难中长大成人，很自然地产生了爱情。但在暗无天日的社会，他们的爱情遭到了恶霸地主崔二爷的阻挠和破坏。

王贵的阶级意识和革命意志是从他所处的社会环境和阶级地位发展起来的。杀父之仇，牛马不如的雇工生活，婚姻上的波折，是王贵仇恨崔二爷的现实根源，也是他反抗意识成长的出发点。作者始终围绕阶级反抗性和革命坚定性这一中心来刻画王贵的性格。“活活打死老父亲，又要抢心上人”，旧恨新仇一起涌上心头，使他不得不奋起反抗，“暗里参加了赤卫军”。他的革命劲头比谁都高：“白天到滩里去放羊，黑夜里开会闹革命。”“身子劳碌精神好，闹革命的心劲高又高。”他一心一意地扑到革命斗争中去。经过革命斗争的锻炼，王贵逐渐认识到自己的命运与千百万劳动人民紧密相连，在落入敌人手中表达“我一个死了不要紧，千万个穷汉后面跟”的革命信念，成长为一个自觉的革命战士。

李香香是具有反抗意识、勇于追求爱情的典型女性农民形象。“山丹丹开花红姣姣，香香人材长得好。”她形象俊美，心地善良，勤劳勇敢，爱憎分明，在斗争中逐步觉醒、成长。当崔二爷强迫与李香香成婚时，她愤怒地抓了崔二爷“两个血疤疤”，当众痛斥“有朝一日遂了我心愿，小刀子扎你没深浅！”李香香盼望游击队快打回来，把“狗腿子白军一扫光”，“公仇私仇一齐报”，体现了广大妇女期盼革命胜利、要求婚姻自主、忠实于爱情的美好愿望。

长诗《王贵与李香香》将近一千行，全部采用陕北民间流传的“信天游”形式写成，展现了诗人对民间文艺资源的汲取与创造性运用。作品采用比兴手法，常常用在每节诗的首句，兴中有比，因比而起兴。诗歌节奏流畅明快，自然和谐，没有生涩坚硬的毛病，语言朴素又具有形象美、音乐美的特点，成为真正艺术化了的诗歌语言，建构了一种中国作风、中国气派的新叙事诗典范。

阮章竞在 1947 年春连续创作了长诗《圈套》和《送别》、《盼喜报》等短篇诗作，引起文坛注意。创作于 1949 年的《漳河水》是他的代表作，这是继《王贵与李香香》之后解放区又一部采用民歌形式创作而成的长篇叙事诗。作品反映了太行山区妇女在封建传统习俗的野蛮压迫下遭受的苦难，表现了她们在共产党领导下获得解放和新生的人生历程。

《漳河水》刻画了荷荷、苓苓、紫金英三位栩栩如生的妇女形象，她们的性格各自不同。“姓名不同却心连心，好说个心事又好羞”，她们都渴望美满称心的家庭生活，但在旧社会，她们的命运如“断线风筝”，婚嫁像“押宝”一样，结果“三个人的心事都走了样”，陷入了各自不同的痛苦境地里：荷荷配了个“半封建”，天天眼泪流满脸！苓苓许了个狠心郎，连打带骂捎上爹娘！紫金英嫁了个痨病汉，一年不到守空房。诗歌以三个女性回娘家在一起诉苦的方式，展现了中国女性在传统封建社会和旧的伦理文化下的形式不同而结局一样的悲惨命运。她们哀怨幽深地倾诉着：“声声泪，山要碎！问句漳河是谁造的罪？”并表达了强烈的反抗意识，“恨咱不能拔起山，把旧规矩捣成稀巴烂！”革命胜利了，压迫中国妇女千年的封建古牢冲塌了，荷荷首先冲出了封建“恶婆家门”，果断地和那个年岁悬殊的“黑心肝”老头离了婚，组成了新家庭，走上新生活道路。荷荷对解放后的新生活有明确的认识，“共产党把路打扫净，给咱女人指了路径：吃穿住行靠自己，妇女解放才能彻底。”她敢作敢为，敢于向一切旧传统习惯作斗争，闪耀着翻身妇女的光彩。诗歌生动地展现出封建伦理文化对女性的身心戕害，展现了三个不同类型的妇女在翻身解放的过程中主体意识的萌生和成长，描绘出解放区给人民群众带来的天翻地覆、自由自主的新生活。

《漳河水》不但成功地描绘了鲜明生动的人物形象，在艺术形式上也有许多新颖独创之处。诗人把流传在漳河两岸的许多民间小曲进行加工改造，表现不同人物的思想感情和她们情绪上的变化，在和谐统一中显得活泼生动，而无拼凑割裂之感。如开篇提到三个姑娘的哀怨的气氛，与结尾欢乐含蓄的调子形成鲜明对比，充分歌颂了自由幸福的新社会。作品选择运用当地的民间语言进行写作，富有地域色彩，人物语言充满个性化。《漳河水》朴实的风格与华美的文采交相掩映，刚健而又温婉，是从民歌和群众语言的土壤中生长出来的一朵诗歌奇葩。

本章阅读书目：

毛泽东：《在延安文艺座谈会上的讲话》

丁玲：《太阳照在桑干河上》

赵树理：《小二黑结婚》、《李有才板话》

孙犁：《荷花淀》、《村歌》

孔厥、袁静：《新儿女英雄传》

贺敬之、丁毅：《白毛女》

本章参考文献：

刘增杰主编：《中国解放区文学史》，河南大学出版社 1988 年版。

艾克恩主编：《延安文艺史》，河北教育出版社 2009 年版。

朱鸿召：《延安日常生活中的历史(1937—1947)》，广西师范大学出版社 2007 年版。

袁盛勇：《历史的召唤：延安文学的复杂化形成》，中国戏剧出版社 2007 年版。

张丽军：《乡土中国现代性的文学想象》，上海三联书店 2009 年版。

本章思考题：

1.《在延安文艺座谈会上的讲话》对现代中国文学的发展产生了什么样的影响？

2.《太阳照在桑干河上》如何呈现丁玲对乡土中国问题的新思考？

3. 试分析赵树理和孙犁的文学观及其对中国现代文学的独特贡献。

4. 解放区文学是怎样利用传统小说章回体形式塑造新英雄传奇的？

5. 为什么说《白毛女》是具有“中国作风和中国气派的”民族新歌剧形式？

第十三章　四十年代的非主流文学

第一节　穆旦与“中国新诗派”

在 20 世纪 40 年代后期，中国文坛上出现了《诗创造》(1947)和《中国新诗》(1948)两个刊物，经常在这两个杂志上发表作品的诗人有穆旦、杜运燮、郑敏、袁可嘉、马逢华、李瑛、陈敬容、辛笛、唐祈、唐湜、杭约赫、方宇晨、扬禾等，这些诗人被誉为“中国新诗派”(后又被称为“九叶诗派”)，穆旦是其中成就最高的诗人。

中国新诗派的诗人主要由两部分构成：一部分是以陈敬容、辛笛、唐祈、唐湜、杭约赫等为代表的生活在上海等城市中的都市诗人，另一部分是以穆旦、郑敏、袁可嘉、杜运燮等为代表的西南联大的在校学生。现代都市生活为陈敬容等提供了丰富的创作题材，他们感受到了现代都市生活的节奏，也体验到了现代都市人的生活状态，他们的创作因此而带有鲜明的现代主义特征。西南联大为穆旦等在校学生提供了成为现代主义诗人的文化环境，闻一多、冯至、卞之琳等现代主义诗人当时都在西南联大任教，他们的诗歌创作及文学讲座对年轻的诗人们产生了重要影响；同时，英国诗人、理论家燕卜荪在外语系任教，给学生们讲授“现代英诗”课程，介绍奥登、斯本德、C. D. 路易斯、艾略特、里尔克等现代主义诗人。在西方现代主义诗歌的影响下，他们形成了自己的诗歌观念，有了自己的艺术追求。他们要探寻“诗的新方向”和诗歌创作的多种可能性，建立现代诗歌的新传统，提倡新诗的现代化，主张“现代诗歌是现实、象征、玄学的新的综合传统”①。他们的创作带有鲜明的现代主义色彩，与当时文坛上普遍流行的政治化、通俗化的现实主义诗歌形成了很大的反差。

中国新诗派强调诗与现实的密切关系，他们的作品具有很强的社会现实性，但他们所理解的“现实”与庸俗现实主义的“现实”有所不同，他们强调的是诗人心灵的现实与外在的社会现实之间的同构，而不是对外在社会的表层的、简单的

---

① 袁可嘉：《新诗现代化》，天津《大公报·星期文艺》1947 年 3 月 30 日。

描摹。因此，在他们那里，诗歌与社会、艺术与现实、自我与大我、个人与社会达到了完美的融合，通过自我情感的变化来表现社会的变化，通过自我的情感来表现广大人民的情感，成为他们的创作追求。中国新诗派的诗人们在抗日战争的环境中进行创作，他们生活在战争灾难之中，与成千上万的中国百姓一起背井离乡、颠沛流离，他们在血与火中生存，血与火成为他们日常生活的一部分，于是，表现战争状态下的社会苦难自然地成为他们诗歌创作的重要主题。穆旦毕业后参军当了中国远征军的翻译官，参加了 1942 年的缅甸战役，经历了战场上的枪林弹雨、热带雨林的可怕疾病、饥饿的折磨，死亡始终伴随着他，这一切都成为其诗歌的题材来源，在其诗歌中得到了具体的表现，“那刻骨的饥饿，那山洪的冲击，/那毒虫的啮咬和痛楚的夜晚”(《森林之魅——祭胡康河上的白骨》)，成为其永久的恐怖记忆。在经历了血与火、生与死的煎熬之后，诗人们的生命与苦难的社会现实融为一体，他们的生命之根、情感之根都深深地扎在现实的土壤里，战争与苦难、生与死成为他们诗歌创作的养料。他们写战时的病态“风景”，“列车轧在中国的肋骨上/一节接着一节社会问题/……瘦的耕牛和更瘦的人/都是病，不是风景”(辛笛《风景》)；写战争带来的贫穷，“一天你明了什么是这一个战争，/看，那褴褛的衣裳，痛苦的嘴唇，/告诉你它的没有光荣，没有止终”(郑敏《贫穷》)；写战争带来的荒凉与死亡，“荒草，颓墙，空洞的茅屋，/无言倒下的树，凌乱的死寂……”(穆旦《荒村》)他们还写过一些直接以现实生活中的人和事为表现对象的咏物诗，如杜运燮的《追物价的人》，郑敏的《人力车夫》，袁可嘉的《难民》，穆旦的《通货膨胀》，它们虽都直接以当时的社会现实为表现对象，但却不是对现实生活的表层描写，而是作者灵魂深处的表现，既具有深刻的现实批判性，又具有生动的艺术感染力。

中国新诗派反对简单地、表层地描摹社会现实，反对标语口号化的政治宣传，而是通过对社会现实的仔细观察、深入体验和深刻思考来形成自己独特的思想，表现出一种哲理化、玄学化的倾向。当然，在他们那儿，孤独与寂寞、生命与存在、生与死等抽象的哲理问题成为诗歌表现的对象。郑敏是哲学系的学生，受过系统的哲学教育，她将这种哲学训练融入到诗歌创作之中，其诗歌自然地表现出深刻的哲理思想。人与人之间是否可以互相理解、沟通？这是存在主义哲学的一个重要话题。在郑敏看来，人们虽然渴望互相了解，但在现实生活中，人与人之间总是隔着难以逾越的距离，即使最亲爱的人之间也存在着隔膜，因此，只有“寂寞”才是“最忠实的伴侣”，于是，“我也将在‘寂寞’的咬噬里/寻得‘生命’最严肃的意义”(郑敏《寂寞》)，这样，郑敏通过“我”的寂寞来体验人与人之间的复杂关系，寂寞就从个人的情绪化为人类的本能和共相，最后上升为存在的本体，从而使作品表现出存在主义哲学的思想内涵。中国新诗派的诗人经常从生命哲学的角度来体验、描写抽象的死亡。郑敏善于选择抽象的玄学问题作为题目，然后用具体的意象来表现她对玄学的理解，她对“生”与“死”的辩证关系进行诗意的表达，将抽象的哲理化作具体的意象，“‘死’也就是最高潮的‘生’，/这美丽灿烂如一朵/突放的奇花，纵使片刻间/就凋落了，但已留下/生命的胚芽。”（《时代与死》）穆旦则善于从现实出发对人性进行思考，从日常生活中体验发现深刻的哲理，他对生与死的体验与表现更加具体化，“勃朗宁，毛瑟，三号手提式，/或是爆进人肉去的左轮，/它们能给我绝望后的快乐，/对着漆黑的枪口，你就会看见/从历史的扭转的弹道里，/我是得到了第二次的诞生。”（《五月》）生与死如此纠缠在一起，不可分离。

中国新诗派不是通过空洞的议论和抽象的哲理来表现深刻的思想，而是通过“思想知觉化”的方法来达到目的。所谓的“思想知觉化”就是将抽象、理性的思想用形象、感性的语言表达出来，将感性与理性完美地融会贯通。穆旦的诗歌创作在这方面取得了突出的成绩。他善于用肉体感官思想，在他那儿，思想就是感觉、情绪的结晶体，经验、情感、思想是三位一体的，因此，他的诗是最感性的，同时又是最理性的。《诗八首》是一组爱情诗，但它不同于一般的爱情诗，处于青春期的穆旦真切地体验到生命的神秘莫测，他直接以欲望、本能为表现对象，但他的爱情不仅是对个人情感的呈现，而且是对人类的爱的本质进行深刻的理性思考。在他的诗里，“爱”是生命本能（性）的自然燃烧，是一种不能自主的本能行为，但肉体的诱惑、靠近、合一并不意味着灵魂的沟通与融合，人生下来就是孤独的，心灵之间有着无法逾越的距离，孤独的爱情就像两条平行的直线，永无相交的时刻，“再没有更接近的接近，/所有的偶然在我们间定型；/只有阳光透过缤纷的枝叶/分在两片情愿的心上，相同。/等季候一到就要各自飘落，/而赐生我们的巨树永青，/它对我们不仁的嘲弄/（和哭泣）在合一的老根里化为平静”。他描写春天的“满园的欲望”，写青春期的喧哗与骚动，“蓝天下，为永远的谜蛊惑着的/是我们二十岁的紧闭的肉体，/ 一如那泥土做成的鸟的歌，/你们被点燃，卷曲又卷曲，却无处归依。/呵，光，影，声，色，都已经赤裸，/痛苦着，等待伸入新的组合。”（《春》）在穆旦笔下，肉体与思想处于一种分裂而又趋于融合的悖论状态，在他看来，肉体是岩石，是在我们的不肯定中肯定的岛屿，而思想是压制着它的敌人，“但什么是思想它不过是穿破的衣裳越穿越薄弱/越褪色越不能保护它所要保护的，/自由而活泼的，是那肉体”。因此，“我歌颂肉体：因为光明要从黑暗站出来，/你沉默而丰富的刹那，美的真实，我的上帝。”（《我歌颂肉体》）

中国新诗派反对诗歌散文化，要求诗歌必须具有诗的本质特性。为了达到这一目的，他们广泛地运用象征的手法。象征是现代主义诗歌最常用的表现手法，通过具体的意象来实现“能指”与“所指”之间的互动，表达出多层的内涵，产生言有尽而意无穷的艺术效果。穆旦描写战乱流亡的人民，“一个农夫，他粗糙的身躯移动在田野中，/他是一个女人的孩子，许多孩子的父亲，/多少朝代在他的身边升起又降落了/而把希望和失望压在他身上，/而他永远无言地跟在犁后旋转，/翻起同样的泥土溶解过他祖先的，/是同样的受难的形象凝固在路旁。/……他没有流泪，因为一个民族已经起来。”(穆旦《赞美》)这个凝固在路旁的受难的农夫，既是现实生活中具体的农夫形象的描绘，又是当时中国千千万万农夫的缩影，同时，又是多灾多难的中华民族的象征。正因如此，诗人“一个民族已经起来”的抒情议论并不给人空洞的感觉，反而使人感到充实而有力。

中国新诗派追求“创造”、“创新”，表现在艺术风格上，就形成一种陌生化的艺术效果。他们借鉴运用艾略特、奥登等西方现代主义诗人的艺术手法，以“感性革命”为目标，间接、暗示、迂回地来表现感觉的曲线，他们不再简单地运用比喻、拟人等传统手法来写作，而是以与思想感觉相当的具体意象来代替貌似坦白而实图掩饰的直接说明，追求“意象比喻的特殊构造法则”。他们打破了意与象之间简单的线性联系，抛弃了习惯性的联想模式，而采取一种遥远式联想方式(即由眼前事物联想到关系不太密切甚至与眼前事物无关的事物)，把表面上极不相同而实质上有内在联系的意象“用蛮劲硬拉在一块”，从而产生一种“观念联络的奇特，使之产生‘陌生化’的功效”。他们用这种手法创作出了一些颇具新意的作品，如“叶片飘然飞下来，仿佛远方的面孔”(杜运燮《夜》)，“叶片”与“面孔”之间无表面上的联系，但诗人将两个意象硬拉到一起，从而产生一种张力，表现出诗人在异国他乡的夜晚野外露营时的思乡思亲之情。这种手法对读者产生一种刺激，读者须调动自己的丰富的想象力来参与创作，才能更好地理解、把握作品。

中国新诗派的现代主义诗歌创作尽管持续的时间不长，留下来的作品数量有限，但他们新颖的诗歌观念、大胆的艺术探索、独特的艺术风格，在20世纪文学史上留下了华美的一章。中国新诗派在现代主义诗歌史上承前启后，它继承发展了此前中国现代主义诗歌的优良传统，成为中国现代主义诗歌的集大成者，是现代主义诗歌成熟的标志，同时，它又对后来的现代主义诗歌产生了一定的影响，将中国现代主义诗歌推向了一个新的高度。

第二节　张爱玲与《传奇》

张爱玲，原名张煐，原籍河北丰润，1920年出生于上海，其曾祖父是李鸿章。其童年在北京、天津度过，1929年回到上海，1930年改名张爱玲。张爱玲从7岁开始学写小说，11岁开始在校刊《凤藻》上发表短篇小说，19岁时以《我的天才梦》获《西风》月刊征文名誉奖，在上海文坛崭露头角。1943年，张爱玲的《沉香屑：第一炉香》在《紫罗兰》上发表，从而一举成名，一发而不可收；同年，她发表了《茉莉香片》、《心经》、《倾城之恋》、《琉璃瓦》、《封锁》、《金锁记》等重要作品，在20世纪40年代文坛上产生了广泛的影响。

张爱玲的祖辈是晚清的豪门望族，集官、商于一身，但到她父亲这一代，家道已经衰落了。她的父亲是旧式家庭的阔少爷，没有正式工作过，靠祖辈留下的遗产过着花花公子的享乐生活，抽大烟，蓄妾，打牌，偶尔写点小诗，父母之间经常吵架，为此，其母亲以到英国留学为名离开家庭，后来离婚。张爱玲与其弟弟随父亲生活，父亲后来又续弦，而张爱玲与后母之间的关系非常紧张。这种病态的家庭生活给童年的张爱玲造成了很大的心理创伤，在其脑海中留下了深刻的印象，成为她创作取之不绝的源泉，也在很大程度上决定了张爱玲小说创作的风格。其小说的背景大多是走向衰落、带点病态的大家庭生活，其题材主要是描写恋爱与婚姻，其主人公则大多是遗老遗少和小资产阶级，其主题则是表现人性的阴暗，这与当时文坛上流行的革命文学、抗战文学形成了强烈的反差。为此，她受到某些评论家的指责。对此，她为自己的写作进行了辩护，在她看来，人在恋爱时比在战争或革命时更素朴、更放恣，她不愿意写作"时代的纪念碑"式的作品，只愿意写作恋爱题材的作品，她不接受别人的批评意见，坚持走自己选择的道路。

张爱玲是一个成名欲望非常强烈的作家，她认为成名要早，不管是好是坏，只要有名气就行。而要成名，必须要善于标新立异、勇于追求个性。这种成名意识和个性意识使她的性格行为显得有点病态怪异，这也表现在她的文学创作风格上。张爱玲开始发表小说的年代，正是抗日战争极为残酷的时期，香港、上海成为沦陷区，她在这种夹缝中得以生存、发展。张爱玲的创作与当时的社会政治之间保持一定的距离，她不写那些反映社会现实的作品，不写与抗日战争有关的题材，而是津津有味地描述她所熟悉的中国旧式大家庭的生活，展示处于这种生活环境中的人物的内心世界，从而形成了独特的创作个性。

张爱玲的小说是以封建社会及封建大家庭的解体为背景的，而这种解体是无法逆转的，在这种"荒原"背景下的人物大都带有点病态。其小说中所呈现出来的人生状态异于一般的社会人生——是一种畸形的、颓废的、腐朽的、充满死亡气息和世纪末意味的现实人生，充满了"苍凉"的意味，这种"苍凉"既表现出她对人生无奈的深刻感悟，也表现出历史本身的残酷无情。张爱玲喜欢选择一些具有苍凉感的意象来表达她内心的苍凉，例如"胡琴咿咿呀呀拉着，在万盏灯的夜晚，拉过来又拉过去，说不尽的苍凉的故事——不问也罢"，这段话在《倾城之恋》的开头和结尾重复出现，对小说形成一种整体的包围，使苍凉感浸透了作品。再如《金锁记》中那一轮"三十年前的月亮"因有了三十年的距离而变得凄凉，三十年前的人和事也变得苍凉。华丽与苍凉构成了张爱玲小说的基调，华丽只是其小说的外表,而苍凉则是其小说的本质。

张爱玲小说中写的大都是她所熟悉的那些已经趋于衰落大家庭里的小姐、公子、少爷,他们既不是震天动地的英雄,也不是罪恶滔天的坏蛋,他们只是现实生活中处于边缘地位的小人物,他们大多只是受动物欲望的驱使,追逐肉欲的满足和物欲的享乐。正因如此,这些人物之间充满了钩心斗角,夫妻、母子之间的正常关系发生扭曲变形。例如,《倾城之恋》表面上看是一个"纯洁"的爱情故事,但这爱情背后却充满了阴谋与诡计。白流苏出生于旧式大家庭,出嫁以后又被遗弃而回到娘家,为了改变这种困境,她处心积虑地寻找再嫁的机会。后来,她将亲戚给她妹妹介绍的男朋友范柳原抓在了手里。范柳原是一个花花公子,他被白流苏所吸引,但他并不急于给自己套上婚姻的枷锁,而是想继续过自由自在的单身生活;白流苏却想通过范柳原赶快结束自己的单身生活,离开令她难堪的家庭。他们一个想赶快结婚,一个不想结婚,二人捉起了"爱情"迷藏。尽管同居在一起,但他们却同床异梦,最后,还是香港的陷落成全了她。在这场爱情游戏中,充分体现出了二人自私的心理,爱情不是利他的,只是实现自己目的的手段;爱情不再是纯洁的,而是充斥着浓郁的铜臭气。这两个人物无所谓好,也无所谓坏,是一些"不彻底的人物"。张爱玲笔下的这些人物虽然不乏病态,但却更加接近现实生活,具有真实性。

张爱玲对人性有着独特的看法,在她看来,人类去掉了一切的浮华,剩下的只有"饮食男女"。因此,"饮食男女"这一人类的原始动物本能成为她思考、表现人性的基本出发点。"饮食"是人类生存的本能,其原始形态是饮水和食物,其高级形态则是金钱与财物。只有得到这些生活的必需品,人才能得以生存和发展,因此,为了得到金钱与财物,人们甚至不惜采用各种不法的行为。《金锁记》中的主人公曹七巧是一个因金钱异化而性格变态的女性,她本来是油房的女儿,过着普通百姓的生活,为了钱而嫁给了身患重病的姜家二少爷。后来,丈夫死了,分家时得到了一笔财产,她将这些财产看得比什么都重要。为了钱,她打跑了自己喜欢的小叔子季泽;为了钱,她拆散女儿长安的婚事。"三十年来她戴着黄金的枷。她用那沉重的枷角劈杀了几个人,没死的也送了半条命。"曹七巧对金钱的追求不仅导致她自己的悲剧命运,而且直接导致其儿子、女儿的人生悲剧。"男女"是人类得以繁衍生息的动物本能,但人对性欲的追求已远远地超过了其他的动物,它已不再仅仅是为了延续后代,而是一种享乐,是一种占有,结果人变成了一种性欲异常强烈的怪物。张爱玲的小说主题大多与性欲相关,对性欲的描写成了其作品的一大特色。《红玫瑰与白玫瑰》是其中的代表作,小说叙述了佟振保与巴黎妓女、玫瑰、王娇蕊、孟烟鹂等女人之间的性爱关系,呈现出振保的性放纵行为,揭示出其复杂微妙的性心理。在张爱玲笔下,"饮食男女"成为人性的日常形态，对“饮食男女”的表现也成为其小说的独特风格。

张爱玲喜欢采取“参差对照”的手法来进行创作。参差对照是其小说的基本表现手法之一，她善于将过去与现在加以对照，通过过去与现在的“参差”，表达其复杂的内心世界。例如，《红玫瑰与白玫瑰》写一个男人与四个女人的情爱故事，四个女人之间形成一种参差的对照：巴黎妓女的朦胧模糊，玫瑰的热烈奔放，王娇蕊的大胆热烈，孟烟鹂的含蓄柔和，她们的性格不同，长相各异，给振保所留下的印象及在振保生命中所占有的地位也各不相同：与巴黎妓女的一夜情留给他的只是模糊朦胧而又强烈的异味，伴随的是一种耻辱感；与玫瑰的热烈纯洁的初恋，留给他的是无尽的怀念；与王娇蕊的婚外情带给他的是刺激与满足，留下来的却是惭愧；与孟烟鹂的合法婚姻平淡无味，充满了痛苦与不幸。小说通过四个女人，从不同的角度折射出振保的性格与心理，揭示出男性喜新厌旧的本性：“娶了红玫瑰，久而久之，红的变了墙上的一抹蚊子血，白的还是‘床前明月光’；娶了白玫瑰，白的便是衣服上沾的一粒饭黏子，红的却是心口上一颗朱砂痣。”

张爱玲的小说善于运用弗洛伊德的精神分析学说来塑造人物形象，推动故事情节的发展，因此，心理分析是其小说创作的重要特点。但她的心理分析又不同于西方的纯粹的心理分析，她是用心理分析来讲故事，不是在叙述故事时偶尔描写人物的心理活动，她将西方的心理分析与中国传统的小说技法融为一体，即在描写人物外在行为的同时，透视人物复杂的内在心理变化。张爱玲小说中的人物大多都带有一点病态心理，因此，她对病态心理的分析与描写也就非常成功。《心经》是一部典型的心理分析小说，它套用弗洛伊德的“厄拉克特拉情结”理论来写许小寒与许峰仪之间的父女畸恋。许小寒自幼喜欢自己的父亲，到成年后仍恋着父亲，不许父亲与母亲亲热，她拒绝了周围男同学的追求，一心想与父亲白头到老。为了摆脱这种困境，父亲只好与长得和女儿相像的绫卿同居，正常的家庭生活陷入困境，母女二人的未来命运渺茫而不可测。许小寒父女的畸形心理导致了整个家庭的破裂。《金锁记》中的曹七巧也是一个典型的病态心理患者，小说对曹七巧的病态心理进行了细致的表现，为现代文学提供了一个别具特色的病态人物形象。

第三节　徐訏与无名氏

徐訏和无名氏是20世纪40年代文坛上颇有声誉的两位作家，他们的作品以独特的题材、形式、风格在当时的文坛上产生了很大的影响，对中国现代文学的发展做出了贡献。

一、徐讦与《风萧萧》

徐讦，本名徐伯讦，笔名徐于、东方既白等，祖籍浙江慈溪。1927 年从湖南第三联合中学毕业后考入北京大学哲学系，1931 年毕业后进入心理学系读研究生，学习两年。他在北京大学读书时开始进行文学创作，发表了短篇小说《烟圈》。1933 年离开北京到上海，与林语堂一起编辑《论语》、《人间世》、《宇宙风》等刊物。1936 年秋，他赴法国巴黎大学留学，继续从事哲学研究，获得博士学位。1937 年抗日战争全面爆发后，徐讦从法国返回上海，先后任《天地人》等刊物的编辑。1942 年到重庆，在中央大学中文系任教。1944 年受聘《扫荡报》，赴美国担任特派员，直到 1946 年才回到上海。这时期的小说有《鬼恋》、《吉卜赛的诱惑》、《荒谬的英法海峡》、《精神病患者的悲歌》《阿拉伯海的女神》等中短篇小说，1944 年出版长篇小说《风萧萧》，在文坛上引起了轰动。徐讦创作涉猎广泛，包括小说、散文、戏剧、诗歌等 60 多种，其小说创作在文坛上产生了很大的影响。

徐讦的小说继承了中国传统小说的叙述方式，作品中具有曲折离奇、跌宕起伏、环环相扣的故事情节。同时，他又在一定程度上继承了鸳鸯蝴蝶派小说的特点，作品以爱情故事作为叙述对象，形成了“绅士加神秘女郎”的基本模式，其小说中的男主人公有知识、有文化、有地位，谈吐高雅，具有绅士风范；其小说中的女主人公则高贵典雅、美丽动人，带有神秘感；他们之间的爱情可视为鸳鸯蝴蝶派“才子佳人”模式的变种。这些因素决定了其作品具有通俗小说的基本特征，广受读者的欢迎。徐讦的成名作《鬼恋》在这方面具有代表性。作品叙述“我”在冬天深夜的南京路上遇到了一位身着黑衣、身材苗条、长相漂亮、脸色苍白、自称为鬼的“女鬼”，在送她到斜土路的途中为其美色所动，对她产生了好感与爱意，并与之约会。但在与之交往的过程中，女鬼行为诡异，拒绝与“我”的进一步交流，充满神秘感。在一个雷雨之夜，“我”应邀到女鬼的家里做客，并向她求爱，但她以人与鬼不能相恋为由拒绝我的求爱，只愿与“我”保持朋友的关系。“我”试图在白天到她的住所来找她，但在白天她的住所变成了空无一人的“鬼屋”。“我”因迷恋女鬼而变得放荡，她为了摆脱“我”的追求而决心离开“我”。后来，“我”在龙华的一个寺庙里又见到成为尼姑的她，在“我”的苦苦相求之下，她终于道出了她为何要离开人世、明明是人却要做鬼、拒绝爱情的原因——她原来是一位革命者，多次从事暗杀工作，出入于枪林弹雨之中，被捕后从牢狱中逃脱。后来亡命国外几年，回国后得知自己所爱的人被捕牺牲，对革命产生了厌倦情绪。小说描写人、鬼之间的爱情可谓神秘莫测、离奇曲折，令读者爱不释手。《禁果》、《阿剌伯海的女神》等作品中的爱情故事也充满了神秘与离奇。这种爱情小说具有通俗小说的基本特征，这也是其小说广受读者欢迎的一个主要原因。

徐讦的小说具有通俗的外表，在这个通俗的外表之下，却隐含着高雅的内容——深刻的哲学思想。徐讦在大学学的是哲学专业，对中西方哲学有着系统的了解，在创作过程中自觉而自然地将哲学思想融入到作品中去。《鬼恋》表面上叙述一个人与鬼相恋的恐怖故事，但其深层却具有深刻的哲学思想。小说中的男主人公是一位高雅的绅士，女主人公则是一位博学、聪敏的淑女，他们之间的对话不是一般的谈情说爱，而是讨论关于人生的严肃问题，充满了哲学的意味。在女主人公看来，"人间腐丑的死尸，是任何美人的归宿，所以人间根本是没有美的。""但是鬼是人变的，最多也不过是一个永生的人形，而不会比人美的。"她已看透了人生红尘，在她眼中，丑与美、生与死、人与鬼之间的关系如此而已。男主人公则试图用爱的哲学来感染、拯救她。《阿剌伯海的女神》表面上叙述的是梦境中的"我"与海神的恋爱故事，而其思考的核心则是爱情与宗教、现世与永生等哲学问题。长篇小说《风萧萧》是一部间谍题材的作品，表面上叙述的是一个庸俗的三角恋爱故事，但在三角恋爱的故事下面呈现出来的是抗日的民族主义和爱国主义思想。作品以抗日战争为背景，通过"我"（青年哲学家）与三位美轮美奂的女性——一位是美丽动人的舞女白苹，一位是美国纯情少女海伦，一位是风华绰约的梅瀛子——的情感交往，叙述孤岛时期国民党特工与日本特务及汪伪特务之间的斗争，在白苹的帮助下，"我"最终也成为一位抗日战士。作品既有间谍故事的曲折生动、悬念迭出，又有爱情故事的缠绵悱恻、动人心魄，同时又传达出了一种浓烈的抗日爱国情怀。由此可见，在徐讦的作品中，浪漫的爱情、离奇的故事，只是一个诱惑读者的漂亮的外层包装，这个漂亮外包装中所包含的东西才是他写作的最终目的。正是通过这种策略，他摆脱了一般的说教类作品的局限，成功地寓教于乐，在让读者享受阅读快乐的同时，也将自己的哲学思想传达给读者，对读者产生潜移默化的影响。

徐讦精通心理学，他自然地将有关心理学的理论方法，尤其是弗洛伊德的精神分析学说运用到创作实践之中，因此，他的小说大多都具有心理分析的特点。徐讦善于运用第一人称"我"来进行叙述，这种内视角的叙述方法便于表现"我"的复杂的内心情感世界，"我"的所思所感一一呈现在读者的面前。同时，徐讦也非常善于表现恋爱期间女性的心理变化，由此而塑造出性格鲜明的女性形象。例如，《精神病患者的悲歌》就是一部以精神分析学说理论为指导创作出来的作品，作者以力必多的压抑、升华理论为基本框架来结构作品。小说中的女主人公白蒂是一位少女，她的自由恋爱遭到父亲的坚决反对，力必多受到压抑而导致精神分裂，成了精神病患者，男主人公"我"受聘于著名的心理医生，以管家的身份来到白蒂家里，以便接近并观察她，为医生治疗提供第一手资料。因为白蒂行为异常，白天在家睡觉，晚上则到外面的舞厅、酒吧里鬼混，"我"无法接近她，无奈只好求助于白蒂的侍女海兰帮忙。“我”在与海兰交往的过程中与之产生了感情,正在二人坠入爱河、享受美好的爱情时,海兰发现白蒂也对“我”产生了爱情,为了救治白蒂的病,也为了成全他们俩的爱情,忠心于白蒂的海兰选择了自杀。在海兰死后,白蒂的病好了,但白蒂与“我”却并没有结婚,他们的力必多得到了升华,白蒂当了修女,“我”则发誓一辈子不结婚,要立志当一名好的精神病医生为那些精神病患者服务。《精神病患者的悲歌》是一部典型的精神分析小说,甚至可以说是套用弗洛伊德的精神分析学说理论创作出来的心理分析小说。

徐訏是一位学者型的作家,他成功地将其所掌握的哲学、心理学的知识、理论与方法融入到文学创作之中,使其作品具有了现代性的内涵;同时,他又是一位富有激情的浪漫主义作家,善于营造浪漫的故事情节,引人入胜。因此,他的小说既通俗又高雅,具有浪漫主义与现代主义的双重特征,是浪漫主义与现代主义的合一。

二、无名氏与《无名书稿》

无名氏,原名卜宝南,后改名卜乃夫,又名卜宁,原籍江苏扬州,生于南京下关一个中医家庭。17 岁时因不满当时的中学联考制度而在毕业前夕离开学校,到北京开始自己的流浪求学生涯。在北京期间,他主要在北京图书馆读书,有时还到北京大学旁听一些自己喜欢的课程,并开始文学创作。1937 年“七七事变”后回到扬州,同年 12 月,离开南京到达汉口,在“艺文研究会”供职,1938 年 7 月到重庆,任《扫荡报》记者。在采访活动中认识了韩国光复军参谋长李范奭,二人成为好朋友,此后,他以李范奭的爱情故事为原型,加工写作而成了其成名作、长篇小说《北极风情画》,作品叙述了韩国流亡军官林上校与俄罗斯少女奥蕾利亚之间富于传奇色彩的爱情故事,于 1943 年在《华北新闻》连载。1944 年以瞿依、周善同的爱情故事为原型写成了长篇小说《塔里的女人》,作品叙述了女大学生黎薇与著名提琴家、医生罗圣提之间曲折离奇的爱情故事。1944 年底,无名氏到重庆自办“无名书屋”,出版了《北极风情画》和《塔里的女人》。这两部爱情题材小说的出版在当时的文坛上产生了很大的反响。《北极风情画》、《塔里的女人》都以描写爱情故事著称于世,通常被视作通俗言情小说来加以评论,实际上在这些以表达浓烈感情为主的作品中,也已经表现出作者对生命、人生的理性思考。

《北极风情画》、《塔里的女人》的出版在获得好评的同时,也遭到文坛上某些人的指责,有的人认为这样的作品与抗日战争的需要相差太远,有的人认为无名氏只能写通俗爱情小说,写不出严肃高雅的作品。为了证明自己有能力写严肃高雅的作品,他马上调整自己的创作方向,计划写一本大书,探讨未来人类的信仰和理想，这是他创作《无名书稿》的基本设想和出发点。《无名书稿》原计划写七部，后来出版的只有六部。作品以主人公印蒂的人生经历为线索来结构全篇，表现其在不同时期的人生探索。第一部《野兽，野兽，野兽》于1946年由上海时代出版社出版，叙述印蒂在中学即将毕业前夕，突然离家出走，参加了革命，后在革命行动中不幸被捕入狱，身为教授的父亲四处奔波将他保释出狱，并希望他回家过安稳日子，但他拒绝了父亲，重新回到革命队伍中继续革命，却遭到周围战友的怀疑，为此他退出了革命，到南洋一家报社任职。第二部《海艳》上、下两部分别于1947年和1948年由上海真善美出版公司出版，作品叙述印蒂在从南洋乘船回国探亲的路上遇到了漂亮少女瞿萦，两人一见钟情，陷入爱河，几经追求，瞿萦终于答应嫁给印蒂，但在结婚的前夜，印蒂留下一封书信再次离家出走。第三部《金色的蛇夜》分上、下两部，上部于1949年出版，下部至1956年才完成，叙述印蒂到上海后与其朋友做走私生意，赚取大量金钱后，在上海的十里洋场过着花天酒地的生活，重点叙述他与高级妓女莎卡罗之间的情感纠葛。第四部《死的岩层》完成于1957年，叙述印蒂在上海即将堕落到底的时候突然觉醒，要追求灵魂的升华，他首先皈依基督教，然而基督教内部的黑暗使他对上帝产生了怀疑，然后他又遁入佛门，但寺内军事化的戒律及诵经的喧闹如同鸟笼、鱼缸一般妨碍他追求真理与自由，使他无法潜心修炼，佛能给他生活的启示，却不能给予他开启宇宙之谜的钥匙。第五部《开花在星云之外》完成于1958年，写印蒂在尘世生活中没有自由、得不到“圆全”，于是只好远离社会到华山顶上去参悟宇宙人生，在大自然的怀抱里追求永恒的心灵和平。他拒绝了邬玛丽的肉体之爱，追求一种形而上的抽象之爱。他在华山上苦苦思索，悟出世界皆“空”的道理，找到了生命本体——无上“圆全”。第六部《创世纪大菩提》完成于1960年，写印蒂在华山上悟出道来之后，他要靠这“道体”来拯救西方和人类。于是他从华山上下来走到战争硝烟刚刚散去的人间，要建立一种星球哲学或星球主义，其具体的行动便是与朋友集资兴办地球农场，这是作者试图给人类指出的一条理想的出路，尽管它明显地带有作者写作时代的局限和乌托邦色彩。印蒂是一个极其复杂的人物，他既有作者自己的影子，同时又有虚构的成分；他有浮士德式的浪漫和追求，也有鲁迅的“过客”式的迷茫与执着。因此从某个角度来看，他可以说是20世纪中国知识分子的象征。在他身上，浪漫主义的乐观向上、现代主义的颓废放荡、存在主义的悲观绝望、儒家的积极处世、佛教的宽容大度、道家的清静无为呈阶段性发展，这些互相冲突的东西杂集于一身，使他成为一个颇有争议的人物。他的行为具有强烈的叛逆性，他不但反叛社会，而且反叛自我，这使他的人生充满了传奇色彩。从离家出走到参加革命、从退出革命到沉醉于爱情、从逃避爱情到放纵欲望、从放纵欲望到皈依宗教、从跳出佛门到华山悟道、从华山悟道到建立地球农场，其人生的每一重大转折都是他对社会、对自我的反叛和超越。

无名氏的小说具有浓重的传奇色彩，无论是早期的《北极风情画》、《塔里的女人》还是后期的《无名书稿》，都具有曲折离奇的故事情节，尤其是《无名书稿》带有浓重的自叙传色彩。但从总体上来看，故事情节只是营构小说的一个框架，并不是小说的目的之所在。他所关注的是人物内在的思想感情，因此他尽量地将情节淡化，不关注外在世界的变化，将主要的精力用于人物的内在感觉世界的描绘上，而这正是浪漫主义文学向现代主义文学转变的一个重要标志，这种转型在《无名书稿》中表现得尤为突出。作品以人物外在的人生经历为虚线，以人物内在感情的起伏变化为实线，形成一种虚实交叉的双重结构。在这种结构中，情节随人物或作者思想感情的变化而展开。为了使这两条线索能够恰到好处地融合在一起，作者塑造了一个贯穿全书的主人公印蒂，作品以他的人生经历作为构造全篇的外在线索，通过他的所见所闻来表现外在社会现实的发展变化，外在社会在他的内心世界中引起的情绪的波澜又构成全书的一条富有张力的实线；虚线的中间是一个个场景，场景的呈现代替了叙述的功能，使小说由一维的时间性向多维的空间性转变。就全书来看，情节所占的篇幅很小，而场景则占全书的绝大部分，这些场景有的可以单独成章，分开来看则是一篇篇优美的散文。

无名氏小说摆脱了传统的叙事模式，它不再是全知全能式的第三人称叙述，而主要是以宜于表现人物(作者)的内在心理世界的第一人称方式来叙述，叙述者即思想的、提出问题的人，整个叙述服从于这种思想的需要，作者可以随心所欲地安排结构、指挥人物的行动，因此在一般人看来极不合逻辑、极不可能的事情在他这儿竟成了合情合理的。对他来说，叙述不再是小说唯一的、主要的表现手段，抒情、议论、描写由原来的配角成为现在的主角。为了表现人物的内心世界，他用意识流手法来表现人物的情绪变化，这样就打破了有序的时空结构，使时空结构与意识的流动相适应。

无名氏创作出一种新的小说文体形式。其作品打破了小说与散文、诗歌、哲学论文之间的严格界限，成为一种“四不像”的新的文体样式，它既有小说的浪漫传奇，又有散文的飘逸洒脱；既有诗歌的深远韵味，又有哲学的深刻透彻，是一种典型的跨文体小说。这种跨文体试验使他的小说具有了先锋意味，即使在今天也仍有其积极的现实意义。这种文体的创新正是无名氏的独特之处，或者说是无名氏对中国现代文坛的独特贡献。

无名氏是20世纪中国文学史上一位风格怪异的作家，他成功地将现代主义与浪漫主义融为一体，创造出一种具有新颖思想品格和艺术品格的文学样式。他就像一位高级调酒师，将传统与现代、东方与西方、感性与理性、儒释耶与存在主义哲学、外在世界与内在世界以及本我、自我与大我掺和在一起，调出一杯风味独特、层次分明、色彩艳丽的鸡尾酒，这种杂味十足的“混血儿”风格在中国文学史上是独一无二的，由此也确立了无名氏在二十世纪中国文学史上的特殊地位。

第四节　钱锺书与《围城》

钱锺书，原名钱仰先，字默存，号槐聚，出生于江苏无锡的知识分子家庭，1929 年入清华大学，后于 1935 年到英国留学。主要作品有散文集《写在人生边上》，短篇小说集《人・兽・鬼》和长篇小说《围城》。相对于其他作家，钱锺书以数量有限的作品在文坛上产生了极大的影响，获得了广大读者的认可，受到国内外研究界的好评。

钱锺书在 20 世纪 40 年代初登上文坛，当时中国正处于抗日战争的艰难环境之中。与当时大部分作家都在创作与抗日战争密切相关的作品不同，钱锺书将其笔触投向了他所熟悉的现实人生，在题材上，以知识分子作为关注、思考的对象；在思想主题上，通过知识分子来表现他对人生、人性等问题的深刻思考与批判。这在其长篇小说《围城》中表现得尤为突出。

钱锺书出身于知识分子家庭，他自己也是一位接受现代教育的知识分子，对现代知识分子生活非常熟悉，因此，知识分子生活自然成为其创作的题材，知识分子也成为其作品的主要人物形象。小说《围城》中的主人公都是知识分子，作品以方鸿渐的人生经历和爱情经历为线索，来展示 20 世纪 40 年代中国现代知识分子的生活，与方鸿渐发生情感关系的鲍小姐、苏文纨、唐晓芙、孙柔嘉粉墨登场，与其生活在同一环境中的李梅亭、顾尔谦、曹元朗、高松年、赵辛楣登台亮相，他们或者为了自己的情感而争风吃醋，或者为了一己私利而你争我夺，上演了一幕现代知识分子的活报剧，展示出了现代知识分子的众生相。

钱锺书以现代知识分子生活为题材进行创作，并不仅仅是为了展示现代知识分子的形象，而是要通过现代知识分子的性格特点揭示现代知识分子的人性特点，并进而深入挖掘人性的弱点。受西方现代人性论思想的影响，钱锺书着重来表现人身上所存在的动物性的特点。在其短篇小说集《人・兽・鬼》中，他将人、兽、鬼并置在一起，意在表明人、兽、鬼三位一体的本质。在这些作品中，他努力表现人的兽性、鬼性的一面。例如，《上帝的梦》中的上帝创造出了亚当和夏娃，但他们却不长进，始终摆脱不了动物的根性，一心追求肉欲的满足，最后被上帝逐出了伊甸园。在《围城》中，他对人生的观察更为细致，对人性的思考更加深刻，对人物的刻画也更加成功。作者声称：“在这本书里，我想写现代中国某一部分社会、某一类人物。写这类人，我没忘记他们是人类，只是人类，具有无毛两足动物的基本根性。”写“某一部分社会、某一类人物”，并揭示人物“无毛两足动物的基本根性”，这是钱锺书创作这部小说的主旨，也是这部小说的主题思想。作品以主人公方鸿渐的人生经历作为贯穿始终的线索，表现男女之间的争风吃醋，人与人之间的尔虞我诈、钩心斗角，人的动物的根性得到了淋漓尽致的呈现。在钱锺书看来，人的本性是道德教训、知识礼仪所无法从根本上改变、消除的，因此，作者选择高级知识分子作为表现对象，通过他们来表现对人本性的思考。在作者笔下，知识分子的人性并不比其他人（工人、农民、士兵）的更好。作者要掀起知识分子身上的华丽外衣，暴露其人性中丑陋的一面，因此，他笔下的人物形象没有一个是所谓的正面形象、英雄人物，都是一些为了一己私利而不断地钩心斗角的小人物，他们顶着知识的帽子，在欲望的平台上上演着一幕幕人性的丑剧。方鸿渐不乏聪明、机智，也不失公道、良心，充满了绅士风度，但他内心深处又充满了软弱、怯懦，作为男人，他抵挡不住鲍小姐肉体的诱惑，他要追求唐晓芙却没勇气拒绝苏文纨；作为学生，他不好好学习，竟然购买美国克莱登大学的假博士文凭欺骗家人，滥竽充数。与之类似，李梅亭、顾尔谦、曹元朗、高松年、赵辛楣等一干知识分子为了自己的利益而钩心斗角，为了女人而争风吃醋。苏文纨、唐晓芙、孙柔嘉、汪太太等则为了异性而互相算计。这些人在舞台上演出，对自己的错误及可笑之处一无所知，作者则如同一位冷静的观察者与解说者，在一旁指出其中的错误及可笑之处，从而把他们冠冕堂皇的演出把戏揭穿，使他们露出本来的面目。

除了表现人性恶之外，钱锺书还从存在主义哲学的角度来思考人与人之间的关系。在钱锺书看来，由于人的动物的根性导致人与人之间有着一层隔膜，因而人与人之间无法相互理解、相互沟通。人出于自私的本能，为了满足自己的欲望，人与人之间争名夺利，互相欺骗，因此，人与人之间充满了矛盾。在《围城》中，作者通过方鸿渐来表达自己对人生的思考，小说本身表现出一种总体的象征意味。方鸿渐的人际关系大致可分为三类：第一类是与鲍小姐、苏文纨、唐晓芙、刘小姐、孙柔嘉的男女关系；第二类是与自己的父母、周经理一家的亲情关系；第三类是与赵辛楣、李梅亭、顾尔谦、高松年、汪处厚、刘东方之间的同事关系。这三种关系构成了方鸿渐的社交圈子和生存处境，他的命运、感情变化都与这些人的关系密切相关。在复杂的人际关系中，方鸿渐及他人的人性得到了淋漓尽致的表现。在与女性相处的过程中，方鸿渐听从本能的呼唤，对鲍小姐性感的肉体产生浓厚的兴趣，而对具有真才实学的苏文纨却没有感觉；而在女性的眼里，方鸿渐是一个富有魅力、人见人爱的绅士，成为她们猎获的对象。在这场复杂的情感角逐中，方鸿渐落得遍体鳞伤，与之有关的女性也都不同程度地受到伤害。

在与父母、周经理一家的相处中，其关系也愈来愈复杂，父母因他不能挣钱养家而表示不满，周经理一家因他闹出绯闻而将他逐出家门。在与同事的相处中，他瞧不起李梅亭、顾尔谦等无聊之辈，同时，他又成为高松年、汪处厚、刘东方钩心斗角的玩物，尔虞我诈成了同事之间的主要关系。他的父母家人不理解他，他的同事不理解他，他的女朋友也不能与他和睦相处，最后，他陷入了孤独、寂寞之中。他四处奔波，渴望理解与温暖，渴望回家，但他的追求都落了空，他永远在路上，成了一个无家可归的人，孤独、寂寞、焦虑既是方鸿渐不可逃避的人生命运，也是人性的本质。从这一角度来说，钱锺书通过方鸿渐这一人物形象地表达出了存在主义哲学的深沉意味。

钱锺书对人生持一种悲观主义的态度，在他看来，现实人生充满了荒诞与无奈。作者以《围城》作为题目，借用法国谚语“婚姻好比一座被围困的城堡；里面的人想出来，外面的人想进去”，通过婚姻的悖论，来象征人生本身的荒诞与困惑，表现出希望与绝望之间的动态转化关系。在方鸿渐的男女关系中，情感始终处于一种错位的状态，爱他的女人他不爱（苏文纨、刘小姐），他爱的女人不爱他（鲍小姐、唐小姐），最后，他稀里糊涂地与孙柔嘉结了婚，但这场婚姻从一开始就显得非常勉强，不是真正的爱情的结果。在事业上，他也处于一种被动状态，在小说最后，方鸿渐事业无成，连家都保不住，陷入了绝望之中。

由于对人性的独特看法，导致钱锺书对社会人生也持一种独特的态度，从而形成了其独特的创作风格。由于他关注的是人性的负面，因此，他对社会人生持一种旁观欣赏的态度，他虽然也关注现实人生，但他只是以旁观者的身份来冷眼相看，持一种消遣的态度来观赏人性中的丑陋面，这就奠定了其文学创作的基点——对现实人生进行冷嘲热讽，对人性中的弱点进行揭露与批判。正因如此，其小说创作形成了一种冷静讽刺的艺术风格。作者在小说中常常直接站出来发表议论，对人物或事件进行讽刺。例如，《围城》中的张吉民是花旗银行的买办，喜欢在中国话里夹无谓的英文字，以此显示自己的身份与地位，对此，作者写道：“他并无中文难达的新意，需要借英文来讲；所以他说话里嵌的英文字，还比不得嘴里嵌的金牙，因为金牙不仅妆点，尚可使用，只好比牙缝里嵌的肉屑，表示饭菜吃得好，此外全无用处。”这样的语言尽管有点尖酸刻薄，但确实入木三分地将这一人物的本质特点揭示了出来。

钱锺书的小说具有深刻的思想内涵，但这种深刻的思想内涵并非依靠抽象的议论说理来实现，而是运用新鲜、具体而又形象的比喻来完成。他用“围城”来比喻婚姻，城外的人想进来，城内的人想出去，这样的比喻形象生动而又表达出深刻的思想；他描写抗战时期中国的社会现实，“物价像吹断了线的风筝，又像得道成仙，平地飞升。……贫民区逐渐蔓延，像市容上生的一块癣。”战争给老百姓生活所带来的艰难困苦景象由此呈现在读者的面前。这种新鲜的比喻具有陌生化的艺术效果，是智慧的结晶。

钱锺书是一位学者型的作家，他自觉地运用西方现代思想来剖析、表现复杂的人性，其作品中知识分子形象的塑造、讽刺手法和新鲜比喻的运用，无不与其表现复杂人性的思想密切相关。正因如此，他的作品具有了深刻的哲理内涵，在现代文学史上独树一帜。

本章阅读书目：

辛笛等：《九叶集》，江苏人民出版社 1981 年版。

穆旦：《穆旦诗集：1939—1945》，人民文学出版社 2000 年版。

张爱玲：《传奇》，人民文学出版社 1986 年版。

徐訏：《吉卜赛的诱惑》，中国文联出版公司 1988 年版。

无名氏：《〈无名书〉精粹》，武汉出版社 2006 年版。

本章参考文献：

王圣思编：《"九叶诗人"评论资料选》，华东师范大学出版社 1995 年版。

于青：《张爱玲传》，花城出版社 2008 年版。

赵江滨：《从边缘到超越：现代文学史"零余者"无名氏学术肖像》，学林出版社 2005 年版。

钱理群：《对话与漫游：四十年代小说研读》，上海文艺出版社 1999 年版。

田惠兰等编：《钱锺书杨绛研究资料集》，华中师范大学出版社 1997 年版。

本章思考题：

1. 结合作家作品，试分析中国新诗派对现代新诗发展所作出的贡献。
2. 结合作品，试分析张爱玲小说中的人性表现。
3. 结合作品，试分析徐訏小说创作中通俗与高雅的完美融合。
4. 结合作品，试分析无名氏小说创作中现代主义与浪漫主义的融合。
5. 结合作品，试分析《围城》的思想内涵。

后　记

《中国现代文学新编》是山东师范大学国家级精品课程“中国现代文学史”教学改革教材。由山东师范大学中国现代文学教研室牵头，联合中国海洋大学、烟台大学、临沂大学等部分高校专家编写。具体撰写内容分工如下(以章节先后为序)：

魏　建　前言、第三章、第六章

李宗刚　第一章、第二章

吕周聚　第四章、第十三章

朱自强　第五章

陈夫龙　第七章

贾振勇　第八章

李掖平　第九章

周丽娜　第十章

刘　香　第十一章

张丽军　第十二章

全书由魏建、吕周聚组织编写并统稿。

感谢高等教育出版社为本教材出版提供了机会，感谢编辑所付出的辛劳。

编　者

2012 年 7 月

高等教育出版社教师服务登记表

建设精品教材，向高校师生提供系列化教学解决方案和教学资源，是高等教育出版社服务教育的重要方式。为支持本课程的教学，我们推出了本教材的配套教学演示文稿，由教材编写者精心编写，汇集了他们丰富的教学经验，供选用本教材的教师教学时参考。

为保证该服务仅为教师获得，烦请授课教师填写如下开课情况证明，我们将为您免费寄送教学课件。

我们的联系方式：

地址：北京市朝阳区惠新东街 4 号富盛大厦 21 层　高教社文科分社

邮编：100029　　E-mail：meiyong@hep. com. cn

电话：010－58556274　　传真：010－58581414

证　明

兹证明______________大学____________系/院________级________专业________学期(学年)开设的________课程，采用高等教育出版社出版的______________(书名和作者)作为本课程教材。授课教师为________，学生共________个班________人。

授课教师需要与本书配套的网上资源和教学课件。

教师电话：________________

E-mail：________________

邮编和地址：________________

系/院主任：________(签字)

(系/院办公室盖章)

年　　月　　日